THE HEART OF SILICON VALLEY

硅谷之心

从0到1的创业与创新史

张华伟◎著

中国华侨出版社

图书在版编目（CIP）数据

硅谷之心：从0到1的创业与创新史 / 张华伟著 .—北京：中国华侨出版社，2017.6
 ISBN 978-7-5113-6871-3

Ⅰ.①硅… Ⅱ.①张… Ⅲ.①企业管理 – 经验 – 美国 Ⅳ.① F279.712.3

中国版本图书馆 CIP 数据核字（2017）第 138036 号

硅谷之心：从0到1的创业与创新史

著　　者 / 张华伟
责任编辑 / 冰　馨
责任校对 / 王京燕
经　　销 / 新华书店
开　　本 / 787 毫米 × 1092 毫米　1/16　印张 /26　字数 /478 千字
印　　刷 / 三河市华润印刷有限公司
版　　次 / 2017 年 8 月第 1 版　2019 年 5 月第 2 次印刷
书　　号 / ISBN 978-7-5113-6871-3
定　　价 / 52.00 元

中国华侨出版社　北京市朝阳区静安里 26 号通成达大厦 3 层　邮编：100028
法律顾问：陈鹰律师事务所
编辑部：（010）64443056　　64443979
发行部：（010）64443051　　传真：（010）64439708
网　址：www.oveaschin.com
E-mail：oveaschin@sina.com

序

这里改变世界

翻开地图，沿着旧金山湾南端101公路，从门罗公园、帕罗奥托经山景城、桑尼维尔一直到圣塔克拉拉谷，再到圣何赛的这条长约50英里的狭长地带。你可以看到，上方是旧金山，众多现代初创公司的聚集地，而下方就是硅谷——一个聚集着科技、财富及梦想的地方。

硅谷不是一个普通的地理名称，在今天它几乎就是高科技公司的代名词，这里每天都在发生着奇迹与革命，足以改变我们生活的世界。

或许你并不觉得硅谷的这些公司给你带来了怎样的影响，尤其是那些排斥高科技设备的人。但实际上，这些东西早已融入了你的生活。这里有重新发明了手机的苹果公司，有占据计算机产业半壁江山的英特尔，有替全世界多数大公司管理数据的甲骨文，有将人们联系到一起的Facebook和Twitter……而在未来，这里会给我们带来更多的新东西，如全息投影、自动驾驶汽车……

在高科技产品与互联网彻底改变我们的生活方式以后，我们有必要了解一下这一切是哪些公司、哪些人做的，而我们从他们身上又能得到怎样的启示。

我们要提到的第一个关键词是勇气，在硅谷人身上永远都不缺少抛弃一切从零开始的勇气，不论是从哈佛退学的比尔·盖茨、马克·扎克伯格、达斯汀·莫斯科维茨、史蒂夫·乔布斯，还是坚持自己经营理念的杰夫·贝佐斯、马克·贝尼奥夫，他们都有着过人的勇气，在面对更加稳妥的前途和更加丰厚的回报时，他们依然选择按照自己的选择走下去。

第二个关键词是长远的眼光。硅谷的成功者们之所以能够改变世界，不是因为他们有多高超的技术、多优秀的营销水平，而是他们看得比别人更远。他们敢于挑战旧的传统，敢于创造全新的东西，甚至敢于向给他们投资的人叫板，事实证明他们是正确的，他们成功地创造出全新的东西，让这个世界变得更好。

第三个关键词是坚持。每次创业都不会是一帆风顺的，不免有些磕磕绊绊，甚至有时候还可能遭受毁灭性的打击。拉里·埃里森的甲骨文曾在短时间内缩水到原来的10%，杰夫·贝佐斯也曾因为亚马逊的持续亏损而难以继续，马克·扎克伯格更是被人们称为"政府的监视者"。面对困难，他们只要把公司卖掉就可以做一个亿万富豪然后简单地生活下去，但是他们承受住了压力，坚持了自己的理念，并且将公司带到了新的高峰。

奉献是最后一个关键词，除了人们习以为常的慈善事业外，这些公司还为人类的未来进行了投资。许多硅谷公司都是航天事业的支持者，他们认为人类的未来应该在那遥远的太空，在那广阔的宇宙。他们投入的资金数量是难以估计的天文数字，但是直到他们离开这个世界可能都看不到任何回报。在多年以后，他们的目标达成，人类真的征服宇宙以后，或许人们会记得他们的贡献，为他们树立丰碑。

或许在硅谷，"改变世界"这句话已经被滥用了，但实际上，人们仍然为他们取得的成就而兴奋。每个公司都喊出了"改变世界"的口号，而他们也的确切切实实地在改变着这个世界，或许是我们所熟知的领域，或许是在我们所不了解的细微之处。我们完全有理由相信，甚至可以将其称之为一种预见，硅谷将会带给我们一个更加美好的世界。就如——Facebook 会让全世界的人们都可以自由交流；甲骨文将让大公司、企业乃至政府的工作变得更加有效率；亚马逊会让人们足不出户就买到自己想要的任何东西；特斯拉将减少汽车消耗的能源，给我们创造一个更干净的世界；苹果将让人们可以在任何地方处理任何事务，而这一切，都离不开英特尔、微软及 Salesforce 的支持。

我们应该感谢硅谷，他们为我们提供了美好的现在；我们应该期待硅谷，他们将为我们带来更好的未来。

目录 CONTENTS

Part 1 / 苹果：科技，目标改变世界

第一节 横空出世，天才与天才的作品

- 003 性格决定命运，反之亦然
- 008 两个史蒂夫，历史性的会晤
- 011 美来自心灵的丰富：禅的启示
- 014 Apple Ⅰ，颠覆世界的试验品
- 017 不断探索，从 Apple Ⅱ 到丽萨
- 020 1984，麦金塔电脑的胜利年
- 023 30 岁，他失去了苹果

第二节 重回苹果，乔布斯大逆转

- 027 苹果路线，路在何处
- 030 实力上升，乔布斯依然崛起
- 033 重整旗鼓，此刻的失败者终将胜利
- 036 iMac 宣言，"你好，又见面了！"
- 039 iPod，纯白音乐伴侣
- 041 音乐情结：从鲍勃·迪伦到 iTunes

第三节 改变世界，苹果公司的生存之道

- 044 iPhone，革命性手机

047　iPad，它究竟是什么？
049　数字狂潮，开始后PC时代
050　原则之争：碎片化与一体化
053　告别，"我已经做了我能做的一切。"
055　苹果，继续前进！

Part 2 / 微软：20世纪最美丽的神话

第一节　微软初创：无与伦比的想法

059　再见，哈佛！
063　创立微软——传奇的诞生
067　第一次飞跃：握手"蓝色巨人"
071　奠定霸业的MS-DOS操作系统

第二节　帝国荣光：创立独一无二的辉煌

074　第二次飞跃：与苹果携手
078　"视窗"与品牌意识
082　财富神话的开始

第三节　盖茨时代：科技统治世界

086　占领中国市场
089　第三次飞跃："统治"网络
092　失败的"维纳斯"
094　比尔·盖茨的爱情与婚姻

第四节　永不落幕：微软已成一种习惯

098　"反垄断"风波

102　下一个麻烦——欧盟
105　退休的盖茨，前行的微软

Part 3 / 英特尔：偏执创造的伟大

第一节　英特尔的诞生，"美国梦"的典范

111　硅谷最伟大的偏执狂走了
114　他从彼岸"游"来
117　传奇诞生：从仙童到英特尔

第二节　偏执的力量——成就世界最重要企业

120　狼性管理，完成历史性的转型
123　"摩尔定律"的坚定实践者
126　强强结合的"Wintel"联盟

第三节　权力更迭，英特尔迎来新时代

130　癌症的侵袭
133　卸任 CEO，开启董事长生涯
136　英特尔的未来

Part 4 / SpaceX&特斯拉：创造未来

第一节　来自南非的独行侠和来自山景城的"黑帮"

141　一位天生冒险家的典型人生
144　从非洲到 Zip2

147　X.com，金融变革开始！

150　一位天生精英的非典型人生

第二节　网络银行，定义新型金融

154　交锋，在空白地带

158　一场变动和夭折的蜜月

162　成也 eBay，危也 eBay

165　功过不由后人说

第三节　来自太空的召唤

169　SpaceX 的诞生

173　坠毁的梦想

176　特斯拉，疯狂的电动车

180　泥沼

183　磨难与新生

第四节　颠覆传统的伟大

187　腾飞的 SpaceX

191　潜龙升天

195　特斯拉的复仇

199　与命运搏斗

203　把生活带向未来

Part 5 / IBM：甲骨文，与上帝叫板

第一节　鹬蚌相争，IBM 成就了埃里森

209　叛逆的犹太坏小子

212　三所大学得不到一个文凭
216　硅谷，奇迹开始的地方
219　一个上百亿美元的错误
222　跟着 IBM 的脚步

第二节　龙争虎斗，跨过那些强大的对手

226　被挖墙脚的 Ingres
229　生死一线的甲骨文
232　战胜自我，走出深渊
235　誓与盖茨争高低
238　正面交锋
241　首富之争

第三节　并购狂潮，建立甲骨文帝国

244　首战打响
248　并购仁科
250　并购狂潮
253　中国计划

第四节　成功密码，埃里森其人

255　埃里森的管理哲学
258　胜利就是一切
260　埃里森的成功密码

Part 6 / Salesforce.com：世界最创新公司

第一节　心之所向，创建一个"云"里的公司

267　Salesforce 和它傲慢的缔造者

271　灵感与创意的诞生
274　在慈善与梦想中寻找出路
277　告别甲骨文，从 Salesforce 起步

第二节　品牌为王，塑造与众不同的企业形象

282　60 万美元的发布会
286　如火如荼的宣传
290　广受好评的"城市巡回活动"
294　崛起——成为市场领导者

第三节　艰难前行，危险与机遇并存

298　沉默引发的"信任危机"
301　"标签革命"——一切以客户为尊
303　平台与商店：开启无限可能
307　"软件终结"时代的来临

第四节　进军全球，Salesforce.com 的海外扩张

310　慈善与商业并行
314　全球化第一站——都柏林
317　向日本进军
321　征服亚洲，漫步云端

Part 7 / 亚马逊：一键下单解决一切

第一节　成立公司，来自互联网的启发

327　德克萨斯小牛仔
331　寻找创业的钥匙

334 以互联网为目标
336 艰难的开始

第二节 做世界上最大的书店

341 没有库存的"最大"书店
345 痛,并快乐着
348 亚马逊的赚钱方式
352 让前进的车轮转动起来

第三节 电子商务界的领袖

355 书店已经满足不了亚马逊了
358 疯狂扩张
361 新目标：盈利
364 一场关于命运的豪赌
367 Kindle 就是未来
370 图书行业的末日

第四节 杰夫·贝佐斯的成功法则

373 非典型的管理者
377 亚马逊的形象代言人
380 亚马逊的前方在哪里

Part 8 / Facebook：时代名片

第一节 Facebook 源于一场恶作剧

385 天才还是怪胎
386 风起柯克兰

388　走出哈佛

第二节　先成功，再成熟

390　Facebook 的商业模式
391　疯狂的融资

第三节　巅峰之路

392　改变这个世界

Part 9 / Twitter：140个字符征服世界

第一节　Twitter 小鸟在轻鸣

397　"天才"比兹的灵光一闪
398　Twitter 是这样诞生的

第二节　"社交温暖"：改变世界的 140 个字符

401　推特小鸟在腾飞

Part 1
苹果：科技，目标改变世界

创造伟大的发明，而不是赚钱。应该尽我所能，将此生放回历史和人类思想的长河。

——史蒂夫·乔布斯

第一节
横空出世，天才与天才的作品

> 回溯苹果公司的发展历史，有不少令人津津乐道的话题：诞生于车库、两个好朋友的合作、白手起家的穷小子、天才的创意和能力、借时代东风腾飞……其中，最让人惊叹的当属史蒂夫·乔布斯，他是一个传奇，一个不在常规之内的人，一个创造奇迹的天才。

▍性格决定命运，反之亦然

恐怕没有任何一个企业如苹果那样，全身上下都打上了创始人的标签；也很少有产品像苹果系列那样，让人拿在手中就想起它那非比寻常的创意人。苹果公司及其产品充满科技的智性、美的灵性和天才的个性，这种气质来自于它的缔造者——史蒂夫·乔布斯。

不难解释这种现象：史蒂夫·乔布斯是一位控制欲极强，无视世俗规则的天才。当他想要做一件产品，就一定要在方方面面做到极致的完美；当他想要说服他的设计师、赞助者和员工的时候，他激情澎湃又极具煽动性的说辞能够产生一种"现实扭曲立场"，让他的倾听者完成那些不可能完成的任务；他非常任性，可以无视市场和盈利，一心推出旁人并不看好的产品；他极其敏锐，总能抢先一步挖掘商机，随时建立事业……所以，当他终于奠定在苹果公司的绝对地位后，他的强硬态度保证了苹果产品必须按照他的规则：简约、友好、不可更改、美观前卫、细节完美。也正是这种信念，打造了令世人趋之若鹜的黄金品牌。

但要如何解释这种产品特质的来源？诚然，苹果不是乔布斯一个人的公司，它有三个创始人，它有优秀的硬件和软件设计师，它还有一个庞大的机构让这个产品顺利推出，而这个机构的部门全都臣服在乔布斯强大的意志下，乔布斯很少妥协，不容违逆，这个机构的每一位高级员工，都必须学会与一个暴躁、易怒的控制狂领导和谐相处。乔布斯为公司定性、为产品定性，也为科技定性、为时代定性，如果他没有强烈的意志是做不到这一点的。

所以，想要真正了解一次次引发科技产品浪潮的苹果公司，首先要了解史蒂夫·乔布斯。这个拥有458项专利技术（其中的141项竟然是他去世后被授予的）、被称为优秀的发明家、企业家、设计者、管理者，数以亿万果粉心目中神一样的存在，深刻地改变了我们这个时代的传奇天才。

传记作者一定会喜欢史蒂夫·乔布斯，他的出身就是一部迷离的家世、爱情、人性传奇。时间在20世纪50年代，地点美国威斯康星州，一位富家女在读大学时遇到了一位助教，爱情产生了。助教名叫阿卜杜勒法塔赫·钱德里，生在一个显赫的叙利亚家庭，富家女芳名乔安妮·席贝尔，父亲是当地的富翁。两个家庭有很多相似之处：财富、社会地位、注重子女教育、涉足多个商业领域……但家世上的不相上下并没有缔造门当户对的好姻缘。

乔安妮的父亲反对女儿的爱情，原因很简单，席贝尔家信天主教，钱德里是其他教后裔。病得奄奄一息的老父亲对女儿宣布，倘若她执意嫁给钱德里，他会和她断绝父女关系，她也别想拿到哪怕一分钱的财产。乔安妮陷入煎熬，更不巧的是，她在这个时候怀孕了。天主教不允许堕胎，她只能偷偷躲到旧金山，生下了一个男孩，很显然，她不能留下这个婴儿。

婴儿被秘密领养，起初，一位律师表示了收养意向，看重教育的乔安妮很满意那个家庭。没几天，律师夫妇表示他们更希望有个可爱的女儿，放弃了收养。又一对领养人出现了，出于严格的收养制度要求，乔安妮不能与这对夫妇见面，只能大体知道他们的条件：丈夫是个高中退学的机械师，妻子是个丧失生育能力的记账员，乔安妮对这样的条件十分不满，却又找不出更好的办法，只能在收养合同上加了一条强制条款：这对夫妻必须保证男孩上大学。

尚在襁褓的婴儿就这样从母亲怀中被送到一对平凡的夫妇那里，尽管乔安妮在父亲去世后与钱德里结婚，并试图寻找她的儿子，但美国领养程序有极其严格的保密性，她一无所获。后来她与钱德里离婚，这段波折的爱情只有两个纪念物——一个流落在茫茫人海中、无处寻觅的男孩，一个后来成为杰出作家、叫莫娜·辛普森的女孩。

当乔安妮为不得不送走亲生儿子而黯然神伤之时，快乐降临在机械师保罗·乔布斯和记账员克拉拉·乔布斯身上。他们欣喜地逗弄着那个刚刚领养的健康漂亮的男婴，给他取名史蒂夫·保罗·乔布斯。这对父母给了婴儿慈父慈母般的爱护，还有良好的成长条件和坦率的相处方式，史蒂夫还没上小学（或者刚上小学），就知道了自己并非保罗和克拉拉所生，这个消息无异晴天霹雳，但保罗和克拉拉坚定地告诉哭泣的孩子："我们是专门挑的你。"

史蒂夫的性格里一直保留了这件事对他的影响。一方面，他被遗弃的事实让他独立又闭塞，没有人能完全了解他的内心，他活在自己的世界中，并将这种控制力延伸到外界，希望掌控他所经手的每一件事；另一方面，他坚信自己是被"选中的"，他与众不同、独一无二，这种信念转化为强烈的自信，让他毫无畏惧地做每一件事，并深信自己能影响他人，改变世界。

保罗和克拉拉为他划定的成长环境，进一步造就了他的人格。

史蒂夫的成长环境也有着传奇意味。乔布斯一家就住在20世纪美国腾飞的核心地带——硅谷。在冷战格局两强争霸期间，国防工业迅猛发展，大批订单催促着这个地区的发展。紧接着，惠普公司兴起，高科技追求在这里迅速生根。随着半导体技术的普及和摩尔定律的提出，高科技产业蓬勃发展，年年翻新，史蒂夫伴随着日新月异的科技浪潮一路成长。他的邻居是工程师和设计师，他每天看到为新发明、新技术兴奋的人们，他在年幼时就在离家不远的美国国家航空航天局埃姆斯研究中心看到了20世纪最伟大的发明之———计算机。

不应该简略地跳过史蒂夫的成长，因为他与电子技术有着不可分割的缘分。让我们从头说起。史蒂夫生长在一个充满杏树和李子树的地方，绿树成荫的童年印象为他留下了人文与自然的初步审美底色，他对价值的初步印象来自乔布斯家的房子，那是一位叫约瑟夫·埃齐勒的建筑开发商，位于加州洛斯阿托斯市，如今那栋房子已经成为该市的历史遗迹、"果粉"的朝拜圣地。

这栋房子体现了埃齐勒的开发理念，他声称要为美国大众打造现代房屋，这些房屋廉洁而美观，有落地的玻璃窗，滑动的玻璃门，开放式结构，漂亮的外观，地板下有供暖设备，是低收入工人们的福音。史蒂夫就在这样廉价而美观的房子里长大，这无疑是一节漫长的美学教育课，他关于制造的理念一直没有改变——成品要简单、美观、质量上乘、设计精致，还要有大众能够接受的价格。

保罗的工作是修理机械，他有一双巧手，既可以用木板和钉子为家里添置家具，又能动手修理废旧汽车，他常常用极低的价格买下坏掉的汽车，一番整修，汽车就能以高出几倍的价格卖出去，这一度成为这个家庭的外快来源。保罗很希望史蒂夫子承父业，但史蒂夫对这种"会把手弄脏"的工作不感兴趣，而是和硅谷众多年轻人一样，喜欢电子设备。

但史蒂夫又在很大程度上学习了养父的工作品质。保罗喜欢自己动手，喜欢设计，工作的时候十分专注，当他想用木头和钉子制造柜子或栅栏，他会将这些东西的背面也用上很好的材料，打磨得十分精细。可以肯定，史蒂夫对苹果产品那苛刻的要求——他要求每块电路板都要异常精美，没有用户关心这些根本看不到的东西——全来自保罗的影响。区别在于，保罗注重细节是一种职业上的自律，乔布斯却拿完美主义要求自己和所有人，他是一个细致入微的主宰者。

作为父母，保罗和克拉拉最出色的地方在于他们明白史蒂夫的"另类"，任性，淘气，经常闯祸，总有惊人之举，不顾及旁人，但这并没有让他们减少对养子的爱。史蒂夫展现了非同一般的聪明，他可以借助工具盒制造简单的电子设备。有一次，他做了一套"窃听设备"，在家中连接几个扬声器，控制室就在自己房间的衣柜里。当史蒂夫美滋滋地听着各个房间的声音时，可怕的事情发生了，保罗怒气冲冲地闯了进来，命令他立刻拆除这套鬼东西。

除此之外，保罗很少对史蒂夫动怒，反而为史蒂夫的探索举动大开方便之门。当史蒂夫参加了惠普的探索者俱乐部，保罗每周都会亲自开车送儿子去聚会地点。那时候的史蒂夫就显示出他那以自我为中心的个性，他会毫无前兆地拦住一位惠普公司的职员，要求参观他们的实验。通常情况下，这类要求会得到满足。也许并不是因为史蒂夫讨人喜欢，而是因为他不达目的誓不罢休的精神——他会一直提同样的要求，直到对方屈服。

在惠普公司，他看到了正在开发的小型计算机，这也是世界上第一台台式计算机，它叫9100A，外型庞大臃肿，却让当时的史蒂夫双眼一亮，也许这就是他与台式计算机缘分的开始。此后史蒂夫热衷于制作电子设备，如果他缺少零件，就直接拿电话簿查找能够提供零件的人，例如惠普公司的CEO威廉·雷丁顿·修利特先生。

威廉·雷丁顿·修利特未必记得给自己打过电话的高中生，没有人能说清一个忙碌的大集团CEO为什么会接一个高中生的电话，还和对方聊了将近半个钟头。修利特不但让人寄去了史蒂夫需要的零件，还给他安排了一个兼职。保罗每天送史蒂夫上班下班，他很快爱上了流水线上的工作，还经常跑到一群工程师里聊个痛快。

不论在这个时候，还是任何时候，史蒂夫·乔布斯都没有显示出在设计或在制作方面的过人天赋，但他喜欢接触那些优秀的、有想法的人才，那些人也喜欢他，他们认为史蒂夫是一个有创见性的人，和他在一起能激发不少思想的火花。这就是屡屡遭人诟病又让人费解的"乔布斯谜题"：他并没有亲自动手，许多东西并非他的发明，但他却用想象力和行动力参与到新事物的开发中，并让一切过程按照他的心意通向结果。

他是一位与众不同的天才，很难说是过分自我的性格决定了他的成就，还是身为天才的命运注定了他的性格，以及他与周围世界的摩擦。但任何人都会承认，没有史蒂夫·乔布斯，就不会有苹果公司的一系列产品。那是只有乔布斯才能开发的顶尖科技艺术品。

两个史蒂夫，历史性的会晤

硅谷有许多传奇，其中，威廉·雷丁顿·修利特与戴维·帕卡德的见面是人们最为津津乐道的场景。两个青年在斯坦福大学一见如故，创立了惠普公司，将一个小公司逐渐壮大为世界级企业，被称为"硅谷之父"。他们身上体现了硅谷的诸多特点：白手起家、高科技、新商业……当十几岁的史蒂夫拨通修利特电话的时候，他并没有想到自己也会有一次类似的会晤。

史蒂夫·乔布斯与史蒂夫·盖瑞·沃兹尼亚克的相识可与惠普双雄的会面媲美。他们就读于同一所高中，沃兹大乔布斯五岁，他们通过沃兹的弟弟结识。乔布斯大胆、敏锐、有激情，沃兹腼腆、诚实、有天赋，这天差地别的个性却碰撞出激烈的火花。当时，乔布斯一边读高中一边在工厂做小工，还会用低价买下电子元件再以高价卖出；沃兹则因为自身的才气和电子设计成了学校的风云人物，并且在计算机公司得到了一份兼职。

两个史蒂夫一拍即合，他们坐在人行道前，分享各自的成长经历，发现对方和自己一样有个性、爱恶作剧，不拘常理，而且他们都是鲍勃·迪伦的忠诚歌迷。沃兹年纪大，对人情世故却不在行，拙于表达，乔布斯恰恰弥补了他的缺陷，他们的聪明体现在两个方向，反而加深了对彼此的欣赏。

他们的合作开始了，两个人到处搜集鲍勃·迪伦的盗版演唱会录音磁带，再把好几场演唱会刻录到一盘带子上；沃兹发明了发射电视信号的装置，在一群人看电视的时候，按下按钮干扰信号，让大家一次次起立去摆弄那个"时好时坏"的电视机；他们最大手笔的恶作剧来自一本小说——《小蓝盒的秘密》。

这本小说描写了这样一个令人激动的故事：黑客可以通过模拟美国电话电报公司的音频，接通电路，然后免费拨打长途电话。这篇小说还特别提示说，这些音频信息都可以在一本《贝尔系统技术期刊》上找到。沃兹看到了这篇文章，给乔布斯打电话，乔布斯立刻拉着沃兹冲进斯坦福大学的图书馆，挖到了那本期刊。——此时，恼火的美国电话电报公司正要求所有图书馆将这本期刊下架，两个史蒂夫抢先一步得到了它。

沃兹负责技术工作，他买来制造声音发生器的零件，乔布斯提供了一个自己制造的频率计数器，物理计数器并不能产生良好的音频效果，沃兹决定使用二极管和晶体管，做一个数字蓝盒子。第一次试验，他拨错了电话号码，对一个远在洛杉矶的陌生人大叫："我们正在加利福尼亚！用一只蓝盒子给你打电话！"他和乔布斯甚至把电话打到了梵蒂冈，沃兹说："我是亨利·基辛格，我在莫斯科，需要和教皇通话。"

沃兹喜欢挑战，喜欢分享自己的创造，乔布斯却以另一种眼光看待这个蓝盒子，他提出售卖这个节省长途话费的划时代产品。他们清点了剩余的零件，计算价格，一个蓝盒子的所有元件约为40美元，乔布斯为成品定价150美元，他带着沃兹推销这个产品，卖出了上百个。

一场意外结束了这次尝试。一天，乔布斯在一家比萨店向邻桌的人推荐他的蓝盒子，那群人表示很感兴趣，要求两个史蒂夫去电话亭做个试验。乔布斯得意扬扬地拨打了一个芝加哥电话，那群人表示满意，带着他们去汽车里拿钱。突然，一把手枪指向乔布斯，乔布斯吓坏了，只好小心翼翼地将那个只有两副扑克大小的盒子交给他们。这件事让乔布斯和沃兹失去了150美金（40美金）和继续贩卖的兴趣。

这个成功却极大地鼓舞了他们，沃兹为自己的产品能够"畅销"而激动，乔布斯也从中看到了商机。他们的合作模式由此奠定：沃兹负责开发制作，乔布斯负责推广销售。在沃兹身上，更多地体现了极客精神，精湛的技术＋分享冲动，这是沃兹的奋斗目标；乔布斯不同，他的思想更加复杂也更加实际。

沃兹一直想当个优秀的工程师，他就读于科罗拉多大学和加州大学，毕业后顺利进入惠普公司工作，在此期间，他和乔布斯一直保持着密切的关系。乔布斯并没有走一条精英路线,他从小就任性,到高中后更加叛逆——他根本不想读大学。他给父母出了一道难题:要么读全美最贵的私立里德学院,要么不读大学。父母只好省吃俭用地凑够学费,可乔布斯只读了一年就辍学,进入雅达利电视游戏公司工作。

1975年,雅达利公司准备开发一款单机游戏:玩家用球攻击一面墙,每击中一次,墙上就会减少一块砖。负责人把这个任务交给乔布斯,并表示倘若这款游戏使用的芯片能够少于50块,每少一块,都会有相应的奖金。乔布斯兴高采烈地去找沃兹帮忙,约好平分报酬。乔布斯告诉沃兹,他们只有四天时间。

"这怎么可能!"沃兹抗议,设计一款游戏至少需要几个月,他还只是一个初出茅庐的工程师。乔布斯不断用富有感情的激励语挑起沃兹的兴趣和斗志,让他完全忘记了现实的"不可能",全心全意沉浸在设计中,奋战四天四夜,完成了这项任务。而且,他只用了45块芯片!

难以置信。沃兹难以相信自己完成了这样高难度的任务。不过,他并不是第一次领教乔布斯扭曲事实的能力,每一个和乔布斯有过合作的人都不难发现,乔布斯非常擅于用激情又有强制性的言语让别人忘记现实中的限制和困难,为一个根本不可能达到的目标努力。他们称乔布斯的这种能力为"现实扭曲力场",奇怪的是,乔布斯真的能用他催眠式的花言巧语,激发人的潜能和爆发力,他们不得不感叹:"我真的做到了,不可思议!"乔布斯的另一个能力就是发掘他人的天分和优点,他并不是一个工程师,但他知道哪些人(例如沃兹)能帮他完成目标。

这次"打砖块"合作有一个不愉快的尾巴,乔布斯只把基本薪酬的一半分给了沃兹,而把减少的五块芯片所带来的奖金塞进了自己的腰包。沃兹一无所知,直到十年后,这件事才被记者挖了出来。乔布斯宣称根本没有这回事,沃兹有些难过,但他觉得人与人本来就不一样,"我宁愿这件事就这么过去"。

有人评价乔布斯和沃兹是"魔鬼与天使的组合",沃兹永远诚实,永远善良,但他只能当个优秀的工程师,而不能设计一款改变世界的产品或开一个闻名世界的公司，而这些恰恰是乔布斯的强项。乔布斯的内心有不小的阴暗面，他的表现欲、控制欲、心机和相对贪婪的一面，注定了他要成为领导者。这种不同既是他们的合作基础，又是他们分道扬镳的伏笔。

美来自心灵的丰富：禅的启示

接触苹果公司的产品首先是一场一场惊艳的视觉体验，精美的包装，简约的设计，流畅的线条，纯净的质感，是苹果产品领先其他电子产品的一大原因。乔布斯曾说，他希望人们拿到苹果产品就像拆一件令人惊喜的礼物，这件礼物每个细节都完美。究竟是什么原因造成了乔布斯极度的完美主义倾向？

一方面，这种倾向来自于乔布斯的家庭教育，他的养父教导他要把事情做到完美。但这种完美是道德上的，并非审美上的。想要真正了解乔布斯，就要了解他少年到青年时期的心路历程。那时的他不再是个喜欢恶作剧的小男孩，而是一个想要探索心灵神秘的求道者。他把个人生活演化成一次次自我实验，看上去很像行为艺术。

被抛弃的身世也许是这种追求的导火线。比起那些享受家庭生活的青年，乔布斯不知道他究竟来自哪里，他的父母是什么样的人，他的血管里究竟流着哪种血液，这让他非常迷茫又痛苦。他尝试过迷幻剂，去朋友管理的苹果园进行劳动，受一本《一座小行星的饮食》的影响，他开始吃素，并相信吃素会消除身体黏液，不会有体味。乔布斯是个对自我要求严格的人，他一辈子都以素食为主。他还曾经参加一种尖叫疗法治疗……其中，对他影响最大的是禅宗哲学，这种自成一体的东方思想让乔布斯深深着迷。

起初，东方神秘主义哲学吸引了年轻的乔布斯和他的朋友们，这是一种时代潮流，青年们在飞速发展的大时代产生了精神上的迷惘，从泄愤式的摇滚到狂乱的迷幻药，再到对各种偏激的主义、宗教的颂扬，人们也开始认识东方哲学，那种自省式的学问似乎给他们的心灵指引了一个清幽僻静的方向。命运的神秘性让史蒂夫很容易被神秘的东西吸引，神秘的修行又让他的心灵进一步挣开社会的束缚。

这时，乔布斯读了一本日本禅宗禅僧铃木俊隆写的禅宗入门书，《禅者的初心》。这本书并不深奥，只简单介绍了一些基本的禅宗观点，"做任何事，其实都是在展示我们内心的天性。这是我们存在的唯一目的。"这句话长久地刻在了乔布斯心中。他有一句名言，"Stayhungry,stayfoolish"，就是这种思想的折射。

这时的乔布斯正在里德学院读书，他选择这所学校不只因为它昂贵的学费会给父母带来困扰，也因为它是一所有艺术气氛的学校。可乔布斯并不喜欢这里的课程，他常常旷课，只上自己感兴趣的课程，其余时间则用来参加各种活动和打工。一年的时间让他意识到，自己正在挥霍父母的毕生积蓄，他决定退学。

这只是乔布斯理解的"退学"，他依然留在学校，依然去旁听他感兴趣的课程，依然住在学校提供的宿舍，只是不再缴纳学费。不知乔布斯用什么样的方法得到了校方的容忍——乔布斯总有他的办法。乔布斯曾说起他在退学后上过一门书法课，"我学到了怎样在不同的字母组合间调整间距，以及怎样做出完美的版面设计。这其中所蕴含的美、历史意味和艺术精妙之处，是科学无法捕捉的。"

科学无法捕捉的美，后来成为乔布斯的产品美学理念的基石，他要把工程和设计完美结合，让科学与人文交融，让高科技成为真正的享受。谁能想到，这一伟大理念最初的萌芽，可能只在一所大学的一门并不重要的课程？

除了书法课，大学里并没有多少令乔布斯感兴趣的东西，这时他已经被禅宗观念迷住了，他的素食习惯因此更加虔诚。禅宗关注人的内心，乔布斯既想了解自己，又想知道自己应该如何融入这个世界。离开大学后，他进入雅达利公司，这个想法始终伴随着他。他的一位朋友，罗伯特·弗里德劝他去一次印度，他曾在那里接受过一位大师的指导。

乔布斯是个实干派，他立刻开始筹划去印度的行程和旅费，他态度严肃，视这次行程为探索之旅,他希望能在印度找到关于自身追求的答案。1974年4月,他到达新德里,因为水土不服生了一场重病,从160磅掉到了120磅。病好后,他前往恒河源头,参加那里的宗教集会。

印度的一切都刺激着乔布斯的神经。当地那些虔诚的宗教徒,他们努力摒弃物欲的干扰,在喜马拉雅山脚下的小村庄,有灵性的大师们住在帐篷里,信徒们则到处寻找能够指引自己的智者。乔布斯像他们一样,剃光头发,穿着长袍,皮肤因剧烈的阳光而晒得黑红,住简陋的旅馆,吃少量素食,过着一种半是流浪半是苦行僧的生活,他希望以此得到返璞归真的觉悟。可惜,他并没有在这个过程中得到关于自身的任何答案。

但印度之行的收获又是巨大的,它让乔布斯认识到一种截然不同的思维方式:直觉思维。现代西方思维建立在严格的实证主义科学之上,强调理性,认为直觉是没有根据的东西。这也导致了西方人过分依赖经验和科学,忽视精神力量,因而迷茫、不安,甚至狂躁。东方式哲学强调直觉的运用,让人们安静下来倾听内心的声音,使心灵不再依附于外物,更加独立也更加坚韧。

七个月后,乔布斯回到美国,继续在雅达利公司工作,并在业余时间去斯坦福大学旁听工程学课程。他没有放弃灵修,在旧金山禅宗中心开始了新的心灵旅程。这个机构由《禅者的初心》的作者铃木俊隆亲自管理。也是在那里,乔布斯结识了他的禅宗导师乙川弘文,这位导师的教诲给乔布斯很大启示,两个人的关系也随着时间越来越深厚。

在印度的七个月,是肉体的洗礼,更是思维的革命,乔布斯从此坚信直觉是最重要的,大多数时候,他按照直觉创业、设计、推出新产品,这些让他闻名于世的行为,靠的并不是周密的思考,而是灵感与激情。这就是乔布斯的哲学实践。

乔布斯要面对的另一个难题是个人与世界的关系。按照禅宗的苦行思维,信徒应该抛弃一切,投入到对精神世界的追求中。乔布斯也考虑过这种方法。乙川弘文阻止了他,这位导师认为乔布斯可以一边工作一边修行。众所周知,乔布斯是个爱走极端的人,幸好,乙川弘文的话结束了乔布斯遁入空门的念头,让他可以专心致志地搞他的计算机实验。

禅宗修行为乔布斯带来了心灵上的丰富,和乔布斯的许多奇妙经历一起,奠定了乔布斯的审美观念。乔布斯的竞争者,世界首富比尔·盖茨曾说:"如果我能有乔布斯的品位,我愿意放弃很多东西。"品位决定了很多东西,包括乔布斯的人生目的,也包括苹果产品在全球范围内的胜利。

Apple I,颠覆世界的试验品

20世纪70年代,计算机以无坚不摧的力量改变着美国人的思想和生活方式。

起初,昂贵稀有的计算机只是国家机构的管理工具,在反主流民众眼里,计算机是可憎的,甚至是官僚机构的象征。随着计算机技术的推广和普及,人们意识到计算机可以成为民主的力量,民众的工具。随着电子技术日新月异,人们对计算机的热情空前提高。乔布斯和他的好搭档沃兹也一样,他们一头扎进计算机浪潮中,成了弄潮儿。

1975年,沃兹看到了这样一张传单:

"你想搭建自己的计算机吗?或者终端机,电视机,打印机?如果是的话,来参加与你志趣相投的人们的聚会吧!"

发起这次聚会的人是戈登·弗伦奇和弗雷德·摩尔,他们成立了一个计算机爱好者组织,以交流和共同进步为宗旨,通过聚会促进成员间的交流。其中的成员大多是黑客,他们很高兴有这样一个交流场所。第一次聚会,弗伦奇介绍了世界上第一台个人计算机——阿尔泰计算机。与会的沃兹看得津津有味。

回到家中,阿尔泰的身影在沃兹的头脑中挥之不去。阿尔泰与其说是一台个人计算机,不如说是一个有形体的概念,一堆零件拼凑在一块电路板上,执行一些任务,外形简陋,功能少得可怜。但在沃兹天才的头脑中,个人计算机已经变成了另一种样子，有键盘、屏幕、主机，使用微处理器进行连接，让三者合为一体。他相信这就是未来的计算机。

沃兹被这个想法迷住了，他投入地进行设计和实验。沃兹没有资金，他选择了一款最便宜的微处理器——MOS 芯片，就连那些烦琐的软件程序，也只能靠手写。他白天在惠普工作，晚上回家就开始摆弄零件。

1975 年 6 月 29 日，历史性的一刻，沃兹在键盘上敲了几个按键，相应的字母出现在屏幕上，第一次，键盘和屏幕成为一体，人工和计算机以最便捷的方式实现了融合，沃兹欣喜若狂！

以沃兹的个性，他会带着这个实验设备去计算机俱乐部，慷慨地与人分享一切心得经验，把设计原理图送给需要的人，不要求任何回报。但他的好朋友乔布斯绝不会允许这种事发生。当乔布斯知道沃兹的颠覆性实验，他就成了这个产品的参与者，他为沃兹找来芯片，让他继续改进，并要求沃兹将这个简单的设备做成一块合格的主板，然后，卖出去。乔布斯对沃兹说："这是一个有趣的经验，即使我们赔了钱，我们也可以拥有一家自己的公司。"

怀着"和最要好的朋友创办一家公司"的美好愿望，单纯的沃兹欣然同意乔布斯的建议。两个人卖掉手头值钱的东西凑钱做运营资本。乔布斯在雅达利工作时与一位叫罗·韦恩的人交好，他也加入进来，三个人成了新公司的创始人。沃兹负责制造，乔布斯负责营销，韦恩占有 10% 股份，他的最主要工作是在沃兹和乔布斯吵架的时候，投票做出决定。

新公司以"苹果"命名。关于这个名字，有个广为流传的解释：英国数学家图灵曾提出一个概念性质的图灵模型，这一模型是现代计算机的基础。1954 年，图灵吃了一个沾有氰化物的苹果，自杀身亡。苹果公司的标志是一个被咬了一口的苹果，是为了向伟大的计算机先驱图灵致敬。

对此，乔布斯回应："这不是真的，但是，上帝啊，我们希望它是真的。"这个名字只是因为乔布斯想取一个不那么正统古板的名字，他常以水果为正餐，又非常喜欢苹果，起名字那天，又恰好去过一个苹果农场，于是，"Apple"便诞生了。"被咬掉一口的设计，只是为了让它看起来不像樱桃。"

苹果公司成立后的第一件事就是推广产品，乔布斯带着沃兹，带着他们的电路板出现在俱乐部。这是乔布斯第一次演示他的产品，他以华丽又富有煽动性的语言描述这块电路板的卓越性：人性化的键盘，不大的体积，低廉的价格。然后，他用极其动人的声音循循善诱道："你们愿意以多少钱来买这台堪称完美的机器？"这种介绍也成了乔布斯惯用的手段，保持了几十年。

俱乐部的黑客们对这块电路板并不感兴趣，因为它使用的是最便宜的芯片。只有一个叫保罗·特雷尔的电脑商人想要深入了解。第二天，乔布斯走进特雷尔的商店，一番宣传＋谈判，在现实扭曲力场的强大作用下，特雷尔决定订购 50 台苹果公司的电脑，价格是每台 50 美元。他特别强调要的是完整的电脑，而不是需要自己组装的电路板。

对于只有 1300 美元资产的苹果公司来说，2.5 万美元的订单无疑是飞来横财，乔布斯和沃兹既兴奋，又着急，他们需要至少 1.5 万美元购买零件。两个人东拼西凑，和家人朋友借钱，跑到银行贷款——因为太年轻被拒绝，最后得到一家电子公司预支的零件。电脑工厂就在乔布斯家的车库。乔布斯和沃兹忙得焦头烂额，亲朋好友上阵帮忙组装。他们的创造品就是 Apple Ⅰ。

Apple Ⅰ 并不是一个完善的产品，它更像个手工作品：一个简陋的灰溜溜的显示器，一块黑色的排满电子元件的主板，还有一个没有外壳的键盘，三个部件用电线连在一起，就连键盘和电源也是特雷尔帮忙配的。但它却有良好的性能，乔布斯和沃兹为此进行了严格的质量检验。

当乔布斯试图更加广泛地宣传苹果产品时，一盆冷水浇了下来，其他公司也在制作个人电脑，最出色的两种是 IMSAI8080 和 SOL-20，它们有出色的外观，成熟的设计和不错的功能。在一个电脑展览会上，乔布斯和沃兹看到了它们，他们要在这个展会介绍苹果公司的第一代样机，显然，它并没有获得太高的评价。

这次小失败激起了两个人的斗志，沃兹试图把苹果样机改造得更加先进，而乔布斯则意识到，沃兹没有问题，苹果电脑的功能超过其他电脑，SOL-20 的优势仅仅在于它的外观和便捷的设计。他开始勾画未来的 Apple Ⅱ，它必须是带有主机、显示器和键盘的一体机，带有所有部件，方便人们使用，这将极大地提高苹果电脑的销量。

乔布斯和沃兹决定把所有构想投入到正在研发的 Apple Ⅱ 中，新的尝试即将开始。

不断探索，从 Apple Ⅱ 到丽萨

当沃兹一门心思完善 Apple Ⅱ 的功能时，乔布斯到处寻找合伙人，他意识到，想要让第二代产品达到他想要的效果，他需要更多资金。那时乔布斯年纪轻，穿着邋遢，名不见经传，吃了不少闭门羹，经过不断努力，终于找到了 33 岁的麦克·马库拉。马库拉是个大胆的投资人，他为苹果公司提供了 25 万美元贷款，这一举动让乔布斯震惊，就连他自己，也并不相信苹果电脑真的能占有市场，马库拉却坚信他们的电脑能够进入美国家庭，成为必备的家用电器。

马库拉是个成熟的生意人，他教会乔布斯市场定位、销售策略和写商业计划书，这都是乔布斯没有涉及过的领域，是他的缺陷所在。一段时间里，乔布斯将马库拉视为自己商业上的父亲。苹果公司的性质也随之改变。最初的合伙人之一罗·韦恩已经退出，乔布斯、沃兹、马库拉各持有 26% 的股份，剩余股份用来吸引新的投资者。1977 年，苹果电脑股份有限公司正式成立。

20 世纪 70 年代末，一切顶尖的技术、设计思想正向 Apple Ⅱ 集中。

沃兹首先搞出了一套色彩生成法，让机器芯片运行出彩色图案，这是一个令人惊喜的飞跃，当时没有任何电脑有彩色图案；电路和程序依然以 Apple Ⅰ 为基础，使用沃兹和乔布斯编写的 BASIC 代码，配备 MOStek6502 处理器，还可以使用两个游戏手柄和演示盒。

乔布斯的任务是给这一套东西加一个好看的包装，但他首先要解决的是电

脑的电源问题。沃兹只关注技术，不理会这些"小事情"，乔布斯却希望这台计算机能够不使用风扇就可以供电。他找到了一位叫罗德·霍尔特的工程师，霍尔特摒弃了传统线性电源，制造了一个一秒钟能够通电上千次的开关，这个开关也是革命性的创造，被后来的电脑商们沿用。

乔布斯又开始琢磨主机的外壳，他对当时流行的灰突突的木头或铁片机箱嗤之以鼻，他要求老朋友罗·韦恩设计一个更漂亮的机箱，韦恩使用有机玻璃弄出一个。乔布斯不满意，还是乔布斯自己解决了这个问题，他在闲逛时得到灵感，决定做个米黄色的简洁又亲切的机箱，这个任务交给了一位叫杰里·马诺克的设计师。

在马库拉的教导下，乔布斯认识到营销的重要，他自己很快转型为一个注重广告效益的商人，还采取电话轰炸的方式，取得了与公关奇才吉斯·麦肯纳的合作机会。麦肯纳为 Apple Ⅱ 设计了高质量宣传册。此外，著名的苹果 Logo 也是麦肯纳团队的作品，它用六种颜色的平行线条构成，色彩亮丽，在一堆电子产品中相当引人注意。最后，麦克纳在宣传册顶端放入一句名言：至繁归于至简。这句话成了贯穿乔布斯一生的设计准则。

万事俱备，一场戏剧性的发布会成为最后的任务。他选择首届西海岸电脑展览会作为舞台。他提前支付 5000 美元，要求得到展厅最前端的展位。这样的大手笔着实让沃兹吃惊，马库拉支持这个决定，他认为商品必须给人留下深刻的第一印象，否则难有销路。

1977 年 4 月，旧金山，在一众金属机器和裸露的附带说明的电路板中，Apple Ⅱ 简直像个尊贵的公主。三台完成的米黄色箱子放在铺着黑色天鹅绒的柜台上，后面还有一块背光玻璃，上面有醒目的彩色苹果 Logo，周围堆满干干净净的产品纸箱。其实整个苹果公司只有这三台成品，但这些空纸箱却给人以产能充足的错觉。

毫无疑问，Apple Ⅱ 引起了轰动，不论外观还是功能，它都走在时代前列。展会刚一结束，公司已经接到 300 份订单。从电路到操作系统，沃兹的创意令人惊讶，而乔布斯提供的亲切美观的视觉体验，也让人们产生了"这才是我想要的电脑"的感觉。沃兹和乔布斯都是天才,他们共同实现了高科技的人性化,这是他们成功的关键,也是苹果公司长期致胜的秘诀。

可是,他们也有矛盾。乔布斯认为制造者必须保证使用者的体验感受,他特别强调端到端的一体式设计,而沃兹认为技术必须分享,他执意要给电脑加入八个扩展插槽,这样用户可以随意介入其他设备。争论以乔布斯的妥协告终,这也让乔布斯心里不舒服,他渴望制造一台完全由他掌控的电脑,每个细节都完美,所有设计都封闭,用户能得到最一流的使用体验,却不能按自己的意思改变电脑的任何一个配置。

因为 Apple II 的成功,苹果公司不再是一个在车库落脚的小作坊,而是有正式办公地点和一批雇员的新锐电脑公司。继续开发 Apple II 的各种机型,成为苹果公司的基本任务,它的销量也急剧上升,从 1977 年的 2500 台到 1981 年的 21 万台。可苹果公司的其他产品却没什么起色,特别是炮制了两年多的 Apple III,性能极差,一露面就被淘汰。

苹果公司还有几个项目想要推出,作为 Apple II 的继承人,但总是有这样那样的问题。乔布斯原本想要制造一款新型电脑,名为丽萨,这个名字来自他的私生女——他和高中时的女友克里斯安·布伦南的女儿,乔布斯不承认这个孩子,他和他的亲生父母一样,选择了遗弃——这台电脑使用了更加强大的处理器,但沃兹一直忙于 Apple II 的改进,无暇顾及丽萨,其余工程师也没有精彩的创意,这些情况让乔布斯日渐失去了对这个小女儿的耐心,以及信心。

而且,随着公司的壮大,乔布斯也体现了他在管理和与人相处上的不足之处,他妄自尊大,总是批评他人,把别人的创意说成垃圾,但如果他认为那主意不错,没过几天,就成了"我有一个好想法",让提出的人哑口无言。他经常对员工大发脾气,横加干涉,又有极强的控制欲,让人放不开手脚。马库拉只好聘请一位职业管理人员来做公司的 CEO,沃兹赞同这个决定。但这位新上任的总裁迈克·斯科特却引起了乔布斯的反感,他们冲突不断,乔布斯使用各种手段(包括大哭)要求斯科特屈服,这位幼稚的管理者给公司带来一连串问题,他依然认为公司应该完全按照自己的要求行事。

除了在公司争夺控制权，乔布斯的最大难题在于他没有找到更好的电脑设计方案，直到公司里一位叫杰夫·拉斯金的工程师提醒乔布斯去关注施乐公司的全新设计：由施乐的帕洛奥图研究中心（PARC）研发的新型电脑用户界面——图形界面。

1984，麦金塔电脑的胜利年

乔布斯提出为施乐公司投资 100 万美元，条件是施乐 PAPC 无保留地展示他们的研究成果。乔布斯、拉斯金以及丽萨团队的成员去施乐 PARC 访问，看到了让他们惊奇的图形显示界面。在屏幕上，出现的不再是一堆普通人看不懂的命令字符，而是文件和文件夹，用户通过移动鼠标点击想要使用的内容。

乔布斯惊呆了，他当场又蹦又跳，他说："我看到了计算机产业的未来。"施乐公司竟然还没有推广这个技术，令他难以置信。在回公司的路上，他已经在和拉斯金讨论如何应用这个界面，他毫不犹豫地剽窃了施乐的创意，准备开发一种更便捷的电脑系统。这本是拉斯金负责的一个项目，叫作"安妮"，拉斯金想要做一款价格低廉的大众电脑，它的特点是具备各种功能，并有方便的图形页面。

乔布斯和他一拍即合，他想起自家的房子，低廉、实用、优美，那正是美国民众需要的东西，也是他想制造的东西。他决定把这些想法在丽萨电脑上实现。于是，丽萨电脑加入了拉斯金和乔布斯的创意，拉斯金也是一位杰出天才，他并没有单纯地模仿施乐的界面，而是开发了更多的功能，在拉斯金的电脑上，用户可以用鼠标拖曳图标或文件夹，而且实现了窗口的重叠和隐藏。这些后来习以为常的电脑画面，在当时却石破天惊，不知花费了拉斯金多少脑细胞。

乔布斯不断增加要求，他要求页面的滚动不能一行一行，因为这样会引起使用者的视觉疲劳，它应该是平滑而连贯的。拉斯金要求公司的工程师设计一个可以向任意方向移动的鼠标，对方表示这不可能。当然，这位工程师就被乔布斯炒了鱿鱼，他很快就找到了能够设计这种鼠标的新设计师。

可是，丽萨团队越来越不满乔布斯的横加干预，乔布斯逐渐失去了对丽萨的控制权。1980年12月12日，苹果公司以22美元一股的价格上市，当天收盘时，已经涨到29美元。乔布斯成了拥有亿万美元的高科技富翁。但他不是那么在乎这个巨大数字，他始终把伟大产品当作人生头号追求。与此同时，苹果公司的领导们厌倦了乔布斯挑起的内部斗争，决定秘密重组，结果是乔布斯失去了丽萨项目的管理权，也失去了研发部副总裁的职位。

乔布斯为此恼怒，幸好，他还有拉斯金负责的安妮项目。他把这台电脑改名为Mac，来自他喜欢吃的一种苹果。拉斯金本来想把这台电脑的价格控制在1000美元以下，使用便宜处理器，将屏幕、键盘和电脑合为一体，但乔布斯要求更加华丽的外观、图形效果和更加强大的功能，为此他不惜挤掉拉斯金，成为这个项目的负责人。从此他成了这个小团队的唯一负责人，他要开发一款足以证明自己价值的电脑。他甚至强行从Apple II团队撬来一名有才华的工程师，还把施乐PARC的一名程序员聘到Mac团队。他到处拉拢优秀人才，到1981年，这个项目已经有将近20位成员，乔布斯是唯一的主导者。

这个团队有独立办公区域，每天都在爆炸式的气氛中度过，加班是常事，他们还以海盗自诩，大胆地设计各种新功能，并满足乔布斯苛刻的要求。乔布斯要求造型不能太方正、有圆润的曲线，要求电路板排列精美，要求去掉屏幕上的光标，要求产品设计遵从包豪斯式的实用、简洁，要求缩短启动时间……因为他无止境的完美要求，Mac电脑的完成时间一拖再拖，工作人员在乔布斯的折磨下，每周工作至少90小时。他们苦中作乐，制作了一件团队T恤，上面写着"我爱每周工作90小时"。

Mac团队体现出强烈的竞争意识，他们不但挑战着全世界最先进的个人电脑，更隐隐把矛头指向了正在研发的丽萨，想要全面超越它。最挑衅的行为是，Mac和丽萨不能兼容，这导致了丽萨团队的抗议。但乔布斯坚持他对电脑的控制，他的一体机不与其他电脑兼容，一切由他和他的团队负责。但谁也不能改变乔布斯的主意，为了回击，丽萨团队也制造了一件T恤，上面写着："一周工作70小时，产品已面世。"

这两个正在研发的团队比赛着烧钱，苹果公司的财政重任仍然落在仍在不断开发新品的Apple Ⅱ上，Apple Ⅱ一直是苹果公司的中流砥柱，广泛应用在美国各个行业，沃兹依然为它工作。Apple Ⅱ团队成员无奈地制造了一件T恤，上面写着："一周工作60小时——赚钱养活丽萨和Mac。"

连续三年，每周工作90小时，Mac电脑成为划时代的产品。干净亲切的外形，屏幕不大，占地更小，它拥有一套完整独立的操作系统，最友好而先进的操作界面，一切都让人满意。它的广告也成了不朽的经典。广告借用奥威尔的政治寓言小说《1984》中的场景，一群灰色的人如行尸走肉般听着屏幕上老大哥的讲话，一位手持铁锤的女运动员奔来，将锤子砸向屏幕。广告寓意着人类的解放。也恰好契合了Mac电脑的上市年份。"1月24日，苹果电脑公司将推出Mac电脑，你将明白1984为什么不会变成《1984》。"

1984年1月24日，在爆炸式的宣传之后，对新品满怀期待的消费者们迎来了盛大的发布会，乔布斯在灯光中走上舞台，用朗诵鲍勃·迪伦的歌曲《时代在变》作为开场白，再以他一贯的华丽辞藻描绘Mac，逐一展示电脑的先进功能，并让电脑自己发出声音，它说："你好，我是Mac！"水泄不通的礼堂里发出尖叫和欢呼，人们对乔布斯报以疯狂的喝彩，发布会大获成功。

Mac团队的每一位成员都激动万分，尽管他们不得不忍受乔布斯苛刻的个人风格，也曾被他的谩骂和没完没了的要求所折磨，但这一刻，他们佩服乔布斯拥有的美妙的个人品位，极端的自我要求以及对完美的不懈努力。他们必须承认，尽管乔布斯并没有发明任何东西，但他才是这个团队的灵魂，是他把Mac变成一台改变世界的电脑，开启了个人电脑时代。

值得一提的是，在Mac的研发过程中，乔布斯和他在世界上最有力的对手——比尔·盖茨，展开了第一次合作。盖茨已经凭借微软占据了操作系统市场，他对乔布斯抱有既欣赏又反对的微妙态度，Mac电脑使用盖茨开发的

BASIC 程序，这是一次强强联合。乔布斯很担心盖茨抄袭 Mac 的图形界面，而盖茨果不其然地在准备开发的 Windows 系统中加入了图形界面。这让乔布斯愤怒不已，他大骂盖茨。

盖茨对此毫无愧疚之意，他认为微软和苹果一样有权模仿施乐。他说："我们不如换一个角度来看这个问题，现在的情况更接近于这样——我们都有个有钱的邻居，叫施乐，我闯进他家里准备偷电视机的时候，发现你已经把它偷走了。"

这个反驳不能让乔布斯满意，但他的确让人不能继续反驳。乔布斯并不以抄袭施乐为耻，他公开说："毕加索说过：'好的艺术家只是照抄，伟大的艺术家窃取灵感。'在窃取伟大灵感方面，我们一直厚颜无耻。"微软只是做了和苹果相同的事。尽管苹果一直就此事和微软打官司，但他们的合作并未终止。

这只是 Mac 开发过程中的众多挫折之一，乔布斯的名言是"决不妥协"和"过程就是奖励"，他享受这个过程。Mac 的成功上市让乔布斯重新找回了自己在公司的位置，他得到了更多权力。他没有从上一次的管理失败中吸取教训，反而越发狂妄，他合并 Mac 和丽萨的团队，只留下少部分丽萨项目的工程师，对那些被解雇的人说："你们是二流货色。"这种态度早晚要引起整个公司的不满，让他的地位再一次岌岌可危。

30 岁，他失去了苹果

苹果公司首任 CEO 迈克·斯科特在任四年，在乔布斯和一群极其自我的天才的巨大压力下，将刚刚成立的苹果公司带上正轨，形成明确的分工和顺畅的商业流程，终于在压力重重之下卸任，由苹果创始人之一迈克·马库拉接任。马库拉不愿做劳心劳力的 CEO，两年后，他表示力不从心。乔布斯仍然想要公司的控制权，但董事们难以认同他，于是，他和马库拉都想尽快找一个CEO，马库拉希望继任者是个优秀的经营者，乔布斯希望下一任CEO有高超的营销手段——还要非常听他的话。

他们很快锁定目标，目标是百事可乐的CEO约翰·斯卡利，他因"百事挑战"的推广活动取得了巨大成就，被称为广告奇才，马库拉和乔布斯对他寄予厚望，希望他能将苹果电脑的销售带上新的高度。乔布斯向斯卡利展示了Mac电脑，同意给他100万美元的薪金，斯卡利犹豫不决，乔布斯用他最擅长的煽情语言蛊惑道："你想卖一辈子糖水呢，还是想抓住机会改变世界？"这句话让斯卡利下了加入苹果的决心。

一开始，乔布斯和斯卡利相互吸引，他们从对方身上看到了热情、活力、才气、共同的爱好，乔布斯对苹果公司的老同事们说："你无法想象斯卡利有多聪明！"斯卡利则说："我被乔布斯征服了。"两个人勾画着合作蓝图，斯卡利确信他将和乔布斯一起改变世界；乔布斯确信斯卡利能够帮他匡正董事会和员工们的态度，确保他的绝对地位。

1983年，怀着美好的憧憬，斯卡利来到加州，刚好赶上苹果公司的员工在开会，他立刻意识到这个公司的复杂性。那时Mac还在研发，乔布斯正在和丽萨团队吵架，员工们毫不客气地回击乔布斯。突然，房子震了起来，发生一次小型地震，大家连忙跑了出去。斯卡利看着眼前的混乱，想起他从前听过的一个关于苹果公司的笑话："苹果和童子军有什么区别？答案是，童子军有大人在管。"

现实就是如此，有两个年轻不知事的创始人的苹果公司，在管理上需要一个"大人"，迈克·斯科特并没有做好这个工作，斯卡利希望自己可以。他的信心来自于他和乔布斯的亲密关系，他相信二人能够合作无间。他不知道，当乔布斯需要一个人的时候，他能够很轻易地营造出一种无比亲厚的氛围，一旦他不需要，这种关系立刻就会破灭。

斯卡利需要对苹果董事会负责，董事会不但希望他能增进销量，更希望他能搞定乔布斯，斯卡利劝乔布斯控制自己的情绪，乔布斯点头同意。不到半小时，又有人打电话给斯卡利，说乔布斯又在大发脾气。这样的事几乎每天都在发生。斯卡利既想达到董事会的要求，又不愿与乔布斯闹矛盾，想让所有人都满意，结果人人都不满意。

Mac 的定价问题撕开了乔布斯和斯卡利的友情面纱。乔布斯和 Mac 团队一直以电脑大众化为目标，认为价格要在 2000 美元以下。斯卡利则要考虑营销、市场和整个公司的利益，他要求定价 2495 美元。得到董事会支持的斯卡利胜利了，乔布斯认为这个价格是 Mac 未能占领市场的罪魁祸首。

Mac 的确没有取得销售佳绩，而且在半年后遭遇了销量滑铁卢。人们发现，Mac 的优点在于外形出众，概念新颖，操作便利，但它的运行实在太糟糕了，漂亮的字体占用大量的内存，导致运行缓慢。而且，它没有内置硬盘驱动器。为了追求自己认为的完美，乔布斯抛弃了很多东西，如今，问题开始浮现。

乔布斯还在任性地指挥众人，他不但对项目提出更多苛刻的要求，还带着他的 Mac 团队企图组建独立的销售队伍，这让董事会愤怒，董事们对斯卡利施加压力，斯卡利两面为难。乔布斯不断得罪人，董事，工程师，合作工厂，软件开发商。与此同时，他并没有什么好主意来挽救 Mac 的销量，丽萨电脑的销售几乎停滞，盈利的来源依然是 Apple II。他对自己盲目自信，市场部的主管麦克·默里绝望地发现，乔布斯甚至不做任何市场调查，就敢断言产品的销量，"史蒂夫所做的市场调查就是每天早上看一看镜子里的自己。"

1985 年，乔布斯 30 岁，苹果公司危机不断，优秀的工程师们不断离开，包括 Mac 团队的主要负责人。就连创始人沃兹也不能继续忍受公司的气氛，决定自立门户，去做自己真正感兴趣的东西。这几年，他认为公司把大量资源和精力都投入到 Mac 上，根本不关注 Apple II——它是公司最大的，甚至是唯一的利润来源。温和的沃兹无意与乔布斯抢资源，他低调地离开苹果，苹果内部的矛盾再也无法掩盖。这一年，从苹果离职的工程师多达几十位。

乔布斯和斯卡利的矛盾越来越深，前者追求精美的设计，不计成本；后者追求市场利益，要求利益最大化。两个人都觉得对方无法理喻。公司管理混乱，人员动荡，乔布斯仍在不断骂人。董事会分别找两个人进行严肃的谈话，指责斯卡利没有管住乔布斯，而乔布斯则埋怨斯卡利没能帮助自己。

乔布斯意识到自己正在丧失权力。董事会希望他独立领导一个新产品的研发，其本质是让他远离核心权力。他不愿放弃对 Mac 的领导权，他集中了 Mac 团队的核心人物，秘密计划"推翻"斯卡利，这件事被斯卡利知道后，两个人终于反目。斯卡利要求与乔布斯对质。

5月24日，在众目睽睽之下，乔布斯和斯卡利互相指责，最后，斯卡利对董事会成员说："我，还是史蒂夫，你们选择吧。"

多数人选择支持斯卡利。更让乔布斯痛苦的是，就连他一直视为父亲的马库拉也不再维护他。马库拉曾试图平息纷争，但在一番权衡之后，他依然选择支持斯卡利。这件事以1985年9月17日，乔布斯递交辞职信，才使将近一年的人事动荡终于告一段落。乔布斯卖掉了自己手中的650万股苹果股份，只保留一股。他决定创立一家新公司和苹果对着干。

30岁，乔布斯失去了一手创办的苹果。对马库拉，乔布斯保留了一些过去的情分，对斯卡利，乔布斯再也没和他说过一句话。乔布斯评价："斯卡利是个不可思议的骗子，一个搞营销的，搞营销的人的本质就是——靠装模作样赚钱。"他在满心愤懑中决定重新开始。

苹果公司并没有因乔布斯的离去而安定，外界评论甚至怀疑，失去了乔布斯的天才灵感，苹果究竟还有多少价值。1985年，是乔布斯个人人生的分水岭，他必须在失败中认真检讨；这一年同样是苹果公司的转折点，在一年之内失去两位创始人，它的未来在哪里？

第二节
重回苹果，乔布斯大逆转

> 举世闻名的苹果公司并非一帆风顺，它也曾经历过长达数年的低谷和接近破产的窘境，当它不得不驱逐乔布斯，又因利润远离了乔布斯的路线，它就失去了自身的优势。直到乔布斯重回苹果，它才如浴火重生，焕发出动人的生机。

苹果路线，路在何处

在苹果公司成立后的二十几年里，它并没有像创立者想象的那样一统天下。诚然，它的产品和理念走在时代前端，但也出了不少差劲的残次品。人们对它的定位是：高端、精美、小众。这是苹果的优势，又是它的劣势。在IT产业风起云涌的时代，它的光芒越来越微弱。乔布斯走后，这种优势几乎不复存在。

乔布斯走后，马库拉一直担任董事会会长，斯卡利掌握苹果大权，他的路线和乔布斯截然不同。乔布斯一直强调产品创新，斯卡利更重视销售，因为这才是他的老本行。苹果公司的重心依然在 Mac 系列，但失去了乔布斯的激情鞭挞，产品乏善可陈。为了扩大市场，苹果于 1986 年推出了 Macintosh Plus，它有 SCSI 端口，因此推动了包括硬盘、CD-ROM 驱动器、打印机等产业的发展。

但苹果也因此失去了它的特色。之后苹果尝试推出带有电池的个人电脑，但它的重量足有 16 磅，没什么人愿意买。比较值得一提的是 PowerBook，这款笔记本电脑继 Apple II 之后，成为苹果公司的拳头产品，销量一直稳定。

没有对比就没有伤害，那些年，微软不断改良图形界面，已经完全占据了市场。对此乔布斯嗤笑道："活该，我离开后，苹果没有发明任何东西。"不过，他也对苹果越来越低迷的市场走势痛心疾首，他还在数个场合对比尔·盖茨冷嘲热讽，说 Windows 不过是在抄袭 Mac 的界面后进行了改良，又利用了 IBM 兼容机的便利，才得以占据市场。

1993 年，斯卡利卸任。尽管斯卡利把几亿美元销售额的公司成长为百亿美元的公司，但也许出于对乔布斯的喜爱，人们对斯卡利缺乏好感，在一本高端商业杂志的投票中，斯卡利被选为"美国最差 CEO"之一。

同年，新任 CEO 迈克尔·斯平德勒上任。迈克尔一直负责苹果公司的欧洲业务，后来成为欧洲地区总裁，继而成为苹果公司的总负责人。他没有遭遇乔布斯这个"苹果 CEO 噩梦"，但情况依然不容乐观。这位 CEO 在任时开发的 Newton 和 Copland 操作系统都以失败告终，他的一个大动作是与 Sun、IBM 和惠普进行谈判，想要将苹果卖给对方——谢天谢地，他没有成功。

1996 年 2 月，没有人愿意收购的苹果公司迎来了新任 CEO——吉尔·阿梅里奥，此人是苹果董事会成员之一，曾在国家半导体公司任职 CEO。如果说斯科特面对的是一个鸡飞狗跳的小作坊，斯卡利面对的是内斗不断的童子军，斯平德勒面对的是一个毫无亮点半死不活的老牌公司，那么阿梅里奥的问题比他们都要严重，他面对的是一个名副其实的烂摊子，只差有人收尸。阿梅里奥绝望地看到：

这里没有新产品。功能卓越的 Apple II 系列一直坚持到 90 年代，终于被层出不穷的新产品淘汰；而 Mac 系列缺少亮点，不能带动销量；其他创新也已经停止。

这里没有新系统。Copland 系统的开发还在继续，所有人都对它不抱希望，而公司急需一个可以面向对象的应用程序层。

没有希望。苹果的市场份额已经跌到了 4%，股票也已经下降到 14 美元，还在继续跌，而其他电脑公司的股票正在一路飘红。

阿梅里奥没有坐以待毙，而是着手解决应用系统问题，他准备收购一家叫 BeDE 公司，但这家公司看穿了苹果的窘境，提出要带 50 人团队加入苹果，并拥有苹果 15% 的股权。阿梅里奥绝望之下，甚至开始考虑和微软合作，比尔·盖茨亲自致电表示欢迎。幸好阿梅里奥不是等闲之辈，没有回应这份"诚意"，也没有随便启用界面不友好的 Sun 公司系统。

去哪里找操作系统？一个答案隐隐浮现出来：NeXT。市面上有一款 NEXTSTEP 系统，它有非常友好的界面，非常优秀的功能，非常方便的模式，更妙的是，它的开发方针与设计意图与苹果电脑一脉相承，堪称绝配。它的拥有者是 NeXT 电脑公司，这家公司的创办者叫史蒂夫·乔布斯。

命运开了一个大玩笑。阿梅里奥谨慎地思考这件事。想要和乔布斯合作并不是件容易的事，但阿梅里奥知道乔布斯一直有回苹果的念头。1994 年，阿梅里奥进入苹果董事会，乔布斯曾主动与他联系，让他帮自己回到苹果做 CEO，否则苹果一定会完蛋。"只有一个人可以带领公司走出困境。"当时阿梅里奥并不想理会乔布斯。

现在还有什么更好的办法吗？没有了。苹果公司早就走上一条"抛弃自身特点又缺乏创新"的下坡路，现在已经走到了谷底。阿梅里奥不得不向苹果公司的员工询问：

"谁跟史蒂夫关系够好，能给他打个电话么？"

实力上升，乔布斯依然崛起

乔布斯离开苹果后做了什么？用三个关键词可以概括：NeXT，皮克斯，结婚。

NeXT。乔布斯离开当年成立的电脑公司，和苹果公司正在推出的电脑一样，NeXT 也把市场定位在教育和商业市场，太多定位和产品上的相似导致苹果公司将乔布斯告上法庭，后来双方和解。这是属于乔布斯一个人的公司，他可以随意发挥他的创意，选择他的员工，发泄他的坏脾气。

他请世界级设计大师保罗·兰德为新公司设计商标，对产品提出严格同时也是不可思议的要求。他要求设计师将电脑设计成立方体，一个边长一英尺的标准立方体。设计师戴维·凯利不得不与乔布斯抗争，这种机器的造价太高了，光是一个正方形的模具造价就高达 65 万美元。乔布斯并不在乎金钱，他还在不断添加自己的要求：一个曲线优美的显示器支架、把机器内部的每一面涂上典雅的亚光黑颜色、制造多种功能芯片……如此精益求精的结果不是产品上市，而是公司的财政危机，幸好乔布斯得到了投资人罗斯·佩罗注入的 2000 万美元。

这个团队陆续推出了一些产品：拖延了一年多才推出的 NeXT 电脑，但乔布斯说它"领先了时代五年"，这个耗时耗力的机器每个月最多卖出 400 台，为此建立的大工厂几乎毫无用处；又过两年，NeXTStation 登场，这台机器加了 2.88M 的磁盘机，后来又加了光驱。这款电脑销量稍好，当年卖出两万台。乔布斯坚持软硬件一体化，创新也不少，他在电脑里加进了一整本词典，还将经营委托给经销商，放宽了销售渠道。但没有人为他喝彩，他的电脑没有多少市场，他甚至觉得整个电脑市场已经被微软占据，再无希望。

也许乔布斯的错误在于对个人追求和自身实力的错误判断，他过分追求一体化，却没有足够的财力开发完善的产品，市场不会接受他拿出的不兼容产品。对硬件市场失望后，他开始进军软件市场——这家公司最大的成功之处是开发了 NEXTSTEP 操作系统，但销路依然狭窄，他不得不改变初衷，同意将 NEXTSTEP 在其他计算机上运行。他悲哀地说："我来到这个世界上，不是为了卖企业产品，不是为了把软件授权给别人，将它们安在那些蹩脚的硬件里，我从来不喜欢这样。"

此外，NeXT 开发出一套动态网页程序 WebObjects 和新的 OPENSTEP 操作系统，这些产品并没有产生太大影响，却以其优良功能应用到后来的苹果产品中。NeXT 从一体机制造公司"沦落"为软件销售公司，这让乔布斯痛苦。在苹果的失败和在 NeXT 的并不成功，共同促进了乔布斯的成熟，他终于能够反思自我，考虑如何做一个优秀的 CEO。

皮克斯。一个无心插柳的成就，一位叫约翰·拉塞特的动画天才曾在迪士尼就职，因不能忍受高层斗争而投身卢卡斯电影制片厂，负责一个用电脑制造动画的团队。这位天才是不幸的，没过多久，卢卡斯就决定卖掉旗下的电脑部门——包括负责图片数字化的研发团队和拉塞特的电脑动画团队。1985 年，乔布斯偶然到卢卡斯参观，对电脑动画产生了兴趣。次年，一向不缺钱的乔布斯用 1000 万美元买下了电脑部，成立皮克斯公司。

数字动画业务最初只是皮克斯的副业，乔布斯其实想用它来展现 NeXT 开发的那些优秀的硬件和软件。可是，拉塞特让他改变了主意。乔布斯热爱天才也热爱艺术，拉塞特恰好是个与乔布斯有共同语言的艺术天才，他们对图形设计有共同的激情。两个人的合作十分愉快——拉塞特要用乔布斯那些优秀硬件和软件制作一部动画。

这部动画名为《顽皮跳跳灯》，在 SJGGRAPH（美国计算机协会计算机绘图专业大会）上获得满堂彩，还被评为最佳影片，甚至获得了奥斯卡提名。那是 1986 年，乔布斯从苹果离任，NeXT 诸事不顺，这久违的成功让乔布斯终于找回了自信。他在财政预算不足的情况下拨钱给拉塞特，让他完成了《锡铁小兵》的制作,这部动画获得 1988 年奥斯卡最佳动画短片奖,也是首部获得奥斯卡的电脑动画片。无疑,它让乔布斯的技术名气水涨船高。

真正让皮克斯名扬世界的是著名动画《玩具总动员》,这部与迪士尼合作的动画几经波折才得以诞生,诞生后立即火遍全球,上映一周就收回了成本。乔布斯有意把皮克斯变成第二个迪士尼,但迪士尼公司表示他们全程参与了《玩具总动员》,并非只是一个发行商,根据合同,他们还拥有动画人物的使用权。经过艰难的谈判,皮克斯继续与迪士尼合作。此后,此《虫虫危机》《玩具总动员2》《怪兽电力公司》《海底总动员》等作品,无一不是叫好又叫座儿的动画佳品。这家公司是乔布斯最得意的成就之一。

婚姻。1991 年,乔布斯结婚,婚礼由他的导师乙川弘文主持。乔布斯并不是一个风流的人,他的感情历程十分清晰:高中时期与女友克里斯安·布伦南相恋并有一个叫丽萨的私生女,他们的分手并不愉快;曾经和一位叫琼·贝兹的女歌手谈过一场姐弟恋;一位叫蒂娜·莱德斯的美女是乔布斯心头的白月光,他们心意相通,但二人的性格并不适合在一起;最后,乔布斯选择了劳伦·鲍威尔,一个聪明又有包容性的女人,她受得了乔布斯的脾气,还能给乔布斯安全感,最重要的是,她能承担足够的压力。只有这样的人才能让乔布斯接受婚姻生活。

在家庭方面,乔布斯同样有失有得。1986 年,他的养母克拉拉患上了肺癌。乔布斯已经找到自己的亲生母亲的线索,考虑到养母的感受,他压下了与生母联系的冲动。克拉拉去世后,他征得养父保罗同意,才和早已与生父钱德里离婚的生母乔安妮取得联系,并和他的亲妹妹莫娜·辛普森建立了深厚感情。他也知道生父的下落,却并不准备和他见面。此外,乔布斯开始修复和私生女丽萨的关系,将她接到自己的新家。可是丽萨经常和乔布斯吵架,父女间矛盾不断,幸好有劳伦从中调解。

总的来说,离开苹果十年,乔布斯的人生依然精彩,更在皮克斯取得了惊人的成功,他的 NeXT 虽然缺少商业看点,而且在走下坡路,但乔布斯的个人名气却丝毫未减。他关注着苹果的动态,认为只有自己才能拯救这个走进烂泥塘的公司。也许他并没有意识到,苹果需要他,他也需要苹果,只有这样一家具备了雄厚资金、一流科研力量、能够配合他的想法的公司,才能让他一展所长。

幸好,苹果董事会也意识到了这件事。苹果公司需要的不只是一个 NEXTSTEP 系统,而是优秀的掌舵人——乔布斯很高兴地听说,阿梅里奥想要和他联系。

重整旗鼓,此刻的失败者终将胜利

1984 年,在 Mac 电脑的发布会上,乔布斯曾经朗诵鲍勃·迪伦的《时代在变》:"此刻的失败者终将胜利,因为时代在变。"经过数年时间,时代果然变了,曾被苹果公司视为不定时炸弹的乔布斯,如今却变成了董事会眼中的救世主。

一开始一切都像最普通的商业合作,苹果公司需要操作系统,NeXT 公司也正在寻找 NEXTSTEP 系统的买家,后者显然更着急,一位推销员顾不上大老板乔布斯和苹果的恩恩怨怨,直接打电话给苹果公司的首席技术官埃伦·汉考克,推销 NEXTSTEP。两家公司开始接触。再后来,乔布斯主动和阿梅里奥取得联系。

1996 年 12 月 2 日,乔布斯带着他的产品走进了他离开 11 年的苹果公司,走进他工作过的高层会议室,向 CEO 阿梅里奥和技术官汉考克进行展示,他一改过去的得意扬扬,一反常态地谦虚起来,表示 NeXT 非常乐意和苹果开始各种形式的合作:授权 NEXTSTEP,或者把整个 NeXT 卖给苹果。

乔布斯的谦虚当然有目的,他不只想要重回苹果,还想登上 CEO 宝座,为此,他首先要进入苹果董事会。倘若他能成功将 NeXT 卖给苹果,他就可以直接进入董事会。他认为阿梅里奥是个不聪明的人，届时他可以直接干掉这个人。他还决定不收购苹果公司的股份，如此一来，他回到苹果工作就显示出道德上的坦荡。

他首先要搬开 Be 这块绊脚石，苹果在 Be 和 NeXT 之间犹豫不决，让两家公司分别展示他们的产品。这是乔布斯的拿手好戏，他变戏法一样展示着 NeXT 操作系统，相较之下，Be 公司的系统毫无亮点。阿梅里奥具备一位职业管理者的操守，他谨慎地衡量两家公司，无疑，NeXT 有成熟的产品和出色的团队，收购 NeXT 才是对苹果最有力的决定。

阿梅里奥把这个想法报告给董事会，乔布斯带着产品去给苹果董事会做演示，坐在首位的正是曾经决定赶走乔布斯的苹果董事长迈克·马库拉。这一次，乔布斯表现得非常成熟友好，他主动走过去与马库拉握手，这是 11 年来的第一次。

乔布斯再一次展开的他的妙语连珠，董事会完全被 NeXT 征服，收购已成定局。乔布斯提出他的条件，一是他不要苹果股份，只要现金；二是他要重新加入苹果董事会。乔布斯说服了阿梅里奥，阿梅里奥甚至认为他和乔布斯成了好朋友——多少人曾有这个错觉。

但是，接下来，事情却不像人们——包括乔布斯认为的那样发展，乔布斯并没有迫不及待地回苹果重整江山，他竟然显示出一种迷茫状态，不知道自己究竟该做什么。阿梅里奥邀请他回苹果公司开发操作系统，他不同意，他说他只想做一个非正式的顾问。而且，太多的事情压在他身上——他还是皮克斯的总裁，要面对繁重的工作，他希望皮克斯的员工能够接受他回苹果的决定，不要责怪他减少对皮克斯的关注。

不知情的乔布斯为他不能履行皮克斯总裁责任而内疚，他的担心完全是多余的。对皮克斯的最重要角色拉塞特而言，乔布斯是个很好的投资人，却并不懂动画艺术，他并不需要乔布斯来指导动画方面的事；对皮克斯的员工来说，他们早已对乔布斯这个暴躁的控制狂领导表示吃不消，听说乔布斯以后没有那么多时间来管理，他们暗自窃喜。拉塞特和皮克斯的员工们真心诚意地祝福乔布斯在苹果一切顺利（最好把全部精力都放在电脑上）。

1996年12月20日，NeXT被苹果收购，这也意味着乔布斯即将回归。当阿梅里奥宣布这个消息时，苹果总部的二百多名员工发出了巨大的欢呼、尖叫，乔布斯走到前台，向众人问好，并表示他并不打算接管苹果，"我的生活中有很多事情，我有家庭，我要参与皮克斯的事务，我只希望能在苹果贡献一些我的想法。"

有人相信乔布斯的话吗？刚回苹果没几天，他就重新成为苹果的形象大使，跟着阿梅里奥参与活动。他把NeXT团队带进苹果，并在苹果高层安插亲信，让他的好友接替重要工作。与此同时，阿梅里奥频频出错，在采访时说错话，在演讲时吞吞吐吐，在研发产品时缺少魄力，在经营上缺乏策略……相反，乔布斯在这些方面表现得非常出色。

著名的甲骨文公司的老板拉里·埃里森一向欣赏乔布斯，他公开说："乔布斯是我的好朋友，也是唯一可以拯救苹果的人，只要他开口，我随时助他一臂之力。"这不是开玩笑，早在1995年，埃里森就想过拿出30亿美元买下苹果，让乔布斯当CEO。而乔布斯不愿做一个恶意收购者，他希望能被苹果"请"回去，占据道德和舆论的制高点。

如今他在制高点上呼风唤雨，所有人都相信"只有乔布斯才能救苹果"，乔布斯也不忌讳谈论阿梅里奥的愚蠢。苹果董事会看到，在阿梅里奥的管理下，公司没有丝毫起色，他们开始游说乔布斯回来当董事长。乔布斯拒绝了。对CEO这个位置，乔布斯模棱两可。最后，对苹果的热爱让乔布斯做了决定，他认为并没有多少人真的在乎这个公司的去向，但他在乎。

1997年，阿梅里奥被解雇，乔布斯出任苹果公司临时CEO。经过12年，乔布斯终于重返苹果舞台，这项任命给奄奄一息的苹果公司注入了一剂强心针。被摆了一道的阿梅里奥终于发现自己简直是个傻瓜，但他仍然承认乔布斯是一个有特殊魅力的人。

另外，听说乔布斯即将成为苹果的CEO，皮克斯的员工们私下里庆祝了一番——他们终于逃离了乔布斯这个魔鬼上司，祝苹果公司的员工好运吧！

iMac 宣言，"你好，又见面了！"

苹果公司恢复了令人怀念又恐惧的熟悉气氛。

乔布斯首先直截了当地指出了苹果公司的问题："问题在产品，它们糟透了，它们不再性感！"想要推出性感的新产品，需要大量人才（乔布斯欣赏的那种），以及能够推行他的铁腕政策的绝对权力。他首先向董事会开炮，要求他们支持自己的第一项决定：给股票期权重新定价。董事会表示要进行一个为期两个月的市场调研，乔布斯当即发怒，"我将面临成千上万个比这困难得多的决定，如果你们在这样一个决定上都不能支持我，我肯定会失败！我周一也不会再回来上班！"

董事会屈服了。他们并不喜欢乔布斯的方式。但乔布斯并未满意，他看这个毫无效率的董事会不顺眼，"我没有时间哄董事会开心，我要求你们全部辞职！"一个临时 CEO 叫嚣要赶走董事会所有成员，包括迈克·马库拉——只留下他看得上的一位埃德·伍拉德。董事会的成员们对苹果的未来并不看好，他们答应了这个要求。

一脚踢开碍事的原董事会，乔布斯按照自己的喜好重组董事会，继而是大刀阔斧的改革。他首先要做的就是结束他最讨厌的事：兼容。乔布斯一直强调苹果必须做一体机，不兼容任何其他牌子的部件，更不能把技术授权出去。在授权方面，苹果一直十分保守，仅在斯平德勒和阿梅里奥当政时，授权过三家公司生产 Mac 兼容机。这些公司每售出一台机器，苹果可以根据合同赚取一部分授权费——这也是微软一直以来的盈利方式。但乔布斯讨厌这样，他果断收回授权，准备和以前一样，生产硬件软件紧密结合的新电脑。

他又砍掉了苹果公司 70% 以上的产品开发计划，只留下四条产品线。乔布斯认为做事应该保持专注，过多的计划只会浪费资源，一个产品开发出 N 个版本毫无意义。这个举动引起了工程师们的反弹，乔布斯坚决要求开除那些不称职的，一年之内，他开除了三千多人。留下最优秀的人集中在以下四个领域：消费级、专业级、台式、便携。"我们的工作就是做四个伟大产品，每种一个。"

乔布斯最让人佩服的一点是，他摸得到时代的脉搏，明白电脑会向哪个方向发展。他结束了一个名为"牛顿"的项目，这是个优秀项目，开发了优秀的手写识别软件。乔布斯认为"手写识别"这个概念傻透了，早晚要被淘汰——这没错。

产品项目很快被砍到了个位数，工程师们很快从乔布斯带来的混乱中醒了过来，表示兴奋。他们终于不用再糊里糊涂地开发新产品，而是有了一个清楚的方向。他们只需要为一个目标努力。智能和资源再一次开始集中，苹果公司准备退出一款新型台式电脑：iMac。

高超的设计是乔布斯一直以来的追求，他厌倦了市面上那些古板笨重的台式电脑，想要做一款"不是电脑的电脑"。它必须好看，让人看一眼就想拥有它；必须方便，所有硬件软件都已配置好，接通电源就能使用；必须便宜，让所有人都愿意打开钱包。这依然是乔布斯当年推出 Mac 时的想法，当时公司内部有不少阻力，现在，所有人都听他的了，他离开的 12 年并不是没有价值。

设计任务落在当时苹果公司设计团队主管乔尼·艾夫身上。艾夫 1992 年来苹果工作，几年间，他受够了苹果公司只关心利润的做法，准备辞职另谋高就，这时乔布斯回归苹果。乔布斯看不上苹果那些年生产的一切产品，准备重新聘请一位设计大师好好拯救本公司已经崩溃的审美，他在两个世界级设计大师间犹豫时，偶然逛到了本公司的设计室，发现艾夫是个被耽误的天才。他们对产品设计的追求高度一致：设计必须简洁，兼具个性。

从此乔尼·艾夫登上了苹果前台，他主导了一系列产品的设计。他不断弄出新的电脑模型，挑剔的乔布斯从不满意，最后，他设计出一种蓝色的透明外壳，这种外壳有果冻般可爱的质感，形状也十分亲切，从外壳可以看到机器内部，还加了个方便的提手，设计理念又时髦又简约又有深度。这异想天开的外观果然得到了乔布斯的赞叹，"这太酷了！"

接下来苹果公司进入了地狱般的赶工期，乔布斯天天在咆哮，他说工程师们做出的都是垃圾，他们正在毁掉这个公司，诸如此类熟悉的谩骂回荡在墙壁之间。各部门通力合作，工程师和设计师无法各自为政，时时保持沟通，乔布斯监控产品的每一个细节。

1998年5月6日，乔布斯式发布会又一次吸引了人们的关注，和从前一样，发布会华丽盛大，乔布斯依然巧舌如簧，感情丰沛。他展示了新计算机的性能，然后播放幻灯片，观众们看到一台方方正正、毫无特色的米色计算机，乔布斯说："现在的计算机是这样的。"然后，他走向舞台中央那个盖着布的桌子，揭开那块布，灯光同时洒下，人们看到了一个晶莹剔透、形状可爱的新电脑，幻灯片上出现字母："你好，又见面了！"

这就是iMac，它像电脑中的外星人，它结合了高科技和科幻想象，又提供了高度的便利。公众惊喜不已，它的销量节节上升，到年底已经卖出了80万台。新闻评论家们也对苹果公司的新发展持肯定态度，他们恭贺iMac的成功，并承认乔布斯又一次推出了具有时代意义的产品。只有比尔·盖茨不屑一顾，他认为iMac毫无特色，只是占了外观上的便宜。但出色的外观，不正是消费者需要、其他公司缺少的东西吗？

iMac很快又推出了四种颜色的外壳，透明的红、橙、绿、紫，全部有果冻般的质感。1998年底，苹果公司已经扭亏为盈，实现了3.09亿美元的盈利。乔布斯归来，苹果重生，这是一个历史性的转折点，也是一个辉煌的起点。

iPod，纯白音乐伴侣

经过一年多的奋斗，苹果公司走出绝境，但随之而来的并不是广阔的市场机遇，而是正在破碎的互联网泡沫。老牌公司靠雄厚财力继续支撑，小型科技公司一家接一家倒闭，专家预测，个人计算机的核心地位即将结束。所有科技公司都在思考这个难题：未来做什么？

乔布斯的思想又一次走在了时代前列，他认为今后的计算机发展走势将是"数字中枢"。这是一种数字生活方式，传统意义的个人计算机只是其中的一个产品，它包括各种数字设备，音乐播放器，录像机，数码相机，以及一切可以连接的电子产品。一个人可以在一台设备上管理他的照片，观看视频，听听音乐，数字化生活即将开始。

乔布斯在音乐领域开始了他的尝试。他注意到，人们喜欢自己刻录音乐CD，2000 年，美国空白 CD 销量高达 3.2 亿张，比美国总人口还多。乔布斯意识到自己公司的产品并没有 CD 刻录光驱，他为这个失误沮丧不已，决定立刻赶上去。可是，他发现 CD 刻录软件实在太复杂了，这根本不是他想要的东西。

乔布斯拉来公司的软件工程师比尔·金凯德来制作苹果电脑的音乐管理软件，这就是 iTunes，它有一个拉丝金属风格的外框，界面比市面上所有软件都简单，而且能在播放音乐时显示律动效果。这款免费软件广受欢迎，他的下一目标是制作一个便携式的音乐播放器，能够把喜欢的音乐塞进一个小小机器里不间断地播放。这个小东西叫作 iPod。

2000 年，一直喜欢音乐的乔布斯开始了这个项目，当时市面上有类似的播放器，但内存超小，最多播放十几首歌曲，"而且你根本不知道怎么用。"乔布斯的要求依然是那一套：漂亮，简单，方便，便宜。他首先要做的是找一个存储空间很大的小硬盘。可惜，美国还没开发出这种东西。功夫不负有心人，团队成员鲁宾斯坦发现日本东芝公司生产出一种带有 5G 容量的小硬盘，只有一美元硬币那么大，他欣喜若狂地向乔布斯预支了 1000 万美元，买下了这个硬盘的专有权。

乔布斯提出了诸多要求，他认为 iPod 必须是纯白色的，纯白机身，纯白耳塞，纯白耳塞线，纯白电源适配器。使用液晶显示屏，大容量内存，还要有最方便的操作方法。设计师们为此昼夜不休地工作，每当他们认为自己的想法已经完善，乔布斯总会挑出毛病。最后，他们弄出了著名的滚轮设计，通过大拇指旋转转盘，滚动所有歌曲。

乔布斯又一次发扬他的简化想法，取消了 iPod 的很多功能，iPod 没有播放清单，没有开关键，它的作用非常简单，只有听歌。至于音乐清单，可以去 iTunes 上同步。这个做法使购买 iPod 的人也会考虑 iMac 电脑，因为苹果产品不能与其他电脑兼容。乔布斯想用 iPod 促进 iMac 的销量。考虑到人们大量在互联网上下载盗版歌曲，乔布斯在包装上印了"不要盗版音乐"的提示。

2001 年 10 月 23 日，iPod 发布会。这一次的新品发布会有点特别，前来捧场的果粉们和往常一样猜测乔布斯又搞出了什么特别的东西，为什么舞台上竟然没有盖着布的桌子？乔布斯走上去对他们说："这不是一台 Mac。"在介绍了产品技术参数后，他貌似随意地说："哦，我的口袋里正好有一个。"他从牛仔裤里拿出一个小巧雪白的机器，自豪地说："这里面装了 1000 首歌曲，刚好放进我的口袋。"说着，他把 iPod 重新塞回口袋。

iPod 又一次引起了赞美狂潮，台下的观众疯狂鼓掌，这个产品让市面上所有音乐播放器失去了光彩，它迅速占据市场，就连比尔·盖茨都承认这是一个很棒的产品。它小巧的身影迅速出现在各种场合，从政坛到好莱坞，从篮球场到学校，399 美元的 iPod 成了时尚的标志，"你的 iPod 上有什么歌？"成了人们经常谈论的话题，分享歌单也促成了人们的相互了解。高科技如何改变了社会与人群？iPod 是一个非常直观的例子。

iPod 的成功又一次证明了乔布斯的卓越眼光。乔布斯的独特在于，他不但能够发现产品上的新潮流，还能在不同领域捕捉到电子产品的商机。在几年的时间内，他不但开发了龙头产品 iMac 和 iPod，还打造了苹果实体店，让人们能够在最热闹的市区内走进苹果空间，亲自体会苹果产品的魅力。这个不令人看好的举措给苹果公司带来了直线上升的营业额。

iPod 的热销带来了一个潜在的问题：人们去哪里弄来 1000 首歌？音乐公司和音乐家、歌手们对盗版深恶痛绝，网络用户们习惯了扒带下载，并没有"长此以往艺术家会饿死"的危机感，而且，当时的数字音乐版权市场一片混乱，人们根本不知道去哪里买正版。乔布斯敏锐地看到了其中蕴藏的商机，继跨界搞动画之后，他决定去音乐市场一展拳脚。

音乐情结：从鲍勃·迪伦到 iTunes

2016 年诺贝尔文学奖授予美国摇滚歌手鲍勃·迪伦，倘若这个时候乔布斯依然在世，他肯定会为自己最喜爱的歌手骄傲不已。乔布斯从中学时代就喜欢迪伦的歌曲，曾和沃兹一起到处收集盗版录音，在他后来的人生中，依然对迪伦欣赏不已，在他的 iPod 里，放了迪伦的六张系列合集。这些音乐并不是盗版，它们来自 iTunes 商店——这是乔布斯在唱片界取得的非凡成就。

2001 年 iPod 问世后，乔布斯想要为 iPod 用户寻找一个快捷、安全又合法的下载方法，填满他们的播放器。否则，他们只能选择去商店购买 CD 或下载盗版。前者给用户带来麻烦，后者给唱片公司带来麻烦，自从有了互联网，实体 CD 销量正在逐年下降，相关法律不健全，无法追究责任，整个音乐产业都在面临巨大挑战。

2002 年，华纳公司和索尼公司想要合作制定数字音乐的一些规则，以保护音乐产权，因为 iPod 热销，他们想要把苹果公司也拉进来进行合作。两个公司的高层总管早就听说乔布斯是个很难合作的人，他总是想控制一切，而且非常贪婪。但他们找不到更好的人选，事实上，他们对此没有任何建设性的想法，指望乔布斯给他们出个主意。

最初，他们准备弄一个专门的解码器，但索尼公司因为看不到利润点中途退出，转而和环球音乐合作，创建了一个 Pressplay 的订阅服务平台。同样的平台还有时代华纳联合贝塔斯曼和百代唱片推出的 Musicnet。但这些平台只提供播放服务，不能下载，还有各种复杂条款，没有用户搞得懂它们。

乔布斯不会犯这种愚蠢的错误，他一向了解用户需要什么。他决定创办一个商店，得到各大唱片公司的音乐销售权，让用户可以直接购买喜欢的音乐。其实乔布斯并不是一个有高尚道德感的人，但他清楚知识产权的重要性——微软抄袭过苹果，苹果也抄袭过施乐——知识版权得不到保护，盗窃就会横行，创新终会停止。所以，基于对知识产权的维护和对音乐的爱，他愿意做个不需要花太多钱的小尝试。

他开始和华纳谈判，劝他们把每首歌曲定价为 99 美分，唱片公司可以从中抽取 70 美分。唱片公司非常犹豫，一来，价格太低；二来，一张专辑里大约只有两到三首主打歌，人们可能只爱买这几首而放弃其他歌曲。乔布斯的优势在于他既懂技术又懂音乐，他很快说服了那些只懂音乐不懂电子技术的商人们——想要在数字时代盈利，他们必须接受乔布斯的建议。

2002 年 2 月，时代华纳旗下的 AOL 的 CEO 巴里·舒勒邀请乔布斯进行电话会议，维迪奇和华纳音乐总裁罗杰·艾姆斯也加入其中，他们发现乔布斯并不像传说中那么难缠，恰恰相反，乔布斯热情而亲切，提出了许多中肯的建议，气氛十分愉快。这个好脾气的乔布斯请老总们帮他建立 iTunes 商店——有求于人的时候，他总是那样友好。谈判大获成功，他们还决定尽快拉拢其他唱片公司，把市场做大。

各个音乐公司都为这个计划惊喜不已，只有索尼公司提出："毫无疑问，这样做能够增加 iPod 的销量，那么我们无疑有权从 iPod 的收入里拿到分成。"这个要求让乔布斯拿出狡猾的一面，他对索尼的要求虚与委蛇，同时加快和其他公司的谈判进程。当多数唱片公司同意了乔布斯的条款，索尼无法单独改变条件，只能随波逐流。

2003年4月28日，iTunes商店顺利推出。人们耳熟能详的乐队和歌手入驻iTunes商店，不过，摇滚界的传奇披头士乐队并不在其中，原因是披头士乐队属于苹果唱片公司（AppleCorps），这个公司在30年前就开始和苹果公司（AppleComputer）打官司，争夺"苹果"这名字。最后他们协议互不干涉，前者不能生产电子产品，后者不能推销音乐产品。如今iTunes上线了，愤怒的苹果唱片一张诉状至法院，获得了苹果公司5000万美金的赔偿金，那之后，披头士的歌曲才有机会全部出现在iTunes商店。

iPod和iTunes商店推出后，乔布斯再一次和苹果董事会发生冲突，董事会认为必须把iTunes软件引入微软的Windows系统，才能获得更多用户，卖出更多iPod。乔布斯一向反对兼容，何况还是与讨厌的微软配置在一起。这一次，没有任何人支持乔布斯，所有董事都知道iPod必须通过微软才能进入个人电脑市场，否则它只是个能在iMac上运行的小众机器。乔布斯不得不妥协，这也让iPod终于大规模地流传开来。苹果乘胜追击，连续开发了iPodPhoto、iPod U2、iPodMini等广受欢迎的产品，直至今日，它仍是苹果公司最重要的产品之一，经由iTunes音乐商店和Windows，它连起了苹果与大众市场。

2004年10月，鲍勃·迪伦在一场演唱会前邀请乔布斯会面，乔布斯非常紧张。迪伦欣赏乔布斯为音乐所做的一切，他问乔布斯最喜欢他的哪首歌。"《多余的清晨》。"乔布斯回答。当晚，迪伦在演唱会中特意唱了这首歌。从某种意义上来说，乔布斯的举动挽救了音乐市场，在数字时代，iTunes商店的作用越来越重要，甚至成了众多独立唱片公司的最大收入来源。

继iMac之后，iPod和iTunes商店取得了更大的成功，苹果神话仍在继续。此外，2006年，机顶盒AppleTV发布，它代表人们即将进入数字家庭。同一年，迪士尼以74亿美元收购了皮克斯，乔布斯持有大量迪士尼股份。看得出，他已经准备把自己的所有精力投入到苹果公司，决定开发更加划时代的产品，让苹果一统天下。

第三节
改变世界，苹果公司的生存之道

> 苹果公司的独特之处在于，它在乔布斯的带领下，并没有一味攫取财富，而是把创造伟大产品作为第一目标，让它的精神成为一种价值。它的每一次精益求精都是在突破自我，每一次突破都给世界带来革命性的改变，这就是苹果公司的生存之道。

iPhone，革命性手机

早在 1993 年，IBM 公司推出了一款 Simon 手机，这款手机由掌上电脑发展而来，它的先进之处在于拥有触摸屏幕。它包括电话、传真、日历、行程、计算和电子邮件等功能，不过里面只有一款应用软件。这是世界上第一部智能手机，引起了不小的轰动。那时候的苹果还在为既不叫好也不叫座儿的电脑奋斗，根本没有留意手机行业的新苗头。

直到 iPod 热销，乔布斯才注意到手机，他意识到，如果所有手机商人都在产品中加一个音乐播放器，那么 iPod 就不再有什么用处。打电话的手机无疑比听音乐的播放器更日常，倘若用手机就能听音乐，谁还愿意多带一个 iPod？"能抢我们饭碗的是手机。"乔布斯说。

乔布斯当然不会坐视市场被抢走，他马上决定和摩托罗拉公司合作，将

iPod内置在手机里，这就是摩托罗拉ROKR手机。这款手机外观粗糙，体形笨重，系统拙劣，取得了业内的一致嘲讽。乔布斯认为能弄出这种东西的手机商十分愚蠢，他再也不愿和这群人合作，和往常一样，他要踢开合作者，弄一款合乎自己心意的手机。

乔布斯不走寻常路，他希望能在iPod的基础之上发展手机。"一个可以打电话的音乐播放器"听上去远不如"一个可以听音乐的手机"那么令人向往，而且你能想象用iPod的滚轮拨打电话号码吗？但对于乔布斯来说，有什么事是不可能的呢？他立刻组织人手研究这款新手机。

与此同时，苹果团队正在进行一个大胆的尝试：多点触控技术。这又是乔布斯提出的点子——某一天，乔布斯和妻子出席一位朋友的生日宴会，到场的还有他一向讨厌的比尔·盖茨。那位朋友是微软的工程师，他一直对乔布斯吹嘘微软正在开发的平板电脑有多么高级。乔布斯不喜欢"电脑+手写笔"的配置，偏偏那位朋友对此十分得意，一晚上吹嘘了十几次。

"让我们告诉他们真正的平板电脑是什么。"第二天，乔布斯就要求他的团队开发一个"没有键盘和手写笔，使用手指触摸屏幕"的平板电脑。经过半年多的努力，"多点触控技术"臻于完善，平板电脑的开发顺利进行，大家突然意识到，这种技术也可以应用到正要开发的手机上。

"直接用手指在屏幕上拨号"显然比"用滚轮拨号"更实用，乔布斯砍掉了奋战六个月的"iPod版手机"项目，集中全力攻克"多点触控版手机"，他知道这就是手机的未来。当时，世界上所有手机都配有键盘，乔布斯坚决要求砍掉键盘，把所有功能都集中在屏幕上：用户的手指就是手写笔，屏幕能够显示键盘，供用户拨号和打字。

团队很快发现，触屏太灵敏，用户可能会无意中开启其他程序，他们设计了自动锁屏功能和一个移动的滑块负责解锁。每一天都有新的想法产生，手机团队知道，这是乔布斯"化繁为简"思想的又一次成功应用，他们将开发的产品将改变人们对手机的认识。

外观是硬性要求，乔布斯决定尝试金属，并在中国设立了一家工厂，专门生产一种用于手机外壳的"阳极电镀铝"。乔布斯一向喜欢玻璃的透明感，苹果公司和专卖店建筑都使用了很多玻璃，这款手机的屏幕使用了金刚玻璃。纤薄有质感的金属和透明有流动光泽的玻璃在手机边缘以斜边相连，打造出一种低调的奢华感，像个艺术品。

封闭性是另一个硬性要求。这一次，乔布斯走向了封闭的极端，这款手机不仅有斯科特·福斯特专门研制的 iOS 操作系统，它还有一个其他手机都没有的特性：不能取出电池。为此，苹果公司专门弄到一种五角形的防撬螺丝，市面上的螺丝刀无法把它打开。乔布斯自大地认为，除了专门的苹果技工，谁也不配打开他的产品。这种坚持带来了一个实际好处——不用更换电池，手机更薄也更美观了。

2007 年 1 月 9 日，在旧金山 Macworld 大会上，他骄傲地对粉丝们宣布："Mac 改变了整个计算机行业，iPod 改变了整个音乐产业，今天，我们将推出三款这一水准的革命性产品，第一个是宽屏触控式 iPod，第二个是一款革命性手机，第三个是突破性互联网通讯设备——你们明白吗？这不是三台独立设备，是一台设备，我们称它为 iPhone！"

这款产品再一次引起世界范围内的疯狂，半年后，iPhone 发售，人们连夜在苹果专卖店前排队。尽管评论家们认为，这款手机并没有什么新功能，它只是市面手机功能的集结，佐以更加方便实用的操作方式，以及更好看的壳子。但人们追求的不就是一款操作方便又有品位的手机吗？没有人比乔布斯更了解消费者需要什么。

不知有多少人因为 iPhone 抛弃了他们的旧手机。到 2010 年底，苹果公司已经售出了 9000 万部 iPhone，占全球手机市场利润总额的一半以上。就像乔布斯说的，他又一次以革命性的产品，改变了市场和人们的生活。

iPad，它究竟是什么？

同时拥有 iPad 和 iPhone 的人不难发现，两者在很多方面有姊妹产品式的相似感，这不是错觉。早在 iPhone 项目提出之前，iPad 项目就已经启动。因为那位微软工程师的生日宴会，乔布斯决定做一个触屏控制的平板电脑，很多技术没来得及用在平板上，而是让 iPhone 沾了光，先一步成为苹果公司的王牌产品。

平板电脑的产生是为了与上网本抢占市场，当时，苹果已经生产了 Macbook 笔记本，乔布斯认为一个更小的笔记本电脑根本没有开发的价值，娱乐用的笔记本应该是方便的，亲切的，人们可以用几根手指夹起它，用它上网，浏览邮件，看图片，看电影，听音乐，打游戏……它拥有多种功能，是人们打发时间的最佳选择，当然，它也有很多实用功能，中看又中用。

为了弄清楚哪种尺寸的平板最有手感，团队首先制造了 20 个模型，和乔布斯一起反复推敲；外观依然要保持一贯的简约和干净，这次他们要用镁合金，突出整个机器的金属质感；乔布斯要求底部边缘尽量圆润，这样才能产生亲切感，让使用者更加随意——乔布斯要制造一个日常消耗品，而不是传统大家电。这个项目磨合了将近三年。

这一次，乔布斯遇到了一些麻烦。麻烦首先来自他的工程师托尼·法尔德，法尔德主张抛弃他们一直使用的英特尔芯片，改用 ARM 构架的芯片。和老牌公司英特尔不同，ARM 公司是业界新锐，成立于 1990 年，却以创新性的产品不断取得突破，苹果的 iPhone 使用的就是这种构架的芯片。

考虑到 iPad 是一款电脑，乔布斯依然倾向于速度最快、质量最好的英特尔，但法尔德坚持要用 ARM 结构，理由是更简单的结构，更少的耗电。他和其他工程师联合起来要求乔布斯换掉英特尔，乔布斯不同意，他提出辞职。乔布斯只好答应——答应得很不情愿。适当的妥协没有坏处，一切都为了让产品更完美。

第二个麻烦是广告。乔布斯一向重视宣传，没有轰炸式广告和豪华发布会，简直不能称之为苹果公司产品，但负责广告的詹姆森·文森特奋战几个月做出的广告，却被乔布斯批评为"垃圾"，当詹姆森愤怒地问乔布斯："你总要告诉我，你到底想要什么东西？"乔布斯却不能像以往那样，准确地说出作品的缺陷，提出具体的改进方向，他的语言非常笼统，他想要一些特别的，但他也不知道是什么的东西。

难得有什么让乔布斯说不清楚，毕竟他总是那么自信。也许这个疑问要在iPad 发布会上找找源头。2010 年 1 月 27 日，iPad 发布，人们依然为这个产品惊喜不已，《华尔街日报》赞美道："人类上一次对一个平板如此兴奋，是因为上面写着十诫。"

没多久，评论腔调全都变了，评论家和粉丝都不明白 iPad 的意义究竟是什么。它是一个大一点的 iPhone？一个小一点的 Macbook？尽管乔布斯称它为"科技与人文的完美交融"，但人们依然搞不清楚它的具体定位。乔布斯的"老朋友"比尔·盖茨果不其然地嘲讽道："iPad 是个不错阅览器。"

这些情况令乔布斯沮丧，他认为谁都没能领会到他的绝妙构思，可是，就连他自己也无法明确地告诉广告设计者 iPad 究竟是什么，一切只有等消费者拿到产品才能揭晓。天才的灵光之所以让世人惊讶，恰恰因为它有时只是一个捉摸不定的念头，或者福音性的预感，不落到实地，就连天才本人都无法用言语来形容它的美妙。

数字狂潮，开始后 PC 时代

2010 年 4 月，iPad 正式上市销售。

比起经验，乔布斯更相信直觉，尽管他的直觉有时会出现错误，但在 iPad 这个产品上，乔布斯成竹在胸，他坚持认为人们其实并不知道自己需要什么，只有当你将某个东西放在他们面前时，他们才知道那是什么，iPad 就是这样一个产品。

他想的没错。当人们真的拿到了这个产品，才能体会到它有多少优点——它简直让人爱不释手。人们用手指在宽大的屏幕上点点划划，享受着打开游戏、邮箱或网页的感觉，他们和乔布斯一样无法形容它带来的感觉，iPad 是什么？这个问题已经不重要了，就连乔布斯一直不满意的广告也不重要了，iPad 以飞快的速度流传起来，不到一个月，就售出了 100 万台，销量比 iPhone 更加可观！

比起"iPad 是什么"，人们只在乎"iPad 能做什么"，当乔布斯把硬件、软件和网上商店整合在一起，整个世界都发生了变化，到处可以看到捧着 iPad 的人，就像捧着咖啡或杂志，iPad 成了最新最时尚的休闲方式，乔布斯又一次走在了时代前端。

iPad 的成功还得益于应用程序的开发。人们为什么会把大把时间花费在一个平板上？因为上面的 iTunes 商店里有海量的应用程序。iPad 上的应用程序种类繁多，你可以用它做任何事：美化照片，看股票，查航班，看新闻，打开电子书……开发应用程序正在成为热潮，那些无力开发大程序的小公司，更喜欢用这种快捷的小程序来获得收入。

这似乎不太符合乔布斯的个性，要知道，乔布斯最讨厌第三方程序进入他那完美的电脑成品中。的确，乔布斯一开始反对这种做法，但苹果董事会坚持这样做，最后他们相互妥协：外部开发人员编写的程序必须接受苹果公司的测评和批准，才能进入 iTunes 商店。这也让很多 iPad 使用者大为不满，他们认为乔布斯没有权力替他们选择程序。

乔布斯不会对反对声妥协，他一直坚持端到端的控制，执意把苹果产品做成一个美妙的乔布斯式电子乌托邦。谁又能反对他呢？他已经凭借 iPad 开展新的业务，这次，他开始涉猎其他媒介，特别是传统出版业。他希望能把图书和新闻弄进 iTunes 商店。不只是图书和新闻，还有电视和电影，一切可视的、可听的，都可以纳入新的平台里。

和音乐公司的高层们相比，出版商们对乔布斯的橄榄枝报以警惕，他们不情愿将收入的 30% 交给 iTunes 商店，这也从侧面说明传统图书还没有经历音乐产业的大滑坡。但数字化是未来的大势所趋，传媒大亨基思·鲁珀特·默多克就很愿意和乔布斯合作。有了这个良好的开头，iTunes 商店的"供应商"越来越多。

乔布斯一直记得他的目标，他希望他的产品和儿时住的房子一样，真正给人民带来用处。所以他准备聘请优秀学者来编写教科书，让每一个孩子都能免费享受到最优秀的教材，不必再背着沉重的书包。乔布斯不但改变了音乐、改变了传媒，他还准备改变美国甚至世界教育模式——这就是乔布斯开启的后 PC 时代，人们和世界的距离从没有如此接近，近到所有东西都在自己指头尖！

原则之争：碎片化与一体化

在瞬息万变的商业战场上，没有人愿意坐以待毙，一款产品的出现必然伴随着模仿和超越的浪潮。iPhone 和 iPad 以它的理念、外形和实用性席卷了全世界，其他公司立刻着手研究策略，阻止苹果独霸手机市场。其中，谷歌公司的安卓系统，成了苹果手机和 iOS 系统的劲敌。

安卓系统和 iOS 系统有相似的操作功能和应用程序商店，不同的是，安卓系统允许兼容，授权其他手机商应用。历史很相似，当年，乔布斯坚持一体化，微软坚持授权；如今，苹果和谷歌也走上了两条不同的道路，一个追求封闭的一体化，一个追求开放的碎片化。

碎片化和一体化的争论几乎贯穿了个人电脑产品的发展史，与乔布斯争执了几十年的盖茨是前者的代言人，他的微软产品能够一统天下，靠的就是兼容性。他认为人们有权按照自己的意思去改变自己的电脑；乔布斯则相反，他认为生产者应该把一切做好，而不是让消费者自行研究电脑能做什么、该做什么，对世界上绝大多数的人来说，他们不是电脑爱好者，他们只想要个优质、高效、实用的电子产品。

谁对谁错无法评价，安卓系统也的确和 iOS 形成鼎足之势，直到今日，人们认识中的手机只有两种：安卓手机和苹果手机。前者可能是高端品牌也可能是小作坊杂牌，后者只有苹果。安卓手机靠开放赢得了更大的市场，苹果手机却靠品质赢得了更高的口碑。

回到 2010 年，听说谷歌宣布进入手机领域，并且将要开发操作系统，乔布斯暴跳如雷，一如当年知道微软准备开发图形界面。"谷歌抄袭 iPhone！完全抄袭了我们！谷歌的'不作恶'口号根本是扯淡！"愤怒的乔布斯将一家使用了安卓系统的电子公司告上法庭，并起诉谷歌抄袭包括多点触控、滑动解锁等功能在内的多项专利技术。

谷歌公司的 CEO 埃里克·施密特曾是苹果董事会的成员，他刚好知道 iPhone 和 iPad 使用的技术。他希望通过私下赔偿解决这段争端，乔布斯说："我不想要你们的钱，你们拿出 50 亿美元要求和解，我也不会要。我有的是钱。我只要你们停止在安卓上使用我们的创意。"

就像苹果不会忏悔对施乐的模仿，微软不会承认对苹果的抄袭，谷歌也不会因苹果的抗议停止安卓系统的开发。创新的扩散是一件无法避免的事，就连法院有时也很难判决出是非。使用安卓系统的手机更加便宜，更加开发，满足了很大一部分市场需求，苹果不可能把安卓从市场中赶走。

在使用体验上，安卓机很难与苹果机媲美，苹果对产品的高度控制，保证了它的界面永远能够保持纯净和简洁，这一点其他手机无法望其项背。但这种一体化也造成了苹果产品的价格远高于其他手机。但人们不是那么在乎价格差距，在乔布斯的坚持下，苹果已经树立了时尚高品位的形象，人们更愿意把苹果手机拿在手中，就像女性拎着名牌手袋，男性戴着大牌手表，来显示自己有追求优秀产品的能力。

iPhone 和 iPad 两款王牌产品不但改变了世界，也成了苹果公司最重要的两个项目，后续产品陆续推出，品质更趋完善。前者有 iPhone2G、iPhone3G、iPhone3GS、iPhone4 直到 iPhone7 和 iPhone7plus，后者有 iPad2、ThenewiPad、iPadMini、iPadAir、iPadPro……每一次发布会，每一次预售，都在世界范围内引起新的狂热。在乔布斯的带领下，苹果一直走着一条高高在上的孤独道路。

乔布斯的新目标是 iCloud，这是一种存储服务，可以让现有的苹果设备实现无缝对接，用户将得到 5G 免费容量存储他们的任何资料，并且自动同步到其他设备上，省去资料管理时间。这仍然是乔布斯"数字中枢"思想的延续，只是这个中枢从计算机转移到"云端"。

2011 年 6 月 6 日，乔布斯在苹果全球开发者大会上宣布了这一服务的具体内容。可以预见，这一服务将给人们带来更多方便，也可以给苹果绑定更多的用户。但这一次，在场的人并没有兴奋地欢呼，他们看到乔布斯脸庞消瘦，身体虚弱，他的形象让苹果股票在几分钟之内下降了 4 美元。人们最关注的不是 iCloud，而是乔布斯的健康。

告别，"我已经做了我能做的一切。"

早在 2003 年，乔布斯就收到过"死神的邀请书"。他的健康问题也一直引起别人的关注。

2003 年 10 月，乔布斯被诊断患有胰腺癌，人们猜测这也许是因为他在年轻时候接触过电子行业的有毒化学物质；乔布斯自己则认为他在 1997 年太过辛苦，他要在苹果和皮克斯之间奔波，承担挽救苹果的压力，巨大的工作量导致了他的免疫系统变得异常脆弱。

癌症是个不幸，更不幸的是，乔布斯拒绝手术。乔布斯总是习惯把他不喜欢的事放置在一边不去想，直到完全忘记它。但身体不允许他"扭曲现实"，他尝试其他方法，甚至去见巫师，他相信一直以来的素食习惯能够让他一直健康下去。他一直把这个想法坚持了九个月，才不得不面对残酷的现实：他的顽固让肿瘤长得更大。终于，他决定接受手术。2004 年，他公开了自己的疾病情况，并宣布他会尽快返回苹果。

这段时间，苹果的 CEO 工作由蒂姆·库克负责。库克曾在 IBM 供职 12 年，于 1998 年进入苹果担任副总裁，他是一位杰出的销售与运营专家，是乔布斯极其信任的人才，也是他让苹果产品的销售链保持高效。乔布斯希望自己能够尽快恢复健康，直面死亡的体验让他明白了生命的紧迫，"所有外界的期望，所有骄傲，所有对失败的恐惧，在死亡面前烟消云散，只剩下最重要的东西。"因为癌症，乔布斯更加诚实地面对自己的内心——就像他一直追求的那样。

可惜的是，癌细胞已经扩散，如果不是拖了九个月才手术，乔布斯也许已经被治愈。这件事让他非常后悔。此后他开始配合医生，并取得了一定成果。他又能回去工作，并成功开发了 iPhone。但在 2008 年，癌症复发，他的进食成了问题，体重不断下降，每天面对丰富的美食却不愿吃上一口。

外界也关注着乔布斯的健康问题，有人甚至认为苹果隐瞒乔布斯的病情，是严重的诚信问题。猜测纷纷，苹果的股价因此下降10%。乔布斯不愿让人干涉隐私，他发表公开信，称自己只是"荷尔蒙失调"。2009年年初，他的身体太过糟糕，只好又一次休假，半年后，他返回苹果，苹果股价一下子涨了70%。

乔布斯顽强地与癌症抗争，想要更多地工作，完成更多的梦想。他的医疗团队使用了世界上最先进的靶向治疗延长他的寿命。也有人说他的素食习惯帮他延长了寿命。他的妻子对他无微不至的照顾，也是他的健康保障。他就这样又撑过了2009年和2010年，见证了iPad的诞生。他的坏脾气并没有因生病而减弱，他依然是个挑剔的完美主义上司，他还决定建立一个苹果新园区，他被奥巴马邀请去白宫晚餐，他已经着手进行电子教科书计划和iCloud计划……但一切不得不停止，2010年11月，癌症再一次复发，他不得不休假。

尽管乔布斯打起精神参加苹果公司的重要活动，但从他越来越衰弱的身体上，人们知道他时日无多。他在家中休养，不少人来探望他，包括总和他作对的女儿丽萨，她和父亲的关系一直十分紧张，而乔布斯和他的其他三个子女却相处得很愉快；包括他从前的对手们；包括美国有名的人物，例如比尔·克林顿；还有比尔·盖茨。

想到这也许是他们最后一次对话，两个几十年的老对头对彼此十分友好，盖茨说他佩服乔布斯创造出那么多"令人难以置信的东西"，而且曾在20世纪末拯救了苹果。他们谈论未来的教育，谈论妻子和孩子，谈论癌症的治疗。他们承认对方在自己的领域取得了成功———一体化和分散化，这个数字时代的对立问题还会继续，盖茨认为一体化的成功是因为有乔布斯在掌舵，它不会长久；乔布斯则认为盖茨的分散模式无法制造伟大的产品。

乔布斯的健康状况还在继续恶化，8月24日，他坐在轮椅上出席了苹果公司的董事例会，宣布辞去CEO一职，建议由蒂姆·库克接任，他说："我相信苹果最灿烂、最有创造力的日子还在前方。"当天晚上，他的传记作家沃尔特·艾萨克森问他："放弃亲手创建的公司的控制权，感觉如何？"他以留恋的语气回答："我有过很幸运的事业，也有过很幸运的人生，我已经做了我能做的一切。"

2011年10月5日，史蒂夫·乔布斯在亲爱的家人的陪伴下，结束了传奇的一生，终年56岁。无法统计史蒂夫·乔布斯究竟和多少朋友/合作者/员工/记者说过这句"让我们来改变世界"，当他意识到自己的与众不同，就将这件事当作使命，当作生存方式，没有过丝毫怀疑。事实证明他并非盲目自信，他和他的苹果产品重新定义了高科技生活，将品位注入到数字时代，开创了数字时代的商业模式，让每个人都有机会拿着自己的ipod、Ipad或Iphone体会科技的真正含义，世界的确因他改变。他做了他能做的一切。

苹果，继续前进！

乔布斯的陨落标志着一个时代的落幕，但苹果公司依然站在时代前列。

人们猜测苹果的未来，1985年，乔布斯被赶出苹果，从此苹果走了长达12年的下坡路，直到乔布斯回归才得以起死回生。现在，乔布斯再也不能回来，苹果还能延续它的辉煌吗？

人们把乔布斯当成一个英雄，一个海明威式的"你尽可以消灭他，但就是打不败他"的英雄，他传奇的人生，他失败后的卷土重来，他天才式的产品眼光和经营路线，注定了他成为苹果唯一的代言人。它会不会因为灵魂人物的离开而失去它的魅力，从一流沦落为二流或三流？

接替乔布斯的蒂姆·库克有一张稳重的面孔，他的性格也足够冷静，更难得的是他有十分清醒的头脑。他明白苹果品牌的最大价值与成功的关键，所以他不会像斯卡利等人那样，把苹果带上一条远离创新和品质的歪路。他也知道自己和乔布斯是完全不同的人，不准备和乔布斯比较。相反，他尽可能地保留了乔布斯的经营方针和路线。

　　也许是因为库克稳重的风格，也许是因为苹果的地位不可撼动，也许是苹果产品让人们充满信心，苹果公司并没有因为乔布斯的去世而变得风雨飘摇，它的股票没有大幅度下降，而是在降低之后稳步增长，到2012年，苹果以5200亿美元市值成为世界上最有价值的公司，库克注重研发，以五亿美元收购以色列存储器制造商Anobit，并在当地设立研发中心；他还广泛地开展各个领域的合作，与世界各国的大商家联手，与游戏公司合作，甚至与奢侈品品牌爱马仕一起推出新款手表。

　　在产品上，苹果保持了iPhone的优势，陆续推出的产品每次都引起世界范围的轰动，如今iPhone已经到了有双摄像头和四核心第七代，尽管每年都有人认为iPhone再也出不了什么新花样，但它的新品依然代表着业内最高水准；

　　苹果继续坚持一体化路线，2012年，新的iOS6系统上市，同时推出的还有3D地图和MacBookPro；

　　2014年，智能手表AppleWatch发布，它同时提倡一种健康的现代生活方式。iPhone6和iPhone6Plus也在同一天发布。这一年的产品加入了更多新功能，如视网膜屏、指纹识别，等等。

　　可以看出，苹果从来没有停止创新，它依然以创造伟大产品为目标，改变着这个世界。

　　苹果公司是一个承载着梦想的公司，它从白手起家到全世界最有价值的公司，经历了无数波折。创始人乔布斯赋予它简洁、优美、实用、人性化的品格，使它的产品能在众多电子产品中脱颖而出，一路领先。最后，让我们重新领略苹果公司的四大成功秘诀：

苹果审美：至繁归于至简；

苹果标准：对产品负责，端到端的一体化控制；

苹果人才策略：只和最优秀的人一起工作；

苹果目标：做伟大产品，改变世界！

Part 2
微软：20世纪最美丽的神话

我应为王。

——比尔·盖茨

第一节
微软初创：无与伦比的想法

> 对大多数人来说，进入哈佛是改变命运的契机，但对比尔·盖茨而言，离开哈佛却是他成就传奇的开始。许多人都曾有过梦想和计划，但在现实面前，却终究因胆怯而放弃冒险，这正是他们梦想最终破灭的原因。但比尔·盖茨不同，除了无与伦比的想法之外，他还有着超越一切的果敢和勇气。于是——微软得以诞生！

再见，哈佛！

硅谷从不缺乏传奇。在这里，聚集了无数的成功者、亿万富翁，你能听到各种各样令人热血沸腾的故事，能看到各式各样惊才绝艳的知名人物——当然，你未必认识他们，能叫出他们的名字，即便他们拥有足以改变世界的力量。

但有一个人始终是特别的、与众不同的，即便在群星闪耀的硅谷，这个人的光辉也不曾被掩盖分毫。哪怕你对科技一窍不通，哪怕你从不关注各种经济新闻，哪怕你甚至不太留意媒体上的信息，但你也一定听过他的名字，能对他的故事说道几句。那个名字俨然已经成为了一个传奇，一个关于财富与梦想的标识——比尔·盖茨！

比尔·盖茨人生中第一个被人们津津乐道的故事就是从哈佛大学辍学，这是他人生中一个非常重要的决定,也是他传奇故事的开始。是的,你没听错,他的传奇始于告别哈佛,而非进入哈佛。

世人皆知,哈佛大学称得上世界最著名的大学之一,它是美国常青藤联盟的领袖学校,这里先后诞生过八位美国总统,34位诺贝尔奖获得者以及32位普利策奖获得者。这是一个成功者的殿堂,对无数学子而言,进入哈佛就意味着你的人生已经成功了一半。

在最初的时候,哈佛对于比尔·盖茨而言同样具有极大的吸引力。从小他就是一个求知欲旺盛的孩子,对一切新事物都表现出极强的好奇心,他喜爱阅读,喜欢思考,有着极强的好胜心,无论做任何事情都全力以赴,哪怕玩游戏也不例外。因此,一直以来,比尔·盖茨其实都算得上是"学霸"类的人物。

20世纪是科技迅猛发展的一个时期,而西雅图是当时美国航天工业发展的前沿城市之一,生活在这里的比尔·盖茨更有机会接触到最新的科技成果与信息,这让求知欲旺盛的他从小就比别的孩子更着迷于科技的发展。

比尔·盖茨的中学生涯是在西雅图著名的私立学校湖滨中学度过的,在这里,他第一次接触到了计算机,一道奇妙的大门在他眼前缓缓打开。当他第一次通过计算机终端进行计算时,他感受到了前所未有的激动与兴奋,就在那一刻,他深深迷上了这个充满无限可能的机器,也就是在那一刻,命运已定。

比尔·盖茨有着极强的数学天赋,而他本人也对数学十分感兴趣,甚至一度想要成为一名数学家。正是这一特性,让他在计算机编程方面展现出了惊人的天赋。而越是熟悉计算机,盖茨就越是沉迷于它的魅力。以至于到后来,计算机成为了他一生的"挚爱"。

1973年秋天,比尔·盖茨以1590分的高分通过学术能力评估考试,被哈佛大学法学院录取,该考试的满分为1600分。当时盖茨之所以报读法学院,并非因为自己对司法感兴趣,而是因为他的父亲是一名律师。那时候大概他还曾产生过一丝"子承父业"的想法吧。

大学生活对于比尔·盖茨来说并不是那么有意思,他对法律之类的文科类课程实在提不起兴趣,要不是为了应付考试,恐怕他永远都不会翻那些书。

盖茨最爱的是计算机，这一点自中学之后就没有变过。虽然哈佛大学配备了可供学生使用的计算机，但在管理方面却是非常严格的，每个学生可使用的课余上机时间都有严格限制。为了能用上计算机，比尔·盖茨可谓无所不用其极，想尽一切办法和管理员"斗智斗勇"。

经过大学一年之后，盖茨的情况并未有任何好转，大学二年级的他依旧对自己的学业提不起任何兴趣，同时也对前途感到一片茫然。就连他最喜爱的计算机软件开发方面，盖茨也并未取得任何喜人的进展。在这段时间里，他迷上了打扑克牌。

保罗·艾伦是比尔·盖茨在湖滨中学时的"死党"，两人虽然相差两个年级，却因对计算机的共同热爱而结缘，建立了深厚的友谊。即便后来他们进入大学天各一方之后，这种友谊也未曾中断，他们一直保持着密切的联系，谈论着有关计算机的一切信息。

1974年春天，《电子学》杂志公布了英特尔公司开发出8080芯片的消息，这是在8008芯片的基础上进行升级改良而产生的新一代产品。8080芯片的体积与8008芯片体积虽然一样大，但功能却强大了十倍，而售价却还不到200美元。这则消息让比尔·盖茨和保罗·艾伦都兴奋不已，他们敏锐地意识到，随着微型芯片功能越来越强大，计算机的体型将会越来越小，其硬件成本也会逐渐降低。总有一天，计算机将可能会走入千家万户，而到那个时候，一场意义深远的技术革命将会爆发……

比尔·盖茨和保罗·艾伦都敏锐地意识到，计算机的新时代就要到来了。他们忙碌了起来，给美国各大计算机公司都写了信，向这些公司推荐他们专门为8080芯片所开发的一种新程序语言——BASIC语言。但很可惜，没有任何一家公司给他们回信。

1975年的一天，《大众电子》杂志封面上的一个醒目标题吸引了保罗·艾伦的注意，标题赫然写着：最新突破！世界上首台微型计算机就此诞生！堪与商用型媲美。在标题下面，还刊登了微型计算机牛郎星8800的照片。

艾伦带着这本杂志找到了盖茨，两人激动地研读这篇报道后惊喜地发现，这台牛郎星8800微型计算机所使用的芯片正是英特尔公司所生产的8080芯片，更重要的是，现在的牛郎星8800还没有任何可运转的软件，也就是说，现在的它什么都做不了，如同一堆废铁。而这正是他们的机会，他们为8080芯片所编写的BASIC语言终于能派上用场了！

盖茨和艾伦很快联系上了牛郎星的制造者爱德·罗伯茨，此时的罗伯茨正陷入严重的财政赤字，牛郎星是否能真正运转决定了罗伯茨公司未来的命运走向。事实上，早在盖茨和艾伦之前，就已经有不少人联系过罗伯茨，说自己能为牛郎星编写软件，让它运作起来，但事实证明，这不过是一些漂亮话罢了。因此，在刚接到盖茨和艾伦的电话时，罗伯茨并不相信他们所说的话，他在电话里极其粗暴地冲这两个年轻人吼道："我不想再听这样的漂亮话了，拿出实际的成果来，谁先做出产品，我就和谁做生意！"

生意——这个词激起了盖茨和艾伦的无穷斗志，这是一个千载难逢的机会，一个实现梦想的机会！为了能占尽先机，在其他人前面开发出牛郎星的应用软件，盖茨和艾伦不分昼夜地投入了忙碌的工作。虽然说他们之前已经为英特尔8080编制出了BASIC语言，但那主要是针对大型柜式计算机而设计的，而现在，他们的目标机器是一种全新的，与以往计算机完全不同的微型计算机。更重要的是，他们从来都没有亲眼见过这台机器，他们所能搜集到的一切信息，都是从媒体的报道和8080芯片的说明书上来的。

在经过大约八个星期的日夜奋战后，盖茨和艾伦终于完成了这条至关重要的程序设计。1975年2月底，在和罗伯茨取得联系后，艾伦带着编好的软件乘坐飞机抵达了罗伯茨的公司。

当艾伦满怀忐忑地在牛郎星8800计算机上输入第一条指令后，历史性的时刻来临了，所有人都紧张地等待着牛郎星的反应。那时候计算的反应速度非常慢，执行一条指令大概需要几分钟的时间，这几分钟简直是艾伦生命中最漫长的几分钟。程序最终成功了，从这一刻开始，盖茨与艾伦成功地开创了计算机的新技术革命。

这条程序不仅拯救了罗伯茨的公司，更是为盖茨与艾伦打开了广阔的未来。盖茨第一次感到,眼前的迷雾似乎正在散开,一个全新的领域正在向他招手,而他始终捉摸不定的未来也似乎很快就将尘埃落定。

1975年夏天,19岁的比尔·盖茨做出了一个惊人的决定:离开哈佛,与艾伦一起创办自己的公司。

比尔·盖茨的决定让所有人都非常震惊,他的父母对这个决定更是坚决反对。为了说服盖茨完成学业,他的母亲甚至找来了当地非常有名的商业领袖人物萨穆尔·斯托姆做说客。斯托姆不仅是有名的商人,对计算机行业更是非常熟悉,由他来开导这个头脑发热的年轻人再合适不过了。可令人意外的是,在与盖茨交谈过后,斯托姆不仅没有反对盖茨的决定,甚至转而鼓励他勇敢地去干出一番事业。之后,斯托姆甚至还转过头来帮助比尔·盖茨劝说他的父母支持盖茨的决定。

告别哈佛的那一刻,传奇就此展开——进入哈佛大学的比尔·盖茨可能会成为一位出色的律师,也可能会成为一名优秀的学者,甚至可能成为一名数学家。而告别哈佛的比尔·盖茨,却最终成就了——"比尔·盖茨"。

创立微软——传奇的诞生

1975年7月,比尔·盖茨和保罗·艾伦的微型计算机软件公司伴随着伟大的梦想,在新墨西哥州的阿尔伯克基诞生了。

微软公司成立后的第一位客户无疑是罗伯茨公司,他们与罗伯茨公司签订了合作合同,将自己编写的软件专有权授予了罗伯茨。罗伯茨公司主要是靠售卖硬件来赚钱的,但众所周知,如果没有软件的支撑,硬件产品是没有任何用处的。因此,为了促进硬件销售,罗伯茨制定了一个销售策略:用户单买软件需要支付500美元,但如果随硬件一起购买,则只需为软件支付150美元。

罗伯茨的销售策略惹怒了不少顾客，一些计算机爱好者为了报复罗伯茨不合理的销售行为，竟将罗伯茨打印在纸带上的程序进行大量复制，并进行免费赠送。结果，在这场报复行动中，蒙受最大损失的并不是罗伯茨公司，而是盖茨和艾伦的微软公司。这一事件让盖茨意识到，依托于硬件进行销售的软件产品不可避免地会受到诸多限制，终究不能长久。

随着计算机行业的不断升温，许多大公司也都纷纷涉足电脑硬件产品的开发业务，罗伯茨公司不再占据垄断地位。加之该公司一直不思进取，所生产出的计算机硬件频频出现质量问题，很快就失去了竞争优势。

就在罗伯茨公司依然使用着纸带输入程序的方法时，IBM 公司已经推出了磁盘驱动器，这一消息让盖茨和艾伦大为震惊，为了跟上市场的步伐，他们开始编写适用于磁盘驱动器的软件产品。在新产品推出之后，为了挽回客户，罗伯茨公司在美国展开了巡回展示，这一次，盖茨与艾伦也随同前往，与罗伯茨公司的几位工程师一起为各个城市的用户进行操作演示。这次宣传让盖茨受益匪浅，学到了不少产品销售的方法。

此后不久，罗伯茨公司又开发出了新的储存器，微软继续为其编写适用的软件程序，并重新与罗伯茨公司签订了一份新合同。合同规定，以后罗伯茨公司每单独售卖出一份软件，微软都会收取费用的一半；而如果是与硬件一同售卖，那么微软将会按照软件版本的不同收取 30 到 60 美元不等的费用。

就这样，微软开创了独立销售软件产品的先河，并由此积累了大量财富。但盗版问题却始终困扰着微软。有一次，一位计算机爱好者偶然间得到了一条罗伯茨公司丢弃的程序打孔纸带，随后他与另一位爱好者对该纸带所记录的程序进行了大量复制，并分发给所有他们认识的计算机俱乐部成员。得知此事的比尔·盖茨非常恼火，当即便在杂志上刊登了一封公开信，严厉谴责了这种盗版行为。

这件事情引发了广泛讨论，公众的意见呈现出两极化。有的人同意盖茨的观点，认为盗版确实是一种侵害软件编写者利益的不道德行为；另外的一些人则认为，软件产品的售卖价格远远超过它的实际价值，程序就应该人人共享。

在当时，计算机还是个新兴行业，尚未建立起完善的法律法规来保障开发者的利益，因此，虽然蒙受损失，盖茨却申诉无门，只能自己想办法来规避盗版行为。这一次，盖茨决定，将软件变为硬件全部成本的一部分，以减少盗版所带来的风险。不久之后，微软与罗伯茨公司签订了第三份合同，以3.12万美元的价格，将软件产品许可证一次性卖给了罗伯茨公司。

对于盖茨而言，与罗伯茨公司的合作不过只是个开始，当微软逐渐走上轨道开始实现盈利后，盖茨和艾伦开始着手进行业务拓展，并且很快与通用电气和花旗银行等大企业建立了合作。

1977年2月，比尔·盖茨正式在哈佛办理了退学手续，全心投入微软的运营。他们开始进行公开招聘，组建起了一支充满活力的年轻团队。创立之初，公司还没有形成具体的规章制度，员工基本上都是技术人员，每个员工都能按照自己的习惯随意进行工作安排，每个人都能自由地进行软件研究和开发工作，盖茨对他们只有唯一的一条要求：按时完成自己的工作任务。

作为老板的盖茨与艾伦和所有开发人员一样，要负责编写程序代码。除此之外，作为领导者，他们还必须担负起管理公司的责任，包括拟订合同、核算工资、交付税款、制订发展计划等。在工作紧张的时候，不分昼夜的加班生活已经成为了微软的一种常态，正是凭借着这样一股拼命精神，微软才缔造了令世界都为之震惊的软件帝国。

1977年4月15日，第一届计算机博览会在旧金山举行，众多计算机公司都携带着最新的研究成果参与这场盛会。微软自然不会错过这个机会，在这里，他们可以了解到未来计算机科技发展的风向。

在这次的展示会中，加里·基尔代尔博士所带来的软件产品引起了比尔·盖茨极大的兴趣。这是一种全新的计算机操作系统，该系统与以往出现的操作系统相比，最大的区别就在于它的操作极其简单方便，哪怕使用者不具备专业的知识和技能，也能掌握这套系统的操作方法。而越是简单便捷、门槛要求低的东西，就越容易向大众普及，毕竟不是每个人都愿意花费大量的精力与时间去学习新兴事物的。

早在投身软件业之初，比尔·盖茨就意识到，计算机在未来的发展中是否能够广泛应用，关键就在于软件应用的开发。在计算机行业刚刚兴起的时候，每个公司都在追求产品的独特性，他们的硬件都有各自完全不同的操作系统。这种情况给软件开发商们造成了极大的困扰，他们不得不投入大量的时间和精力去为不同公司所生产的硬件编写适配的程序，而他们所开发出来的软件应用也由于不同操作系统之间的互不兼容而难以进行推广。很多时候，明明功能一样的软件，为了实现在不同操作系统上的运作，开发商们不得不浪费双倍甚至三倍的时间去重新编程。

针对这种情况，盖茨和艾伦在某计算机刊物上发表过一篇文章，文中提出，如果硬件制造商们在生产硬件的时候能制定出一个统一的操作系统标准，那么软件开发者们所开发出来的软件就能得到更加广泛的应用，而这将大大推进计算机的普及，反过来，计算机普及率提高，商品销售数量必然直线增长，从而也让硬件制造商们获得更多的好处。

正因为有这样的想法，因此比尔·盖茨才会对基尔代尔所开发的这一操作系统非常有兴趣。之后，在博览会结束之后，盖茨还专门拜访了基尔代尔，希望能与他展开合作。

这一次计算机博览会罗伯茨并没有参加，当越来越多的竞争对手在不断创新，不断发展壮大的时候，罗伯茨却依然死死抱着自己的"牛郎星"，固步自封地认为自己始终处于领袖地位。他甚至为了证明自己的实力与地位，特意在计算机博览会结束后不久又举办了一场"牛郎星"计算机展览会，可想而知，结果并不理想，无人问津的"牛郎星"展会已经预示了罗伯茨的陨落。

失败已经注定，最终罗伯茨不得不将自己一手创建的公司卖给了佩克特公司。而佩克特在买下罗伯茨公司之后，根据此前罗伯茨与微软签订的协议，佩克特认为，他们绝对有权独占 BASIC 语言的专利权，因此不允许微软再与其他任何一间公司展开合作。但那个时候，比尔·盖茨已经网罗了包括英特尔在内的许多客户，如果这个时候停止合作，不仅会让微软蒙受巨大损失，更重要的是，很可能会毁掉好不容易与这些大客户建立起的合作关系。

为了解决这个麻烦，比尔·盖茨甚至提出，愿意将与其他公司合作的所得收益分给佩克特一半，但佩克特的态度依然十分强硬，无奈之下，这场纠纷被搬上了法庭，一场关乎微软未来发展命运的诉讼正式拉开帷幕。

第一次飞跃：握手"蓝色巨人"

与佩克特公司之间的合同纠纷让微软陷入了不小的麻烦，由于双方始终无法达成共识，这场纠纷最终只得通过法律途径寻求解决之道。法院最终向微软正式发布了禁止令，要求在案件结束之前，微软必须停止动用一切软件销售活动，并不得动用通过销售软件所得到的资金。

这场官司持续了近半年，在这段漫长而艰难的时间里，微软一度陷入财富困境，盖茨甚至沦落到向自己的员工借钱。虽然处境艰难，但除了硬着头皮扛下去，比尔·盖茨没有第二条路可走，这场官司的成败直接关系到了微软的生死存亡。

1977年9月，法院正式宣布，微软公司享受BASIC软件的使用权与销售权，在盖茨的不懈努力和其父亲的倾力相助下，微软终于获得了最后的胜利，并顺利终结了这份曾与罗伯茨签订的合同。

BASIC语言是微软创立初期所销售的主要产品，也是微软在计算机行业的立足之本。很多微型计算机生产商的操作系统所使用的都是微软的BASIC语言及功能，此外很多计算机爱好者在私底下也常常使用BASIC语言来开发一些简单的软件应用。在这样的发展势头下，微软的BASIC语言程序逐渐成为了计算机市场上公认的一种"标准"，微软公司的知名度也随之在计算机行业中打响。

在美国计算机行业迎来蓬勃发展的时期，曾作为微型计算机发展中心城市的阿尔伯克基则开始走向没落，风光不再，美国硅谷成为了新的计算机行业发展中心。在这个时候，比尔·盖茨与保罗·艾伦就微软的搬迁问题产生了一些争执。

盖茨希望能将微软搬迁到计算机产业的中心硅谷，那里聚集着大批计算机行业的翘楚，包括英特尔、苹果还有基尔代尔的数字研究中心——盖茨一直试图能与该中心展开进一步的合作。但艾伦的想法却和盖茨不同，他认为，虽然硅谷的确聚集了大量优秀的公司和优秀的人才，但在那里，员工的流动性实在太大了，你的程序员只要走到马路对面，立马就能找到一份新工作，无数的猎头公司更是每天都盯着你手下的优秀人才，恨不得使出浑身解数来挖你的墙角。这样的环境未必能为微软的发展带来好的帮助和影响。因此，艾伦主张将微软搬回西雅图，华盛顿大学可以为他们提供大量的计算机人才。况且，微软公司的大部分员工都来自西雅图，那里是他们的家乡。

盖茨是个好胜心特别强的人，但这一次他选择了让步。1978 年 3 月，微软公司正式下达了年底将迁往西雅图的通知，正如艾伦所料，员工们在知道这个消息之后都非常激动，甚至有人忍不住，兴奋地跳起来高喊道："我们终于要回家了！"

这一时期，计算机硬件市场有了飞跃性的发展，就在 1978 年，英特尔公司正式推出了 8086 型 16 位微处理器，该处理器芯片功能更加强大，内存也达到 1MB。为了抢占先机，在样机还没做出来之前，英特尔公司就发布了这一激动人心的消息。一收到这个消息，微软立刻就着手开始为该款机器设计软件。此时机器还未问世，微软设计软件的依据只有英特尔发布的处理器的说明书而已，这是相当有风险的行动，一旦出现任何差池，微软所有的努力都可能白费。但为了抢占先机，在其他公司之前拿出打动英特尔的产品，微软决定冒这个险。最终，微软的软件大获成功，到 11 月份时，公司销售额首次突破百万美元大关。同年年底，微软正式迁回了比尔·盖茨与保罗·艾伦的家乡西雅图。

在微软正式搬迁之前，比尔·盖茨与一位名叫西胜彦的日本年轻人签下了一份价值高达 1.5 亿美元的合同。

西胜彦曾就读于日本早稻田大学，毕业之后创办了自己的计算机公司，并且还出版着一份计算机杂志。他在日本听说微软公司之后，对该公司产生了极大的兴趣，并特意致电比尔·盖茨，有意与微软建立软件方面的合作。

在接到西胜彦电话后不久，比尔·盖茨就在美国加利福尼亚的一个计算机展销会上正式见到了他。通过交谈，比尔·盖茨发现，西胜彦的许多观念与想法竟与他有着惊人的相似，两人越谈越投契，西胜彦当即表示，希望能成为微软在亚洲的代理人，随后，两人当即签下了这份1.5亿美元的交易协议。在返回日本之后，西胜彦很快向比尔·盖茨引荐了日本电气公司的主管渡边先生，经过详尽的考察之后，微软正式与日本电气公司展开合作，进行微型计算机的大规模生产。

在微软搬迁回西雅图之后不久，日本电气公司经过技术整合，生产出了第一台个人计算机PC8001，这台计算机在日本引起了轰动，并在极短时间里雄霸日本市场。为此，比尔·盖茨还亲自前往日本，与西胜彦一同参加日本的计算机贸易展览会，并在会上发表了演讲，在媒体大规模的报道下，比尔·盖茨声名大振，成为了日本家喻户晓的人物。

由于在日本市场大放异彩，微软很快引起了美国商用计算机巨头IBM公司的注意。IBM是当时全球最大的信息技术公司，旗下员工超过30万名，业务遍布世界一百六十多个国家和地区。因为IBM员工制服是蓝色的，所以IBM在业界被称为"蓝色巨人"。

IBM控制了20世纪70年代美国和欧洲大部分的大型计算机市场，但在微型计算机领域基本没什么涉足。1980年，当苹果公司的Apple Ⅱ计算机在微型计算机市场大放异彩之后，IBM感受到了威胁，从而决定展开"象棋计划"——与其他公司秘密合作开发个人计算机。

很快，IBM就向微软抛出了橄榄枝，这让比尔·盖茨感到惊诧不已，虽然当时的微软已经不再是从前那间名不见经传的小公司了，但与IBM却是完全不能相提并论的。

IBM向微软表明了合作意向，并要求微软在正式洽谈之前签署一份保密协议，保证不会向任何人透露此次合作的相关内容。对于微软来说，如果能与 IBM 达成这次合作，那么公司将会迎来一个巨大的飞跃，这对微软未来的发展是有极大帮助的。因此比尔·盖茨毫不犹豫地答应 IBM 签署保密协议。

但在具体的谈判中却出了一些问题：IBM 公司希望微软能为他们提供包括操作系统、程序语言和应用软件在内的电脑软件，但此时，微软与基尔代尔的数字研究公司已经建立了合作关系，比尔·盖茨和基尔代尔之间也已经达成默契，微软将不会涉足操作系统领域，而数字研究公司也不会在程序语言板块和微软"抢饭碗"。

比尔·盖茨非常希望能促成此次微软与 IBM 的合作，但操作系统是属于基尔代尔的，所以比尔·盖茨只得致电给基尔代尔，双手把 IBM 这位大客户送到了数字研究公司。可没有想到的是，在与 IBM 公司的人会面那天，基尔代尔居然没有出现，而是让他的妻子来和 IBM 公司的人进行商谈。当 IBM 提出签署保密协议后，基尔代尔的妻子却拒绝了，在完全不清楚对方意图的情况下就签署协议，这让她感到很不安全。谈判由此陷入了僵局，IBM 方面感到非常愤怒，当即就离开数字研究公司，返回了微软，向比尔·盖茨提出，希望微软能为 IBM 开发操作系统。

面对这意想不到的第二次机会，比尔·盖茨毫不犹豫地答应了，并在最短的时间里向 IBM 提交了一份详尽的可行性报告，顺利敲定合同，赢得了这份堪称 20 世纪最值钱的交易。在与这位"蓝色巨人"成功握手后，微软很快迎来了公司发展史上意义重大的第一次飞跃。

奠定霸业的 MS-DOS 操作系统

虽然基尔代尔"临时掉链子"的行为让比尔·盖茨抓住了与 IBM 合作的机会，但想要在短时间内开发出一个操作系统，几乎是异想天开。就微软当时的实力来说，哪怕拼尽全力集中一切资源来做这件事，至少也要花费一年的时间，IBM 可没有那么好的耐性。

就在比尔·盖茨一筹莫展之际，他的"死党"兼合伙人保罗·艾伦想到了一个好主意：虽然微软无法在短时间内开发出适用的操作系统，但如果是在现有的操作系统上进行改造却是完全能够做到的。正好艾伦收到消息，西雅图计算机公司的蒂姆·帕特森最近开发出了一个名为 86-DOS 的操作系统，这个系统正好可以为他们所用。比尔·盖茨当机立断，在极短的时间内和帕特森谈成了交易，以 2.5 万美元的价格买下了 86-DOS 系统的使用权。

微软购买 86-DOS 操作系统的消息很快就传了出去，世界各地的计算机生产商都纷纷打来电话求证这一消息的真实性，他们都在猜测，微软此举究竟是有什么意图。同行的反应让盖茨和艾伦都感受到了危险，此前与罗伯茨公司的合同纠纷事件再一次袭上心头，他们意识到，为了避免重蹈覆辙，引起不必要的麻烦，他们必须在西雅图计算机公司以及其他同行意识到究竟发生什么事情之前，彻底买断 86-DOS 的所有权，将这个产品完全掌控在自己手中，以绝一切后患。

很快，微软就拟定了一份买断 86-DOS 版权的协议送到了西雅图计算机公司的办公室，最终成交价格五万美元。就这样，微软前后一共花费 7.5 万美元后，彻底拥有了整个 86-DOS 操作系统，并正式着手对其加以改造。

按照与 IBM 签订的合同要求，在 1981 年 3 月底之前，微软必须完成所有工作，将设计好的电脑软件交给 IBM 公司。虽然已经顺利买断了操作系统的雏形 86-DOS，但想要完成所有工作，时间依旧非常紧迫。除了要对 86-DOS 操作系统进行大改造之外，微软还要为 IBM 公司生产的个人电脑编写适用的软件程序。

在接下来半年左右的时间里，微软上下几乎都忙得不见天日。他们取消了一切的娱乐活动，加班加点地和时间赛跑，甚至经常忙到深夜后就直接在公司过夜。而大客户 IBM 公司更是时不时就派人进行上门巡查，以监督微软的工作进度，在不登门的时候，电话施压也是少不了的，这让微软公司从老板到员工，无时无刻不感受着来自 IBM 的强大压力。

经过全体员工夜以继日地拼搏，微软在规定时间内顺利完成了所有软件设计的工作，他们为新系统命名为"MS-DOS 操作系统"。

1981 年 7 月，IBM 正式通知微软：IBM 公司新一代的计算机就要诞生了。这个消息让微软上下都激动不已，很快他们就能看到自己努力的成果了，这其中凝结着的不仅是大家近半年来的付出与汗水，更是承载了这群软件开发者们的期待与热情。

1981 年 8 月 12 日，在纽约举行的发布会上，公众终于看到了 IBM 公司推出的第一台个人计算机 5150。这台计算机以英特尔推出的 8088 芯片为微处理器，内存达到 64K，内置磁盘驱动器，包含有显示屏和字母键盘等，而这台电脑所配备的操作系统就是微软历经数月，呕心沥血改造而成的 MS-DOS 操作系统。

5150 一经上市就大获成功，仅仅一个月的时间里，IBM 公司就接到了数万台的电脑订单，同年收入突破 4000 万美元。5150 的推出让 IBM 在个人计算机领域一鸣惊人，世人再一次见识到了这位"蓝色巨人"的非凡实力。而 IBM 在个人计算机行业的成功则大大推动了个人电脑的普及，让个人电脑真正地进入了普通人的生活，开创了一个全新的电脑新纪元。

此外，MS-DOS 操作系统也因 5150 的成功而得到推广和普及，很多计算机生产厂商都开始将 MS-DOS 系统作为其产品的操作系统，以便能与 IBM

电脑实现兼容，这让 MS-DOS 操作系统成为了 80 年代计算机行业的"标准操作系统"。同时，微软在 1981 年的营业收入也实现了飞跃性的增长，达到 1600 万美元之多。作为微软掌舵人的比尔·盖茨也随之登上各大媒体，伴随着微软的崛起，他的名字也开始被世人所熟知。

在微软的发展史，除了比尔·盖茨和保罗·艾伦之外，还有一个非常重要的核心人物——史蒂夫·鲍尔默。

鲍尔默是 1980 年夏天才加入微软的，他曾是比尔·盖茨在哈佛大学时的校友。鲍尔默和盖茨一样深爱数学，但对编程一窍不通。盖茨邀请鲍尔默加入微软主要是负责管理工作的。此前说过，微软自创立以后，旗下招聘的员工几乎都是程序员，公司里没有明确的规章制度，也没有明确的领导班子。在微软还是一个小公司的时候，这样的管理或许没有什么问题，但随着微软知名度的提高和公司规模的扩大，管理混乱的弊端就开始逐渐暴露出来了。他们需要一个管理者，需要一套管理方案——这是微软在发展中所面临的最迫切问题。

鲍尔默在加入微软之后所面对的第一个重大事件就是与 IBM 公司的合作。事实上，在这场合作中，除了比尔·盖茨与保罗·艾伦之外，鲍尔默绝对是最大的功臣。虽然他不能在具体的技术工作上为比尔·盖茨排忧解难，但他却包揽了一切微软在商业活动中所遇到的问题。他是微软与 IBM 数次谈判中的主力军，并且负责面向 IBM 公司的报价工作，微软的招聘活动也是主要由他来负责的。

在微软，比尔·盖茨是绝对的领导者，而鲍尔默则是不容置疑的管理者。作为微软公司首位非技术员工，鲍尔默以其独特的个人魅力和雷厉风行的管理手段征服了这群心高气傲的技术人员。可以说，在微软后来的发展壮大中，鲍尔默的功劳绝不亚于比尔·盖茨和保罗·艾伦。

第二节
帝国荣光：创立独一无二的辉煌

成功往往会吸引更多的成功。与IBM的成功合作让微软迎来了公司发展史上的第一次飞跃，让美国计算机行业记住了微软的名字。而在一鸣惊人之后，微软紧接着又迎来了第二次的飞跃——与苹果公司合作。虽然机会接踵而至，但风险也始终如影随形。在暗藏危机的成功之路上，比尔·盖茨一直领导微软勇往直前，直至最终确立了其在软件行业中的霸主地位——帝国已经崛起！

第二次飞跃：与苹果携手

继与IBM成功合作之后，微软公司的MS-DOS操作系统迅速占领市场，成为了20世纪80年代美国个人计算机市场公认的"标准操作系统"。在此之后，微软很快又迎来了第二个大客户——苹果公司。而真正促成微软与苹果此次合作的大功臣，则是1980年加入微软公司的"电脑神童"查尔斯·西蒙伊。

查尔斯·西蒙伊与比尔·盖茨一样，是个电脑天才。他出生于匈牙利，父亲是位电气工程教授，从少年时期开始，西蒙伊就显示出了在计算机领域的超人天赋，他设计过很多软件，甚至还曾将其中一款高水平的软件卖给了政府。

在加入微软之前，西蒙伊曾在施乐公司计算机研究中心工作，鼠标就是该中心与斯坦福大学合作研究出来的,而第一个使用鼠标的软件——施乐公司的阿尔托电脑所使用的处理程序——就是由西蒙伊一手设计的。后来,施乐公司因经营不善,导致人才大量流失,西蒙伊也因此离开了施乐公司。

西蒙伊与盖茨是在1980年的一个电脑展会上结识的,当时他们仅仅交谈了五分钟之后,西蒙伊就决定要加入微软了,他发现比尔·盖茨有着卓越的战略思想,西蒙伊相信,如果能在微软工作,那么他一定会大有作为。

比尔·盖茨也十分欣赏西蒙伊,得知他有意愿加入微软,更是表示十二万分的欢迎。盖茨将公司应用软件开发部主任的职位留给了西蒙伊,让他全权负责微软应用软件的开发工作。而西蒙伊也的确不负众望,在加入微软不久之后,就开发出一个"菜单"应用软件。

在个人计算机发展的早期,计算机上是没有菜单功能的,不管你想要使用计算机上的哪一个功能,你都必须通过输入操作指令来启动它。这是一件相当麻烦的事情,每一个功能的操作指令都是不同的,这就意味着在使用计算机之前,你必须得牢牢记住很多复杂的指令。当然,如果你是一名电脑专家,或者一个计算机爱好者,这对你而言并没有多困难,但如果你只是一个普通人,对编程语言一窍不通,那就非常麻烦了。

西蒙伊所设计的菜单软件,实际上就是将计算机复杂的操作指令用简单的文字进行表述,当你想要启动某个功能的时候,就不需要再去输入复杂的指令,只要利用鼠标,在菜单上选择你想要启动的程序就行了。这在当时绝对是一项伟大的创造,它有效地降低了计算机使用的门槛,让更多的普通人愿意来使用计算机。

比尔·盖茨对西蒙伊所开发的这个软件寄予了厚望,他给它取名为"多元示意图"。在1981年12月13日,微软公司一年一度的总结动员会上,比尔·盖茨将主角的位置交给了西蒙伊。在会议上,西蒙伊进行了精彩绝伦的演讲,并正式向在场的人介绍了他的新软件——"多元示意图"。

1982年春天,比尔·盖茨兴致勃勃地向IBM推荐了这款软件,但很可惜,IBM方面并没有表现出多大的兴趣。反而是美国另一家计算机巨头苹果公司注意到了这款软件,很快,苹果公司总裁乔布斯就带领着他的团队与比尔·盖茨会面了,并提出希望能与微软在软件方面展开合作。

当时,苹果公司正在开发一款名为"麦金托什"的计算机,他们希望微软能够为该款计算机设计应用软件。在与苹果进行商谈的过程中,西蒙伊还给他们演示了新开发的多元示意图软件,双方还对计算机多工具接口进行了讨论。

这次商谈非常顺利,苹果公司与微软公司正式敲定合作事宜,并于1982年1月22日正式签订合作合同。合同规定,微软将会为苹果的麦金托什电脑设计三个应用软件,包括电子表格、贸易图形显示以及数据库。

8月份,苹果公司抢先将西蒙伊开发的多元示意图菜单软件推向市场,获得了用户们的一致好评,绝大部分使用计算机的人都表示,这款软件解决了一直以来他们使用计算机的困扰——操作指令实在太难记住了。到10月份的时候,IBM公司也相继推出了这款多元示意图软件。这款软件的成功大大超过了微软公司的预期,比尔·盖茨当即决定将通过这款软件来打开应用软件市场的大门,为了让人们在使用这款软件的同时就想到微软,盖茨便将该软件改名为微软示意图。同一年,科技杂志《世界信息》将其评选为1982年的年度最佳应用软件。

微软示意图应用软件的成功和与苹果公司展开的合作,都让微软迎来了公司发展史上的第二次飞跃。

但很快,胜利的喜悦还未褪去之时,微软示意图的缺陷却暴露出来了。由于微软与IBM确立了合作关系,因此当初西蒙伊在设计这款软件时,参照的是IBM公司的个人计算机,以致所设计的软件内存占有非常小,这就引发了一个问题——该软件在运行时,速度会受到一定限制。

原本这个缺陷并非不可容忍,但是当另一间美国软件公司莲花公司推出功能比微软示意图更加强大、运行速度也更快的莲花1-2-3产品后,微软示意图就完全失去市场竞争力了。在一位风险投资家的资助下,莲花公司在全美展开了一场声势浩大的宣传活动,着重推出了他们的莲花1-2-3软件,并在拉斯维加斯举办的计算机展览会上进行了展演。

展览会一结束，莲花公司就接到了数百万美元的产品订单，到1983年年末的时候，莲花1-2-3已经成功霸占市场，并将微软示意图彻底挤出了计算机应用软件的零售市场。莲花公司由此成为了当年美国最大的软件公司。

这次失败不仅对微软是一个打击，更是让西蒙伊深感懊悔。经过此事后，西蒙伊和比尔·盖茨都进行了深刻的反思，他们更加深刻地认识到，在这风云变幻的计算机市场中，从来不存在永远的赢家，不管你之前爬得有多高，取得多优异的成绩，一旦出现闪失，就随时可能遭受灭顶之灾。

当然，虽然在应用软件市场上打了败仗，但这并不妨碍微软的发展壮大。在蓬勃发展的计算机市场中，由于制造商之间的激烈竞争，使得计算机的价格一直呈现下降趋势，价格的下降则进一步促进了计算机的普及。在这场竞争之中，最大的获益者无疑就是微软，要知道，当时大部分的计算机所使用的都是微软公司开发的MS-DOS操作系统，电脑销售量越大，微软就能出售越多MS-DOS系统软件复制权，从而获得越多的利润。

就在微软公司的事业蒸蒸日上之际，比尔·盖茨的挚友保罗·艾伦却因病辞职，离开了微软公司，这件事一度让比尔·盖茨感到非常遗憾且伤心。对于盖茨而言，艾伦不仅仅是一名优秀的合作伙伴，更是他最好的朋友。他们从中学时代就是莫逆之交，之后更是为共同的理想而走到了一起，一同携手走过了最为艰难的创业之路。盖茨本身就是个性格孤僻的人，能够交心的朋友非常少，保罗·艾伦就是其中一个。现在，这位挚友即将离开，盖茨又怎能不感到伤心呢。

虽然保罗·艾伦离开了，但微软并没有停止前进的步伐，比尔·盖茨依然在前行，并很快有了新的目标与规划。

"视窗"与品牌意识

1982年，拉斯维加斯举行的计算机大会上，比尔·盖茨被一个软件系统深深吸引住了。这是由 Visicorp 公司所开发的一个图像综合软件系统。这一系统最令人着迷之处就在于，它实现了一个图形化的电脑操作界面，这就像是西蒙伊所开发的菜单软件画面呈现的"进阶版"。

当初西蒙伊所开发的菜单软件是以文字来呈现应用，而现在的这款图像综合软件系统则是以图形来呈现应用，这让整个电脑的操作界面看上去更为美观、精致。它的操作也非常简单，用户只要通过点击界面上的图标，就能启动相应的功能，向计算机下达各种指令。相比之下，微软所展示的软件顿时就黯淡无光了。

对手的软件的确十分优秀，但让比尔·盖茨感到恼火的是，这套软件却是在 IBM 个人计算机上进行展示的，要知道，那原本应该是属于微软公司的展示平台。

Visicorp 公司是靠做会计应用软件起家的，世界上第一款电子表格软件 Visicalc 就是他们开发的。当时 Visicorp 公司的年收入是微软公司年收入的近两倍，可想而知其实力有多么雄厚。这一次，如果 Visicorp 所开发的图形操作系统在市场上获得成功，那么微软的主打产品 DOS 操作系统很可能就要被迫退出历史舞台了。比尔·盖茨感到了严重的威胁，一旦 DOS 失败，微软就将失去软件领域的霸主地位，这是比尔·盖茨所不能容忍的事情。

比尔·盖茨立即给西蒙伊打了电话，要求他立刻从西雅图乘飞机赶来。此外，微软的技术小组也立即召开了紧急会议，商讨如何应对 Visicorp 所推出的这款图像操作系统。最终，在分析讨论之后，微软的技术团队认为，距离 Visicorp 公司的这款软件正式上市还会有一段时间，只要微软能够在这段时间里开发出比该产品更加优秀的操作系统，那么想要捍卫住微软操作系统的领导地位并非不可能。一场生死存亡的战争就此拉开了帷幕。

为了获得足够的缓冲时间，在公司团队正式投入新操作系统的开发研究之前，比尔·盖茨就命人放出消息，说微软公司其实也正在开发一款与Visicorp公司的图形操作系统相类似的新产品，并且该新产品不论在性能还是界面上，都比Visicorp公司的产品更为出色。

比尔·盖茨的宣传是极为有效的，微软毕竟一直占据着操作系统软件市场的龙头地位，他们所散布的消息在各大厂商及用户心中都有极强的公信力。比尔·盖茨非常出色地调动起了公众对微软新产品的期待，从而在一定程度上抑制了Visicorp公司图像操作系统软件所带来的热潮。但比尔·盖茨也很清楚，这些消息只是权宜之计，微软想要翻身，唯一的办法就是开发出真正优秀的产品。因此，在散布消息的同时，微软也一直在紧锣密鼓地编写程序，力求在最短时间内实现更好、更优秀的图形操作系统。

1983年4月，经过数月的努力，微软的技术团队做出了一个图像操作系统的雏形，该系统被命名为"视窗操作系统"。这个雏形实际上也仅仅只是一个框架而已，还没有添加任何实质内容。但既然已经搭好框架，那么至少意味着后续的工作已经有了大方向。

为了让视窗操作系统能在最短时间里面世，比尔·盖茨聘请了图像化系统方面的大师斯科特·麦格雷戈前来助阵。麦格雷戈曾参与过Visicorp公司图形操作系统的开发工作，这一经验非常宝贵，毕竟微软现在要做的，就是超越Visicorp公司的这款明星产品。

1983年秋天，麦格雷戈正式加入微软，成为了视窗操作系统的开发经理。

当技术小组在紧锣密鼓地进行软件开发工作时，微软的营销团队也没有闲下来。

微软公司大概是众多计算机公司中最先意识到宣传重要性的企业了。在微软发起宣传大战之前，美国大部分计算机公司的宣传手段都只有媒体及用户口碑两个途径，事实上在很长一段时间里，微软也同样如此。但后来，具有敏锐商业头脑的比尔·盖茨发现，想要吸引消费者的注意，仅仅通过这两种传统的宣传方式是不够的，他开始考虑，是否还有更好的办法来吸引消费者。

为了在微软打造一支与众不同的营销队伍，比尔·盖茨开始在各个领域网罗销售人才，最终他锁定了在化妆品公司担任市场部副经理的罗兰·汉森。当盖茨向汉森发出邀请，希望他加入微软时，汉森完全摸不着头脑，他对计算机根本一无所知，他不知道比尔·盖茨究竟看中了他什么。比尔·盖茨足足花了三个多月的时间，才最终打动汉森，让他加入微软，成为了微软公司的公关部经理。

汉森比微软公司中任何一个人都要更精通宣传之道，虽然他对计算机、高科技等东西完全没有概念，但他却懂得怎样去吸引消费者和建立公司形象。加入微软之后，汉森的第一个目标就是要将微软塑造成第二个IBM，在用户心中为微软树立起一个安全、可靠的形象。为了了解公众对微软的印象，汉森决定花费五万美元聘请一家公司来帮微软进行市场调查。比尔·盖茨完全不能理解汉森的决定，他并不认为值得为这种事情花费五万美元。在这件事情上，汉森和比尔·盖茨发生过数次争执，但最终，比尔·盖茨还是让步了，他决定尊重汉森的一切决定。

根据市场调查结果，汉森开始着手对微软进行改造，试图树立起一个令人印象深刻的品牌形象。首先，汉森决定将比尔·盖茨推到公众面前，让他成为微软的专门发言人，至于公司的其他人，在未经允许的情况下，则不能在媒体面前随便发言；其次，汉森决定重新修改微软所有产品的包装和说明书，用尽可能简单易懂的语言来介绍产品；最后，在微软所有产品的名称之前，汉森都加上了统一的"Microsoft"字样，以此来加深用户对微软产品的印象。

事实上在汉森进行这一系列改革时，微软公司上下几乎没有人理解他的举动，在这些工程师们看来，汉森所做的一切都是无用功，并不会对产品的内容有任何帮助。那时候，他们还完全没有意识到品牌价值对于企业的重要性。所幸，虽然工程师们总是对汉森的改革冷嘲热讽，但比尔·盖茨却给予了他绝对的支持。而如今再回过头去看，我们不得不承认，汉森确实是个极有远见，且精于营销之道的大师，他当时所做的一切改革，都为人们记住微软，认可微软打下了坚实的基础，发挥了难以想象的效用。

在技术团队忙于对视窗操作系统进行开发的同时，汉森也在专注于制定视窗操作系统的包装和宣传方案。

微软的工程师们给这一操作系统取了一个极其专业化的名字——界面管理器。对于这个名称，汉森非常不满意，要知道，个人计算机的用户中，有很大一部分都不是专业人士，过于专业化的名称他们根本就看不懂。因此，汉森决定将这个操作系统重新命名为"Windows"。汉森的这个决定遭到了全体工程师的强烈反对，最后，汉森不得不找到比尔·盖茨，由他来"强制性"地执行这一决议。

之后，为了更好地为 Windows 操作系统造势，比尔·盖茨决定分别在纽约和拉斯维加斯展开两场产品发布会活动，让 Windows 和微软的品牌强势打入市场。

1983 年 11 月 10 日，在纽约召开的新闻发布会上，比尔·盖茨正式宣布，微软将在年底推出全新的视窗操作系统 Windows，并告诉用户，他们可以将这一系统安装在任何一台电脑上，它将与所有电脑都实现完美兼容。

纽约发布会对于比尔·盖茨来说不过只是正式开场前的"热身"，他真正的宣传重点是在拉斯维加斯的计算机展销会上，那才是他准备为微软大肆造势的舞台。

当人们踏入拉斯维加斯计算机展销会上的时候，他们惊诧地发现，街道上所有的出租车都打上了"MicrosoftWindows"的标识，每一辆车后座的车窗上都张贴着微软的宣传海报，甚至于拉斯维加斯两万多家旅馆里的枕头套上，都印上了微软 Windows 的标识，此外，在为期一周的展销会期间，每天早晨都有人将 Windows 操作系统的宣传资料送到每一间旅馆客房里。

微软所做的一切远远不止这些，当人们进入展销会时，他们会看到，在拉斯维加斯计算机展销中心大厅的最中央，放置着一个巨型的 MicrosoftWindows 标识，所有与微软公司有合作的硬件生产厂商展位上也都打上了 Windows 的标识。而展会上的每一个 Windows 标识里都暗藏着一个号码，这些号码中有两个号码是完全相同的，任何发现这两个相同号码的人，都能到微软公司的展位上领取一份礼品。

为了这场声势浩大的宣传活动,微软花费了 45 万美元。但不得不说,这种宣传手法的确非常有效,因为它实在是太震撼了,人们很难不记住这个无处不在的名字——"MicrosoftWindows"。

在这场大手笔的宣传活动中,比尔·盖茨再一次深刻地体会到了宣传战的重要性。通过这场声势浩大、极具震撼的宣传,MicrosoftWindows 甚至还未面世,就已经全面压制了 Visicorp 公司的 Vision 操作系统软件。在微软花费重金策划的宣传策略面前,Vision 操作系统软件曾经引起的轰动早已被抛诸脑后,人们都在期待着 MicrosoftWindows 的面世。

财富神话的开始

MicrosoftWindows 的宣传大战让微软在与 Visicorp 公司的对战中获得了压倒性的胜利。但负责 Windows 系统的开发团队都很清楚,在发布会上的那些"演示"不过都是类似于录像带之类的东西,他们根本无法兑现比尔·盖茨许下的承诺,在年底就推出 Windows,事实上,每个参与开发的工程师都明白,比尔·盖茨想要的 Windows,即便是到了 1984 年,也不可能正式推出。

此前,微软在与苹果公司进行合作时,曾为苹果的麦金托什计算机开发过三款应用软件。在当时,苹果公司除了在开发麦金托什计算机之外,同时也在秘密开发自己的操作系统,由于微软也是一家进行着操作系统开发的公司,因此虽然从应用软件上来看,苹果与微软是合作伙伴的关系,但在操作系统软件领域,苹果与微软却是竞争对手。所以,微软在与苹果正式合作之前,是签署过一份保密协议的,协议规定,在苹果公司正式推出麦金托什计算机的操作系统之前,为苹果开发应用软件的微软公司工程师们必须对一切事宜守口如瓶。

为了遵守这一承诺,比尔·盖茨完全隔绝了为麦金托什开发应用软件的工程师团队与为微软开发 Windows 操作系统的工程师团队，并且不允许他们进行任何私下的交流。然而，比尔·盖茨却没有想到，他的践诺行为在后来给微软带来了不小的麻烦。

1984 年，苹果公司正式推出麦金托什计算机，在世界范围内引起了很大轰动，《纽约时报》甚至将其称之为计算机界的一场革命。在麦金托什计算机问世后，微软与苹果之间的保密协议也就随之终止了。

麦金托什计算机刚投入市场，比尔·盖茨就立刻买了一台回来，并交代麦格雷戈，将为苹果公司开发的三款应用软件直接用在 Windows 上，这样一来可以节省不少的人力物力。可令人意外的是，当微软的工程师们检查完麦金托什计算机后却发现，虽然微软与苹果所开发的操作系统都是图像化的操作系统，但实际上二者的工作原理却是截然不同的，为苹果公司开发的三款应用软件根本不可能用在 Windows 上。更重要的是，Windows 操作系统与麦金托什电脑也是根本不兼容的。

此前在纽约发布会上，比尔·盖茨向媒体介绍 Windows 时曾说过，这一操作系统能够与任何电脑兼容。而现在，这一系统却无法与这台刚上市就引起世界范围内轰动的麦金托什兼容，这种情况绝对是公众和媒体都无法原谅的。于是，比尔·盖茨只得下令，让工程师们更改 Windows 的编程，务必让它与麦金托什兼容。

这可给工程师们出了难题，这意味着他们必须重新编写整个 Windows 系统，这项工程哪怕花上一整年的时间，也未必能全部完成。可现在，不管是厂商、媒体还是公众都已经快失去耐性了，所有人都在等着 Windows 的问世。

1984 年 2 月，就在所有人都以为终于可以拿到微软公司 Windows 操作系统的资料时，微软却突然宣布，要将产品上市时间推迟到 5 月。而等到了 5 月时，又说要推迟到 8 月。微软公司的一再失信让比尔·盖茨和微软的信誉度都受到了一定的负面影响，媒体纷纷开始发声嘲笑微软和比尔·盖茨，甚至有媒体讽刺说："你想成为像比尔·盖茨一样的百万富翁吗？那就吹一个像他那样大的肥皂泡好了。"媒体们还给一直不曾问世的 Windows 取了个绰号，叫"泡沫软件"，以此来挖苦微软的失信行为。越来越多的人开始对 Windows 失去希望,甚至抱持着一种看好戏的态度,等着微软"出洋相"。

比尔·盖茨一直顶着巨大的压力,在那段时间,公司上下都陷入了疯狂的工作状态,Windows 项目开发小组的成员甚至已经增加到了 30 名,有些程序员干脆直接将睡袋搬进了公司。

最终,在经历一段地狱般的时间后,Windows 的开发终于取得了成功。1985 年 5 月,在春季计算机展销会上,比尔·盖茨无限自豪地向公众演示了 Windows1.0 操作系统,并为它定下了 100 美元的售价。

MicrosoftWindows1.0 是微软公司 Windows 系列的第一款产品,也是微软公司首次尝试开发图形界面的操作系统平台。MicrosoftWindows1.0 的问世宣告了 MS-DOS 操作系统时代的终结,同时也宣告了 Windows 系统时代的来临。

1985 年 11 月,让众人等待了近两年的 Windows 操作系统软件终于正式上市了,微软为此举行了盛大的庆祝活动。许多曾对比尔·盖茨和微软冷嘲热讽的媒体人也都应邀来到了活动现场,曾讽刺 Windows 是"泡沫软件"的《信息世界》杂志还专门为比尔·盖茨颁发了一个"金泡沫软件奖"。

微软公司总算绝地反弹,重新在操作系统软件市场站稳脚跟,并逐步确立了其在软件行业中的霸主地位。

1986 年,已经在世界上处于领先地位的微软公司决定正式开展上市计划。事实上,早在数年之前,微软就已经具备了成为上市公司的一切条件,但比尔·盖茨对此一直抱持着较为审慎的态度。一方面,微软公司的资金非常充足,并不急于向公众募集资金;另一方面,比尔·盖茨也担心,上市之后,员工们可能会因为过于关心公司的股票价格而影响到工作热情。

当然,除了比尔·盖茨以外,恐怕微软的其他高层和员工都不这样想,毕竟谁会拒绝暴富的机会,不愿成为百万富翁呢?于是,在大势所趋及公司上下的普遍要求下,比尔·盖茨终于同意了微软的上市计划。

1986 年 2 月,微软公司总部搬迁到了西雅图东郊的雷德蒙市,与此同时,微软也正式发布了上市公告。公告发布以后,比尔·盖茨立即成立了一个工作小组,专职负责微软的上市工作,包括向各大公司推销微软的股票。此外,在公告发布后的十天之内，比尔·盖茨在世界范围内的八个不同城市举行了推销会，并与美国《财富》杂志签订合同，要求该杂志对微软的上市计划进行跟踪报道。

1986年3月13日，微软正式在纽约纳斯达克股票交易所挂牌上市。当天，微软的开盘股价为25.17美元每股，收盘价涨到了29.25美元每股，当天成交量达360万股。场面前所未有的火爆。

在上市一周后，微软股价飙升到了35.5美元每股，其上涨速度远超人们的预期。到此时，比尔·盖茨手中所持有的股票价值将近四亿美元。一年以后，微软的股价达到了90.75美元每股。在比尔·盖茨32岁的时候，他手头上所持有的股票价值已经超过十亿美元，这让他成为了全美最年轻的亿万富翁，并在美国400位富翁排行榜中位列第29位。

微软的上市让公司一夜之间出现了许多百万富翁，在微软的停车场里，你可以看到许多诸如奔驰、宝马、保时捷、法拉利等的名车。之前比尔·盖茨所担忧的情况果然还是出现了，部分员工开始关注股票行情，甚至出现了安于现状、不思进取的势头。此后，每隔一段时间，比尔·盖茨就要敲打警告员工一次，让他们知道，真正支撑股票价值的，是公司的发展壮大，如果公司不能在激烈的市场竞争中立于不败之地，那么现在看似比金子还要珍贵的股票，最终也只会成为废纸一张。

1987年12月9日，Windows2.0正式发布，越来越多的公司开始为Windows系统开发应用软件；1990年5月22日，Windows3.0重磅登场，比尔·盖茨投入了1000万美元对其进行宣传推广，《今日美国》给予了它极其高度的评价——"这堪称人们最渴望的产品"；1992年4月，微软在Windows3.0基础上开发了更为成熟的产品Windows3.1，随后又在此基础上进行改进，推出适用于中国市场的Windows3.2。

1992年，比尔·盖茨手中的股票市值高达60亿美元，连同他其他的资产在内，比尔·盖茨成为了美国最富有的人。同年6月22日，时任美国总统的老布什为比尔·盖茨颁发了"国家诺贝尔技术奖"，这是美国科技领域方面的最高荣誉。

第三节
盖茨时代：科技统治世界

> 对于比尔·盖茨来说，微软的战场不仅仅只在美国。早在20世纪80年代，微软公司正逐渐发展壮大时，盖茨的目光就已经超出美国，投向世界了。早期微软与日本公司的成功合作，无疑成为了微软进军世界的成功例证。20世纪90年代，微软进入强势拓张时期，公司业务遍布美欧等大部分发达国家，随着中国经济的腾飞，微软的目光开始投入具有巨大潜力的中国市场。比尔·盖茨的科技之风席卷全球，缔造了一个神话般的盖茨时代！

占领中国市场

20世纪90年代，除了确立美国本土市场的霸主地位之外，微软公司的业务已经拓展到了英国、法国、意大利、瑞典、加拿大等国家。随着微软的成功上市，比尔·盖茨缔造了令全世界都大为震惊的财富神话。随着中国经济的快速腾飞，这个拥有全世界近五分之一人口的国家，开始显露出无穷无尽的市场潜力。

1994年3月21日，这是比尔·盖茨首次踏上中国这块古老神秘却又充满了青春活力的土地。此次比尔·盖茨的中国之行是以旅游度假为名进行的，但实际上所有人都知道，旅游度假并不是比尔·盖茨来到这个东方国度的真正理由，真正吸引他不远万里而来的，是中国这个潜力无穷的市场。

比尔·盖茨对中国的兴趣并不是此刻才开始的，早在两年前，也就是1992年的时候，微软公司就已经在中国设立了代表处，并且还与清华大学展开合作，成立了一所名为"北京微软"的大学。只不过在那个时候，微软尚未摆出进攻中国市场的架势，国内的同行们也未曾意识到微软开始进驻中国所带来的威胁。

1992年时候，中国的计算机行业相对欧美国家而言落后得不是一星半点儿，那时候，中国软件市场发展才刚刚起步，电脑普及率极低，人们的版权意识也十分薄弱，虽然这里拥有着庞大的人口基数，但却并不是一个理想的市场。但这并没有让比尔·盖茨放弃进驻中国的想法，在他看来，市场不理想，那么就先创造一个理想的市场环境好了。

于是，微软进驻中国，并与清华大学共同成立了北京微软大学。北京微软大学实质上就是一所微软在中国的"培训中心"，一方面，微软通过计算机技术的培训课程帮助中国国内科技人员提升计算机软件的应用水平和开发能力；另一方面，他们重点教授学员如何使用微软产品，以及如何解决在软件应用过程中产生的问题。北京微软大学所培育出来的，不仅仅是计算机软件领域的科技人才，还是对微软产品有着极大兴趣，且极其了解微软产品的科技人员。

此外，微软与中国的出版社和新闻媒体建立了很好的合作关系，在媒体上通过专栏的形式对微软的产品进行介绍和宣传，并在市场上出版了四十多种有关微软的中文图书。比尔·盖茨所进行的这些事情，无一不是在为微软铺设进驻中国市场的道路。

1994年抵达中国之后，前来"旅游度假"的比尔·盖茨第二天一早就拜访了两位微软的客户，随后又匆匆赶往中国科学院，参观其开发的一个语言识别系统；下午的时候，他出现在办公软件中文版的产品发布会上，接受了中外记者的采访；到了晚上，比尔·盖茨与中国国家电子工业部的官员进行了会谈，并与一百二十多名计算机业内的同行进行了会面。

第三天，盖茨的行程同样安排得非常紧凑。早餐时间，他与中国十余位有名的软件工程师见了面；早餐过后，他就关于90年代计算机的发展趋势为主题，做了一场报告会，这场报告会早在盖茨抵达中国之前就开始报名了，原本计划招待人数在1000人以内，但在距离报告会举办还有二十多天的时候，报名人数就已经超过了3000人；而在这场报告结束之后，盖茨又随即接受了中国领导人的接见。

然后，比尔·盖茨前往中国的"旅游度假"行程就这样结束了。

如果说在1992年微软刚涉足中国时，业内人士还未曾意识到微软对中国市场的野心，那么1994年比尔·盖茨亲自来到中国进行考察，就已经无异于将微软攻占中国软件市场的野心毫无掩盖地展现出来了。这给中国计算机界带来了巨大的震动，当时的舆论界甚至对此发出了"狼来了"的呼声，有的人还直接站出来，号召国内的同行们联合起来，共同抵制微软对中国的"入侵"。但此外，也有不少人对微软充满期待，在他们看来，微软的到来，带来的未必就是噩耗，引入竞争反而可能促使国内企业更快成长起来。

中国文字与欧美国家的文字差别是非常大的，早在20世纪80年代的时候，中国国内的一些计算机机构就开发出了中文版的操作系统，随后，香港和台湾所开发出的中文版软件也开始进驻中国市场。但那个时候，国内企业过于分散，实力也远不如国际软件巨头微软，因此虽然他们在中国软件市场的根基要更深远，却最终也无法与微软公司进行抗衡。

在确立进军中国市场的发展方针之后，为了尽快获得中国用户的认可，微软与国内一些比较有实力的软件开放商展开了合作，在微软现有商品的基础上开发了汉化版的软件产品。此外，虽然比尔·盖茨一直都对盗版深恶痛绝，但为了让微软尽快获得中国用户的认可，并将中国市场上能够与微软相抗衡的产品统统消灭，在进入中国市场初期，对于软件盗版猖獗的现象，微软采取了一种较为纵容的态度。这一策略的确取得了立竿见影的效果，在中文版的Office出现之前，中国绝大多数用户所使用的办公软件都是金山公司的WPS，而在微软推出中文版的Office之后，其更为优秀的用户界面和易操作性瞬间就俘虏了绝大部分的中国用户。

当然，盗版对于微软的利益是有一定损害的，但在当时的市场环境下，与其所能带来的宣传效果和后续影响相比，财大气粗的微软对是否能赚钱也就不那么在意了。就在微软进驻中国的短短几年之中，绝大部分软件行业的竞争对手就都被迫退出了竞争市场，微软公司顺利确立了其在中国计算机操作系统行业的垄断地位。

消灭竞争对手之后，微软对盗版现象也就不再手软了。1999年，微软对中国两家公司的盗版现象提出诉讼，这是微软首次在中国公开打击盗版。微软最终获得胜诉。除了对企业盗版现象毫不留情之外，对于个人盗版用户，微软也采取了一系列的手段。比如在微软推出WindowsXP激活系统时，很多盗版用户在升级完系统后就发现，自己的电脑开始陷入不断的系统瘫痪。虽然盗版的确不是什么好的行为，但微软公司的强硬态度还是引起了众多用户的反感。意识到这一点之后，微软开始逐渐改变了打击盗版的方式，开始通过向政府申诉，以及给予用户一定优惠等手段来杜绝盗版行为。

第三次飞跃："统治"网络

随着计算机科技的发展，计算机网络也在不断地向前发展。

1981年，随着国际标准化组织（ISO）开放体系互联基本参考模型的制定，建立起了TCP/IP体系和协议，使得不同厂家所生产的计算机之间实现了连接和通信，由此，Internet进入飞速发展时期；1983年，美国著名的科学教育网CSNET和BITNE在Internet上建立；1988年，Internet正式对外开放，各大学校、私人科研机构以及政府机关等都被允许加入Internet；1991年6月，Internet的商业用户数量首次超过学术用户，从此，Internet的成长一发不可收拾；1992年，美国三大计算机巨头IBM、MCT及MERIT联合组建ANSnet，后其成为Internet除国家建立的NSFnet之外的另一个主干网；1995年4月30日，NSFnet宣布停止运作，而此时的Internet已经覆盖了全球91个国家和地区，连接了全世界超过400万台计算机。

就在互联网蓬勃发展的时候，1995年，比尔·盖茨出版了一本名为《未来之路》的书，在书中，除了阐述微软的成功之道外，比尔·盖茨还对科技行业未来的发展进行了预测，并以超前的眼光对信息高速公路进行了论述和展望。

虽然盖茨似乎早已经注意到了网络时代的来临，但令人感到讶异的是，当网络在现实中开始兴起时，微软却迟迟没有做出应有的反应。

1995年，在网景公司和太阳公司的带领下，互联网在短短两年时间里实现了"信息高速公路"，从此，计算机结束了电脑软件的统治时代，网络成为了计算机市场最炙手可热的东西。于是，网景公司的网络浏览器软件开始占领计算机软件市场。直至此时，软件行业的霸主微软才终于意识到，他们已经落后于这个时代了。

1996年，比尔·盖茨迅速做出判断，投入14亿美元作为互联网络开发的研究经费，并将开发网络相关软件产品定为微软公司最重要的发展计划。在强大的财力、物力及科技水平支撑下，微软在一年的时间里完成转型，并迅速推出新产品。为了后来居上地把那些已经在网络软件市场逐渐站稳脚跟的竞争对手压制住，微软通过免费赠送软件的方式展开了大手笔的宣传推广活动。虽然这种营销模式让微软在进入网络软件市场初期吃了不少亏，但同时也让微软在极短时间内从其他网络软件公司手中抢到了绝大部分的市场份额。自此，反应"慢半拍"的微软成功反超网景公司，再次坐牢了网络软件产业的第一把交椅。

1998年6月25日，微软正式推出Windows98操作系统，该操作系统是在微软1995年所推出明星产品Windows95基础上改进的。

当初在推出Windows95时，比尔·盖茨投入了三亿美元的巨款作为宣传经费，开展了微软有史以来耗资最大的全球促销活动。首先在产品正式推出的前几个月，比尔·盖茨就通过大量媒体对Windows95进行了铺天盖地的宣传，力求让每个人无论身处美国的什么地方，都能一抬头就看到微软和比尔·盖茨的形象广告，就连纽约帝国大厦也亮起了微软形象的广告霓虹灯。其次，为了让人们牢牢记住微软的广告，比尔·盖茨用1200万美元买下了当时美国红极一时的滚石乐队的一首流行歌曲来作为广告的主题曲，并在各大电视及电台进行反复播放。

1995年8月24日晚上，在全世界人的翘首盼望下，西雅图微软总部为Windows95举行了盛大的发布会，全球超过七万人通过卫星转播观看了微软产品发布会的实况转播。当天，比尔·盖茨甚至大手笔买断了英国《泰晤士报》所有的广告版面，全部印上微软的宣传广告后免费派发给群众。

强势的宣传加上Windows95本身的实力，微软1995年的销售额达到了60亿美元，其中Windows95操作系统软件卖出了三千多万套。此外，中国电子工业部在对Windows95进行详细测试后，与微软签订了合同，决定正式开放Windows95的中文版。

对于Windows95当时的成功，人们还历历在目，因此在Windows98推出之后，很快就得到了用户的认可。与Windows95相比，Windows98不仅改进了对硬件标准的支持，首次在系统中加入网络组建，实现了通过网络完成系统自动更新的功能，并且将IE浏览器内置到了操作系统之中。于是，只要人们使用Windows98，就会同时"捆绑"拥有IE浏览器，这一举措给予了微软竞争对手网景公司沉重的打击。众所周知，网景公司在网络软件市场最强势的产品正是网络浏览器。

Windows98推出之后，受到了用户的广泛欢迎，其势头更是力压Windows95推出时候的盛况，帮助微软巩固了其在计算机软件业界的龙头地位。自此，微软公司迎来了第三次飞跃，成为了网络软件市场名副其实的"统治者"。

失败的"维纳斯"

在计算机行业，比尔·盖茨就如同战无不胜的王者，领导着微软站在软件市场的最高点睥睨天下。但鲜少有人知道，在对计算机的热爱之余，比尔·盖茨实际上还有一个始终未曾实现的梦想——进军数字电视领域。

早在1991年的时候，比尔·盖茨就在微软成立了一个专门研发有关电视数字化和软件装置的技术部门，试图将个人电脑向电视领域推进，在电视领域也引发一场大革新。1993年之际，比尔·盖茨又试图与美国国内几家电视产业巨头建立合作关系，成立一个专门研发数字电视技术的公司，但最终，因为种种原因，这一想法并没有实现。到1994年的时候，微软研发电视数字化和软件装置的技术部门终于拿出了一个作品，比尔·盖茨带着这个与电视有关的新产品兴致勃勃地在爱迪生学院进行了演示，但令人失望的是，演示最终失败了，整个过程中，屏幕都是一片空白。到了1995年的时候，比尔·盖茨再一次试图在电视行业进军，但最终等到的，却是又一个失败的作品。

微软在数字电视领域的频频碰壁令人震惊，以至于电视行业的不少人都认为，比尔·盖茨之所以想涉足电视业，完全就是来搅局的。而事实上，在数次锲而不舍的尝试中，微软也的确没能为电视行业做出什么贡献。

从比尔·盖茨成立技术部门开发数字电视软件以来，虽然已经耗费了高达数千万美元的资金，更换过数百名程序员，历经数年的奋斗和开发，但始终不曾拿出任何一件令人满意的作品。甚至可以说，微软在软件行业有多么成功，那么在数字电视领域就有多么失败。

1997年的时候，微软总算是开发出了一个成功的数字电视相关产品——电视机顶盒。比尔·盖茨将这个迟迟到来的新作品命名为"维纳斯"，一个美好的、令人向往的名字。但很可惜的是，微软的野心太大了，他们试图像攻占操作系统软件市场一样，让这一新产品成为行业的新技术标准，加之又急于收取机顶盒的相关费用，让美国电视巨头们感受到了严重的威胁。为了维护自身的利益，美国电视巨头连成一线，迅速开发出了与微软公司相对抗的新产品，及时遏制了"维纳斯"在机顶盒市场的推广。

虽然在美国市场上失败了，但比尔·盖茨并不准备放弃"维纳斯"，他决定另辟蹊径，到中国进行这一产品的推广。1999年3月10日，比尔·盖茨带着"维纳斯"第七次来到了中国。那个时候，微软在中国已经家喻户晓，Windows95和Windows98在中国操作系统软件市场已经占据了垄断地位，因此，对于"维纳斯"的推广，比尔·盖茨一直有着充分的自信。

比尔·盖茨先抵达了香港，并与香港电讯公司展开合作，共同推出了宽带网络服务，离开香港之后，比尔·盖茨抵达了深圳。起初，事情一直如比尔·盖茨所预料的那般顺利，"维纳斯"的推出就像之前微软推出Windows一般，受到了人们热烈的欢迎和讨论。

"维纳斯"电视机顶盒的作用类似于给电视机赋予了个人电脑的功能，只要将它安装在电视机上，就能让电视实现上网、玩游戏以及发邮件等功能，使用简单，操作方便，不需要任何专业知识就能使用。

但问题是，中国那时候的家电市场与当年微软进入中国时的软件市场情况是完全不同的。当年微软进驻中国市场时，微软公司已经具备了强大的实力，而中国的软件行业却处于刚刚起步的阶段，因此，中国市场上没有任何一家计算机企业能与微软抗衡，这才让微软顺利在中国软件市场上形成了垄断之势。而现在，中国的家电市场已经发展成熟，国内也已经有了极具实力的软件企业，加之电视机顶盒的科技含量本就不高，想要开发出与"维纳斯"同等功能，甚至超越"维纳斯"的产品并非不可能，因此，"维纳斯"的热潮并没有持续多久。

更重要的是，"维纳斯"的出现引起了中国企业的警觉，为了避免当年微软进入中国软件市场的状况重演，国内一些企业共同联合，在3月25日推出了一项专门针对"维纳斯"的"女娲计划",以此来对抗微软对数字电视行业的"入侵"。

最终,"维纳斯"在中国也被迫流产了。

比尔·盖茨的爱情与婚姻

相比在事业上的种种成就,人们对举世瞩目的微软公司总裁比尔·盖茨先生的私生活或许更感兴趣。毕竟他在事业上的成就究竟有多高,单从他名字的响亮程度上就能知道了,相比而言他的爱情与婚姻生活,就要神秘得多。

在哈佛大学期间,比尔·盖茨曾谈过一次恋爱,但那个时候,由于他一直沉迷于计算机和扑克牌,那段短暂的恋爱很快就夭折了。之后,比尔·盖茨与好友保罗·艾伦投入了艰苦而忙碌的创业,本就性格孤僻不擅交际的比尔·盖茨基本上杜绝了与女性有情感方面的接触。毕竟他太忙了,而且计算机已经占据了他的整颗心。

比尔·盖茨是个生活自理能力接近于零的家伙,平日里甚至连吃饭、洗澡都需要别人的提醒,因此他的个人形象常常都令人有些无可奈何。尤其是在他忙于工作的时候,常常会因为忘记洗澡而导致身上散发出一种令人不太愉快的味道,这一点大概是女性们尤为不喜的。

后来,在工作中,比尔·盖茨认识了与他同行业的一位女性,大他九岁的安·温布莱德。温布莱德是位聪明而独立的女性,与比尔·盖茨一样,靠着自己的努力成就了一番事业。由于两人从事同一行业的工作,比尔·盖茨与温布莱德非常谈得来,他们的关系突飞猛进,很快就同居了。

温布莱德与比尔·盖茨之间既是恋人也是朋友,温布莱德非常欣赏比尔·盖茨在学术和工作上的出色表现,而比尔·盖茨则十分敬佩温布莱德在待人接物上所展现出的从容自如——这一直是比尔·盖茨所欠缺的能力。

但最终，比尔·盖茨与温布莱德并没能一直走到最后，他们还是分手了。可即便如此，没有爱情的羁绊之后，比尔·盖茨与温布莱德之间依然友谊长存，并一直保持着密切的联系。甚至在比尔·盖茨结婚之后，还特别向妻子提出，每年都要抽出一周的时间与温布莱德待在一起，当然，据盖茨所言，他与温布莱德在一起只是为了讨论计算机领域方面的专业问题。

在和温布莱德分手后，比尔·盖茨遇到了后来成为他妻子的梅琳达·弗兰奇。弗兰奇出生于美国达拉斯的一个中产家庭，在1990年进入了微软公司的销售部门。进入微软的时候，弗兰奇年仅22岁，是微软录取的员工中最年轻的，同时也是当时微软公司员工中唯一获得了MBA学位的女性。

弗兰奇是个工作狂，这点与比尔·盖茨十分相像，而最初比尔·盖茨注意到她，也是由于她出色的工作表现。后来，每天晚上在公司加班的比尔·盖茨几乎都会看到同样在公司加班的弗兰奇，这种奇妙的默契让比尔·盖茨对弗兰奇的印象越发加深了。后来在一个周六的下午，比尔·盖茨与弗兰奇在停车场巧遇，经过短暂的交谈之后，比尔·盖茨发现，他与弗兰奇之间竟有着超过他预期的默契，不管是在工作还是兴趣方面，他们之间似乎都惊人地契合。于是，比尔·盖茨决定对弗兰奇展开追求。

比尔·盖茨做事从不拖泥带水，对待感情也同样如此。当他决定追求弗兰奇的时候，直接就走到她的办公室对她发出了约会的邀请，比尔·盖茨的直接让弗兰奇大为惊诧，但她并没有立即答应这一邀请。

比尔·盖茨真正打动弗兰奇是在她生日的那天。那个晚上，比尔·盖茨突然打电话给弗兰奇，叫她到华盛顿的大酒店去谈一些工作上的事情。弗兰奇匆匆忙忙到了华盛顿大酒店之后，一打开客房门，却看到房间中央放着一个非常漂亮的生日蛋糕，蛋糕旁边摆满了各色的玫瑰花。比尔·盖茨从房间里走了出来，看着弗兰奇微笑，弗兰奇这才想起来，今天是自己26岁的生日。这个惊喜让弗兰奇感动不已，也是在这一刻，弗兰奇决定接受比尔·盖茨，与他正式交往。

当时，比尔·盖茨已经成为了亿万富翁，在世人眼中，弗兰奇或许就像是幸运的灰姑娘一样。但其实，最开始的时候，弗兰奇的母亲并不赞同她与比尔·盖茨交往，怕女儿受到伤害。

弗兰奇是个非常独立的女性，在和比尔·盖茨交往之前，她就已经凭借着出色的工作能力成为了微软公司的产品管理经理。虽然她接受了比尔·盖茨的感情，但她并不希望他们之间的关系会对她在微软的工作造成任何影响，因此她并不想公开与比尔·盖茨之间的关系。

在与比尔·盖茨交往的过程中，弗兰奇发现，他对婚姻似乎并不热衷，这让弗兰奇一直感到很苦恼。盖茨的母亲非常喜欢弗兰奇，一直希望比尔·盖茨能尽快和弗兰奇结婚，但不管她如何催促，比尔·盖茨都表现得无动于衷。

后来，弗兰奇终于向比尔·盖茨下达了最后通牒：要么结婚，要么分手。那个时候，盖茨的母亲也因病住院，医生告诉盖茨，他母亲最多还能再维持一年的生命。最终，在众人的期盼下，比尔·盖茨决定和弗兰奇举行婚礼。

盖茨结婚的消息一经传出，他的竞争对手们都乐坏了，在他们看来，只要结了婚，比尔·盖茨这个工作狂必然会因婚姻生活的羁绊而在工作上有所放松，这样一来，他们就有机会超越微软，取代它在软件业的霸主地位了。

甲骨文的老板拉里·埃里森更是公开表示说："谢天谢地，这个高科技疯子总算要结婚了，我衷心地为他感到高兴，他也确实该多拿出点时间照顾家庭了。"

苹果公司的总裁摩尔对此也非常高兴，他说道："我们真该感谢梅琳达，她将会让一直疯狂奔跑的微软慢下来，而这将会成为我们的天赐良机。"

不管出于怎样的一种心态，比尔·盖茨要结婚的消息确实让很多人都感到高兴。1994年1月，比尔·盖茨和梅琳达·弗兰奇在太平洋的夏威夷岛举行了盛大的婚礼，至此，这位亿万富翁终于在所有人的期盼中——尤其是竞争对手们的期盼中——步入了婚姻生活。

梅琳达·弗兰奇嫁给了世界上最富有的男人，这似乎是件让人无比艳羡的事情。可事实上，但凡是认识比尔·盖茨的人都很清楚，嫁给他所收获到的，可不仅只有快乐。在事业上，比尔·盖茨绝对是个富有远见而充满智慧的人，但在生活里，比尔·盖茨绝不是一个容易相处的人，他的缺点实在太多了。

这位新晋的盖茨太太必须忍受盖茨先生不良的卫生习惯，还得配合他种种心血来潮的兴趣爱好，陪他玩猜谜和拼图等智力游戏。此外，由于盖茨对那些富有挑战性的活动极有兴趣，所以盖茨太太还得陪她丈夫在零下30度的阿拉斯加参加雪地赛狗的活动。

1996年，比尔·盖茨迎来了他的第一个女儿珍妮弗·凯瑟琳·盖茨。成为母亲的盖茨太太为了更好地照顾孩子和家庭辞去了在微软的工作，成为了一名全职家庭主妇。1999年，比尔·盖茨的第二个孩子罗瑞·约翰·盖茨出生了。2002年9月，盖茨又迎来了他的小女儿菲比·阿黛尔·盖茨。

虽然有了家庭，有了孩子，但比尔·盖茨在生活方面依然故我，没有多大的改变。在商业领域，比尔·盖茨是当之无愧的王者，但在面对生活里种种小事的时候，他却经常感到手足无措。他的生活几乎都是交给妻子来打理的，包括挑选他自己穿的衣服，以及决定晚餐的菜式等。

不管怎么样，这位受人瞩目的亿万富翁找到了一个最适合他的妻子，她睿智、聪明、贤惠，或许他们之间的爱情并不像各种小说、电视剧那样跌宕起伏，精彩纷呈，但他们的确是最适合相伴一生的人。

第四节
永不落幕：微软已成一种习惯

比尔·盖茨和微软创造了 20 世纪最令人目眩神迷的财富神话，吹响了信息时代最嘹亮的经济号角。这是一条辉煌与荣誉的道路，同时也是一条充满了掠夺与竞争的道路。有人说微软是新时代的缔造者，也有人说比尔·盖茨是商业规则的破坏者。要为盖茨或微软下一个结论或许并不容易，但有一点毋庸置疑：在 20 世纪，比尔·盖茨与微软对世界的影响是任何一个人或企业都无法超越的。

"反垄断"风波

在微软公司的发展史上，有关法律方面的诉讼事件总是层出不穷。在创业初期，微软与罗伯茨的公司因 BASIC 编程语言的版权问题上过法庭，微软险些因此事而陷入财务危机；后来，西雅图计算机公司又曾在微软购买 DOS 系统之后对其提起诉讼，称微软在购买 DOS 版权时并未告知西雅图其购买该软件的真实意图，故意压低成交价格，后这一事件以微软向西雅图计算机公司支付 100 万美元而达成庭外和解；紧接着，1988 年 3 月，苹果公司也向微软提起诉讼，指控微软在 Windows 系统中使用与苹果公司相似的图标，侵犯了其版权……

层出不穷的诉讼官司给微软带来过很多麻烦，但在这个过程中，比尔·盖茨也因此而累积了不少法律经验。

在19世纪末期，美国为了防止企业滥用在市场中的支配地位来打击、排挤其竞争对手，抑制经济市场的活力，从而颁布了保证资本主义自由竞争的反垄断法，以利用法律手段来对某些在市场竞争中过于"霸道"的企业进行限制和制裁。

说起垄断，人们首当其冲想到的大概就是微软了。众所周知，美国硅谷是全球高新科技产业的中心，这里聚集了超过7000家电子企业和软件公司。据统计，在1996年，硅谷平均每五天就会有一家公司成功上市，平均每一天就产生超过60个百万富翁。硅谷所创造出来的业绩是无比辉煌的，但这些在比尔·盖茨和微软面前，却都显得微不足道了。这些在世人眼中无比优秀的企业精英，无论是所创造出来的业绩，还是所拥有的财富，都根本没办法和比尔·盖茨一较高下。最关键的是，由于微软的Windows系列操作系统一直在计算机操作软件市场中占据垄断地位，所以，无论其他软件公司想要开发什么软件，最终都得依赖微软，这大概是让微软的竞争对手们最无法容忍的事情了。为了与微软相对抗，硅谷还组成了一个"亿万富翁俱乐部"，而"摧毁微软"就是该俱乐部的终极任务。

早在1990年的时候，美国联邦贸易委员会就对微软公司是否违反了反垄断法，将应用软件与DOS系统进行捆绑销售一事展开过调查，不过当时调查力度并不大，因此并未引起微软过多的注意。后来到1993年的时候，美国司法部接手继续就此事展开调查。这一时期正好是微软开发Windows操作系统的时期，于是司法部门便将Windows系统作为了调查的重点。1994年的时候，微软原本打算对一家财务软件公司进行并购，但最终因司法部指控其为非法兼并而放弃了这一并购计划。直到同年7月时，微软才与美国司法部达成和解。

在互联网迅速发展时期，一批新的优秀企业在市场上崛起了，在这批新崛起的企业之中，风头最盛的当属网景公司和太阳公司。在微软涉足网络领域之前，网景公司就因开发了一款专门用于上网的Navigator浏览器软件而迅速抢占网络软件市场，迅速成长为美国知名的计算机软件公司。

比尔·盖茨很快发现了这些新崛起企业对微软构成的威胁，于是立即集中公司的人力物力，全心投入了网络软件的开发。此后，微软推出了 InternetExplorer 浏览器软件，也称"IE 浏览器"，以此来对抗网景公司的 Navigator 浏览器。

1996 年 8 月 13 日，微软正式发布了 IE3.0 版本的浏览器，该浏览器不仅支持 CSS 技术，同时还支持 ActiveX 控件以及 JavaApplet 和多媒体等。此外，IE3.0 还捆绑了电子邮件、AddressBook 和 NetMeeting 等软件，一上市就受到了用户的强烈欢迎，对网景公司造成了很大打击。

1997 年 9 月，微软又推出了 IE4.0，并将其内置在后来 1998 年所推出的 Windows98 操作系统中，这一举措给了网景公司致命一击。一方面，此时的 IE4.0 无论从功能还是外观上都已经超过了网景的 Navigator 浏览器；另一方面，用户使用 Navigator 浏览器是需要付费的，但 IE4.0 本就是 Windows98 操作系统中的内置软件，只要用户使用的电脑是 Windows98 操作系统，就能免费拥有 IE4.0 浏览器，这样一来，网景的 Navigator 自然也就无人问津了。

网景公司对微软的这一做法非常不满，而美国的司法部也因此而盯上了微软，认为微软将 IE4.0 内置于 Windows 操作系统的做法显然是一种捆绑销售策略。

1997 年 10 月 20 日，美国司法部正式向哥伦比亚地方法院提起诉讼指控微软。但最终，因为证据不足，哥伦比亚地方法院驳回了司法部的诉讼。但同时，法院也对微软实施了一项临时裁决，要求微软停止将 IE 软件内置在 Windows 系统中进行销售。

比尔·盖茨根本不愿接受这一制裁，在他看来，微软在系统上开发新软件是完全正当的行为，根本不属于捆绑销售。因此，在接到法院的禁令之后，微软立即上诉，称 IE 原本就是在 Windows 操作系统原有软件的基础上集成的，属于 Windows 的一个组成部分，根本不是捆绑销售。最终，经过法院组成的专家团队调查之后，哥伦比亚地方法院于 1998 年 5 月 12 日撤回了对微软发布的禁令。

虽然微软在这一场对决中获得了成功，但这个结果却引起了美国司法部的不满。1998年5月18日，美国司法部联合20个州再次对微软提出了新的控告，指控微软常常利用其在软件市场的垄断地位来打击竞争对手，破坏了市场的自由竞争。此外，司法部还提交了大量可以证明微软违反美国反垄断法的证据。

这一场诉讼引起了全世界的关注，甚至在全球范围内引发了一场大辩论，在这种情况之下，法院不得不慎重考虑，该如何对这起诉讼做出判决。

1999年，在这起诉讼进入最重要的审查时，一个关键人物站到法庭上指控微软，她就是斯特凡妮·宙赫尔，微软公司的一名雇员，同时也是比尔·盖茨的情人。宙赫尔与比尔·盖茨的桃色新闻一度闹得沸沸扬扬，富翁与美女无论何时都是惹人遐想的有趣谈资。宙赫尔的指控给了微软致命一击，消息一经传出，人们便开始疯狂抛售微软股票，最终，比尔·盖茨因此事损失了80亿美元。

趁此机会，网景公司和苹果公司也站了出来，向法院作证，指控微软。此外，美国多家计算机和软件公司也都在IBM的号召下，联合组成了一个反微软的联盟，并向法院提供了多项证明微软违反反垄断法的证据。

1999年11月5日，法院判定微软属于垄断公司。11月9日，法院对控辩双方进行调解，但最终未能达成和解。2000年6月7日，哥伦比亚地方法院正式做出判决，要求微软分割为两家公司，一家负责生产和销售Windows系统，另一家则负责其他应用软件和产品的生产及销售。此外，法院还对微软做出了一系列的规定和限制。

这个消息一传出，微软所有的竞争对手都乐坏了，恨不得举杯欢庆。

为了挽救微软，比尔·盖茨迅速召开新闻发布会，亲自发言为自己的公司辩护，并在各大媒体上发表了公开信，以寻求人们的理解与支持，试图在舆论上为微软造势。与此同时，比尔·盖茨一边向法院申请延迟执行判决，一边继续上诉。

2001年11月2日，微软做出让步，与美国司法部达成和解协议。但麻烦依旧没有解决，提起诉讼的其中九个州并不承认这一协议，依旧坚持要求法院对微软进行裁决。2002年4月22日,比尔·盖茨亲自出庭为微软举证辩护,拒不承认关于微软以非法垄断的方式妨碍市场自由竞争这一指控。

最终,这起官司一直拖到了2002年11月,美国联邦法院正式做出裁决,支持微软此前与司法部达成的和解协议,驳回其余九个州要求法院制裁微软的申请。这起反垄断案最终以微软做出让步而告终。

下一个麻烦——欧盟

在解决与美国司法部的官司之后,比尔·盖茨开始专心处理另一件更让他头痛的事情——与欧盟之间的官司之争。

微软与欧盟之间的官司之争要追溯到1998年12月了,那时,由于微软拒绝向太阳公司提供服务器软件与Windows操作系统之间进行连接通信所必须的互操作性信息,太阳公司便向欧盟的监管机构投诉了微软,正是这一事件,引发了之后长达12年的欧盟与微软之间的官司诉讼。

欧盟成立的初衷是为了促进欧洲政治经济一体化进程,促进欧洲经济政治实力的增强,从而提升欧洲在世界上的国际地位,最终能够与美国相抗衡。因此,在面对微软时,欧盟可不会像美国本土司法部门那样手下留情。

欧盟对微软展开的调查同样与"垄断"脱不了干系,调查的主要内容是,微软在市场竞争中,究竟是否滥用了Windows操作系统软件在计算机软件市场中的垄断地位,来对服务器及应用软件等市场进行了不正当的干涉和控制,从而打压竞争对手。

作为主管欧洲市场的反垄断机构,欧盟委员会面对微软的态度极其严厉。在欧盟委员会接管了微软的垄断案后,曾多次与微软进行谈判,试图找到一个让双方都满意的解决方案,欧盟委员会希望,微软能够向同行业的竞争对手提供相关技术信息，但微软对此始终没有让步。

2003年8月6日，欧盟反垄断事务专员马里奥·蒙蒂向微软发出了第三次声明，要求微软将其公司所生产开发的多媒体播放应用软件与Windows操作系统分离开，停止捆绑销售，或者同意让竞争对手公司的多媒体播放软件也能捆绑在Windows操作系统之中。

此时，距离微软与美国司法部之间的反垄断官司已经过去半年多了，比尔·盖茨决定将精力全部放在这件事情上。

微软被指责为"垄断企业"、"垄断行为"已经不是什么新鲜事了，面对这样的指责，比尔·盖茨从来不会让步。任何诉讼官司，只要是涉及微软垄断行为的，比尔·盖茨都会想尽一切办法来还击，他决不答应任何人给微软打上"垄断"的标签。每次面对他人指责微软是"垄断行为"的时候，比尔·盖茨都会反问对方："微软公司的产品在软件市场中只占据了百分之四，这能称之为垄断吗？"

反垄断法是在一百多年前制定的，当时正处于工业革命时期，产品的规模数量对企业在市场中的竞争有着决定性作用。因此，在那个时候，所谓的"垄断"是指企业在市场中占有绝大部分的份额，进行独占资源、专卖产品等，这样的行为是非常不利于市场竞争和自由贸易的。但如今，随着社会的进步和科技的发展，所谓的垄断行为已经不再像当年那样好判断了，尤其是在软件行业，产品规模大小已经不再是企业在市场竞争中的最关键力量了。

微软公司在软件市场中的垄断地位是毋庸置疑的，因为它独占着软件行业最为关键的部分——计算机操作系统。从DOS到Windows，微软所开发的操作系统一直是公认的行业"标准系统"，所有应用软件的开发是基于操作系统的，这就意味着，微软掌控着计算机市场绝大多数企业的命脉。而问题的关键就在于，拥有这一垄断地位的微软，究竟是否利用了这一优势，对竞争对手进行过打压，进行不公平的竞争行为。

由于双方始终无法达成共识，2003年11月，欧盟就这个问题召开了指控微软的反垄断听证会。在会上，微软与欧盟委员会展开了正面交锋，并对欧盟的一切指控都做出了回应。欧盟认为，微软拒绝向竞争对手提供相关的技术信息，造成了其他软件公司在开发产品时，不能很好地与微软的 Windows 系统相兼容，这种行为很显然是在利用自己的优势对竞争对手进行不正当地打压。微软方面则辩称，竞争对手开发的软件想要与 Windows 兼容有多个途径，微软的产品之所以胜过竞争对手，完全是因为微软的科技更加先进，所生产的产品通用性更强。

虽然在听证会上，欧盟与微软之间的对峙非常激烈，但是在私底下，他们依旧一直在努力进行谈判协商，希望能最终达成和解，这对于双方来说都是最好的结果。

2004 年 3 月 15 日，欧盟各国成员达成一致态度，支持欧盟对微软进行制裁。这个消息让微软大为头痛，微软首席执行官鲍尔默立即联系了欧盟的反垄断官员马里奥·蒙蒂，希望能尽快赶在欧盟宣布制裁决定之前达成和解，但可惜此次会谈依然没有任何结果。到 3 月 18 日时，欧盟委员会召开了新闻发布会，并正式宣布，与微软之间的和谈正式破裂，微软需要向欧盟交近两亿欧元的处罚金。此外，欧盟方面还表示，将会对微软的垄断行为实施处罚，以儆效尤。这一结果让欧洲的软件公司和消费者都得到了很大好处。

2004 年 3 月 24 日，欧盟正式宣布微软公司垄断罪成立，微软将为此缴纳 4.97 亿欧元的罚金，并且在四个月之内将通信代码分享给竞争对手公司，此外，还必须在三个月之内推出新的没有内置媒体播放器版本的 Windows 操作系统。

虽然以微软的实力而言，4.97 亿欧元的罚款根本无关痛痒，但对于这个裁决，比尔·盖茨是不认可的。盖茨认为，在操作系统中内置软件对于消费者而言是非常有利的，微软不该因为此事而受到谴责。最终，比尔·盖茨决定将会继续上诉。

对于这个判决，美国政府和国会的部分官员都认为，欧盟委员会对微软的处罚有失公正。参议员比尔·佛斯特甚至直言，欧盟对微软的裁决明显与之前美国司法部和微软之间的和解相冲突，这很显然违反了反托拉斯共同协议精神，该协议中规定，但凡是美国公司的垄断指控，都应该交由美国政府来处理。

2004年12月22日，欧盟初审法院以证据不足为由驳回了微软的上诉，并要求微软必须接受裁决。最终，这场垄断官司以微软的败退而结束。一直到2007年，微软才最终服软，接受了欧盟的一切裁决，向竞争对手开放了源代码。

但就在这一事件总算尘埃落定之后不久，又有新的公司向欧盟投诉微软，于是欧盟委员会又一次展开了对微软的反垄断调查。2009年12月18日，欧盟完成此次对微软的调查，要求微软将浏览器的自由选择权交给欧洲市场的消费者。最终，微软在欧洲境内所推出的操作系统中多了一个浏览器选择屏，让用户自由决定使用哪一款浏览器。

截至2010年，关于微软反垄断的官司已经超过20个，微软为此支付了数十亿美元的费用。虽然这些官司在一定程度上绊住了微软的步伐，给微软造成了不小的麻烦，但却依然无法从根本上动摇微软在软件市场中的根基。

退休的盖茨，前行的微软

在2000年之后，比尔·盖茨其实就已经开始退居幕后，开始专心做自己最擅长的软件设计工作，史蒂夫·鲍尔默成为了微软的首席执行官。盖茨与鲍尔默的权力交接在2006年基本全部完成，此次权力交接非常平稳，几乎没有对微软造成任何影响。而在权力交接完成之后，同年6月15日，比尔·盖茨就正式宣布，自己将在2008年7月彻底离开微软，辞去在微软的一切职位，并不会再参与任何与微软有关的管理事务。

2007年1月30日，微软推出了WindowsVista系统，这是比尔·盖茨作为微软公司首席软件设计师的最后一款作品。在2008年7月之后，比尔·盖茨果然如之前承诺的，辞去了这一职位，并选定雷·奥兹为他的接班人。之后，顺利退休的比尔·盖茨就投身于他的各种慈善活动及基金会建设中去了。

比尔·盖茨对慈善的热衷并非与生俱来，事实上，在他刚获得成功，成为亿万富豪的时候并不是一个慷慨的人。那时候微软收到过不少请求捐钱的信件，盖茨的父母也都一直在劝说他关心慈善，但比尔·盖茨却从未理会过。当然，他的"不慷慨"并非是源于对金钱的执着，而是因为他太过于专注事业。他有太多的事情要去做，他有太多的目标要去实现，对于那个时候的比尔·盖茨来说，他人生的首要任务就是管理好自己的公司，以至于他根本没有任何时间和精力去关注慈善事业。也正因为这一点，在很长一段时间里，比尔·盖茨都被《经济学人》杂志评价为"坐拥金山却极为吝啬"的人。

盖茨对慈善行为萌生不一样的想法是在1993年，那年秋天，他与女友梅琳达·弗兰奇一起前往非洲扎伊尔旅行。在那里，盖茨看到了一片贫瘠而荒芜的景象，许多人光着脚，头上顶着水罐，要走几英里路才能到达市场，那里售卖的蔬菜无论种类还是数量都少得可怜。在非洲旅行的途中，比尔·盖茨看到了无数瘦得皮包骨的孩子，他们死气沉沉，目光呆滞。这一切景象都是比尔·盖茨曾经想都未曾想过的，他从不知道，在世界的某个地方，有这么多的人是这样在生存的。那一刻，比尔·盖茨心中感到了深深的震撼。这趟旅行对他后来所做的慈善事业有着非常重大的影响。

在母亲因癌症去世后，比尔·盖茨陷入了巨大的悲痛中，在那段时间里，他开始重新思考自己的人生与价值，开始思考生命的意义。这段时间可以说是盖茨生命中最为消沉的一个时期。

比尔·盖茨的父母从很早之前就一直热心于慈善公益事业，在盖茨年纪还小的时候，父亲就常常会带他一起参加一些志愿活动。在盖茨取得成功之后，他的父母一直试图劝说他多多关注慈善事业，但忙于事业的盖茨并没有听从。后来，已经退休的父亲为了维护盖茨的公众形象，在征得他的同意之后，便开始全权负责处理那些寄往微软公司的求助信件，并以比尔·盖茨的名义进行了很多慈善活动。

当比尔·盖茨沉浸在失去母亲的悲痛中时，盖茨的父亲将一张统计图表放到了他的办公桌上，图表上的内容显示，每年非洲因轮状病毒而死去的孩子多达数百万，这种病在美国很早之前就已经绝迹了。那一瞬间，盖茨突然醒悟过来，他意识到，在这个世界上，还有许许多多的善举等着他去做。

在父亲的建议下，盖茨拿出9400万美元来建立了一个盖茨基金会，专门从事慈善事业。在基金会里，盖茨亲自出任首席执行官，父亲则负责具体的管理工作，妻子梅琳达则担任基金会的总经理。为了更好地运作基金会，让其能够为世界做出更大贡献，盖茨还专门聘请了理财专家来为基金会的运营进行增值投资。

1999年，比尔·盖茨的总资产达到了850亿美元，相当于卢森堡、冰岛和匈牙利三个国家在那一年的国民生产总值。那时候的盖茨真正称得上是富可敌国了，然而令人震惊的是，就在世人都艳羡着他所拥有的惊人财富时，比尔·盖茨却公开表示，会在死后将大部分的遗产都捐献给慈善机构，只会留下大概几百万美元的遗产给自己的三个孩子。

2003年，盖茨夫妇再次去到非洲，他们参观和访问了很多家医院。卫生保健和教育领域一直是盖茨夫妇最为关心的两个慈善领域，因为他们认为，这两个领域在缩短世界贫富差距上有着至关重要的作用。

2005年1月27日，在瑞士举行的世界经济论坛上，比尔·盖茨公开承诺，会捐出7.5亿美元来帮助第三世界国家购买疫苗。

在疾病医疗方面，盖茨夫妇一直都给予了高度的重视。此外，除了疫苗问题之外，对于那些无家可归的艾滋病患者及生活在贫困地区的年轻人，盖茨夫妇也都十分关注，他们慷慨地向那些需要帮助的贫困者提供经济及医疗上的种种援助。盖茨还在一些贫困地区建立了"青年自立计划"，教会当地的年轻人如何谋生，并免费对他们进行培训，彻底改变了他们的人生。

慈善事业对于比尔·盖茨来说，并不只是单纯地将钱投放到贫困地区，就和他当初经营微软一样，他做慈善也是有计划有目标地进行的，他的目标不仅仅是拯救一个人，而是要彻底改变这个世界。每次在为基金会决定捐助方向与地区的时候，盖茨与妻子梅琳达都会就两个关键问题展开讨论：在哪一方面进行捐助可以帮助更多的人？在过去的捐助活动中，有什么问题是被忽略了的？

曾经有一次，盖茨基金会收到一个来自南美的请求，这位申请人希望盖茨能够为某个村庄的人以及猪同时提供疫苗。这个请求让盖茨非常愤怒，世界上还有这么多的人在死亡线上挣扎，可居然有人会希望他把钱花在猪的身上，这实在太匪夷所思了！

疾病问题始终是盖茨所关注的重点，他曾专门从基金会中拿出两亿美元，召集全世界最出色的科学家们一起研究，如何才能战胜疾病。这一项目是由盖茨基金会与美国卫生研究所共同启动的，该项目被命名为"全球健康挑战"。

比尔·盖茨在慈善事业上的慷慨为他赢得了来自世界各地的高度赞誉，曾经数度批评过他"吝啬"的《经济学人》杂志也一改之前的态度，公开赞扬比尔·盖茨是"慈善事业的新典范"。此外，美国《商业周刊》也将比尔·盖茨评为"最受欢迎的慈善家"。

当然，无论是赞誉也好，诋毁也罢，对于比尔·盖茨而言，这些东西都不是最重要的，他只是认为一件事情是正确的，是应该做的，于是便去做了，就是这么简单。就像当初，他认为事业是他人生最重要的东西时，他未曾因外界的批评而改变自己的态度。而如今，他投身慈善，也仅仅是因为，他要做正确的事。

比尔·盖茨退休了，而微软还一直在前行。对于世人而言，比尔·盖茨与微软早已经是密不可分的了，无论他是否还在微软担任职务，无论他是否还是微软的领头人，有一点是始终不会改变的：提到微软，所有人都会想起比尔·盖茨；同样地，提到比尔·盖茨，所有人都会想到微软。

而无论身处何方，无论从事哪一个领域，比尔·盖茨始终都在坚持做一件事——改变世界。微软用科技改变世界，而盖茨基金会则用慈善改变世界。

Part 3
英特尔：偏执创造的伟大

我笃信"只有偏执狂才能生存"这句格言。我不记得此言出自何时何地，但事实是：一旦涉及到企业管理的事情，我坚信只有偏执狂才能生存。

——安迪·格鲁夫

第一节
英特尔的诞生，"美国梦"的典范

> 在安迪·格鲁夫离世之际，硅谷著名的投资人，Netscape 的联合创始人马克·安德森在推特上发布了一条悼念消息："安息吧，格鲁夫——硅谷有史以来最优秀的企业缔造者，也许后无来者。"格鲁夫的一生就像一个"美国梦"的典范，在硅谷书写了最具传奇色彩的白手起家的故事。

硅谷最伟大的偏执狂走了

2016 年 3 月 21 日，硅谷最伟大的偏执狂安迪·格鲁夫离开了这个世界。

对于安迪·格鲁夫这个名字，现在的很多年轻人或许会感到有些陌生，但在 IT 行业，这个名字却如同硅谷精神的象征，而这个亲手缔造了芯片巨人英特尔数十年辉煌的人，则如同硅谷的灯塔一般，带领着整个芯片行业与 PC 行业，开创了一个全新的时代。

英特尔首席执行官莱恩·科再奇是这样评价格鲁夫的："安迪一次又一次地让不可能成为了可能，他激励着一辈又一辈的科技人、制造者以及商业领导者们不断地前进。"

就连高通公司——英特尔公司在移动领域的最大竞争对手——的创始人兼

名誉首席执行官埃文·雅各布也说道:"安迪·格鲁夫为计算机、无线智能设备领域做出了重要的贡献,为此,我们应该向他衷心地致以感谢。"

格鲁夫是个极其强悍且个性鲜明的人,甚至曾获得过"全球最严厉老板"的称号,硅谷的"狼性文化"就是由他一手所打造的。在英特尔,他的威慑力无处不在,他的强势和凶悍迫使员工战战兢兢地保持着极高的工作效率,为英特尔创造了极其惊人的执行力与竞争力。有人曾这样评价格鲁夫——"即便犯错的人是他的母亲,他也会毫不犹豫地解雇她。"

客观来说,这种可能性的确存在。安迪·格鲁夫确实是个可怕的老板,他会因员工开会迟到而愤怒地用棒球棒猛砸会议桌,他甚至曾经对一名犯了错的女职员毫不留情地吼道:"你要是个男人,我早就把你的腿打断了!"当然,虽然他如此可怕而严厉,但事实上他并没有真的动手伤害过谁。

安迪·格鲁夫是英特尔聘请的首位外部人员。1968年,当罗伯特·诺伊斯和戈登·摩尔一同创办英特尔的时候,安迪·格鲁夫就随之加入了他们,成为英特尔的第三位成员。一直以来,格鲁夫从未贪图过成为英特尔"联合创始人"的荣誉,但事实上,在世人的心中,他与罗伯特·诺伊斯和戈登·摩尔早已经成为缔造英特尔辉煌的"三位一体"中不可获取的一个重要支柱。

在格鲁夫所引领的时代,英特尔完成了发展史上最重要的转型与飞跃,营收从19亿美元直线上升到了260亿美元。凭借着英特尔公司奇迹般的发展,格鲁夫被认为是硅谷最聪明的思想家之一,同时他也被科技行业的许多知名人士视为偶像,这其中就包括了世人熟知的苹果缔造者史蒂夫·乔布斯。事实上,在1997年,乔布斯就是否回归苹果这一问题还曾征询过格鲁夫的意见。

从最初的工程总监,到后来成为英特尔总裁,再到出任公司CEO,安迪·格鲁夫一直以其鲜明而强悍的形象出现在人们面前,即便后来疾病缠身,他也未曾有过分毫改变。在被诊断出癌症之后,格鲁夫就辞去了CEO的职位,但依然继续担任董事长,直至2004年。

但即便他离开了英特尔,他对英特尔的影响也始终是根深蒂固的。英特尔的一名员工曾说过这样一句话:"在我看来,英特尔公司的味道,其实就是安迪·格鲁夫的味道。"这样说并不无道理，如果你去过英特尔公司，一定会对此深有感触。

在英特尔，每一个会议室都一定会挂着一块钟表，而这一惯例就是由安迪·格鲁夫所创造的——他讨厌任何冗长且无意义的会议。此外，很多人大概都不知道，如今在众多企业都能看到的"格子间文化"，实际上也是由安迪·格鲁夫一手打造的。

在早期的硅谷，每间科技公司的经理都拥有属于自己的办公室，但随着公司规模的发展壮大，这种特权文化常常会引发一些内部的纠葛。在这样的情况下，安迪·格鲁夫当即在英特尔公司提出，从此之后，但凡是就职于英特尔公司的人，无论是公司总裁、部门经理还是普通职员，都必须在完全一样的格子间里办公。后来，这一文化逐渐从英特尔公司传递到了整个硅谷，乃至更多的地区及企业。

安迪·格鲁夫对英特尔公司，甚至于对整个硅谷的影响都是不容小觑的。

在日本企业的强势进攻下，他果断主持了英特尔的转型，将英特尔从第一次的死亡危机中拯救出来；

在领导英特尔期间，他造就了"Wintel"——Windows+Intel的事实结盟，在微软统治操作软件行业期间垄断桌面端长达20年；

他曾战胜戴安娜王妃、克隆羊多莉之父伊安·威尔马特以及美联储主席艾伦·格林斯潘，成为了《时代周刊》1997年的年度世界风云人物；

早在20世纪，他就提出员工可以穿非正式服装上班，以及用隔板代替个人办公室的提议，为如今科技公司流行的开放而宽松的办公环境打下基础；

他有一句举世皆知的名言——"只有偏执狂才能生存"……

这就是安迪·格鲁夫，硅谷的灯塔，无数科技人的偶像，缔造英特尔公司传奇的人。他的成就让许多人都望尘莫及，而他一生所遭受的苦难也是现如今的大多成功人士所难以想象的。如果说英特尔是硅谷的奇迹，那么安迪·格鲁夫无疑就是"美国梦"的典范。当他从苦难的彼岸"游"向美国时，同时开启的，还有一段激动人心的传奇故事。

他从彼岸"游"来

安迪·格鲁夫,这是一个非常美国化的名字,但事实上,在去到美国之前,这并不是他的名字。他的本名叫作安德瑞斯·马罗舍维奇,1936年9月2日出生在匈牙利布达佩斯的一个犹太家庭。格鲁夫的父亲是一位牛奶商人,而母亲则是一位图书管理员。

对自己的故国匈牙利,格鲁夫并没有留存下多少快乐的记忆。他还记得幼年时候,因为自己比较胖,常常被同学们以一些不是那么令人感到舒服的绰号嘲笑,因此格鲁夫常常感到非常愤怒,但他越是愤怒,嘲笑他的那些孩子声音反而就越大越兴奋。也是因为他的体形问题,在他年少时第一次邀请女孩约会时就被放了鸽子。那一天,他提前到达了约定的地方,来回踱步,一遍遍紧张地练习着,一会儿应该以什么样的方式和他心仪的女孩打招呼,如何才能给她留下一个好印象,但她始终没有出现,可想而知,那时候的格鲁夫心中该有多么失望和悲伤。

身上多余的赘肉让格鲁夫度过了并不美好的童年时光,为了改变自己,摆脱这一切的不幸,格鲁夫学习游泳、击剑、跳舞,参加一切能够参加的活动,而这也让他在之后的人生中多了不少的"技能"。

童年时候唯一在格鲁夫记忆中留下美好一笔的,大概就是他当时唯一的朋友"加比"了,他是格鲁夫幼年时最要好的朋友,从来不曾嘲笑过格鲁夫。虽然他们后来已经彻底失去了联系,但加比在格鲁夫的记忆中一直占据着一个地方,那是他年少时最珍贵而美好的友谊。

小时候的格鲁夫对歌剧极有兴趣,曾一度想要在以后成为一名歌剧演唱家。除此之外,格鲁夫还有另外一个梦想,那就是成为一名作家。格鲁夫的作家梦主要是被福雷斯特小说中的一位人物霍恩布洛尔船长所激发的，他非常喜欢霍恩布洛尔船长的形象。因为有这样的渴望，格鲁夫还曾在一家刊物当过一段时间的通讯员，这份工作让当时的他自豪无比。

格鲁夫的听力非常不好，与他打过交道的人大概都曾看到过他使用助听器，虽然他非常不喜欢这个东西，但很多时候，为了应付生活及工作上的种种事情，他不得不借助于这个小器具。格鲁夫总是容易激动地冲着别人大吼大叫，或许与他的听力问题有一定关联吧。格鲁夫的听力是在四岁时候感染猩红热时留下的后遗症，在这场疾病中，他最终捡回了一条命，但代价就是，从此必须与助听器常伴了。

格鲁夫是犹太人，这注定了在那个年代，他的家庭必将遭受难以想象的苦难。在格鲁夫八岁的时候，纳粹占领了匈牙利，近50万犹太人被驱逐，遣送到了纳粹集中营，格鲁夫的父亲就在其中，而格鲁夫和母亲则在一个朋友的帮助下，凭借假身份而逃过一劫，后来被一个基督教家庭所收留。

20岁之前，格鲁夫的人生充满了难以磨灭的恐怖记忆，各种白色恐怖占据了他的人生。匈牙利法西斯独裁政府、纳粹德国军队、犹太人遭受的"最终裁决"、苏联红军包围布达佩斯、"二战"结束之后的混乱民主时期、匈牙利共产党执政……在"二战"之前，匈牙利犹太人口数量大约有65万，而在遭遇这一切苦难之后，最终留在匈牙利的犹太人只剩下了15万，格鲁夫就是其中的一名幸存者。

在1956年匈牙利事件爆发的时候，格鲁夫终于被迫逃离这片土地。当时，原本他的名字并不在获准前往美国的名单上，但那个寒冷的夜晚，为了抓住改变自己命运的唯一生机，格鲁夫闯进了国际救援委员会代表室，用他憋足的英语，不停地对那些人说自己成绩非常好，以后一定能成为一名非常不错的科学家，他是属于美国的。他不停地说着，似乎生怕一旦停下，他就会失去这渺茫的一线希望。

最终，或许是格鲁夫的勇气打动了救援会代表，也可能是他憋足的英语拯救了他。总之，在1956年的时候，他总算如愿挤上了那艘味道难闻的小船，朝着美国而去，开始另一种全新的生活。

为什么执着于美国呢？格鲁夫对此的回答是，那个时候，美国在他的心中，所代表的就是财富与现代科技，他深切地感到，自己是属于那个国度的。在他用憋足的英语不断诉说着自己对美国的向往时，那一刻他对父亲充满了感激，如果不是在十岁时父亲强烈要求他学习英语，或许他根本不可能拥有这个打开美国大门的机会。

到了纽约之后，格鲁夫进入了纽约城市大学化学工程系继续上学，因为通过在这所大学的培训，他能够尽快找到一份能够养活自己，并攒下一笔钱来让父母亲也能离开匈牙利的工作，这是当时格鲁夫最大的目标和愿望。为了攒下这笔钱，他过得极其节省，有时候哪怕非常口渴，也不舍得花五美分来为自己买一杯可乐。而且，为了能让父母到美国与自己会和，拿到绿卡也是他必须实现的目标，只有让自己成为一个真正的美国公民，格鲁夫的父母才更有机会获准来到美国。

到纽约之后，格鲁夫就给自己改了名字，抛弃了原本的匈牙利名，安迪·格鲁夫也正式印在了他的名片上。

在纽约城市大学学习三年半之后，格鲁夫以全班最好的成绩毕业，之后又靠奖学金念完了加州大学伯克利分校的研究生课程。格鲁夫非常喜欢加州，那里的阳光让他想到自己的家乡，而那里，既没有迫害也没有白色恐怖。美国让格鲁夫的人生获得了全新的机会，而他也深深爱上了这个让他重获新生的国度。

在那一段人生中，格鲁夫收获到的最珍贵的东西，就是21岁时，在假期打工时与伊娃的相遇，他们很快坠入爱河并结了婚，那时候，格鲁夫是餐馆工，伊娃是女招待。

传奇诞生：从仙童到英特尔

从伯克利毕业之后，格鲁夫就加入了当时赫赫有名的仙童公司工作。那个时候的仙童公司堪称硅谷的奇迹，它是当时世界上最富有创造性和创新精神的企业，更是全球科技精英们都梦想加入的公司。

仙童公司是由著名的硅谷"八叛逆"联合创建的，这八位赫赫有名的人物分别是罗伯特·诺伊斯、戈登·摩尔、朱利亚斯·布兰克、尤金·克莱尔、金·赫尔尼、杰·拉斯特、维克多·格里尼克以及谢尔顿·罗伯茨。其中，罗伯特·诺伊斯和戈登·摩尔就是后来与安迪·格鲁夫一起缔造了英特尔传奇的联合创始人。

这八位都是当时有名的天才科学家，而他们的"八叛逆"之名，则是来源于他们创建仙童公司之前的老板，诺贝尔奖获得者威廉·肖克利。肖克利被称为"晶体管之父"，他于1955年离开贝尔实验室之后就来到了硅谷，创办了自己的肖克利实验室，并从慕名而来的众多科学家中挑选了八名精英来为自己工作，这八名千挑万选而来的精英就是后来的这群"八叛逆"。

这八位科学家在当时无一不是行业内的顶尖人物，他们之所以聚集到肖克利的身边跟随他工作，完全是出于对这位大科学家的仰慕。但他们却没想到，虽然肖克利确实才华横溢，但他对市场和管理却是一窍不通的，更重要的是他为人极其多疑且不可理喻，非常难以相处，甚至数次用测谎仪来对待他们。

一塌糊涂的管理和缺乏信任的关系，导致这个拥有着八位天才科学家和一位诺贝尔奖获得者的肖克利实验室，在一整年中，居然都没能拿出任何一件说得过去的产品。在肖克利实验室的工作经历让这八位满怀热情的年轻人深受打击，他们意识到，如果希望有所成就，就必须把这位不合格的老板替换下来，于是他们开始策划一起"夺权运动",试图把这位曾将他们聚集起来的肖克利拉下台。但当时,肖克利的名声实在太大了,即便是实验室的投资人们也都不能理解,为什么这些年轻的科学家不愿意追随一位获得诺贝尔奖的大师好好干工作。于是,这场"夺权"不可避免地失败了。而这八位科学家也感到心灰意冷,最后在最为稳重可靠的诺伊斯带领下离开了肖克利实验室。正因为这一事件,肖克利愤怒地对他们破口大骂,并称他们为"八叛逆"。于是,硅谷"八叛逆"的名头就这样罩在了这几位天才科学家的头上。

在离开肖克利实验室之后,"八叛逆"希望依然能够作为一个团队共同工作,于是在争取到投资后,便于1957年底在硅谷创办了仙童半导体公司。该公司所开展的第一个项目就是"八叛逆"在为肖克利实验室工作时所做的一项关于用硅取代传统材料作为晶体管原材料的研究项目,当时该项目并没有受到肖克利的重视。

仙童最终带来了硅晶体管批量生产的时代,当年年底,该公司销售额就成功冲破50万美元。之后,在20世纪60年代,仙童半导体公司更是发明了集成电路,这一发明让仙童声名大振,一跃成为了世界第二大半导体公司。

作为一个曾经连英语都说得磕磕绊绊的人,格鲁夫能够有机会加入仙童,可见付出了多少的努力。更令人震惊的是,在加入仙童后的第四年,格鲁夫就因出色的工作表现而成为了仙童公司的研发副主管,并还成为了一名集成领域的专家,他还撰写过一本大学教材,名为《物理学与半导体设备技术》。

那个时代,仙童在硅谷是极其辉煌的,但可惜的是,他们的辉煌并未能一直持续下去,在走过20世纪60年代的黄金时期之后,仙童半导体公司开始步入衰落。但令人唏嘘的是,该公司的衰落并非其自身存在的问题,更与一手创建了它的"八叛逆"毫无关系。

最初给"八叛逆"投资创建仙童公司的投资人是菲尔柴尔德家族的掌门人谢尔曼·菲尔柴尔德,当时菲尔柴尔德提出,他将出资150万美元来投资,而这八位科学家则各出500美元来占股,创立仙童公司,该公司将会成为菲尔柴尔德家族的子公司,但管理方面的事情则主要由"八叛逆"中的领袖人物罗伯特·诺伊斯来负责。此外，菲尔柴尔德还提出了一个附加条件：在五年之内，他有权以 300 万到 500 万美元的总价来收购八位科学家手中的股份。

结果，在仙童黄金时期之际，凭借当初的一纸协议，其母公司——菲尔柴尔德家族的纽约仙童摄影器材公司开始对仙童半导体公司指手画脚，行使当初规定的权利了。他们先是以 300 万美元的价格从八位科学家手中回收股权，然后又开始强势地插入了公司的管理事务，甚至将公司的利润全部拿去支持母公司的摄影器材业务发展，就连投资决策，也掌控在了母公司手中。最令人感到不可忍受的是，母公司甚至直接从内部空降人取代了"八叛逆"中的灵魂人物诺伊斯在仙童半导体公司中的职务。

最终，忍无可忍之下，这八位天才科学家相继离开了仙童。而不出所料的，没了"八叛逆"的仙童很快就走向了没落，退出了硅谷的历史舞台。

1968 年，罗伯特·诺伊斯和戈登·摩尔一起离开仙童公司，创办了英特尔公司。由于安迪·格鲁夫在仙童时期的出色工作表现，在创办英特尔的时候，诺伊斯和摩尔就邀请了格鲁夫一起加入，格鲁夫由此成为了英特尔的第一位雇员。虽然说是雇员，但事实上，不论是英特尔公司内部还是行业内，都一直将格鲁夫视作英特尔的联合创始人之一。

第二节
偏执的力量——成就世界最重要企业

> 英特尔公司是全世界最大的科技公司，市值一度超过 5000 亿美元，直至十年之后，全球闻名的苹果公司才超越了这个数字。而这一切，都是安迪·格鲁夫所带来的。他以极其强悍的姿态，将他的"狼性管理"带入硅谷，以偏执为名，鞭挞着英特尔不断向前，直至成就了这个世界上最重要的企业。

狼性管理，完成历史性的转型

如果没有安迪·格鲁夫的存在，那么英特尔将会是全然不同的一番景象。英特尔的创始人罗伯特·诺伊斯被人们称之为"圣人"，从这个雅号就可以知道，在公众面前，诺伊斯的形象永远是完美无瑕的，他如同一个宽厚温和的长者，几乎不可能苛责任何人。而另一位联合创始人戈登·摩尔呢，则是一名不折不扣的技术专家，他的所有注意力几乎都投放在研究科技上，对于管理这件事，一直维持着超然物外的态度，对员工也几乎是采取放任自流的态度。

还在仙童半导体公司的时候，这两位天才科学家的个性就已经展露无遗了，虽然他们的确有着天才的头脑，有着卓越的眼界，但对于公司管理进程等方面的具体事宜，却明显缺乏掌控力。比方说开会的时候，他们所主持的会议，常常都会变得冗长而杂乱，每个人都在东拉西扯，早就偏离了会议的主题。而这些情况显然是绝不可能在安迪·格鲁夫手下出现的，他的强悍和"恐怖"无论在哪里都会给手下人留下不可磨灭的印象。

在创办英特尔之际，诺伊斯和摩尔之所以邀请安迪·格鲁夫加入，除了欣赏他出色的工作能力之外，极有可能更看重的，就是他在管理方面与他们二人截然不同的掌控力。事实上，若不是如此，那么"圣人"诺伊斯和超然物外的摩尔又怎么会容忍格鲁夫在英特尔对员工展开"咆哮式"的管理呢？毕竟那可是他们的公司，而那些可怕的场面恐怕也不是他们所愿意见到的。但有趣的是，他们始终都给予了格鲁夫极大的宽容，想必他们大概也非常清楚，作为一间年轻的公司，英特尔需要格鲁夫强硬的鞭策，才可能真正走向成功。

在管理方面，格鲁夫将"结果导向"注入到了英特尔的公司文化中。在格鲁夫面前，只要没有完成指标就是不可原谅的失误，不管任何借口都不能成为开脱的理由。格鲁夫尤其讨厌冗长而无意义的会议，他在每个会议室都挂了一个钟，谁要是敢在会议上浪费他的时间，毫无疑问，一定会被叫到办公室，进行一场疯狂的"咆哮式"教育。这种可怕的"狼性管理"策略让格鲁夫获得了"全球最严厉老板"的称号，对于英特尔的员工们来说，这个世界上最可怕的地方不是地狱，而是安迪·格鲁夫的办公室。

虽然格鲁夫是个"魔鬼"一般的管理者，但对于英特尔公司来说，他的强硬和严厉却是不可或缺的，早在英特尔公司创办之初，这一点就已经得到过证明了。

1970年，在英特尔才刚成立两年的时候，便面临着一个非常重大的选择。当时，英特尔公司的主要产品是存储芯片，但那个时候，硅谷的存储芯片行业已经开始出现衰退现象，而英特尔的产品也频频出现问题，产品合格率非常低，这让英特尔一直处于破产的边缘，情况不容乐观。

大概也就是在这个时候，一种新的技术开始出现，那就是微处理器。谁也不知道这项新技术以后会如何，是会带来一场翻天覆地的科技新革命，还是像很多昙花一现的科技一样，无声地淹没在历史的长河中。是该孤注一掷，为这项新技术冒险，还是将资源投放在拯救公司的主流产品存储芯片上？这成了一个非常艰难的抉择。

最后，诺伊斯决定，两条线必须同时进行，既不能错过新技术的开发研究，也不能丢弃英特尔的主流产品。当他将这个决定通知格鲁夫的时候，格鲁夫瞬间就暴怒了，冲着他大吼道："走开走开！我们哪里有时间来弄什么研究！哪个公司会在生死存亡的时候还去开展新项目？！"

对于格鲁夫暴怒的样子，诺伊斯并不陌生，他的反应也早已经在预料之中。事实上诺伊斯也知道，这个决定对于当时的英特尔来说，非常难以达成，他甚至没想过应该怎么做到两者兼顾，他只是下达了这个决定，具体的一切任务，最后都落到了格鲁夫头上。

虽然非常暴怒，但格鲁夫也很清楚，诺伊斯的决定是对的，他开始想尽一切办法协调英特尔的内部资源，将一切可调动的力量都充分调动起来，既要保证存储芯片的改进与生产，也要抓紧微处理器的研发。

幸运的是，在格鲁夫强硬而果决的督促下，存储芯片的改进得到了回报，英特尔挺过了最艰难的破产危机，此外，在1971年11月和1972年4月，英特尔还成功推出了两款微处理器4004和8008。产品刚一开发完成，营销团队就在格鲁夫的督促之下迅速运转了起来，四处向客户讲解并推广微处理器。

到1980年代的时候，日本的存储芯片公司突然崛起，以惊人的速度开始吞噬存储芯片的市场份额，给英特尔带来了极大的冲击，让公司的经营陷入了困境。

通常来说，大部分企业在遭遇这种情况的时候，都会考虑采取缩减成本或者裁员等之类的方法，但格鲁夫不同，为了让公司渡过难关，他开始在英特尔实行"125%解决方案"，即在接下来的六个月时间里，所有员工都被要求每天自觉增加两小时的额外工作时间，但这部分额外工作的时间是不会获得任何报酬的。到1982年11月的时候，格鲁夫甚至宣布全面减薪，并在1983年时冻结了所有人的工资。

这样强硬的策略曾一度惹得员工怨声载道，当然，这些"怨声"是绝对不可能传入格鲁夫耳朵里的，他们可不想进入那间比地狱还可怕的办公室。

但很快，格鲁夫就发现，仅仅依靠鞭策员工是不够的。在 1984 年的时候，英特尔公司的年收入还有 16.3 亿美元，但到 1986 年时，竟缩水到了 12.6 亿美元。

此前，当英特尔公司刚开发出微处理器的时候，领导微处理器开发小组的研究人员费格金就曾向当时身为英特尔总裁的摩尔建议，想要将微处理器发展成为英特尔公司的主流业务，但却遭到了摩尔的拒绝。当时，摩尔在公司公开宣布，说英特尔是一家存储器公司，并且将始终是一家存储器公司，绝不会让微处理器成为公司的主要产品。

但现在，很显然，摩尔的决定需要重新考虑了。

格鲁夫找到了摩尔，问他说："假如现在来了一位新的首席执行官，你认为他首先会做什么？"

摩尔回答："他会关掉我们的存储芯片部门。"

格鲁夫点点头，接着说道："既然你我都知道会这样，那么为什么这件事情不能由我们自己来做呢？"

最终，英特尔退出了存储芯片市场，关闭了七座工厂，裁掉了 7200 个职位，这些职位相当于英特尔总员工数目的三分之一。此后，英特尔全力投入了微处理器的开发研究，英特尔公司正式转型成为了一家专门的微处理器公司。

"摩尔定律"的坚定实践者

1985 年秋，英特尔正式全面投入微处理器的开发研制中，彻底结束了存储芯片这条生产线。在历经近一年的产业转型之后，曾经的"存储芯片之王"已经彻底退出了市场，而与此同时，一个更为强大的新帝国却诞生了。随着英特尔公司 386 微处理器的推出，英特尔同年度就实现了 29 亿美元的销售额，公司股票市值足足增值了 30%，简直堪称奇迹！

在386推出市场之后，格鲁夫牢牢把控住了386的生产权，拒绝将386的设计授权给任何厂家，保证了英特尔公司对386的独家生产。也正是从386开始，英特尔公司的X86系列（386就是该系列中的一款产品）微处理器开始垄断市场，直至今日也依然占据了微处理器市场中绝大多数的份额。

在科技领域，没有进步就等同于退步。在386成功垄断市场之后，想要保持住该产品的垄断地位，让英特尔公司一直保持做行业的领头人，英特尔就必须不断地进行自我更新，追上，甚至超越科技水平的发展。

按照以往的惯例，英特尔公司的产品通常更新周期为四年更新一次，但自从1990年开始，格鲁夫就督促公司成立了第二设计团队，专门负责产品的更新换代，并向公众承诺，将对主要的处理器实行两年一更新。

两年一次的更新并不是随意定下的数字，事实上这个数字是根据"摩尔定律"而得来的。"摩尔定律"是戈登·摩尔在1965年时所提出的一个概念，当时，摩尔在为一本科技杂志撰写文章，在文中，他预测了未来十年内同一款芯片上的晶体管数量的增加幅度，后来在不断地修正和研究之中，摩尔最终得出了一个定律，其内容为：在价格不变的情况下，集成电路上可容纳的元器件数目，大约每隔18～24个月就会增加一倍，而相应地，性能也会提升一倍。简单来说就是，我们今天花一美元买到一台电脑，等隔18～24个月时，我们同样再花一美元买到的电脑，其性能将会比之前我们花同等费用买的电脑提升一倍以上。这一定律实际上所揭示的，就是当下信息技术的进步速度。

事实上，摩尔定律一直被认为只是一种观测或者说推测，而非一个既定的物理现象或者自然法则，也就是说，该定律并不会一直适用于任何时代，科技进步的速度永远是个难以预测的常量。但不管怎么说，至少在超过半个世纪的时间里，集成电路的发展规律确实与摩尔定律所描述的相差无几。

但其实，如果从另一个角度来看，摩尔定律又何尝不是由英特尔的研发团队所创造的呢。在飞速增长的PC时代，英特尔以性能更强价格更低的高性价比芯片稳稳把控住了市场，吸引了绝大多数的用户，而用户基数的不断增长又反过来促进了英特尔公司的发展与生产，当用户越多，产品产量越大时，所消耗的单位成本也就越低。而在这一良性刺激下，英特尔创新的速度有时甚至要比竞争对手模仿他们的速度还要快。因此，在那个年代，英特尔毫无疑问是集成电路科技领域的领头人，而格鲁夫按照摩尔定律所规定出的创新频率，从某种程度上来说，相当于是摩尔定律的坚定"实践者"。

英特尔的 X86 系列之所以能长久把控住市场，形成垄断之势，除了产品的优越性和英特尔公司先进的科技水平之外，还有一个非常重要的因素——IBMPC 提供的平台。通过 IBM 公司，英特尔得以与微软结盟，在整个 20 世纪 90 年代，这对强强联合的"Wintel"联盟配合得天衣无缝，在 PC 软件与硬件之间达成了完美的网络效应。那么，英特尔究竟是如何与微软"搭上线"的呢？蓝色巨人 IBM 又在其中扮演了怎样的角色？

早在 1979 年英特尔公司推出微处理器的时候，安迪·格鲁夫就开始为这款新产品策划营销方案了。那个时候虽然英特尔公司还未打算将微处理器作为公司的主要业务，取代一直以来的主流产品存储芯片，但格鲁夫却已经敏锐地感觉到了日本公司崛起所带来的威胁。

在微处理器市场，摩托罗拉是英特尔的最大竞争对手，为了从摩托罗拉手中抢占市场份额，在英特尔营销团队连续一周的探讨下，英特尔公司决定展开一个雄心勃勃的新宣传活动——"粉碎行动"。

该行动的关键在于，要将英特尔微处理器包装成为一个整体的解决方案，从客户购买该产品的时候开始，他们将得到的，不仅仅只是这款产品，更是英特尔的整个品牌，英特尔公司将会给予客户最大的帮助，并承担长期的故障处理。而在这次营销活动中，英特尔最大的收获就是，成功获得了来自 IBM 这个大客户的订单，与这位蓝色巨人成功建立起了合作关系。

当时的 IBM 正打算涉足个人计算机市场，在选中了英特尔的 Intel8088 处理器为计算机的微处理器之后，IBM 同时也走访了微软，打算与微软合作，让其为他们正在研发的个人计算机提供相应的操作系统。在这一层关系的推动下，格鲁夫和比尔·盖茨最终见了面，并促成了英特尔与微软的最终携手。

强强结合的"Wintel"联盟

1981年，购买了微软操作系统及英特尔微处理器的IBM公司正式推出了他们的第一款微电脑，名字就叫：IBM个人电脑。上市那一年，它的销量还不足一万台，但到1982年就激增到了20万台，1983年更是成功突破60万台，与推出麦金托什电脑的苹果公司几乎并驾齐驱。

巨大的成功自然会带来巨额的利润，1984年，IBM公司创造了公司发展史上最惊人的利润——66亿美元。同年，IBM公司趁势推出了第二代个人电脑产品PCAT，这款新产品使用了英特尔公司推出的新微处理器Inter80286（386之前的一款微处理器），这款微处理器的运行速度是此前推出的IBM个人电脑运行速度的三倍，一时之间PCAT几乎抢占了个人电脑市场近70%以上的销售份额。

IBM的成功引来了不少模仿者，许多厂家也学习IBM的策略，开始生产兼容的机器，当时，康柏和虹志等公司成为了IBM在个人电脑行业内的主要竞争对手。于是在此后的十余年间，随着个人电脑市场的不断扩大，计算机硬件市场几乎都是由IBM、英特尔、康柏以及虹志等厂家所瓜分的，而在软件行业，微软则成为了当之无愧的霸主。

虽然在个人电脑市场取得了巨大成功，但IBM的主流业务始终是大型商用电脑，IBM的管理者们认为，不管个人电脑有多么畅销，它都不可能与大型商用电脑相比。后来，为了避免个人电脑对高档商用电脑的冲击，IBM竟做了一个最错误的决定：停止对个人电脑的继续开发。

1985年，就在英特尔公司完成转型，彻底退出存储芯片市场，全力发展微处理器业务的那一年，80386（386）芯片开发出来了。当时，英特尔公司的推销人员激动地带着这款全新的突破性产品到了 IBM，却不料这款令人骄傲的产品竟遭到了 IBM 公司的拒绝，他们对这款芯片毫无兴趣。因为 IBM 公司的管理者们认为，个人电脑只要 16 位元就已经足够用了，根本没必要继续升级开发下去，他们试图让电脑升级暂时停留在 286 这一时代。

IBM 的拒绝对英特尔无疑是个巨大的打击，这款产品是英特尔公司完成转型后所推出的第一款明星产品，换言之它所代表的不仅仅是英特尔公司最先进的技术和品牌，更是英特尔公司在完成转型后的第一个标识。

在遭到大客户 IBM 的拒绝之后，IBM 最主要的竞争对手之一康柏公司却和英特尔搭上了线，康柏敏锐地意识到了 386 的市场潜力，并在 1986 年独家推出了第一台 386 电脑。同时，台湾的宏基公司和另一家同样由华人创办的 ALR 公司也尾随而上，386 顿时间就掀起了一股热潮。随着生产 386 电脑的公司越来越多，英特尔也由此开启了 X86 系列在微处理器市场的垄断时代。

386 电脑的冲击让 IBM 失去了对个人计算机硬件市场的控制，从 1987 年开始，这位蓝色巨人开始出现持续性的亏损，加之内部本身就存在的严重官僚作风，导致一系列的投资失误，给 IBM 造成了巨大的经济损失。

到 1982 年的时候，图形界面操作系统横空出世，让微软感到了威胁。比尔·盖茨全力投入了视窗操作系统的开发，为此后微软 Windows 系统独霸操作系统软件市场做好了准备。

事实上，在与 IBM 合作的期间，微软与英特尔就已经正式走到了一起，格鲁夫与比尔·盖茨的携手创建了美国有史以来最赚钱的商业联盟，这一联盟被人们称为"Wintel"联盟。他们默契地配合着，通过竞争与互补的崭新商业合作模式，牢牢占据了电脑产业的霸主地位。

英特尔推出 386、486、奔腾、奔腾 Pro、奔腾 MMX、奔腾二代系列等微处理器，微软就推出基于这些微处理器芯片的相应 DOS 操作系统——Windows3.0、Windows3.1、Windows3.2、Windows95、Windows98……英特尔与微软的合作可以说硬生生把个人电脑变成了一种消耗品。业内流传着一句话：如果你买一台 Windows 电脑用三年，那么它在运行一些大程序时将会卡得一塌糊涂。对此，IT 界有人用一句话概括了英特尔与微软之间的合作与竞争关系——"安迪提供什么，比尔就拿走什么"。简单来说意思就是，无论英特尔公司提供出多高性能的微处理器芯片，微软都能用相应的高效能软件来将其消耗。如此，为了获得更好的计算机使用体验，用户们就不得不周期性地持续更换新电脑了。

1994 年，奔腾系列将英特尔公司推上了前所未有的辉煌时期，奔腾的图像、声音及录像的处理能力让媒体与公众都赞叹不已，而它 1000 美元的超高售价也令不少人大为惊叹。可没想到的是，就在英特尔最为辉煌的时刻，一个小小的错误险些将它推入万劫不复之地。

就在奔腾最辉煌的时候，英特尔公司技术部门突然接到了来自弗吉尼亚一所名不见经传的大学一位数学教授的电话，该教授称，他在使用奔腾 PC 处理一道复杂的除法时出了错误，此后他又经过了多次实验，很肯定这个错误在所有奔腾 CPU 上都是存在的，因为导致它出错的，不是任何组件，而是这款芯片本身存在的设计问题。事实上这一缺陷和错误的影响和范围都不大，正常来说，这种情况是非常少见的，除非进行极端的大量数学、科学或工程计算才可能导致错误的出现。而从实用性角度来说，这些几乎是个人电脑使用中不会出现的。

当时格鲁夫得知这个消息之后并没有引起重视，只是随意地打发了这位前来报错的大学教授。在格鲁夫看来，购买 CPU 进行计算机生产的工程师及专家们都很清楚，这一缺陷对于奔腾来说几乎没有任何影响。可当时，格鲁夫却算漏了一点：或许专家能够客观地从技术层面理解这一点，但不意味着用户会接受。

结果，该教授被英特尔随意打发之后非常不满，在网上开始抱怨英特尔公司不合理的处理方法，并将奔腾存在的问题公诸于众。这一事件引起了轩然大波，人们纷纷谴责英特尔，并接连有用户站出来表示这一错误给自己带来了非常严重的影响。很快，由于用户的谴责与抵制，很多电脑制造商也撤回了订购奔腾处理器的订单，一时之间，英特尔陷入了从未有过的巨大危机中，这段时间堪称格鲁夫职业生涯最难熬也最绝望的时期。

最终，为了挽回声誉，格鲁夫不得不向用户道歉，并满足所有希望调换处理器的用户的需求。英特尔公司这个小小的错误付出了一共4.75亿美元的代价以及半年多的研发时间。这一事件之后，格鲁夫在英特尔公司专门设立了一个消费者意见部门，这次事件让他认识到，英特尔所面对的真正客户，并不是那些工程师或者制造商，而是最终使用计算机的这些用户，他们才是真正决定了英特尔公司是否能够走向成功的关键。

虽然这一事件让英特尔交了一笔昂贵的学费，还险些让它葬身泥淖，但显然并没有妨碍到后来奔腾系列的成功。在度过这个坎儿之后，奔腾系列依旧以前所未有的速度领先业界，成为了英特尔公司引以为傲的明星产品。此外，英特尔与微软的"Wintel"联盟也继续稳稳占据着个人电脑行业的霸主地位。

第三节
权力更迭，英特尔迎来新时代

> 1997年，这是安迪·格鲁夫任英特尔公司CEO的最后一年，这一年，英特尔的销售额实现了208亿美元，纯利润高达52亿美元。格鲁夫以精彩的成绩，完结了他在英特尔"一线战场"上的工作。1998年，退居二线的格鲁夫正式出任董事长一职，继续影响着英特尔的发展。直至2004年，格鲁夫从董事长的职位上退下，成为了英特尔公司的顾问，至此，他在英特尔的职业生涯画下了一个句点。

癌症的侵袭

1995年的一天，安迪·格鲁夫正在开会时，秘书突然来找他，格鲁夫平静地走出了会议室，这一次他没有生气，也没有冲谁咆哮，他知道是谁打来的电话。

回到办公室接起电话之后，果然不出格鲁夫所料，是他的泌尿科医生。医生单刀直入地对格鲁夫说道："你长了一个肿瘤，安迪，就在前列腺的右侧，左边也有一点，属于中度扩张的那一类。"

一年前，格鲁夫做了一次健康检查，结果显示，有一项称作"PSA"的指标偏高，根据实验室计算机所提供的数据，这项数值维持在0到4之间是正常的，而格鲁夫有5。那时候他并不明白这究竟意味着什么，事实上那时候医生也无法完全说清，只建议格鲁夫找个泌尿科的医生做一次详细检查。

医生的描述似乎有些轻描淡写，因此格鲁夫并没有放在心上，只把这件事告诉了当护士的女儿。女儿所认识的一个医生朋友正巧在不久前刚刚发表过一篇关于PSA指数的论文。在和这位医生进行了一番详谈之后，格鲁夫才知道，原来PSA（前列腺特效抗原的缩写）所检测的目标是一种同时存在于正常前列腺和产生癌变组织的前列腺中的物质，只是这种物质的含量会有所差别，因此在体检中，医生往往将这一数据看作前列腺癌的警报。

但当时，女儿的这位医生朋友告诉格鲁夫说，前列腺癌的治疗方案当时几乎没有一种是有绝对把握的，而且通常都伴随着讨厌的副作用，比如失禁或者阳痿。而且，前列腺癌也不一定就会致命，据统计，死于其他原因的男人中，有相当一部分人的前列腺里都存在癌变组织。这场谈话之后，格鲁夫打算去看医生的想法也就更加淡薄了。

一直到1995年初，正处于休假中的格鲁夫又想起了前列腺癌的事情，便开始动手在网上搜寻相关的消息和资料。查询到的一些事实让格鲁夫非常震惊，比如：1994年中被诊断为前列腺癌的20万个男人中，有3.8万就是死于这一疾病的。据一篇相关的论文分析称，许多罹患前列腺癌的人并未死于这一疾病，是因为大多数的前列腺癌都不是进攻性的。这让格鲁夫开始思索一个问题，许多患有前列腺癌的人死于其他疾病，会不会是因为他们的疾病都是在老年时期发现的，或者他们本身就存在另一种疾病，所以在前列腺癌夺去他们的生命之前，他们已经被另外的病痛消耗完了。这可不是一个好消息，那个时候的格鲁夫才58岁，更重要的是，他身体其他方面一直都非常健康。

接下来，格鲁夫又看了很多有关的治疗方案，果然如那位医生所说，几乎没有一个治疗方案是完美的，这让他感到极为苦恼。

之后不久，格鲁夫又去医院重新检测了PSA数值，结果让他非常失望，数值不仅没有下降，反而已经上升到了6。终于，格鲁夫决定，找一位泌尿科医生好好检查一下。于是，就在那天，从医生打来的那通电话里，格鲁夫得到了确诊结果——他长了一个肿瘤。

当格鲁夫再次回到医生那里的时候，医生给了他三个方案：手术、放疗以及冷冻手术。当然，格鲁夫也可以选择第四个方案，那就是什么都不做，"充满期待"地等等看情况。医生更倾向于推荐格鲁夫考虑手术。

格鲁夫并不想在一无所知的情况下，将自己的命运完完全全地交给医生去决定，因此他打算自己去了解更多，搜集更多的资料。他几乎给所有认识的医生都打了电话，询问到了一堆有关前列腺癌的治疗方法。此外，格鲁夫还买了许多相关的专业书籍，开始了解并学习与前列腺癌相关的一切疾病的知识，他的生活从此又多了一个任务。

白天的时候，他要打电话和医生预约，去进行各种各样的检查，晚上则开始阅读大量的医学论文，关注这方面出现的各种新消息，这种感觉就像是那时他刚开始学习半导体有关知识的时候一样。

在经过一段时间的刻苦"学习"之后，格鲁夫几乎都快成为这方面的疾病专家了。1995年7月，该做决定的时候到了。在这段时间里，除了学习和了解有关知识之外，格鲁夫也一刻不停地在思考自己应该如何抉择。他将自己的想法罗列在了纸上，开始做利弊分析：

手术方案：这是公认的首选，几乎每个人都认为这个方案是相对而言最好的。如果肿瘤确实只存在前列腺内部，或许可以考虑这个方案，但如果不是呢？

种子加放射方案：这个方案的并发症似乎要少一些，且简便易行，不需要通过手术。就算肿瘤已经扩散到了前列腺以外，放射也仍然会有效。

格鲁夫将自己写下的内容看了一遍又一遍，最终，他决定选择种子加放射方案。格鲁夫发现，两种方案经过对比之后，实际上所能带来的疗效几乎相差无几，甚至来说，种子可能还要更好一些。因此，虽然医生更倾向于推荐格鲁夫用手术方法治疗，但他还是决定相信自己的判断。

幸运的是，当时一所大学医院正好在试验一种新的技术，将一种化学物质注射到体内，使该物质与MRI机的磁场发生反应，从而勾画出肿瘤的图像。通过这个技术，格鲁夫的医生很快得到了他的肿瘤照片。

之后，格鲁夫在西雅图开始了漫长的手术，医生在之后的 48 小时以内，分为数次将放射性种子一个个放入格鲁夫体内。做完手术之后，医生就通知格鲁夫，表示他可以出院了。

刚出院第二天，格鲁夫就飞回了家，并且正常到公司继续上班。前后加起来，这场手术格鲁夫只请了三天假而已。大概两个星期之后，格鲁夫正式开始进入体外放疗阶段，作为补充治疗，格鲁夫需要进行为期 28 天的体外放疗。在此期间，格鲁夫依旧正常在英特尔上下班，并未因此就耽误工作。

当然，任何治疗都会有一定的副作用，放射治疗也一样。格鲁夫开始感到疲倦，他只好提早了每天的下班时间，把工作带回家去完成。如果晚上需要开会，格鲁夫便到公司附近开个宾馆，睡上一觉之后，继续回到公司。此外，格鲁夫的体重也开始增加，五周内足足长了三四磅。

这次治疗效果还算不错，但谁也不知道，在未来的某一天，肿瘤是否还会再悄悄复发，格鲁夫自己也很清楚，在他剩下的人生中，恐怕再也离不开以复查肿瘤是否复发为目的的身体检查了。不管怎么样，虽然疾病的阴影或许会一直存在，但它并未战胜安迪·格鲁夫。

卸任 CEO，开启董事长生涯

1997 年，在安迪·格鲁夫即将卸任 CEO 的那一年，董事会有人提出，想让格鲁夫同时担任董事长的职务。有一部分董事对此非常反对，他们很担心，如果这个时候就让格鲁夫身兼两职，那么恐怕他会更难放权给已经内定将于 1998 年接任英特尔公司 CEO 一职的贝瑞特。毕竟格鲁夫实在太强势了，如果他依然像从前一样，事无巨细地过问一切工作的话，那么恐怕这位新的首席执行官永远也无法履行他的职权。

当时在董事会中，最反对格鲁夫出任董事长的是亚瑟·罗克，硅谷有名的风险投资家，同时也是20世纪60年代时英特尔公司的第一任董事长。他非常直接地告诉格鲁夫说："放弃吧，你不适合这个位置。"

罗克的话无异于给了格鲁夫当头一棒。确实，在听到这个提议时，格鲁夫的确很犹豫，他是个非常强势，并且说话很直的人，有时候甚至不会给别人说话的机会。而罗克则很直接地告诉他，在董事会，想要得到大家的支持，获得其他股东的帮助，首要要学会的，就是知道什么时候该住嘴。这个位置与格鲁夫的个性的确有些格格不入，但罗克的话反而激起了格鲁夫的斗志，对于挑战，格鲁夫从来不会拒绝。

于是，格鲁夫对罗克说道："我可以让自己改变，可以克制自己的脾气。但我需要一个机会来证明这一点。"

第二年春天，在董事会上，格鲁夫正式出任了董事长一职，同时也将CEO的职务正式交由贝瑞特来接手。

此外，在那次董事会上，还有一个对于英特尔公司来说非常重大的议题：收购富尔系统公司。如果此次收购能够获准，那么这将会成为英特尔公司发展史上最大的一宗并购业务。富尔系统公司是一家电信设备制造企业，当格鲁夫还在担任首席执行官时，就已经提出这一并购计划了，但如今，比格鲁夫更想促成此事的，则是英特尔这位新上任的CEO贝瑞特，这一并购计划将会成为英特尔公司打入新兴芯片市场的宏伟战略的开端。

当时从表面上看，大多数董事都是支持这一计划的，甚至还有人在私底下谈论，说格鲁夫在担任首席执行官的后几年中已经越来越不敢冒险了，希望贝瑞特在接手之后能表现得更有魄力。很多人其实都不知道，最初提出这项计划的人就是格鲁夫，而他自然对这个计划是绝对支持的。但会上他并未对此提出任何意见，他不希望再让任何人觉得他"难以放权"。

可是，格鲁夫没想到的是，当他放弃发言机会，而是请当时担任荣誉董事长的摩尔对此发表意见时，摩尔竟当场否决了贝瑞特的提议，甚至毫不留情地批评道："不，我不认为这有什么意义，陈述得太不清晰了。"

结果，摩尔刚说完，参加董事会的董事们纷纷打开了批评的闸门，言辞激烈并且毫不留情地把贝瑞特的提议彻底否决了。这件事情让格鲁夫非常郁闷，一方面，董事会的处理方式无疑让刚担任首席执行官的贝瑞特遭遇了重大的挫折和羞辱；而另一方面，董事会否决的这一并购计划，对英特尔公司来说是非常重要的发展战略。

经过这件事情之后，安迪·格鲁夫意识到，董事会的无知与不济事已经到了相当严重的地步，甚至可能会对公司未来的发展造成不良影响。他们之所以否定了这一提议，究其根本，是因为他们之中完全没有人明白，网络或者电信业务在未来的巨大发展潜力，他们甚至连究竟该问什么问题都搞不清楚。

对于格鲁夫来说，董事会的存在应该是为英特尔更好地发展而做贡献的，而不是来妨碍其他有能力的人。既然出任了董事长的职务，格鲁夫决定，切实担负起管理董事会的责任。

在很早之前，英特尔公司就已经开始吸收硅谷之外的一些专家来出任公司董事，并且公司内部还有一个规定：任何董事的年纪到72岁时，就必须强制退休。虽然英特尔公司所吸收的董事都是各个行业的佼佼者，但问题是，这些新董事们却根本不熟悉芯片，这就使得他们在公司的某些决策或发展战略方面，常常考虑不周到。因此格鲁夫决定，必须得让董事会的成员们都接受些来自英特尔的"正规教育"。

做出这一决定之后，格鲁夫开始在董事会内部组织了一个年度研讨会，让董事们学习公司的关键技术以及一些基本的监管知识。格鲁夫规定，每位董事每年都必须参加一次讲座，主讲人通常由英特尔公司的工程师团队所担任，主讲内容主要是英特尔在发展中的软件战略问题。此外，格鲁夫还开设了一个专门的网站，并在每次会议之前，将有关新技术的动态消息提供给董事。

为了让董事们对英特尔公司的运营有更深一步的了解，格鲁夫还决定，要让董事们亲自到公司去做实地考察，而不是整天坐在会议室里瞎指挥。按照格鲁夫的要求，每位董事每年至少要有一次，如果能做到两到三次的实地考察，那就再好不过了。当然，考察完毕之后还必须向董事会进行汇报。

当然，格鲁夫从来都是个要求极高的人，他所要求董事们做的汇报可不是类似于"暑假我们干了什么"这样毫无意义的复述，他要求每位董事甚至管理部门要报告那些他们所不知道的事情，他希望大家在做这件事情的时候，是确实了解到了新的东西，而不只是浪费时间。

在格鲁夫的管理和改革之下，董事会有了一个更为重要的作用：监督英特尔公司的战略实施。这让董事们的工作量增加了一倍。此外，按照法律规定，董事们还有一个法定的，推脱不了的职能，那就是保证股东不受欺骗。不管怎么说，在英特尔公司担任董事，已经成为了一件艰巨而辛苦的事情。据统计，在格鲁夫执掌董事会期间，英特尔的外部董事们平均每年为此投入了300小时左右的时间，还不包括出差旅行。而根据另一项统计，《财富》500强企业的董事会成员，通常每年投入的时间平均只有200小时左右。此外，英特尔公司的董事们报酬也并不高，每年只有六万美元，即便是承担着更为艰巨的委员会工作的人，每年也只有额外一到两万美元的补贴。当然，董事们也能额外得到一些期权，但尽管如此，从平均标准来看，这一报酬水平着实不算高。

英特尔的未来

2005年，安迪·格鲁夫正式退出英特尔董事会，至此结束了他在英特尔公司的整个职业生涯。

从某种程度上来说，造就英特尔辉煌的最大功臣无疑正是安迪·格鲁夫。作为英特尔公司创始人的诺伊斯很早就已经离开了英特尔，而另一位创始人戈登·摩尔则几乎从来不碰管理上的任何事情。如果没有安迪·格鲁夫，英特尔或许早已经湮灭在硅谷无数的创业公司之中，甚至可能根本不会在群星璀璨的硅谷留下任何一丝波澜。

格鲁夫为英特尔带来的那些东西，如以结果为导向的工作文化、对营销的重视、横向的企业管理模式，以及数次在英特尔面临战略型转折时果断坚定的决策，不仅仅造就了英特尔公司的辉煌，更重要的是，对整个硅谷的运行方式都造成了重大影响。

有人曾这样评价过格鲁夫对于英特尔公司的意义："没有诺伊斯，英特尔不会成为一间著名的公司；没有摩尔，英特尔不会具备足够的力量和士气来占据行业领先位置；但没有格鲁夫，那英特尔甚至不会称其为公司。"

2005年，安迪·格鲁夫在离任董事长之前，为英特尔公司所做的最后一件事，就是支持贝瑞特放弃研制4GHz奔腾IV处理器的计划，让英特尔转型向数字时代核心企业的目标进军。

在此前，格鲁夫就曾郑重地告诉贝瑞特："目前英特尔的市场占有率已然创下了历史最佳。以后整个产业将会逐步向服务器、低端客户以及掌上电脑的方向转移，想要再进一步开拓市场会变得更加艰难。"

格鲁夫的话让贝瑞特意识到，或许英特尔是时候向心灵进行探索了。

在格鲁夫正式离开英特尔之后，贝瑞特也随即将市场出身的欧德宁推向了前台，此后，欧德宁接过贝瑞特递来的"传递棒"，成为了英特尔公司的新任首席执行官，而贝瑞特则像数年前那样，继任了安迪·格鲁夫的位置，成为英特尔公司的新董事长。

从此，英特尔完成了权力更迭，迎来了一个没有安迪·格鲁夫的时代。

2006年1月，英特尔经过彻底变革，正式从一家技术公司，转型为一家拥抱最终企业应用和消费者生活方式的公司。

然而，从该年的第一季度开始，英特尔的营业收入就连续五个季度开始下滑，净利润萎缩严重。变革让英特尔忘记了自己的立身之本——芯片。已经连续六年没有实现升级的微处理器构架已经让用户开始厌倦了，能耗低且兼容性更好的AMD皓龙芯片成为了市场的新选择。

这让英特尔的新首席执行官欧德宁头痛不已，他不得不重新开始考虑英特尔的转型。最终，他将公司所有与微处理器及存储器无关的业务全部砍掉，集中公司资源迅速开发新产品，以更快、更强的芯片来夺回失去的市场。

2006年6月，首款基于"酷睿"架构的服务处理器正式推出，之后从单核、双核到四核，历经第一代再到第二代，酷睿产品蓬勃发展，彻底终结了此前X86系列在英特尔公司长达六年的垄断历史。

离开了安迪·格鲁夫的英特尔依然在艰难前行，或许将来还能取得更伟大的成绩，也或许会在日益激烈的竞争中走向衰颓。英特尔的未来究竟会怎样，我们不得而知，但唯一可以知道的是，无论英特尔未来会走向何方，它的身上始终深深烙印着安迪·格鲁夫的名字，他为英特尔公司所做的一切，他带领着英特尔所创造的奇迹，在硅谷的发展历史上，有着不可替代的一笔。

Part 4

SpaceX&特斯拉：创造未来

我知道我们一定能够做到，只是花多少时间和精力的问题。

——埃隆·马斯克

第一节
来自南非的独行侠和来自山景城的"黑帮"

> 说到全世界第一个网上支付公司 PayPal，很多人误以为它的创立者是被誉为"硅谷钢铁侠"的埃隆·马斯克。事实上，马斯克只是它的缔造者之一，PayPal 的形成和最后的发展，是一群天才共同竞争与合作的结果，它既实现了互联网银行从无到有的奇迹，又揭示了商业市场的危险、莫测和无奈。

一位天生冒险家的典型人生

现年 45 岁的埃隆·马斯克有极其辉煌的人生履历，他主导了一个又一个听上去不可思议的项目，他让分类广告成为互联网的掘金工具，让人们可以通过一个邮箱进行资产操作，让街上出现了全太阳能的电跑车，让公路网覆盖了太阳能充电站，他的公司发射了可回收的火箭……现在，他正雄心勃勃地为他的火星计划忙碌着，准备在火星上种粮食。他那么年轻，却又无所不能，他已经成了继乔布斯之后，又一个被人们神化了的天才。所以，"PayPal 创始人"这个头衔放在他身上，谁也不会有异议。

实际情况却有些偏差，PayPal 公司开启了一条革命性的道路，它曲折的发展史也常常让人们大跌眼镜，有几个人知道互联网第一家支付公司有两个团队在掌管，而且，这两个团队势如水火；有谁知道埃隆·马斯克为什么被拉下首任 CEO 的位置，仅仅因为权力斗争？有谁知道为什么这个极具前景的公司在如日中天之时，却被缔造者们联手贩卖给 eBay？

只有创始人们最了解其中不为人知的秘密，或者说，他们的性格倾向直接导致了这种不圆满的结果。创始人之一的埃隆·马斯克也许要担起更大的责任，对他个人而言，PayPal 是他的人生试手之作，他在其中吃足了苦头也受尽了教训，这一切让 PayPal 变成了一家不属于他的公司，却也为他今后的成功积累了宝贵的经验。

埃隆·马斯克生于南非，他的家庭母系家族有一个特别的爱好：冒险。这个来自欧洲的霍尔德曼家族早在美国独立战争时期，就来到了纽约，家族成员并不算多，参加过南北战争，见证了美国的崛起，却一直没有彻底地定居下来。特别是马斯克的曾祖父约书亚·诺曼·霍尔德曼，他的一生精彩纷呈：开荒、学拳击、当牛仔，又在美国 20 世纪 30 年代的经济危机后，通过学习成为按摩师，并成为世界顶尖的脊柱病专家，而后学会了开飞机，并购买了私人飞机，带着妻子和孩子们飞遍了美洲大陆。他们在美洲最后的落脚点是加拿大，后来，约书亚卖掉资产，带着一家人前往南非，开着一架飞机游遍了非洲大陆。

马斯克小时候经常听他的母亲梅耶说这些经历，特别是在非洲大陆冒险时看到的奇观、经历的危险，他把外祖父当作自己的偶像。梅耶本人文静、爱学习，被人称为书呆子，她骨子里也有霍尔德曼家族的习惯，例如对孩子放任自流，很少干涉，并且勇于尝试自己感兴趣的事物，她一直喜欢模特这个行业，直到 60 岁，她还能登上《ELLE》的封面。这个个性女人的早年婚姻生活主要有两个烦恼：一是她和丈夫埃罗尔·马斯克不断发生冲突，二是她的长子埃隆·马斯克似乎是个问题儿童。

马斯克不爱说话，小小年纪总是呆滞地望着远处，别人对他说话，他也像没听见一般，并不改变他的表情。埃罗尔和梅耶以为这个孩子耳朵有问题，诊所的医生也判断不出个所以然，只好摘掉了埃隆的扁桃体，以增加埃隆的听力。事实上埃隆的听力毫无问题，他只是习惯进入一种冥想状态进行思考，这时，任何人、任何声音都不能吸引他的注意。和埃隆同龄的孩子们讨厌他的状态，经常欺负他。

埃隆不受小伙伴欢迎，只能独来独往，他喜欢看书，一天读书十个小时以上。他看各种各样的书籍，有漫画，科幻故事，百科全书，这些书籍给他带来了丰富的知识，还有改变世界的英雄幻想。童年生活的最大变数是父母的婚姻，马斯克不到九岁时，父母离异，马斯克先跟母亲生活了几年，后来决定去父亲身边。他认为："父亲很难过，母亲带着三个孩子，父亲什么都没有。"这个决定也许并不正确，他的父亲非常严厉，而且，"他不是一个快乐的人，他总是把生活搞得一塌糊涂，无论多好的情况，都会因他变得糟糕"。马斯克生活在无所不在的精神压力之下，基本失去了童年乐趣。

埃罗尔只在教育方面给了马斯克一些正面影响，他是个工程师，常带埃隆和他的弟弟金巴尔去建筑工地，让他们学习工程中的每一个细节，例如如何安装管道和电线。他愿意为儿子们的学业支付各种费用，埃隆十岁那年，就拥有了自己的电脑。埃隆被这种机器迷住了，他三天三夜没有睡觉，学会了需要六个月才能学完的课程。1984年，他自己设计的游戏代码在一本计算机刊物上发表，他才只有12岁。

埃隆逐渐显示了书呆子以外的天性，他是个十足的冒险家。他组织弟弟和他们的朋友在家中自制炸药，组织自行车比赛，去南非大陆最危险的地段旅游……在熟人中间，埃隆显得非常活跃，易于相处，且有领导才能——十有八九的冒险提议都是他做的。但在学校，他仍是个不受欢迎的书呆子，有个黑帮团伙看他不顺眼，甚至把他从楼梯上推下去，一伙人冲上来对他拳打脚踢，他为此做了鼻部整形手术。他被这伙恶徒折磨了好几年，直到转入一所校风良好的男子高中，才结束了这段痛苦的生活。

埃隆的高中同学普遍对他留有深刻印象，这个男孩安静，却有很多大胆的想法，还懂得很多技术性的东西。有人回忆，那个时候的埃隆就说到了"银行系统无纸化运作"。埃隆在学校的成绩并不突出，但那只是因为他对那些科目没有兴趣。如果有哪一门功课让他有兴趣，他一定会取得最好的成绩。母亲梅耶非常肯定，埃隆是个有主见的天才。

他的主见包含很多方面，他并不满意生活现状：他在一个富裕的白人家庭，有很多南非仆人照顾。他亲身感受过种族间的不平等，目睹过种族冲突，他认为这是一种不正常的现象。当他快要成人，需要服役的时候，他强烈地感受到，一旦进入军队，他就不得不"被迫参与到种族隔离运动中去"。

而且，南非的发展状况也不适合埃隆早已萌生的野心，他有一些庞大的计划，需要一个包容、有实力又有机会的社会土壤，他把目光对准了大洋彼岸，他使用的计算机就来自那里，那里有各种高科技公司，有自由的思想，有广阔的机会。一个想法逐渐在埃隆心中成型：他要离开非洲。

从非洲到 Zip2

1988 年，埃隆·马斯克继承了母亲梅耶的加拿大国籍，离开南非前往加拿大。他经过了一段辛苦的打工时光，还曾在失业救济办公室等待工作机会。为了零星薪水，他学会了用电锯伐木、用铁锹铲走锅炉残渣，他靠这些薪水在加拿大游历。一年后，他的母亲梅耶和他的弟弟、妹妹也来到了加拿大。他进入金斯顿的皇后大学读书，缺席不感兴趣的课程，贩卖电脑赚外快，学习商业课程，参加比赛。他只把加拿大当作一块跳板，让他能够通往最终的目的地——美国。他很努力，1992 年，他争取到奖学金，转到宾夕法尼亚大学，双修经济学和物理学学位。

这两门课程奠定了他的未来走向，他今后都在赚钱和物理工程中开疆扩土。当然，还有他的"老本行"电脑，他依然是个能够解决一切电脑难题的天才，而且也有兴趣在蓬勃发展的 IT 领域一展身手。不过，他发现新能源开发更加吸引他。1994 年，他写了一份名为《太阳能的重要性》的商业计划书，似乎是未来"太阳城"的雏形。在修双学位的过程中，他能够将非常复杂的物理概念和出色的商业策划能力相结合。

马斯克开始为自己的未来做打算，那个年代的美国学子都在为互联网兴奋不已，弄一个特别的网站，或者开发系统和游戏，是很多人的人生目标，马斯克也不例外。他首先想到一个"电子健康档案计划"，目的是"颠覆传统的医疗行业"。但他很快被实习公司品尼高研究所研制的超级电容器所吸引，打消了网络医学的念头，想要做实业。

超级电容器的梦想很快又被截断，他还有另一家实习公司：火箭科学游戏公司。这家公司不造火箭，而是制造视频游戏，马斯克能够飞快地编写出色的游戏代码。这段实习经历并没有激发他对代码的热爱，倒让他发现硅谷是片梦想家的乐土，而且，他开始被互联网吸引。他放手开发自己的网页 Zip2。

这是一个分类推销网页，和传统行业不同，人们可以在这个网站上寻找离自己最近的服务商——不论他想吃快餐或者洗衣服，然后网页就会自动生成附近店铺的地图。马斯克和弟弟到处寻找愿意与他们合作的小企业。当时，美国的小企业还不了解互联网蕴含的商机，这对兄弟必须煞费口舌地给企业主们讲解其中的"奥秘"，效果也不理想。

创业中的马斯克显示出他极具活力和交际能力的一面，他到处走动，打电话联系合作者。Zip2 的首次突破是取得了一个湾区企业的访问许可证，并找到了一家提供早期 GPS 服务的电子地图信息供应商，形成了 Zip2 自己的原始数据库。随着雇佣工程师的增加，更多的地图被导入数据库，这个网站开始提供自定义导航服务，覆盖了主要城市和周边。普通人能通过家用电脑使用它。

推销工作还在继续，越来越多的传统小企业的大门（连同经营者脑子那扇顽固的门）被马斯克雇用的推销员们敲开，他们极力宣传互联网广告和传统广告的不同，把互联网的优势夸上天，回应者依然不多。直到有一天，一个叫克雷格·莫尔的 Zip2 推销员拿到一个汽车经销广告，马斯克惊讶地看着那张 900 美元的支票，他都不相信公司竟然赚到了钱。

那段时间马斯克整天钻在办公室不停工作，累了就钻进睡袋，醒了接着对着电脑改进网站，让它在加载速度、页面效果等方面不断突破。受他的工作热情影响，Zip2 的其他员工也铆足精力。很快，一个叫格雷格·科里的加拿大商人看中了这个项目，投入资金，成为 Zip2 的联合创始人。1996 年，它又取得了风投公司的注资。

Zip2 这个网站是马斯克的互联网试水之作，以现在的眼光来看，它就是我们常用的"点评网 + 点子地图"的结合体，但在当时，却是一种革命性的互联网经营思维。这家抢占互联网先机的公司自然发展得顺风顺水，它不但在商业领域大获成功，还成了新闻领域的新宠，与多家报业集团签署了协议。在这个过程中，马斯克却没有表现出喜悦。

他在公司的地位越来越微妙。马斯克是个天才，他有很多美妙的想法，还有高超的技术能力，他认为身边的所有人都应该和他一样——那是不可能的。何况，他也只是一个刚刚创业的大男孩，身上难免有笨拙的部分，根本不会管理团队，这让投资人们只肯让他担任技术 CEO，不希望他过多地参与公司的发展。马斯克希望 Zip2 成为一个直接面向消费者的公司，这代表了广阔的商业前景，而投资者们大多保守，他们被报业集团提供的大笔资金吸引，更愿意当媒体的"助力"，而非商业的主力。与此同时，相似的公司不断增加，特别是微软，以王者姿态进入了这个市场，让 Zip2 的竞争力进一步被削弱。

公司内部同样困难不已，马斯克与董事们不和，为自己不能对公司做主而气闷。在一次失败的兼并过后，公司人员浮动，面临亏损。1999 年，Zip2 以 3.07 亿美元被康柏公司收购。作为创始人，马斯克得到了一大笔钱，却失去了一家原本有远大前景的公司。他迅速总结经验吸取教训，决定以后一定要牢牢地控制自己的公司。

马斯克没有再为无可挽回的 Zip2 表示遗憾，Zip2 给了他足够的创业信心以及金钱。他迅速投入到下一个项目之中，这也是他着手准备了好几年的商业计划，一项大胆、无人尝试、令人震惊的改革性计划——网络银行。

X.com，金融变革开始！

20 世纪 90 年代初，马斯克刚到加拿大，为了赚钱找了不少工作，不只有车间农场的体力活，还有大银行的跑腿活计。他曾在加拿大新斯科舍银行实习，很快发现了一个令银行赚大钱的机会。美国在巴西等发展中国家发行了布雷迪债券，这种债券的担保价值为 50 美分，但实际交易价格只有 25 美分。如果大量购买这种债券，资本会翻上一番。他兴高采烈地将整个发现告诉上司，但银行害怕承担债务，根本不考虑他的建议。马斯克认为这些银行家蠢透了。

传统银行家有钱又愚蠢，这不正是其他人赚钱的机会吗？如果能在互联网上建立银行，它将最大限度地改变商业格局，传统资金也会源源不断流入这个新行业，这是最有价值的项目——更妙的是，还没有人做这件事。早在品尼高研究所实习期间，马斯克就在考虑这件事。可惜，那时他既没有钱，也没有任何成型的想法。

在被 Zip2 管理层排挤的过程中，马斯克索性腾出精力，寻找这家未来银行的可靠盟友，他开始联系那些加拿大银行的同事们，向他们询问关于银行的各种事宜。此外，他还把这个计划告诉 Zip2 的几位最优秀工程师，建议他们跟自己一起干。等到 1999 年，Zip2 刚被收购，马斯克转个身就建立了一家叫 X.com 的金融网站。从失去第一个企业到建立第二个企业，相隔不到一个月。

现在的马斯克对商业与人生有了更深入的理解，尤其在 Zip2 初期艰难的营销过程中，他发现知名度的重要性。他的作风大变，从一个整天对着电脑的工作狂，变成了社交炫富达人。他购买大别墅、豪华跑车和直升机，接受 CNN 的采访，开着豪车乱跑，到处结识名人，他的表现甚至有点夸张。

在 CNN 的镜头前，他双手抱胸，一脸兴奋的惊讶——他刚刚购买了一辆迈凯伦 F1 跑车,他说:"全世界只有 62 辆迈凯伦,而我拥有其中一辆。"他大谈自己的富有,夸大自己的成功,然后吐露出这些行为的真实目的:"比起在巴哈马买一个岛,我对创立一家新公司更有兴趣,X.com 绝对是一个价值几十亿美元的金矿!"

这种宣传达到了吸引眼球的效果,这位新贵不但认识了不少投资人、成功商人,还让众多普通人知道了 X.com 的存在。最令人惊讶的不是马斯克的炫富,而是他把自己从 Zip2 赚到的钱全都投入到 X.com。在硅谷,人们通常利用互联网和新技术挖出第一桶金,然后把金子存起来,用自己的名声吸引投资人,继续挖其他金子。马斯克没有这么谨慎,不,他认为保守的财富思想没有意义,他敢于冒险,敢于把自己的全部身家投入进去,即使那是一个他根本不了解的全新领域。

不只马斯克不了解网络银行,没有人了解它。人们习惯并信任传统银行提供的服务,包括高大先进的银行大楼,信用卡,支票,这些看得到的东西代表着资金的安全,谁能相信看不到的网络能够帮助他们支付和理财呢?这简直是天方夜谭。但马斯克熟知传统银行的弊端,在互联网商业兴起之后,它们的一切服务都显得迟缓,让人心急。倘若有一天,人们习惯了使用互联网谈生意,他们会乐意用三分钟上网谈生意,却要用三天等银行转账,中途还要不断打电话确认吗?那显然是不可能的!

马斯克一跃成为一个有蛊惑力的创业者,他开始为人们描述未来商业的蓝图,网络银行在其中的重要性,并提醒人们注意传统银行的弊端,一切依然是宣传——为他那个还没有任何实质内容的电子银行。看来,马斯克已经深谙互联网宣传的秘诀,不论如何,他都要先打出名气,让所有人都知道有这么一个东西。

在马斯克不懈的(宣传)努力下,不少媒体开始吹捧它,甚至报道那个还没影子的银行。X.com 内部却出了乱子,很多人认为马斯克根本不了解金融,却用他不切实际的幻想给媒体画大饼,并用这种幻想来指导公司的走向。最大的反对者叫哈里斯·弗里克,他是马斯克在新斯科舍银行的老同事,有优秀的金融从业经验，他曾是马斯克的朋友，被马斯克的雄心壮志激励，想来硅谷做一番大事业。现实是残酷的，他每天都看着马斯克对媒体夸夸其谈，事实上，在公司内部，他们连最基本的问题都还没有一个共识。

弗里克愈发受不了马斯克的风格，不过五个月时间，他就对裹足不前的现状感到厌倦，他对马斯克摊牌，要么马斯克让他做 CEO，他会雷厉风行地开始银行建设；要么他会拉走公司的所有人马，去成立另一家公司。马斯克的回答是坚决的："你赶紧去成立你的新公司！"弗里克果然走了，也拉走了公司里的其他高级技术人员，马斯克看到公司只剩下几个忠心雇员，并不气馁，他重新招聘，并凭借他的影响力，拿到了红杉资本的投资。

马斯克很快凭借他的决心和激情的演说，重新集结了一群工程师，这些工程师对入职并非怀有明确的憧憬，相反，他们大多认为这是一个危险的决定，这一领域真的能如同马斯克说的那样，有广阔的发展前景吗？就算有些虚无缥缈，他们依然渴望改变。而且，越来越多的人加入到 X.com，银行牌照拿到了，马斯克还与巴克莱银行达成了战略合作伙伴关系。

1999 年 11 月，X.com 正式向公众开放，这是一家纯粹的网上银行，它由联邦存款保险公司为银行账户提供担保，客户只要注册，就能收到 20 美元的现金卡。为了得到更多的客户，X.com 承诺，如果注册客户能将这项服务介绍给朋友使用，介绍者还能额外获得十美元优惠卡。这家银行最吸引人的一个功能是——当客户想要支付款项时，只需要输入收款方的电子邮箱，就能实现转账功能。这是马斯克最卓越、最超前的创造。

相对于传统银行缓慢的转账功能，X.com 无疑让渐渐习惯互联网冲浪的人们惊喜，不到几个月，网站就发展了 20 万用户，人们享受着"输入邮件——按发送"就能完成一笔买卖的快感。尽管马斯克为此付出了大量的金钱，他甚至自掏十万美元检查系统性能！他预感，这一革命性的网络工具将改变世界，而他也将成为时代的宠儿。

但一切并没有那么顺利，在 X.com 不断发展的时候，另一家网络公司也在推出类似的服务，他们同样吸引用户的注意。这家公司叫 Confinity，这是一家由一伙年轻人创立的公司，和单身冒险家马斯克不同，这些年轻人喜欢团队合作，这是一个由特立独行的人组成的团队，后来和马斯克一道，被人们合称作"PayPal黑帮"。

一位天生精英的非典型人生

若干年前，彼得·蒂尔曾与人联合创立电子支付公司Confinity，和埃隆·马斯克一起，引领了一场支付革命。

和埃隆·马斯克的冒险人生相比，蒂尔的一切都显得那么顺利。1967年，他在德国出生，很快随父母搬到美国旧金山，他是一个典型的美国中产阶级后代，家庭富有，天资过人，接受精英教育，顺利进入藤校。他从小就显示了出色的数学能力，后来成为一名国际象棋高手，12岁就在美国排名第七。他在斯坦福大学读法律，毕业后进入纽约的一家顶级事务所。他的人生一帆风顺，人人羡慕，此时他不过20岁出头。

马斯克的人生跌跌撞撞，让他拥有了明确的目标和直达目标的锐气；蒂尔的人生顺顺利利，反而让他迷茫起来。在律师事务所工作七个月后，他去应聘美国最高法院的书记员，这一次，一向所向披靡的蒂尔遭遇了人生第一次滑铁卢，他尝到了失败的滋味。这滋味如此难受，刺激着他思考更多的事。他突然怀疑自己的价值所在，是否他正在做的事并没有真正的价值，很多在律师事务所积攒履历的精英们所做的，也只是随波逐流，并没有价值。

那么，他究竟为什么要做这些事？他的人生似乎早就被安排好了，他读人人羡慕的学校，找人人羡慕的工作，成为人人羡慕的成功人士，这种循规蹈矩的"成功"究竟能给他带来什么？是否是他喜欢的？他的结论是：人们认为的真相往往没有价值，真正的价值藏在被人们忽略的部分。他决定离开律师行业，投身金融领域。

他首先在瑞士信贷银行工作了将近三年，主要从事金融衍生品交易工作，也许在这个过程中，他开始关注互联网货币，认识到其中也许有什么价值。不过，他的思考重点仍然在资本市场，他的事业目标也是成立一家有前景的投资公司。

作为一个聪明的富二代，他不缺钱，也不缺吸引投资人的能力，他在1996年创立了Thiel（蒂尔）资产管理公司，如今这家公司已经拥有超过50亿美元资产，但在最初阶段，蒂尔的项目进行得并不顺利。挫折让他更加成熟，他彻底告别了过去的人生，走上了一条更有意义的精英道路。

可以肯定，蒂尔并不是一个创新者，他并没有马斯克那种一定要在某个领域开疆扩土的新奇点子，他也不注重这个。他有的是出色的投资眼光，明白该和什么样的人合作，该用手中的钱帮助哪些人和哪些项目，在这些方面，他很少失手。作为一个曾经循规蹈矩的精英，他和一些不走寻常路的人走得越来越近。

其中，麦克斯·列夫金是个重要伙伴，他和蒂尔共同创造了一个网上支付系统，这就是X.com的死对头Confinity。这家公司成了后来的硅谷投资教父彼得·蒂尔辉煌人生的开始。

Confinity汇集了一群年轻的牛人，他们的共同点是不拘一格，只吸收风格差不多的伙伴。他们注重团队效应，因此比一般创业公司更加重视沟通效果，想要找到能够沟通的同类，缔造"一家人人都能成为好朋友的公司"，这个有点天真的想法说明创始人们或多或少带了一点玩家性质，这也许能够解释，为什么他们中的大多数人后来都成为数家公司的创造者或投资者，因为他们对新鲜事物永远带着好奇的跃跃欲试。

麦克斯·列夫金，Confinity的联合创始人，出生在前苏联时期的乌克兰，对那些在硅谷长大的孩子们来说，这是一个来自共产主义国家的"激进派"。少年时代，他随父母迁到美国，在美国精英文化的熏陶下成熟。十岁时，父母攒下钱送他一辆山地车作为生日礼物，骑行成了他一生的爱好，他喜欢在各种路段骑车，特别是在陡峭的山路上，在缓慢地爬行中，思考那些困难的现状，解决办法也在这时快时慢的骑车节奏中有了眉目。

和蒂尔一样，列夫金是个有很多想法的投资人，而且是个有远见的管理者。在 Confinity 建立之初，他就敏感地意识到：安全性是网络金融的重点，他和团队想出各种针对网络欺诈的反击措施。他们的产品叫作 PayPal，提供电子邮件付款服务，两位创始人带着他们的朋友们，在一间小小办公室里没日没夜地工作。

蒂尔把他在大学时的好朋友雷德·霍夫曼拉进了这个团队。霍夫曼胖胖的身体和不修边幅的风格，常常让第一次见到他的人小看他的本事。在大学，他学的是符号系统及认知科学这种形而上的学问，后来他还拿到了牛津的哲学硕士学位，蒂尔认为他像个社会学家——霍夫曼认为他能以自己的专业知识给社会以正面启迪和精神上的影响。

他的理想很快遇到了死胡同。他发现当一个公共知识分子并不能传播什么，多数人认为他根本不了解社会，更谈不上影响，甚至懒得听他艰深的理论。他终于意识到，想要影响社会，必须用更加广泛而直接的方式，于是他迅速投身硅谷，在苹果公司和日本富士通从事产品管理工作，积累经历建立了一家自己的网站。也因为这份难得的经验，他成了 PayPal 的董事会成员，后来更成为 PayPal 的执行副总裁。他的本领在于无所不包的人脉，人称"硅谷人脉之王"。

戴维·塞克斯是公司风气的有力维护者，他负责公司运营，反对低效率行为，尤为讨厌那些争论不休又没有实质内容的会议。据说他在会议室旁听，如果超过三分钟还没有听到有价值的内容，就会当即宣布散会。他是个敏锐的人，总能发现问题，后来也成了一个著名创业投资家，最近，他还曾在 2012 年预言"硅谷即将灭亡"，呼吁硅谷年轻一代应该继续专注于创新和创业，而不是依附那些功成名就的大公司。

在这样一家公司，主流文化遭到鄙视，狂热的空气每天都在加温，成员们充满干劲，不断为网上支付寻找新的途径，例如同时给多人转账的方法。他们在招聘时也十分留意应聘者的风格，排斥那些过于正统的名牌毕业生。有人形象地评价他们的招聘风格:"大公司想要博士生,而他们想要放弃博士学位的人。"

  PayPal 最初的风格就是如此,一群志同道合的人没日没夜地开拓新领域,解决新问题,他们有独霸支付市场的野心,却因为年轻、缺少资金和经验,有时难免力不从心,PayPal 的发展是他们个人事业的起点,也是他们的课堂,他们也许并未意识到这场革命将席卷世界上的每一个人,他们却要为此不断妥协,甚至选择放弃。

第二节
网络银行，定义新型金融

> 在一个崭新的领域创造一件前所未有的事物，需要极高的决心、才能和专注，摸着石头过河的人总会遭遇意外的风浪，X.com 和 Confinity 在白热化的竞争和庞大压力下，选择走向联合，PayPal 公司的诞生是互联网金融里程碑式的事件，它代表一个崭新的货币时代的到来。

交锋，在空白地带

在网上支付这个金融空白地段，X.com 和 Confinity 的交锋不断升级。双方都明白胜者为王的道理，因此各展所长，各尽全力。他们连办公室都离得很近。所有人都在狂热地工作着，怕慢上一步就被对手占了先机。

X.com 的优势在于马斯克肯把所有家产押在这个项目上，而且不断取得投资人的信任，有充足的储备资金，玩起"注册就赠送十美元"之类的烧钱游戏来毫不手软，给类似网站带来极大的压力。而且，马斯克是个有想法又雷厉风行的人，他不断鞭策团队改进产品，让产品的金融功能更加成熟。

PayPal 的最大优势在于他们选择了一个理想的合作伙伴：eBay，由比埃尔·奥米迪亚在 1995 年创立的拍卖和购物网站，这家电商发展迅速，并在著名 CEO 梅格·惠特曼的领导下逐日辉煌，注册用户激增，网上拍卖和网上购物盛行，传统零售业走上下坡路……为了给用户提供更多的方便，同时也增加自己的竞争优势，eBay 决定使用更简便的网上付费系统，他们选择与 Confinity 公司合作，eBay 的注册用户有多少？1000 万！这让 PayPal 一跃成为最热门的网上支付产品。

两家公司各有优势，开始了持续不断地斗争，他们不得不拿出更多的资金投入到促销活动中，费用从几十万增加到几百万，又达到数千万美金，这些活动让全美国人民迅速知道了网络支付这一新兴事物，让电子银行迅速成为现实，让电子商业市场有了最强劲的工具，可以说，这是一场崭新的金融革命，人们不必与实体银行和纸币打交道，就可以实现大多数商业活动，传统观念以最快的速度瓦解，人们举手欢迎这个崭新的市场的到来。

两家公司却有苦说不出，他们身为创新者、革命者和业内领头羊，没有享受到占领市场的乐趣和一夜暴富的待遇，却要在和对手的竞争中不断掏自己的腰包，以吸引更多的人来注册自己公司的产品，X.com 的工程师杰里米·斯塔普尔曼说："这就像互联网版本的撒钱游戏。"他们都想干掉对方，尽快赢得胜利，但对方那样顽强，让战况一直拖延，像个金钱泥沼。

与此同时，不少对手盯着这两块大肥肉。一块空白市场出现了，头脑灵活的诈骗犯们首先找到电子支付的漏洞，让两家公司不得不夜以继日地升级产品，避免产品陷入信任危机，在这方面，两家公司的工程师们大展奇才，各自为网络金融的规则和安全做出了不少探索性的尝试，他们既是革命者又是建设者。

他们共同的敌人是来自四面八方的黑客，为了维持一个安全的系统，工程师们绞尽脑汁，投资人们不断花钱，在各种试水性质的支付软件上线又被打垮的过程中，X.com 和 PayPal 屹立不倒。但是，因为对方的存在，他们不能掉以轻心，密切地观察着对手的每一次动向，制定针对性的策略，抢在对手前面开发新功能。

有一个未经查证的业内传闻，据说，Confinity 的一位工程师太过憎恨 X.com，他制作了一枚炸药，准备偷偷丢进 X.com 的办公室。这件事被蒂尔发现并制止。——这则笑料充分说明双方人马的竞争简直到了不共戴天的地步。

他们奔跑的速度太快了，没过多久，就遇到了瓶颈。X.com 想要占据更大份额市场，但 PayPal 产品依靠 eBay，远远走在了前面，想要赶超，对 X.com 来说并不现实；Confinity 公司的资金在无止境的消耗竞争中接近告罄，连运营都成了问题。为了和 X.com 对抗，Confinity 也选择了用货真价实的美金奖励新用户，这意味着他们还要投入更多的钱……

马斯克和蒂尔同时开始反省现状，为什么一定要争执不休，把属于自己的金钱全都装进陌生人的口袋？难道不能携起手来，取长补短，独占这个市场？

2000 年 3 月，由马斯克牵头，双方拟定了合并条约，合二为一成立新公司。马斯克成为新公司的最大股东，它仍然叫 X.com。新公司迅速平息了动荡的电子支付战火，也受到了众多投资者的青睐，没多久，它就得到了一亿美元的融资，一切都昭示着超级合并的伟大前景——事实却没有那么美好。

这是一个令人瞠目结舌的局面，仅仅在一年多以前，电子银行和网上支付都是不存在的东西，习惯出门带着银行卡和支票本的人们根本不曾想过，会有一种比划卡或签支票更快捷的支付方式。如今它真的出现了，以疯狂的速度被推广，尝到第一口甜头的人迅速接纳它，X.com 和 Confinity 几乎同时冲入这片空白市场，一边开疆扩土一边与对手进行殊死搏斗，然后，他们手牵手走进了同一间大楼，宣布从此亲密无间。

两个团队的成员吵吵嚷嚷地开始整理自己的办公用具，搬家开始了，隔着街的两家公司搬到一起，看对方不顺眼的老敌人们成了不得不在同一个屋檐下加班的新同事，双赢只在资金层面实现了可能，双方彼此仍保持着敌视和警惕。作为此次合并后的最大股东，马斯克又在此时显出了他不太成熟的一面：他并未成为双方矛盾的调停人，相反，他显而易见地偏袒着原 X.com 的雇员，这让原 Confinity 团队积攒着或大或小的怒气值。

共同工作没几天，第一场风波就在酝酿。两个团队的工程师发生了激烈的冲突，原 Confinity 团队喜欢用 Linux 软件，而原 X.com 团队则喜欢微软提供的软件。这倒不仅仅是意气用事，是当时电脑工程师内部的争斗折射，微软的数据软件极大程度地改变了工程师们的工作方式，有人接受，有人反对，争执十分激烈。马斯克又一次起到了不那么聪明的示范作用，他更喜欢微软，继续偏袒原 X.com 团队。

这一分歧导致了双方工程师迟迟不能通力合作，但外部问题却如山一样压了下来，由于公司合并，注册用户猛增，原系统无法应对如此大的客流量，一次又一次崩溃，顾客怨声载道。客服要处理成千上万的邮件，速度越来越慢，网站登录速度也不理想。这时，工程师们被要求设计一个新的系统，导致他们无法用全副精力维护网站，网站继续崩溃。

更重要的是，这个引导了支付革命的超级合并团队，却是金融市场中一头到处打转的幼羊，没有人确切地知道如何用这套流行软件赚更多的钱，那些蜂拥而至的免费用户并不能带来收益，还需要他们支付注册奖金。当网站尝试性地想要收一些服务费，愤怒的顾客指责他们违背了"永久免费"的承诺，并扬言不再使用。

这个时候，马斯克也好，蒂尔和列夫金也好，都拿不出更好的应对办法，他们也许都没有想到，独占鳌头之后迎接的不是太平，而是更大的风浪。公司内部的争执似乎无法停止，马斯克强势地推行他的意图，蒂尔决定辞职，退出这个泥潭一样的地方。不过两个月，新公司失去了它的重要创始人蒂尔。

Confinity 另一位创始人列夫金此时同样按捺不住，他发表激动的言论指责马斯克，说自己也准备辞职，马斯克忙得焦头烂额，他既没能搞定公司内部复杂的人事关系，也没能让站在高起点的新公司赚到钱——亏了不少，亏损每天都在增加。对于马斯克来说，先低谷后高潮是他的人生模式，他总有办法熬过最困难的情况，把所有人都不看好的东西变成金库，但现在的他无法说服别人：包括曾经的同事、曾经的对手、董事会成员甚至投资者。

结果，这场轰动硅谷的合并带来的不是共赢，而是四分五裂。

一场变动和夭折的蜜月

鲁洛夫·博塔是新公司 X.com 的首席财务官，他有丰富的资金管理经验，当公司因内耗和马斯克的不佳政策而不断亏损时，他意识到问题的严重性。博塔要求马斯克必须将公司的真实情况上报给董事会，马斯克压力骤增。随着情况越来越糟，公司内部更多人开始怀疑马斯克的领导能力。

马斯克担心自己会失去 CEO 的位置，有 Zip2 的教训，他相当看重公司的实权，而且，他认为自己是公司最大的股东，对公司未来的发展有明确的方向，他有能力为这家公司开辟一个旁人无法想象的局面。但是，现状实在太糟了，网络诈骗横行，网站应接不暇，2000 年 4 月，一场黑客攻击导致公司损失了 570 万美元。此时公司内部四分五裂，马斯克无法在这场混乱中找到一个可行的出路。

列夫金对公司的状况忧心忡忡，更对马斯克的霸道风格不满已久，他厌倦了 X.com 那些夸夸其谈的行为，认为稳重的蒂尔更能收拾眼前的局面。更让他无法忍受的是，当公司升级 PayPal2.0 版本时，X.com 团队试图用 X 取代 PayPal 这个名字，这让列夫金再也无法忍受。

原 Confinity 的主管戴维·塞克斯和列夫金一拍即合，他们偷偷拉拢人马，一个又一个高管偷偷在一份请愿书上签字。他们不再跟马斯克直接冲突，而是准备趁他不备，直接通过董事会剥夺马斯克的领导权。

机会很快来了。

马斯克有个叫贾斯汀的女友，是他在大学时候认识的。贾斯汀是个有个性的美人，她曾经指着书店的书架对马斯克说："我希望有一天，我写的科幻小说能摆在这个位置。"马斯克没有大笑，而是若有所思，这成了贾斯汀反复回忆的感情细节。贾斯汀是个事业型女性，马斯克却是个霸道的工科男，两个人的感情磕磕绊绊，共同度过了马斯克创业的艰难时期，并在 2000 年 1 月结婚。婚后，马斯克为公司忙碌，蜜月一直延期。

同年 9 月，马斯克终于决定带着他的太太去奥运会主办城市悉尼度蜜月，马斯克还要趁机开展一些商务活动（也许后者才是主要目的）。这对夫妻关掉手机，享受长途飞行的悠闲时光，却不知在同一时刻，马斯克的亲信们正十万火急地给他打电话。

马斯克刚上飞机，列夫金等人就向董事会递上了一封请愿信，陈述公司的种种弊端，指责马斯克的错误，希望董事会将蒂尔召回公司，接替马斯克的位置。董事会也对马斯克不满已久，看到请愿书上那一连串签名，他们火速做出决定，撤掉马斯克，由蒂尔担任领导。

马斯克刚下飞机，就遭到了亲信们的电话轰炸，他简直不敢相信自己听到了什么。于是，蜜月不得不又一次延期，他立刻赶回美国，试图挽回局势，但董事会根本不理会他的请求，公司的大多数人都默认这个变更。即使那些X.com 原团队的成员，也没有表现出过分的愤怒，很明显，这个公司已经抛弃了马斯克这个领导，想要走另一条发展之路。

马斯克失去了实权，公司失去他并没有变得更糟，当然也并没有变得多好，只是多了和平。次年 6 月，蒂尔将公司改名，X.com 变成了 PayPal，这并不是权力斗争的延续，而是考虑到公司主打产品就是 PayPal，这个名字显得更有竞争力。也有人说，这是因为 X.com 给人的观感很差，像某些色情网站。无论什么原因，从马斯克的角度来说，都像一种挑衅，他已经失去了 CEO 的位置，现在更是失去了他初创的公司名字。

令所有人惊讶的是，马斯克并没有表现出应有的愤怒，没有歇斯底里地攻击那些搞政变的人，也没有采取激烈的报复措施，即使公司名由 X.com 变成了 PayPal，他也没有气急败坏，他非常克制自己的情绪，也积极地与重返公司的蒂尔合作，一切都说明，马斯克终于在大大小小的风浪中成了一个真正有定力的企业家。

从悉尼返回美国后，马斯克见掌权无望，索性主动和蒂尔、列夫金等人进行沟通，了解彼此的意向，他心平气和地接受了自己的新位置：公司顾问。而且，他决定继续向公司注资，他仍然是公司最大的股东。

成熟只是一个方面，也许马斯克有更大的野心，他想首先稳住阵脚，继续在公司发挥他的作用，争取更多支持者。而且，马斯克也不得不承认，PayPal是公司的拳头产品，也是最有前途的产品。他决定支持蒂尔，稳住 PayPal 的发展。这也使马斯克和蒂尔、列夫金等人的关系产生了一个飞跃，使他们经历这样恶劣的风波后，还能在各个领域展开广泛的合作，共同发展。

事情落幕后，马斯克终于能带着他的妻子去度那个迟到许久的蜜月。可是，他在南非的一个野生动物保护区内感染了热带疟疾，不得不回到美国治疗，这场突来的疾病差点要了他的命。他用六个月才恢复身体的健康。这是这些年来马斯克第一次度假，他的心得是："假期会害死你！"想要休假的时候，不是失去公司领导权就是失去长达半年的健康，也许马斯克只适合当个工作狂！

蒂尔领导公司不断进行产品升级，又将个人用户升级为企业用户，让他们支付使用费用，老用户当然指责 PayPal "不守承诺"，但 PayPal 已在支付方面站稳了脚跟，用户们毫无办法。PayPal 公司终于走上了正轨。PayPal 公司正在成为行业领军人物，他们制定了互联网金融的新规则，这个成就并非属于蒂尔或马斯克，而属于整个 PayPal 团队。

当电子银行进一步发展，必然触及传统银行的利益，这又一次涉及激烈的竞争，银行和互联网巨头们看到了支付系统的价值，他们也开始发展自己的系统，但是，PayPal 已经抢占先机，夺取了相当数量的注册用户，又靠优异的产品取得了用户的信任，成为人们心中的第一品牌。

PayPal 发明了实名认证，这是取得用户信任的关键步骤，一旦身份被确认，用户们就可以安心地在网上与陌生人进行交易。基本安全得到保障，更多人放下对电子银行的疑虑，转而使用这个更加方便的工具，同时，PayPal 也在不断加强它的网络服务，免去人们的后顾之忧。

在辨别网络欺诈方面，PayPal公司有丰富的经验和一整套应对机制，最让人津津乐道的是，"9·11"事件之后，美国各大机场增加了安全防范，人们需要花去很长时间进行安检。一次，蒂尔在漫长的安检后，耽误了登机。这件倒霉的事却让他灵光一现，他意识到，恐怖分子今后将会频繁地利用互联网进行联系和行动，如果使用PayPal公司的那些识别、打击诈骗的软件，就能从网络源头上防范恐怖袭击。后来，这套软件果然被美国中央情报局和联邦调查局用来追踪恐怖分子，也被世界各大银行使用，用来防范网络金融诈骗。

电子支付市场的规则不断补充、完善，PayPal的地位也在日益提高，但是，PayPal遭遇了当时互联网公司普遍遭遇的危机：互联网泡沫正在破碎，公司一家接一家倒闭，还没倒闭的公司市值不断缩水，大公司只能勉强支撑，PayPal作为一个刚刚步入轨道的新型公司，更没有应对这种大风浪的条件和经验。公司内部人心惶惶，董事会成员们希望能够尽量减少损失，这时，eBay的高管提出，希望由eBay收购PayPal。

这似乎是一个不错的脱手机会，很多董事倾向于尽快卖掉公司，这一次，马斯克没那么平静，他极力反对董事会的这个想法，说服他们不要被眼前的一点利益所迷惑，应该尽可能保持公司的独立性，并让它成为一家上市公司。要知道，PayPal并不是一家小公司，它的注册用户达到4000万，每年的营收超过两亿美元。

在这个互联网经济退潮期上市？这真是一个疯狂的说法。但马斯克十分坚持，还以这份坚持说服了多数董事会成员。路只有两条，一条是顶住压力争取上市，一条是接受eBay的收购。和马斯克一样，彼得·蒂尔倾向于前者，马斯克有个疯狂的最终目标：PayPal取代现行货币体系，成为网络时代的金融标准！

成也 eBay，危也 eBay

PayPal 和 eBay 的明和暗斗由来已久。

早年 eBay 没有像 PayPal 这样相对成熟的支付工具，选择与 PayPal 合作，但它很快就开始开发自己的支付业务 Billpoint，想要打造一个售卖支付一体化的平台，也在崭新的电子金融领域分到一杯羹。这项服务推出后，eBay 试图引导客户放弃 PayPal，选择 Billpoint。eBay 小心翼翼地寻找双方合同的漏洞，规定把"第三方信用卡"的标示尺寸缩小到原来的四分之一，不符合标准的链接将被关闭。这给使用 PayPal 的用户带来极大不便。

PayPal 在第一时间制作了符合标准的图标，并指导 PayPal 用户符合 eBay 新规定。

PayPal 的出现，让传统银行大感压力。eBay 曾和 VISA 联手控制支付行业，电视上到处都有 Billpoint 的广告，eBay 在网站上为 VISA 做宣传，并规定在一定时限内，使用 VISA 信用卡将不必支付任何费用。它们的目的很明显：将共同的敌人挤出支付领域。

但是，新事物的产生一旦有了广泛基础，不会那么容易被打垮，何况 PayPal 比 Billpoint 成熟、方便许多。在优惠期，Billpoint 的注册用户猛增；一旦不再优惠，人们又一次选择 PayPal。

eBay 另一个动作是推出一系列优惠商品，这些商品只能使用 Billpoint 支付，近于强制地要求用户选择 Billpoint。

这个举动显然没有什么作用，因为 PayPal 并不是一款为 eBay 量身定制的支付工具，它的真正价值在于电子银行。在这一幕中，马斯克在 X.com 做的工作体现出卓越的价值，他做出的是一款成熟的金融产品，不但可以帮助用户支付，还能为用户量身打造理财工具，在此基础上，PayPal 开发出国际账户服务、基金服务等传统银行才有的金融功能。

可以说，这是马斯克对 PayPal 公司最杰出的贡献，PayPal 是 X.com 和 Confinity 的综合体，两个团队共同开展了一场革命，就算 eBay 能够强制一部分客户使用 Billpoint 购买某件商品，绝大多数客户依然会选择 PayPal 作为自己的电子银行。PayPal 也不再是一款简单的支付工具，它已经成了人们最方便的存储、支付、理财工具。

传统银行再也坐不住了，他们意识到，一旦 PayPal 继续推出这样的金融服务，互联网时代的人们将不再需要银行，PayPal 可以安全、方便、快捷地帮他们搞定一切！更令他们惊恐的是，PayPal 公司没有被眼前低迷的互联网经济形势吓倒，他们准备上市。

马斯克是主张上市的中坚力量，他坚持他的金融革命梦想，他希望公司沿着"稳定——上市——取代传统银行——打造金融帝国"的路线走下去，尽管每一步都无比艰难，他却有这样的信心。但其他人并没有他的天赋，不能在一片困境中看到光明的希望。幸而蒂尔在这个阶段和他保持一致。

"9·11"事件后，美国上下一片恐慌，这个在两次世界大战都能保持本土和平的国家，第一次遇到如此赤裸裸的入侵，这种恐慌蔓延到各个领域。这时，PayPal 上市了，它是"9·11"之后第一个上市的公司。上市价格为每股 13 美元，当日收价为 20.9 美元。

eBay 当然不会坐视 PayPal 继续发展，它继续增进 Billpoint 和 eBay 的融合，钳制着 PayPal 的股价，同时，继续与 PayPal 谈收购计划，价格不断上涨，这一次，PayPal 董事会松动了。

上市并没有给 PayPal 带来状况上的好转，它的状况更加艰难。

这一次，银行们终于找到了落井下石的机会，PayPal 需要面对一个又一个的诉讼，还有集体诉讼。有的州甚至对 PayPal 下了禁令，要求居民不得使用这家公司的产品。原因很简单：PayPal 不是一家银行——的确，PayPal 不是一家传统银行，他们不得不一个州一个州地搞公关，面对监管者们的吹毛求疵。

放弃 PayPal 是个艰难的决定，这个公司是马斯克、蒂尔和列夫金共同创造的，也可以算是他们迄今为止最成功的产品，这个产品的用户已经达到了 1000 万人，它已经成功上市，有广阔的前景，它的未来价值不可估算。

但是，PayPal 从成立到上市，一路发展，一路树敌，最有钱的、最有权的、最有话语权的……几乎都是他们的敌人，他们想要继续发展，不知还要面对多少困境，甚至不知道这个公司会不会被各方势力联手剿灭。这是他们不得不担心的。

这时，eBay 又出了一个狠招，他们放出消息说 Billpoint 正在和某大银行商议合作，准备把 Billpoint 免费开放给所有 eBay 用户！届时，PayPal 将不得不面对这样一个敌人：它有 eBay 作为平台，有传统大银行的雄厚资本。而此时 eBay 的注册用户已经超过了 4000 万，可以肯定地说，PayPal 根本不是对手。

而且，更多的危险也已经漏出端倪，顽固者们敌视 PayPal，也许有一天，监管机构会找出什么漏洞，直接关掉整个公司。PayPal 的步伐比任何一个时候都艰难。此时，eBay 的收购价格又一次提高，达到了 15 亿美元。

包括马斯克在内的所有人都在考虑另一次合并。就算他们有坚持下去的决心，也不得不考虑残酷的现实：PayPal 依然是一个新兴公司，它的大部分收入来自 eBay，倘若此时和 eBay 决裂，eBay 立刻就会和大银行合作，以免费形式抢走用户，那时候 PayPal 还有前途吗？

还有一个个性层面的原因需要考虑。PayPal 的核心人物们都是一群有独特个性的年轻人，他们的头脑里有很多稀奇古怪的想法，他们当然希望留在 PayPal 继续领导这场金融革命，但也并不排斥去其他领域另创一番天地。换言之，他们没有多少和一个公司共存亡的矢志不渝的决心，他们能够接受卖掉公司捞一大笔钱，再开个新公司。

遗憾当然也有，他们也在踌躇，但再多的不甘愿也抵不过无情现实。2002 年 7 月，震惊硅谷的大收购实现了，eBay 以 15 亿美金收购 PayPal，从此 PayPal 可以在 eBay 的庇护下健康发展，躲过许许多多不必要的风险；eBay 拥有 PayPal 这个理想工具，也能在电商领域独占鳌头。从结果来看，这也是一场双赢式的收购。

不过马斯克等人却不准备留在 PayPal，他转手套现 2.5 亿美元，蒂尔、列夫金等人也不约而同地放弃 PayPal，寻找各自的新领域。他们每个人都拿着一笔巨额创业资金，这是 PayPal 送给他们的最后礼物。从此，硅谷多了一批结合了才气与锐气的创业者。

后来，人们普遍认为这批人缺乏远见，不应该那么早放弃 PayPal，应该坚持它的独立。这种说法根本没有考虑蒂尔等人当时的境地，就连最坚持的马斯克都被说服，可见收购势在必行，能以高价卖出，让马斯克等人取得一笔创业基金，不断开拓其他行业，对这些人来说，恐怕是最好的选择。

功过不由后人说

2004 年，一本《PayPal 战争：互联网金融创世纪》问世，这是一本旨在记述 PayPal 公司发展过程，总结 PayPal 的成功和失败经验的著作。它不但让人们了解了这家革命性公司的种种内幕，还受到了科技八卦网站的青睐。

作者埃里克·杰克逊在 Confinity 公司始创之时就已经加入其中，因此，他对 Confinity 的创始人蒂尔和列夫金极尽赞美之能事，将他们写成了能够挽救一切困难的英雄。他着重描述了 PayPal 所面临的种种困境，以及在困境中表现出的坚忍不拔和聪明才智，在领导人和员工们的共同努力下，他们战胜了一个又一个困难。

可以说，这本书有很强的总结性，也让人们得以一窥支付革命的不易。人们熟知的两个团队的竞争和公司内部外部的困境只是困难的一小部分，PayPal 公司还要面对各大企业对一个创新企业的围剿、面对市场监管者们经常性的政策变动、面对资本市场的波动、面对有恶意的新闻媒体，甚至面对黑手党的诡计……这一切的确有悖记录的价值。

但作者显然是个偏颇的人，他对马斯克本人充满偏见，把PayPal的多数问题都归到马斯克头上，说马斯克极端自私，在每一个重要时刻都做出错误决定，差点让公司完蛋。他甚至认为马斯克根本算不上PayPal公司的创始人。

在PayPal被收购之后，人们本就倾向于指责马斯克，埃里克的这些说法让媒体对马斯克的批判形成了一个小高潮，当时马斯克正在为他的火箭计划努力，人们完全不看好他的疯狂举动，这本书的上市，更让人们相信马斯克是一个喜欢吹牛的疯子。

这一次，马斯克没有沉默，更没有忍耐，他直截了当地写了一封回击信，发表在著名网站"硅谷八卦"，将埃里克·杰克逊和他的新书骂得一文不值。他说埃里克专业水平堪忧，只"比实习生强一点"，他最大的本事不过是拍马屁，他甚至找不到这本书的出版商，是彼得·蒂尔拿钱资助了他。

马斯克的批判重点在于他"是否是PayPal"的创始人，他不允许有人否定他的贡献和地位。在信中，马斯克列举出七大原因，说明他对公司的贡献，哪怕在他并不受好评的担任CEO期间，他也将一个60人的小公司扩大为一个几百人的大公司，而且招聘到无数顶尖人才。

蒂尔、列夫金等人也分别在不同场合赞同马斯克的说法，他们一致承认马斯克的创始人地位。且不说马斯克的第一股东身份，倘若不是马斯克坚持上市，也许PayPal不能以一家上市公司的身份被eBay收购，何况，马斯克提出了很多成功的经营观念，他与媒体打交道的能力更是无人能及，极大地宣传了PayPal。

最重要的是，是他第一个把电子支付工具打造为金融超市，为网络时代的个人理财工具提供了思路，这无疑是这场金融革命的基石之一。马斯克的先行者地位不容置疑。PayPal是一个综合品，是马斯克、蒂尔、列夫金等人的集体努力的结果，PayPal的成功，不能抹杀任何一个人的努力。

最显著的证据就是，尽管马斯克等人在公司内部有过摩擦，但他们彼此清楚对方的实力，离开PayPal后，他们保持着密切的联系——似乎没有什么人去找埃里克·杰克逊，顶尖人才只和顶尖人才合作，他们经常对彼此的新项目予以支持，这让业内渐渐多了一个传奇性的团体：PayPal 黑帮。

PayPal 黑帮并非一个有组织的团体，而是媒体给予的称号，专指那些曾在 PayPal 公司初期起主导作用，在 PayPal 被收购后选择自己的创业道路，并取得巨大成就的那伙人，他们相互联系，相互扶持，极大地改变了硅谷格局。如今，他们个个功成名就，有些富可敌国，有些离经叛道，有些继续新的创业……他们也许是世界上最知道"如何花钱"的人。

埃隆·马斯克，离开 PayPal 后，马斯克选择了他一直向往的两个领域：新能源和火箭。他说："可能是因为我小时候看了太多漫画的缘故，漫画里，英雄必须拯救世界，让世界更美好，因为相反的做法没有任何意义。"他建起了环保电动汽车公司特斯拉，为人们带来了新的交通观念；他建立的能源公司 SolarCity，建起了真正实现清洁能源的太阳城；他的 Spacex 太空探索技术公司真的造出了价格低廉的火箭……他的所有不切实际的疯狂想法都在一步步实现，人们称他为"硅谷钢铁侠"、"下一个乔布斯"，从 2001 年开始，他就产生了人类移民太空的"火星绿洲计划"，造个人火箭是这个计划的第一步，这个计划能成功吗？越来越多的人开始相信这个天才。

彼得·蒂尔，在 PayPal 被收购后，他套现 5500 万美元，进入对冲基金领域，他以精准的目光进行逆向投资，不过几年时间，他的基金的价值就超过了 70 亿美元。他还建立了服务于国家安全的 Palantir 公司。他投资的公司多达上百家，例如，他为创业阶段的 Facebook 注入 50 万美元，还有 Yelp、Linkedin、SpaceX、Reddit 等，他也成了"PayPal 黑帮"的核心人物，每当马斯克等人想到一个新项目，总会找他商量商量，他会不吝啬地提供资金或人脉，甚至亲自参与。他最新的一笔投资我们已经说过了，以 125 万美金支持一个硅谷无人看好的川普，后者已经当选美国总统。

麦克斯·列夫金，他首先开了一家剑走偏锋的公司 Slide，这家公司开发游戏和社交媒体专用程序，和许多著名公司有合作，如 Facebook 上的 TopFriends、Myspace 等功能都是这家公司的手笔。Slide 的工作看似小却相当独特。几年后，这家公司就以两亿美元被谷歌收购，列夫金也成了谷歌的一员。此外，他还投资了 LinkedIn、YouTube、Yelp 等项目——还有马斯克的 SpaceX，如今的马斯克吸取教训，牢牢把握 CEO 的位置，列夫金也更加信任老朋友的能力，不会再搞什么政变。如今列夫金已经从谷歌离职，成立了一个叫 HVF 的研究机构，他总是兴致勃勃地开始新的尝试，而且永远不缺投资人。

雷德·霍夫曼，离开 PayPal 后，霍夫曼的创业激情依然不减，他最擅长的依然是人脉方面的工作。于是，他创立了著名商务社交网站 LinkedIn，直至这个网站达到业内顶级地位，他才功成身退，加入硅谷著名创投公司 Greylock。霍夫曼对社会依然一腔热血，他尤其爱帮助年轻人，是一位天使投资人，投资过包括 Facebook 在内的将近百家公司。

戴维·塞克斯，塞克斯的走向让人大吃一惊，在他严肃的心里却有一个电影梦，他成了一位电影制作人。创业也没耽误，他创立了 Geni.com 和著名的 Yammer，后者的收购价高达 12 亿美元。和黑帮的其他成员一样，他也经常投资各种项目。

鲁洛夫·博塔，PayPal 的财务官随黑帮大军一起撤离，他依然做最擅长的财务工作，这一次，他进入全球顶级的投资公司红杉资本。比起黑帮其他成员，塞克斯似乎更低调，但他是一位极其成功的投资人，还曾经担任 Youtube 的董事。

陈士骏，一个怀揣 200 美元来到硅谷的年轻人，他成了 PayPal 的工程师之一。PayPal 被收购后，原属于 PayPal 的工程师失去了对产品的发言权，他遗憾地离开 PayPal，转而与朋友一起开创了著名视频网站 YouTube。

杰里米·斯塔普尔曼，这位原 X.com 的工程师，马斯克的好助手，也同期离开 PayPal，转而寻求创业。他得到了列夫金的资金支持，创办了 Yelp——如今是美国最大的点评类网站。此外他也是一位成功的投资人。

……

种种成功可以证明，出售 PayPal，的确是马斯克等人的最好选择。

对 PayPal 来说，也未必不是如此。

第三节
来自太空的召唤

> 埃隆·马斯克离开了 PayPal，似乎这里的一切都与他无关了。他的目标也不限于此，这也是其能够轻松面对 PayPal 被收购的原因。在今后的日子里，埃隆·马斯克看上了一个更大的舞台，那就是太空。

SpaceX 的诞生

2001 年 6 月，埃隆·马斯克已经 30 岁了，按照中国的说法，"三十而立"，但此时的他却早已经不止"而立"了。他厌倦了商场上的钩心斗角与激烈竞争，一个更大的舞台，一个更远大的目标，一个更轻松的环境，成为了他所追求的一切。于他离开了硅谷，来到了洛杉矶，开启了自己人生的全新篇章。

马斯克还是个孩子的时候，就对太空旅行非常有兴趣，对于他来说，互联网服务或许只是为了让自己的人生过得更好，但却远远谈不上是理想，只有太空旅行这种级别的目标，才能让马斯克为之热血沸腾，搬到洛杉矶也正是因为如此。洛杉矶，乃至整个南加州，都是航天业的宠儿，在这里有洛克希德飞机公司，有传奇一般的飞行员、演员和企业家霍华德·休斯，有美国空军，有美国航空航天局，有波音公司……所有一切顶尖的航空公司和人才都汇聚在这里，这也让马斯克心向往之。

没多久，马斯克就参加了"火星学会"的一场活动，该组织主要是致力于火星探索和火星定居，2001年，他们在一名家境较好的成员家中举办了筹款活动，光门票就要500美元。按照惯例，他们向一些可能会对航天事业有兴趣的名人发出邀请函。马斯克为他们寄出了一张5000美元的支票，尽管谁都不曾邀请过他。他的到场让学会成员备感意外，但是他们很快就意识到，这位富翁对他们的事业有兴趣。于是，协会负责人罗伯特·卓比林为马斯克介绍了他们在北极的研究中心，该中心正在进行一项名为"生命迁徙任务"的实验，只有北极的艰苦环境可以模拟火星。

在晚宴上，马斯克与著名导演詹姆斯·卡梅隆、NAS行星科学家卡罗尔·斯托克坐在同一张桌子上，那正是协会准备的VIP席位。在晚宴上，卡梅隆希望马斯克可以为他的下一部电影投资，但马斯克却和斯托克的丈夫相谈甚欢，因为斯托克的丈夫是一位航天工程师，他们整晚都在谈关于在火星上寻找液态水的话题。仅仅一个晚上，马斯克就决定成为火星学会的董事，并且捐出了十万美元。

仅仅是火星学会所做的那些实验，并不足以完全满足马斯克，这距离他的目标还差得太远。他和他的挚友们谈起过这件事情，所有人都觉得这是一件无利可图的事情，为这件事情投资，简直是太疯狂了。但马斯克不这样想，他认为探索宇宙是人类接下来最重要的几件事情之一，他开始密切地关注一切与航天有关的东西，不过结果却让他非常失望。他在任何地方，包括NASA的官方网站上，都没有找到任何有关火星探索的计划。

马斯克的失望并没有持续太久，或许他从来都不想当一个旁观者。与其看着别人来完成这一切，他更愿意亲手执行。于是，他退出了火星学会的董事会，成立了自己的火星生命基金会。这对于航天科学界来说是一件极好的事情，科学家们并不缺少探索精神，他们缺少的是资金，有一位富翁愿意为他们的事业而奔波，他们自然没有理由拒绝。于是，马斯克接触到了很多航天科学家，其中还包括后来成为NASA负责人的迈克尔·格里芬。

经过科学家们的研究，他们决定取消原本决定的将老鼠送上太空，让它们繁衍，最终收回地球的计划，开展了一个叫"火星绿洲"的新计划。马斯克将出资购买一枚火箭,将一个机械温室送上火星,观察温室中的植物是否能够生长,并且试图在火星上造出第一口氧气。马斯克打算为该计划投入 2000 万~3000 万美金,这数字看来不少,但是对于他们要做的事情来说还远远不够,不过没有人会告诉马斯克,如果马斯克退缩了,那么这个计划就很难再开展了。

马斯克开始为寻找火箭而四处奔走,他甚至专门去了一趟俄罗斯,准备从俄罗斯人手中购买一枚二手的洲际弹道导弹。几经周折,马斯克终于联系上了吉姆·坎特雷尔。坎特雷尔之前一直为各国政府工作,从事各种机密任务。曾在俄罗斯因间谍罪遭到软禁,得到美国副总统的帮助才得以回国。在坎特雷尔的帮助下,他们来到了莫斯科,与俄罗斯人商谈购买导弹的事宜。俄罗斯人漫天要价,马斯克坐地还钱,结果因为价格与马斯克的预期目标相差太多,双方不欢而散。

沮丧的马斯克一行人没有多做停留,立刻就赶往机场飞回美国。在飞机上,气氛低迷极了,坎特雷尔和格里芬不停地喝酒,直到马斯克转过身来,对他们说:"我觉得,我们可以自己造火箭。"坎特雷尔和格里芬用异样的眼神看着马斯克,他并不是唯一一个对太空有兴趣的有钱人,但之前所有人都在投入了数以百万计的美金后一无所获,黯然退场。因此,在他们看来,马斯克所说的自己造火箭,不过是另一个笑话而已。

但马斯克不这样想,他已经用长达几个月的时间来研究航天工业和物理学。他已经 30 岁,用神童称呼已经不合适了,但是他天才的头脑却一如往昔,飞快地将那些知识装进了他的大脑。在他来俄罗斯之前,已经和卓比林商谈过自己制造火箭的计划。而从俄罗斯归来以后,更是坚定了他创办一家火箭公司的决心。他比之前所有试图进入航空领域的富翁都要多一项优势,那就是他有汤姆·米勒。

汤姆·米勒出生在爱达荷州的小镇上,他的父母并不是什么有钱人,也不是知识分子,但是他却与父母不同,从小就嗜书如命。他有很强的动手能力,拆装钟表,修理家中损坏的电器,这些对于童年的他来说就像是游戏一样。后来,由于对电视剧《星际迷航》的热爱,他开始制造小型火箭,并且在 12 岁的时候就制作了搭配小型火箭的航天飞机模型。大学毕业以后，他在数个公司都是从事与航天有关的项目。

米勒与马斯克相逢于2002年1月，米勒前往他的朋友约翰·加维家中拜访，而约翰·加维也是一名航天爱好者，他刚刚辞职准备制造火箭。马斯克在坎特雷尔的建议下，决定去加维的火箭车间看看。当马斯克见到米勒以后，两人很快就打得火热，马斯克意识到米勒是一个真正能够独立制造火箭的人才，并且将他介绍给了自己团队里的其他人。

2002年6月，SpaceX公司正式成立了，公司的主要成员就是马斯克之前的团队成员，格里芬没有参加，因为他想要住在东海岸，而坎特雷尔几个月以后也退出了，因为他觉得公司的前景太过于危险。SpaceX公司主要是经营搭载小型卫星的商业火箭公司，地点设在了太空产业相对繁荣的洛杉矶郊区。公司刚刚成立，马斯克就对公司进行了大改造，不论是设备还是装饰都由他亲自处理，一切都那样井井有条。在公司装修方面，马斯克还有一项创举，那就是将办公室集中在了一起。这不同于传统航空公司将工程师与机械师分开的理念，车间和办公室就在一个地方，沟通起来更加方便高效。

马斯克这样设计办公室，主要是因为他无法忍受低效率的工作。因此，在他的时间表上也呈现出了惊人的激进。他为公司做了一份报告，计划于明年的5、6月制造出两台火箭推进器，7月火箭的机身就要完工，8月就要装备完毕，而9月发射台就会准备好。到了2003年的11月，SpaceX公司将进行第一次火箭发射。也就是说，在不到一年半的时间里，马斯克就准备让SpaceX公司发射自己制造的火箭了。这还不是他对公司全力运转的期望，他认为自己给的时间已经够多了，足够让员工们在磨合中完成这些工作。

这件新公司的出现让太空爱好者们激动了起来，不管最终SpaceX能够成功，但这说明有人开始着手研究价格低、效率高、速度快的航天项目了。美国军方同样也在关注着SpaceX，因为价格更便宜，体积更小的卫星，更符合他们的战略需要。因此，不管马斯克和SpaceX是在做白日梦，还是真的在把什么东西弄上天，都有无数双眼睛在看着他。

坠毁的梦想

对于人类来说，太空是一个危险的地方，想要把什么东西送到那遥不可及的地方，更是非常困难。在冷战期间，美苏两国的星球大战计划为开拓太空奠定了基础，但双方都经历了无数次的失败。至今在网络上，还流传着太多太多火箭升空失败的视频，这些视频就是投资航天事业显得风险很大的重要原因。

在 2002 年里，埃隆·马斯克经历了太多事情，eBay 完成了对 PayPal 的收购，这让马斯克获得了充足的资金投入在 SpaceX 里，他立刻追加了一亿美元的投资。SpaceX 在相当长的一段时间里都不需要寻找另外的投资人和合作者，这让马斯克更有安全感，SpaceX 不会重演 PayPal 的悲剧，没有人能从他手中夺走 SpaceX。另一件事情让马斯克感到非常悲痛，他的小儿子内瓦达·亚历山大·马斯克不幸夭折了。马斯克没有表现出作为一个父亲应有的悲痛，这让他的妻子贾斯汀不能理解。作为一个父亲，马斯克何尝不痛苦，但是因为他童年的经历，他更会使用一种防御心理来面对命运的不公，他向他的好朋友们倾诉，但他绝对不会和妻子谈论这件事情，因为这会加重两个人的痛苦。

随后在很长的一段时间里，马斯克都在 SpaceX 埋头工作，为了加快进度，他试图将一些配件的制作外包给其他公司，但其他航天公司的要价让他不能接受，于是 SpaceX 的火箭升空计划在得不到更多投资的情况下，只能缓慢地进行。在这段时间里，马斯克为 SpaceX 公司组合出了一支阵容强大的团队，包括原波音公司副总裁克里斯·汤普森，原波音公司火箭专家蒂姆·布扎，有丰富航空电子技术的汉斯·克尼格斯曼。销售方面他找到了格温·肖特维尔，还有马斯克最可靠的臂膀玛丽·贝思·布朗。

SpaceX 在马斯克的高压政策下，第一台火箭推进器很快就完工了，第二台火箭推进器也逐渐成型。接下来，SpaceX 公司对两台火箭推进器进行了全方面的测试。马斯克本人也参与其中，甚至经常穿着定制意大利西装亲自动手。群力群策让 SpaceX 的团队空前团结，短短一年时间，SpaceX 已经是一家像模像样的火箭公司了。

每天工作 20 个小时，每周工作六天的疯狂加班让火箭飞快地制造着，而就在他们的火箭各部分已经基本完成的时候，客户也找上了门。美国国防部想要让 SpaceX 为他们运载一枚名叫 TacSat-1 的卫星，而马斯克将火箭升空的时间定在了 2004 年年初。

这件事情给了马斯克一个启发，SpaceX 需要更多的关注，他在 2003 年 12 月向公众展示了"猎鹰 1 号"火箭的原型，并且召开了一个新闻发布会。发布会得到了成功，人们开始承认 SpaceX 是一家真正的火箭公司，毕竟就有一个火箭摆在那里。SpaceX 的工程师们对这件事情嗤之以鼻，那个所谓的原型究竟有多大用处他们可是一清二楚。几个星期以后，马斯克快马加鞭地公布了除了"猎鹰 1 号"外，他们还在开发更加先进的"猎鹰 5 号"。

公司的一切都走上了正轨，马斯克的行动开始让人捉摸不透起来。他对员工越来越苛刻，很多工程师都因为与工作无关的事情被他赶出了公司，而马斯克还经常在媒体面前宣称火箭是他本人设计的。最夸张的是，他还雇用了几个纪录片制作人跟拍自己。所有年轻的工程师都对马斯克的行为表示愤怒，但是对于马斯克本人却无可奈何，毕竟马斯克才是老板。

到了 2004 年年初，SpaceX 的火箭没能发射，主要是因为火箭引擎还需要更多的测试。一直到了秋天，引擎的测试才全部完成。将火箭各部分整合起来成为了发射之前的最后一件大事，没有人会想到这件事情会如此艰难，一直到半年以后才真正成功地进行点火，那时已经是 2005 年 5 月了。

想要发射火箭，就必须有合适的地点。对于 SpaceX 来说，最合适的地方莫过于范登堡空军基地，那里离洛杉矶很近，还有现成的火箭发射台。到了范登堡空间基地以后，SpaceX 的团队才发现他们不能使用范登堡空军基地。在发射场地的除了军方之外，还有洛克希德公司和波音公司，两家公司也正在为军方发射间谍卫星。如果他们要在这里发射，只能等到几个月以后。

寻找新的发射基地并不难，肖特维尔和克尼格斯曼很快就有了新的目标。夸贾林岛就位于赤道附近，在赤道附近发射火箭可以为火箭提供额外的动力，美国军方在最近的几十年里一直在那里发射导弹。经过军方的同意后，SpaceX 就开始把一切设备运往夸贾林岛。

糟糕的基础设施，毒辣的赤道阳光，惊人的湿度，成为了在这里工作的难题。员工们对环境进行了大改造，才让居住在房子里和居住在旷野里变得有区别。发射之前的准备工作相比之前制造火箭要轻松得多，很多工程师将在这座夏威夷附近的小岛工作的经历当成是度假，每天晚上七点，他们结束了 12 个小时的工作以后，都会一起做饭，看电影，还有钓鱼。技术专家沃尔特·希姆斯甚至还在工作间歇考取了潜水证书。

在这里，马斯克的古怪爱好同样折磨着工程师们。要把火箭从飞机库运送到发射台，需要经过一段非常曲折的道路，工人们希望能够铺设一条便于通行的路，这条路有 200 米就够了，但马斯克拒绝了。而在此之前，他甚至愿意拿出更多的钱为工厂铺设更漂亮的地板。工程师们就如同古埃及人运送建造金字塔的大石一般，用原始的办法搬运火箭。他们在地上铺木板，让火箭在上面滚动，然后将后面的木板拿到前面，完成循环。

2005 年 11 月，一切可怕的准备工作都结束了，接下来的工作就是让火箭升空。马斯克也亲自来到夸贾林岛上，这一历史性的时刻他绝不想错过。11 月 26 日，SpaceX 团队开始了火箭发射的工作，但是在发射之前的检查时，发现一个液态氧气罐阀门关不上，燃料飞快地泄漏，这让火箭没办法发射，于是发射时间只好延迟。此后的发射行动还经历过多次各种各样的小问题，直到 2006 年的 3 月 24 日，一切才终于准备妥当。

当天，马斯克的穿着如同一个在夏威夷度假的游客一般，在控制室里观看着火箭发射。短短 25 秒以后，承载着 SpaceX 团队心血的"猎鹰 1 号"就掉了下来，重重地砸在了发射场地上。马斯克和 SpaceX 的高层们对外宣称这次意外坠毁是因为一名工程师没有做好检查火箭的工作，燃油管上的一个配件没有被拧紧。负责这一工作的工程师是霍尔曼，愤怒的霍尔曼马上就乘飞机去洛杉矶与马斯克对质，双方在马斯克的房间里大吵一架。他花了几年的时间，不辞辛劳地为"猎鹰1号"工作，这样的诋毁让他不能忍受。

尽管马斯克想要在半年以后就进行第二次发射，但是因为种种困难，时间还是拖到了一年以后。2007年3月21日，"猎鹰1号"进行了第二次发射。这次的发射比第一次成功，它在空中飞了几分钟之久，并且成功地把火箭的第二级送入了轨道。在五分钟以后，"猎鹰1号"就如同一个醉汉一般开始打转，随后开始燃烧、爆炸。

第二次失败给SpaceX的打击显然要更大，尽管获得了小范围内的成功，但是他们都知道，马斯克的钱要花完了。马斯克开始烦躁起来，但是他却仍然要安慰员工们："没关系，我们的资金还够。"

马斯克在第一次失败的分析报告中曾写道："飞马火箭发射了九次，只成功了五次；阿丽亚娜发射了五次，只成功了三次；阿特拉斯火箭发射了20次，成功了九次……SpaceX将继续努力，不成功誓不罢休。"这或许就是他面对两次失败的全部想法。

特斯拉，疯狂的电动车

严格说来，特斯拉并不是埃隆·马斯克创办的公司，但是没有马斯克，就没有今天的特斯拉。在埃隆·马斯克风光的背后，有一个不得不被提及的人，那就是J.B. 斯特劳贝尔。

斯特劳贝尔也是个少年天才，在他很小的时候就对科技方面很感兴趣。在过去，他最有兴趣的是化学，他家的地下室里有一个专门属于他的化学实验室，里面堆满了各式各样的化学试剂。13岁的时候，他就独自修理过一辆高尔夫球车，不仅仅是修修补补，他为高尔夫球车更换了发动机。1994年，斯特劳贝尔成为了斯坦福大学的一名学生，刚入学的时候，他希望自己能够成为一名物理学家，上了几节课以后，他觉得物理学并不适合自己。现代物理学主要是建立在理论上，而斯特劳贝尔更希望能够亲自动手，于是他选修了软件和电子学的课程，希望将来能够把计算机科学与电子电力技术结合起来做点什么。

尽管当时人们还很少考虑低碳节能的问题，但已经有公司试图制作出不用汽油的电动车，斯特劳贝尔会前往那些公司拜访，并且主动结交那些工程师。回到自己的住处，就和自己的几个朋友一起搞属于自己的发明。斯特劳贝尔将买来的一辆报废保时捷改造成了电动汽车，这辆车的速度很快，但是续航却让人很不满意。充满一次电，只能行驶30公里。后来，斯特劳贝尔将那辆车变成了混合动力汽车，用汽油为电池充电，往返远达400英里的洛杉矶毫无问题。

2002年，已经成为了斯坦福硕士的斯特劳贝尔来到了洛杉矶，连续找了几份工作，都不能让他满意，于是他决定和著名卫星工程师哈罗德·罗森一起研究电动飞机。他的朋友们时常来拜访他，这些同学仍旧在研制太阳能汽车。他们与斯特劳贝尔的关系很好，来到洛杉矶以后他们就睡在斯特劳贝尔家的地板上。睡前，他们会尽情畅谈有关清洁能源的问题，但最终，他们发现锂电池的发展实在是太迅速了。一个想法在斯特劳贝尔的脑海中出现：一万块锂电池串联在一起可以做些什么？足够汽车行驶1000英里！

于是，斯特劳贝尔开始说服这些研制太阳能汽车的年轻人，希望他们能够帮助他制造一辆靠锂电池驱动的电动汽车。耐不住斯特劳贝尔的苦苦纠缠，年轻人们告诉斯特劳贝尔，如果他能够筹集到资金，那么他们就会帮他研制电池驱动的汽车。

哈罗德·罗森同样也在寻找资金，他邀请埃隆·马斯克与他共进午餐，希望马斯克能够成为电动飞机项目的投资人。马斯克对电动飞机这个想法并不感兴趣，这时谈话就变得自由得多。斯特劳贝尔和马斯克谈起了他电动汽车的想法，没想到这个项目比起电动飞机更让马斯克兴奋，马斯克也早就在关注电动汽车的价值了，他决定为斯特劳贝尔投资。斯特劳贝尔的项目需要十万美元，马斯克当即就决定投资一万美元。

锂电池驱动汽车的想法，除了斯特劳贝尔之外，还有人正在为此努力。北加州，马丁·艾伯哈德和马克·塔彭宁卖掉了他们创办的新媒体公司以后，中东爆发的战争引起了他们的注意，如果汽车能够不使用汽油，是不是就能够减少石油带来的战争呢？于是，他们开始寻找不用汽油驱动汽车的方法。根据一系列的考察，他们认为选择让卡车或者休旅车成为项目的目标是不合适的，如果将目标对准高档跑车，就更加合适了。重量较轻的跑车更好驱动，续航时间更长，而电池可以极大地提升跑车的加速度。并且，美国的奢侈品汽车市场非常繁荣，会有更多的富人愿意为他们的汽车买单。

在2003年7月1日，他们成立了属于自己的公司——特斯拉电动汽车公司。公司的名字是为了纪念伟大的电动机先驱尼古拉·特斯拉，并且他们觉得特斯拉这个名字太酷了。有了雄心壮志和一些初步的想法以后，他们所需要的就是资金了。尽管他们卖掉公司获得了一部分的资金，但实际上他们至少还有700万美元的资金缺口。他们找了很多风投公司，但是电动汽车这个过于超前的想法并没有让风投公司看见可观的利益，于是他们把目光放在了独立投资人身上，而独立投资人候选名单上，第一个就是埃隆·马斯克。

他们飞往洛杉矶，与马斯克见面，马斯克之前已经与斯特劳贝尔讨论过关于电动汽车的问题了，于是整个谈话的过程很简单，他来提问，特斯拉的联合创始人们来回答。第二次会面，马斯克就敲定了要加入特斯拉。

马斯克填补了资金缺口，特斯拉公司的电动车项目就正式启动了。他们利用斯特劳贝尔的关系从斯坦福聘请了大量年轻的工程师，他们终日都在制作三维模型，想要尽快制作出一辆原型车来。严格来说，原型车的其他零件都是外包，特斯拉的工程师们所负责的只有电池这一项，尽管如此，原型车的制造进度仍然不理想，直到四个月以后，他们才完成了第一辆原型车。

原型车是成功的，开着这辆车兜风甚至比传统的汽车更加舒适。在车上的时候，马斯克就做出了继续投资特斯拉的决定，于是他又拿出了900万美元。除了马斯克外，特斯拉还得到了其他的融资，总共有1300万美元，预计到2006年就可以批量生产型号为Roadster的电动汽车。

第二辆车在几个月以后被造好了，而这个时候工程师们才因为一场小小的闹剧察觉到他们的得意作品隐含着巨大的危险。庆祝独立日的时候，他们将 20 个用在 Roadster 上的电池捆在一起点燃了，结果这些被捆在一起的电池就像火箭一样飞了出去。仅仅是 20 块就有这样的效果，那么把这个数量翻上 400 倍呢？Roadster 上可是有七千多块这样的电池啊。电池的不安全导致一旦发生事故，所有的有钱人都将对特斯拉的汽车敬而远之。为了解决这个问题，特斯拉成立了一个六人小组，他们唯一的任务就是找到防止电池爆炸的办法，而他们成功以后，这个技术成为了特斯拉击败其他电动汽车公司的最大优势。

电动汽车的内部构造与外部设计同步进行着，经过了长达一年的调整，他们才真正地做出了一个完美的原型车。这辆车的出现给了其他投资人和风投公司巨大的信心，短时间内就有数家风投公司为特斯拉融资，其中谷歌的拉里·佩奇和谢尔盖·布林也参与其中，马斯克更是拿出了 1200 万美元。

2006 年 7 月，两辆原型车出现在了圣克拉拉的展览会上，各界名流和媒体都被这两辆漂亮高档的电动汽车吸引了。驾驶人员为人们做了演示，并且工作人员还向媒体发布了汽车的售价和续航公里数。价值九万美元的电动汽车立马就成为了各界名流们的目标，当天就有 30 个人表示会购买 Roadster 汽车。

此后，特斯拉的两辆原型车不断地参加各大汽车展，不断地出现在各大杂志报刊上，订单像雪花一样飞来。在极短的时间里，特斯拉公司就收到了几百万美元的订单，他们预定会在 2007 年年中交货，并且改变了销售策略，开始以高价少货，面向高端人群为主。

就这样，特斯拉的 Roadster 在美国掀起了一股电动汽车的狂潮，而特斯拉仍在精益求精。一方面，马斯克试图让现有的 Roadster 变得更加高端大气上档次，另一方面，艾伯哈德渴望能够造出更加成熟、廉价的电动车，双方的矛盾不可调和，一场风波即将在特斯拉中展开。

泥沼

马斯克从来都不是一个纯粹的科研人员，也不是一个商人，他更像是一个理想主义者。在这种情况下，他对 Roadster 有着极高的要求，但是这种要求却又不是技术方面的。他要求在 Roadster 的车门上安装电子传感器，只通过手指触摸就可以解锁车门，这种要求对于技术的进步是毫无裨益，但又极大地拖延了交货时间。艾伯哈德觉得马斯克许多诸如此类的要求都是不合理的，但是马斯克的态度又极其强硬，这导致了两人之间产生了不可调和的矛盾。

Roadster 还有着许多的不足，马斯克对于这些并不很在意，但就是这些东西差点摧毁了特斯拉。在 Roadster 设计初期，他们曾希望 Roadster 能够在四秒内加速到时速 60 英里，因此他们采用了两档变速器，第一挡能够让汽车在完成四秒内加速到时速 60 英里的目标，第二挡变速齿轮能够让汽车加速到时速 130 英里。两挡之间的速度落差很大，这导致了变速箱的无法适应。特斯拉的研究人员完全没有想过要自己研制这个东西，生产汽车零件的企业成千上万，只要去买不就好了？

在这个问题上，显然是特斯拉的工作人员们过于天真了。尽管供应商们能够满足他们的要求，但是他们并不愿意为了特斯拉稀少的订货量去动用顶尖的研究人员。所以，Roadster 所面对的情况十分危急，在测试中，行驶一段时间以后，变速系统就会产生故障，并且这种故障时常发生。

一方面，马斯克的各种要求已经将特斯拉的交货时间延迟到了 2007 年年底，而新的问题迫使他们在逾期三个月以后，不得不从头开始研究变速系统。而另一方面，电池的生产也不顺利。为了节约人力成本，他们将电池工厂建在了泰国。新工厂要有适合生产电池的环境，要为那些对生产新电池一窍不通的泰国员工进行培训。因此，特斯拉曾经发展最快的电池技术也开始拖他们的后腿。

当马斯克得知生产方面出了问题以后，他马上就认为是艾伯哈德出了问题，于是他开始找一个中间人来了解公司的财政状况。另一家特斯拉的投资公司派出了他们的运营总监蒂姆·沃特金斯，而没多久，沃特金斯就被特斯拉的经营状况吓到了。他用了几周时间来和工人聊天，并且按着供应链的每一个环节计算生产Roadster究竟要多少钱。

沃特金斯得出了一个惊人的结论，那就是生产一辆Roadster要花费的钱远远超过他们的预算。在材料和设备方面，特斯拉采购是不讲价的。马斯克对于这个结果早就有心理准备，但实际数字还是超出了他的想象。生产一台Roadster要花费17万美元，而每台Roadster的售价只有8.5万美元，而且还有近三分之一的汽车无法使用。

面对深陷泥沼的状况，马斯克首先做的就是撤掉了艾伯哈德CEO的职位，任命迈克尔·马克思为公司的临时CEO。随后将在亚洲的电池工厂搬回了美国，以便解决供应链的问题。然而这些手段远远不足以解决特斯拉存在的问题，他所做的一切都是为了缓解特斯拉的压力，不让人们看见一个濒临崩溃的特斯拉，然后由马斯克亲自运作，寻找一个人买下此时已经金玉其外，败絮其中的特斯拉。

事实上，特斯拉到目前还没有交出任何一辆他们承诺过的汽车，所以也没有人对马斯克的精心包装感兴趣。于是，马斯克开始以宣传的手段来抵消外界对特斯拉的负面报道。他增加了自己的曝光率，开始接受媒体采访，并且对公众宣布特斯拉的一系列新计划。特斯拉还在市政大厅举办了各种见面会，开诚布公地将特斯拉的问题公布于众，并且承诺会在明年年初开始交付他们的订单。马斯克个人的激情表演起到了一定的效果，毕竟有钱人们更在意的不是钱，而是自己是否被愚弄了。只有少数人要回了他们的预付款，而其他人对于特斯拉和马斯克仍旧充满了信心。

马斯克开始全权负责特斯拉的一切事务，就如同他在SpaceX所做的那样。他开始频繁地在世界各国间飞行，有时候仅仅是为了去寻找一些车身面板的新原料。Roadster的成本在这种情况下也日渐透明，马斯克要求员工们加更多的班，要求他们把生产成本降得更低。对于特斯拉的员工们来说，这简直是一段不堪回首的日子，地狱般的生活。他们没有时间陪同家人，没有时间休息，甚至就连睡觉都要在办公桌上面。

技术方面要抓紧，营销方面同样也要抓紧。马斯克亲自浏览每一条来自Google搜索关于特斯拉的消息，并且让公关人员扭转每一条关于特斯拉的负面消息。在那段时间里，哪怕是打错了给用户邮件里的几个字，营销人员都会面临被立即解雇的风险。每天的会议上都有人被骂得狗血喷头，每天都有员工被迫面对马斯克的愤怒。马斯克要求他们向自己一样，成为一个偏执狂，成为一个全力以赴工作的人。

斯特劳贝尔是特斯拉非常时期中几个压力不算太大的人，本身他就热爱着电动汽车这一事业，而加入特斯拉以后，更多的时候他是负责在员工与马斯克之间沟通的。马斯克尊重斯特劳贝尔，因为员工们在有问题不敢亲自去找马斯克的时候，都是他顶着马斯克的暴怒前来报告的。斯特劳贝尔也经常提醒马斯克，马斯克是公司的代表人物，如果他表现得戾气太重，那么特斯拉公司随后的一些新产品将变得难以推广。

转眼之间特斯拉公司成立已经五年了，Roadster仍旧没有成熟。很多老员工都打了退堂鼓，有些员工认为特斯拉只会生产面向高端人群的跑车，于是离开特斯拉开始研究面向大众的电动卡车。有些员工认为特斯拉的新车面世还遥遥无期，与其在这里浪费时间，不如去别的公司干点什么。就连联合创始人塔彭宁都觉得特斯拉开始变得有些无聊，将Roadster推向市场变成了一种煎熬。更多的人，因为马斯克的性格而离开了特斯拉。在那段时间里，马斯克终日脏话连篇，有些是针对员工的，有些是针对供应商的，这些语言非常过激，让人难以承受。

员工的流失不可怕，有更多不明真相的年轻人愿意拿低廉的薪水蹚特斯拉这汪浑水。营销、技术和努力在马斯克的督促之下正在稳步而快速地进行着。特斯拉面临最大的危机在于 2008 年，所有的钱都花光了。原计划 Roadster 的开发成本是多少？2500 万美元。到了 2008 年他们投入了多少？1.4 亿美元！2008 年对于整个汽车行业来说都是一场浩劫，无数的汽车制造公司濒临破产，而马斯克要在这个时候寻找投资者，让他们拿出上千万的美元来投入一家还没有交给用户一辆汽车的公司。找不到投资的情况下，马斯克只能变卖自己的财产，不停地从自己的口袋里掏出钱，补贴到特斯拉的无底洞中。然而在 2008 年，还有更多的事情在等着他。在这一年，埃隆·马斯克成为了众矢之的。

磨难与新生

早在 2007 年，埃隆·马斯克的生活就已经混乱不堪，主要是特斯拉的财务状况和 SpaceX 的第二次发射失败为他带来了巨大的压力。马斯克为这两个投资的金额高达两亿美元，后来逐渐剩下不到一半。特斯拉的经营不善让马斯克从硅谷炙手可热的人物变成了一个失败者，许多人都认为马斯克即将失败，特斯拉已经进入破产倒计时了，就连过去围着他转的媒体也开始转变口风批评起他来。

如果说工作上的压力是他可以挽救的，那么家庭生活出现的危机就是他束手无策的了。在经历儿子猝死以后，他又和妻子贾斯汀生了五个孩子，分别是双胞胎和三胞胎。贾斯汀在生完三胞胎以后患上了产后抑郁症，他们的关系开始僵化，彼此之间的互动越来越少，更多的是冷漠。工作的失利让他没有时间去处理家庭问题，面对妻子对婚姻所做的努力，马斯克显得有些无动于衷。

2008 年的 6 月，马斯克正式和贾斯汀离婚了，双方表现得非常礼貌，没有出言不逊，但是有媒体报道，马斯克正在和一位二十多岁的女演员约会。贾斯汀在离婚中要求马斯克支付 600 万美元现金，还要获得马斯克拥有特斯拉股份的 10% 以及 SpaceX 股份的 5%。世人对于马斯克的了解还停留在亿万富翁的阶段，他们不知道马斯克的资产都在 SpaceX 的股票里，所以最后他给了贾斯汀 200 万美元，他们的房子，每个月八万美元的赡养费，17 年的儿童抚养费，以及一辆特斯拉 Roadster。

对于马斯克，不难看出贾斯汀是怀着恨意的，每当人们问起她关于马斯克的事情，她都忍不住要落泪。她不清楚家庭的财务状况，马斯克对她隐瞒了太多，并且在离婚的时候把她当成生意场上的对手，这让她痛心不已。

事实上，马斯克的确在跟一位女演员约会，那就是年轻漂亮的妲露拉·莱莉。也有人说他们是在马斯克离婚以后在一起的，不管怎样，最终他们结婚了。莱莉认为自己嫁给了一位亿万富翁，而实际上马斯克的资产只够支撑到 2008 年年底。

SpaceX 在夸贾林岛进行了第三次发射，就目前的情况来看，没有什么比"猎鹰 1 号"能够发射成功更重要，但马斯克还是分出了一半人手去开发"猎鹰 9 号"。"猎鹰 1 号"很有可能再次发射失败，所以"猎鹰 9 号"要作为备选项目，以便从 NASA 手中获得更高价的和约。

可以预料得到，SpaceX 没有尽全力在"猎鹰 1 号"上，第三次发射也失败了。SpaceX 的员工们濒临崩溃，有些人当场哭了出来。马斯克马上安慰那些员工，让他们能够再次投入工作中去。或许在有些事情上马斯克显得像暴君一样残酷无情，但是在面对失败的时候他也有温情的一面，并且他从不纠结失败，也不停止脚步。

第四次发射在马斯克的督促下紧锣密鼓地筹备着，很快他们就准备好了，在 2008 年 9 月 28 日进行，这很有可能就是他们的最后一次努力。SpaceX 的所有人都紧张地关注着这次发射，有些工程师已经在岛上工作了好几年了，他们见不到自己的家人，没有自己的生活，忍受艰苦的环境，甚至有时候连饭都吃不饱，但他们还是不懈地努力着。他们能够承受一次次的失败，更多的是因为不想让自己这么多年的努力白费。

第四次发射成功了，历时六年，人类历史上第一枚私人制造的火箭终于完成了历史性的壮举。马斯克受到了员工们热烈的欢迎，但是他却没有时间庆祝，因为 SpaceX 的财务状况不容乐观。"猎鹰 9 号"和他们最新研制的太空飞船"龙"都需要投入大量的资金，这两个项目的成本按照传统制造方法会在十亿美元以上，而 SpaceX 能够使用的还不到十亿的零头。辛苦工作的员工们薪水必须提高，还要搬去一个更大的总部，总不能让员工们还留在夸贾林岛上。他们与马来西亚政府签署了一份发射卫星的合约，但是马来西亚政府要到 2009 年发射的时候才会付款，在这之前他们就连给员工付薪水的钱都没有。

SpaceX 的问题还不是马斯克需要头疼的全部问题，尽管 SpaceX 看见了一丝光明，但特斯拉仍然处在岌岌可危的状态中。有一位特斯拉的员工爆料，特斯拉接到了 1200 个订单，收到几千万美金的预付款，但现在只有 900 万美金在银行里，交出的车还不到 50 辆。

为了让特斯拉坚持下去，马斯克不断地寻找投资人，并且说服公司里的员工和管理层们为特斯拉投资。他的朋友们为他拿出了几百万美元，公司高层几乎一夜之间全部都成为了特斯拉的投资人，但他们每人都只拿出了几万美元。特斯拉在崩溃的边缘，客户预付款这笔巨大的亏空不仅会让马斯克破产，甚至还会将他送进监狱。

2008 年年底，事情出现了转机。马斯克得知 NASA 要为国际空间站签署一份补给合同，而 SpaceX 第四次的发射成功让他们成为了这份合同的竞争者。于是，马斯克动用了一切关系，让 NASA 相信他们有实力可以把补给送到空间站。他还出售了自己在其他公司的股份，筹集了 2000 万左右，在找不到新投资人的情况下，他拿着这 2000 万找到了其他投资人，要求他们也凑出 2000 万来，至少帮助特斯拉度过 2008 年。

事情的发展一波三折，迈克尔·格里芬成为了 NASA 的负责人。尽管过去是朋友，但是格里芬却在这个合同上处处针对马斯克。格里芬认为马斯克所做的宣传不过是一种商业策略，而实际上他不过是个擅长说大话的人而已。就在马斯克恐慌不已的时候，他被告知 SpaceX 成为了国际空间站的供应商，为国际空间站运输，SpaceX 将获得 16 亿的报酬。这 16 亿很快就转到了 SpaceX 的账户上，马斯克在得到了 NASA 允许后，将一部分资金转到了特斯拉的账户上。特斯拉险死还生，马斯克激动得流出了眼泪。要知道，在他得到投资人拿出的 2000 万之前，特斯拉距离破产只有几个小时，他们就连第二天的员工工资都没办法支付。

第四节
颠覆传统的伟大

> 在 SpaceX 与特斯拉陷入危机的时候,马斯克坚持了下来。有人说他是个投机者,也有人说他是因为没有选择,但不管怎么样,马斯克在挺过了危机重重的 2008 年后,终于开始品尝胜利的果实。不管是 SpaceX 还是特斯拉,都有着颠覆传统的伟大意义,或许几十年后,人们会在历史书上为特斯拉和 SpaceX 写上浓墨重彩的一笔。

腾飞的 SpaceX

马斯克的坚持是有意义的,随着 SpaceX 的成功,越来越多的政府机构、私人机构将他们的卫星交给 SpaceX 发射。特别是到了"猎鹰 9 号"发射成功的时候,SpaceX 应可以说是航天领域的巨头公司。波音公司、洛克希德公司、轨道科技公司都成为了 SpaceX 的手下败将,马斯克也不再是那个被人视为笑柄,又一个把钱扔进航天业的傻子。

SpaceX 能够获得大量订单,主要有两个原因。一点是因为美国人骨子里的骄傲,他们更愿意使用美国自己生产的东西。除了 SpaceX 的火箭之外,其他公司或多或少需要从俄罗斯等外国供应商手中获得一些配件,SpaceX 的纯美国制造让他们觉得非常安心。另一点是因为 SpaceX 低廉的价格,他们每次发射只需要 6000 万美元，这个价格不仅比欧洲和日本低，甚至比中国和俄罗斯还要低。在这种情况下，美国重新成为了国际商用卫星发射的主要市场。

美国对于飞机业务看得很重，但是却不重视商用卫星发射市场，他们认为这个领域在航天技术完全成熟之前并没有什么利益。但是在过去的十年里，这个市场令人惊讶地蓬勃发展，在十年里，市场规模翻了三倍。很多国家都发射了属于自己的卫星，不管是侦察卫星还是气象卫星，反正每年都要弄些东西上天。正是这些东西提高了现代人的生活水平，也正是 SpaceX 的出现让一些新兴的公司可以用更低的价格在美国境内就完成把卫星送上天的任务。

美国人不是不在乎航天业，而是更在乎能够赚钱的那一部分。他们始终把持着卫星制造及卫星维护服务国际领先地位，全世界发射的卫星有三分之一是由美国制造，并且关于卫星方面的收益美国要占全世界的 60%。中国和俄罗斯在航天领域正在赶超美国，而美国面对这种情况却表现得非常无力，他们甚至需要向俄罗斯借用航天飞机把宇航员送入空间站。俄罗斯人每人次要收取 7000 万美元的费用，并且还要看他的心情。SpaceX 在这方面成为了美国的希望，有了 SpaceX 美国就可以重新依靠自己的力量把宇航员送上太空。

SpaceX 仍在寻求着更加廉价的运营方式，他们开发新的发射台技术，大大降低了发射成本，并且还希望将来能够开发可以精确返回地球的火箭，这样就可以重复使用那些火箭，让费用变得更低。马斯克希望能够把价格降低到竞争对手的 10%，这样 SpaceX 就可以利用价格垄断火箭发射这一领域，那时候全世界的商用卫星发射将全部由 SpaceX 来完成。

SpaceX 在航天领域不仅要做垄断者，还要做创新者。尽管每年都有大量的卫星上天，但令人震惊的是世界各国的航天设备鲜少获得更新。以航天大户俄罗斯为例，他们的载人太空舱上有许多设备仍然是 1966 年的设计，而新兴国家的航天设备也没有创新，反而急不可耐地模仿美国和俄罗斯那些古老的设备。马斯克希望航天业能够"时尚"起来，不管是公司的运营方式还是使用的设备。

想要创新，就必须吸收新鲜血液，他们开始招收更多的人才。这些人大多来自顶尖院校，并且是其中的佼佼者。相对于那些头脑聪明的人，SpaceX 更喜欢有动手能力的，哪怕他们来应聘的职位只是软件工程师，但他们也要懂得机械是怎样运作的。SpaceX 的面试也非常严格，尽管一开始只是随便聊聊，但没多久他们就会递给应聘者一份面试题目，这些题目非常难。例如，一般的企业在招收程序员的时候，工程师现场写十几行代码解决几个小问题就算完成任务，而在 SpaceX 的面试中工程师往往要写上 500 行甚至更多的代码。最终的面试一般是由马斯克负责，尤其是刚进公司的 1000 名员工，多数都是马斯克亲自面试的。后来进公司的员工，也要给马斯克写一篇文章告知他们来 SpaceX 工作的目的。

马斯克的面试一直被人们津津乐道，因为每次面试他都会问同一个问题："你站在地球表面，往南走一英里，往西走一英里，再往北走一英里，刚好回到原点，那么你在哪里？"这个问题的答案是北极，很多工程师马上都能回答出来。而马斯克又会问："还有可能在哪里？"另一个答案就很少有人回答得出来，是南极附近。马斯克会为那些人讲解为什么是这个答案，并且还会列出具有说服力的公式。对方是否给出正确答案这不重要，更重要的是他们是怎样思考这个问题的。

想要成为 SpaceX 的一员，更重要的一点是吃苦耐劳的能力，或许说是忍耐力。在这一方面，不仅包括每周超过 90 个小时的工作时间，更是要忍受马斯克在会议上的个人风格。马斯克讲话一向直言不讳，所以很多工程师被他伤害过。

在另一个方面，马斯克仍然要求 SpaceX 自己制造零件。这与其他传统航天公司的观点截然不同，传统的公司更依赖第三方制造商，而 SpaceX 则几乎不采购零件。这不仅可以节约大量的资金，而且还可以保证零件的供应，很多供应商都是外国的，一旦国际上出了什么状况，那么想要稳定地获得零件就变得很困难。想要完全重做所有的零件是一件很艰难的事情，这些零件制造商都有着几十年的制造历史，几乎不会出错，而自己制造是非常浪费时间，也不安全的。但就是这样，SpaceX 还是自己坚持制造火箭的每个部分，并且加以改进。

仅仅在无线电设备这一块上，他们就减轻了 20% 的重量，每台设备成本缩减到其他公司的 10%。

正是这样一个个项目的亲力亲为，让 SpaceX 节省了大量的成本，他们鲜少采购专业的航天电子设备，更多的时候他们只用普通的点子产品。事实证明这些产品仍然可以承担把火箭送上天的任务，值得信赖。

SpaceX 还发明了一台机器，这台机器可以实现巨型金属板焊接流程自动化。焊接是传统的航天公司尽量避免的工艺流程，因为焊接会减少金属板的受力，让金属板成为火箭上的不稳定因素。而 SpaceX 的这些技术可以更好地焊接金属板，让接缝更加坚固。这项技术可以让猎鹰火箭不再使用铆钉、螺丝等固定零件，大大减轻了火箭的重量。

这项技术的出现在航天业中引起了轰动，许多公司也开始研发这项技术，甚至有一些公司直接挖走了 SpaceX 相关项目的负责人，比如杰夫·贝佐斯的"蓝色起源"。"蓝色起源"就直接挖走了 SpaceX 的焊接专家雷·米耶科塔，这件事情激怒了马斯克，他和贝佐斯不再一起畅谈关于登陆火星的梦想，而是开始打起了口水仗。

SpaceX 公司最主要的目标就是提高发射效率，他们不是那种半年不开张，开张吃半年的企业，宁可少赚钱，也要提高发射次数，形成一种薄利多销的良性循环。"猎鹰 9 号"的发射成本在 6000 万美元左右，马斯克希望通过一系列的成本节约计划，将其降低到 20 万美元一次。传统的航空公司和 SpaceX 在成本方面有着极大的矛盾，他们彼此之间不能理解，SpaceX 不明白为什么传统航天公司烧钱烧得那么厉害，而传统的航天公司也不明白 SpaceX 的成本为什么那么便宜。SpaceX 公司大部分的业务都是那些请不起大公司的小公司提供的，另外他们还打算开拓载人飞行和卫星业务。SpaceX 想要把他们的公司打造成一个航天业务的终点站，任何在航天方面有需求的客户都可以在这里找到他们想要的东西，从发射火箭到制造卫星，再到送人上天，无所不能。

当然，SpaceX 全新的企业文化也为他们带来了很多麻烦，毕竟航天业还是一个以传统和谨慎为主的行业。与 SpaceX 打交道的除了那些提供订单的公司外，还有 NASA、空军和联邦航空管理局。这些官僚主义的部门更在乎发射火箭的流程是否规范，在他们眼里 SpaceX 的火箭发射流程简直是太不严谨了。SpaceX 想要调整火箭发射流程，就必须要做大量的书面工作，将每一步都做到让他们满意才行。这种行为拖延了 SpaceX 每一次的发射进度，马斯克对此非常不满。他曾数次用语言攻击联邦航空局的官员，甚至将联邦航空局的一位官员在一次会议上发表的部分他认为是愚蠢的言论整理成一份清单发给了官员的上司。这引起了联邦航空局官员的愤怒，他给马斯克写了一封长信，在信中提出该官员从事发射工作已经 20 年了，一个毛头小子怎么敢说他错了。马斯克当即在回信中告诉他，不仅是那个官员错了，就连写信的上司也错了。

从此以后联邦航空局的官员就减少了和马斯克的接触，马斯克对此表示欣慰，他所要做的是为整个航天业带来改革，那些陈旧的传统让整个行业裹足不前，那么他们就是马斯克的敌人，这些规则必须要被打破。

潜龙升天

《星际迷航》是一部伟大的科幻剧集，无数的物理学家、航天工程师都因为这部剧而投身于研究人类尚未开发的宇宙。该剧集中最有魅力的部分当属那些与地球截然不同的星球和宇宙中壮美的景色，无数人为了能够看到这一切而不懈努力着。但在长期以来，人们对于太空旅行始终持一种保守状态，人们不看好这个事业，因为耗资巨大，短期内没有任何收益。无论是登月，还是将探测车送上火星，这些都是科研行为，耗资巨大，并且不可复制。

探索太空的成本实在是太过巨大了，尽管 NASA 和军方一直在为航天工业提供大量的资金，但是这件事情仍需要保守进行。例如在发射卫星的时候，如果卫星被炸毁了，那么发射卫星的公司将要赔偿的金额是以十亿美元计算的。SpaceX 算是为美国的航天公司注射了一针强心剂，在 SpaceX 成熟之前，美国的火箭发射主要依靠联合发射联盟（ULA）。ULA 是波音公司和洛克希德·马丁公司合资创办的，成立于 2006 年。这个公司出现的原因是政府所提供的业务不足以盈利，所以强强联合以降低发射的成本。在过去的几十年里，两家公司发射了几十枚火箭，非常让人信赖。但是，随着越来越多的国际企业进入航天工业的市场，不管是波音公司还是洛克希德公司，甚至是 ULA，也不再具有任何优势。欧洲、俄罗斯和中国都有性价比更高的火箭发射公司，造成这个情况的原因主要是因为这些国家的劳动力更加廉价。

ULA 一直把持着美国政府大量的军事订单，这些是马斯克想要从他们手中夺走的。即便是美国政府有着军事方面的敏感需求，SpaceX 发射一次火箭只需要收取 9000 万美元，而 ULA 要 3.8 亿美元之多。如果美国政府把军事发射的订单交给 SpaceX，那么每年将会节约大量的支出，节约的这部分支出甚至足够制造需要送上天的卫星。盖斯无法反驳马斯克的话，他只能表示 SpaceX 所说的 9000 万美元并不是准确数字，而 ULA 方面的具体金额他也不方便透露。

尽管差价非常巨大，但 SpaceX 也没有完全战胜 ULA，这里面存在着一些尴尬的政治因素。ULA 的生产基地建立在亚拉巴马州，为了拯救家乡企业，拯救为他提供了大量竞选资金的企业，亚拉巴马州的议员理查德·谢尔比展开了对马斯克的刁难，他表示 ULA 有着丰富的成功经验，这让马斯克无言以对。最终 14 次敏感项目的竞标变成了 1 到 7 次，这让马斯克非常不满，并且对此将空军告上了法庭，要求获得发射业务。

在发射商业卫星和为国际空间站供应补给这方面，SpaceX 同样有着经验老到的竞争对手轨道科学公司。这家公司也是私人公司，他们是 SpaceX 出现之前负责将那些小型商用卫星送上天的主要负责方。但是显然轨道科学公司远远不如 ULA 强势，他们不能自己制造火箭引擎，只能去俄罗斯购买。而他们的太空舱也没有 SpaceX 的那么优秀，至少他们的太空舱不能像 SpaceX 那样回到地球，无法把太空中的其他东西带回来。有些时候他们遇到技术方面的难题，甚至会向 SpaceX 求助，希望 SpaceX 能够为轨道科学公司的客户提供一些服务。

SpaceX 公司价格最低的火箭仍然是"猎鹰 1 号"，每次发射只需要 600 万到 1200 万美元，因此在众多科学爱好者的心中，这是最为适合把机器送上月球的火箭。实际上"猎鹰 1 号"所受到的待遇并不好，尽管它足够便宜，但是却没有什么用武之地。不管是军方还是商业公司，都以更加出色的"猎鹰 5 号"为首选目标。每年"猎鹰 1 号"的销量只有可怜的三台，这让 SpaceX 公司不得不停止制造"猎鹰 1 号"。SpaceX 公司的总裁肖特维尔表示他们曾认为"猎鹰 1 号"将是应用最为广泛的型号，会有大量的订单为它而来，但八年过去了，这个愿望并没有实现。

随着 SpaceX 公司的壮大，他们不得不向其他高科技公司一样改变"酷"的面貌，开始向传统公司一样运营，但在技术方面 SpaceX 却仍然在大踏步地前进。在 2010 年 6 月，"猎鹰 9 号"成功发射，并且顺利地环绕地球运转。2010 年 12 月，SpaceX 将"猎鹰 9 号"送上了太空，并且还搭载了"龙"飞船。而在 2012 年的 5 月，SpaceX 继首次发射火箭成功以后，迎来了一个全新的巅峰。

2012 年的 5 月 22 日，"猎鹰 9 号"火箭搭载着"龙"飞船进入了太空，并且在离开了火箭以后，"龙"开始向着既定目标——国际空间站出发。达到国际空间站预计需要三天的时间，在这三天里，SpaceX 所有的工程师们都在轮班工作，他们必须时刻监视着"龙"飞船的状态，保证它可以一直探测到国际空间站的位置，并且顺利抵达。就在"龙飞船"即将抵达国际空间站的时候，太阳光干扰了飞船上的激光探测器，这让太空舱无法正确测算与空间站之间的距离。SpaceX 所有的工程师都紧张了起来，他们开始想尽一切办法处理出现的故障。

这次发射非同小可，没有人愿意在即将成功的边缘迎接失败，他们向"龙"上传了全新的软件，减少视觉传感器的帧数，借以消除太阳光对其的影响。最终飞船还是成功地抵达了空间站，不过比预计时间晚了三个小时。

在控制室里，SpaceX 所有的员工都欢呼了起来，这个创举让 SpaceX 成为第一个成功与国际空间站对接的私有企业。凭着这次的成功，SpaceX 成功地获得了NASA4.4亿美元拨款,用来把"龙"飞船变成真正的载人航天器。

2014年,SpaceX成功地研制出了第二代"龙"飞船,NASA4.4亿美元体现出应有的价值。第二代的"龙"飞船相对于第一代有着巨大的优势,不仅内部有着宽敞的载人空间,并且可以自主和国际空间站对接。在安全性方面,第二代"龙"飞船使用了全新的引擎,这个引擎是直接使用3D打印技术打印出来的,不需要任何的拼装与焊接,强度达到了前所未有的水平。更令人震惊的是,第二代的"龙"飞船拥有自主降落的能力,只要用计算机设定好位置,飞船可以温和地降落在任何地点。从此,飞船不必降落在海上,也不必动用大量的财力进行回收,更不再有废弃的太空船。降落的太空船就如同汽车一般,重新装满燃料就能够再次飞行。

这种飞船的出现可以说是航天业的革命,航天业停滞不前与一次性的飞船和火箭有着巨大的关系。高额的成本让科学家们没有多少机会对航天飞船进行实验,而全新引擎的出现让安全回收太空船变成了一种可能。这大大降低了航天业的成本,今后无数的航天设想将成为现实,对太空的探索也将有全新的突破。

除了第二代"龙"飞船外,SpaceX还给了人们其他的惊喜。SpaceX成功地将三台"猎鹰9号"火箭捆绑在了一起,制造出了全新的重型火箭。全新的猎鹰可以说是火箭中的巨无霸,它拥有目前人们所知的火箭能够做到的最大载重量,超过波音公司重型火箭的载重量足有一倍,但是造价却只有波音公司的30%。

SpaceX取得的巨大成功与员工们拼命地工作是分不开的,马斯克对于员工的要求始终保持在极高的位置上,哪怕他们现在已经成功了。有一位已经离开了SpaceX的高管这样形容SpaceX的工作氛围:"SpaceX就是一台永动机,支撑它的是马斯克永不满足的要求。马斯克的要求永远比能够做到的更多,哪怕取得的成功已经远远超过了人们的预计。"我们之前说过,在2010年,"猎鹰9号"成功搭载"龙"飞船进行了环球旅行,但是马斯克却为此对高管们大发雷霆。那场会议进行于圣诞派对开始前的一个半小时,而马斯克无视取得的巨大成功，因为新型火箭的研发问题痛骂了他们一个钟头。这种事情在 SpaceX 并不少见，不管是员工们拖延了工作进度，还是对公司的前途短视，都会引来马斯克的痛骂。

许多 SpaceX 的员工都忍受不了马斯克的性格和工作的辛苦，但是他们苦苦支撑，等待着 SpaceX 上市的那天。一旦 SpaceX 上市，马斯克许诺给他们的期权将会变成大笔的财富。曾有员工要求将期权兑换成现金，这也遭到了马斯克的痛骂，马斯克告诉他们，未来 SpaceX 股票价值将是一个天价，但员工们还是期待能够卖掉 SpaceX 的股票来赚钱，毕竟相对于他们的工作量，SpaceX 所给出的薪酬实在称不上是高。

特斯拉的复仇

马斯克的 SpaceX 获得巨大的成功，而特斯拉却一直在泥潭之中挣扎。当然，这只是世人看到的表面现象，实际上特斯拉公司从 SpaceX 获得了大量的资金以及技术转让，这让特斯拉的"难产"变成了厚积薄发。汽车行业度过了巨大的危机以后，厂商们再次加大宣传力度，展开了激烈的竞争，但不管怎样宣传，都掩盖不了汽车行业毫无进步，宣传广告中连一个让人感到新鲜的点都没有。这是汽车行业的堕落，也是特斯拉的机会。

特斯拉从成立初期有过一小段的风光外，剩下的时候都表现得像一个失败者，用一事无成来形容也不为过。但是 2009 年得到 SpaceX 的帮助以后，特斯拉开始缓过神来，开始施展自己的才华。他们先是推出了跑车版的 Roadster，填补了特斯拉在跑车项目上的空白，随后马斯克向那些已经交纳了预付款的用户提出了涨价，原本的 9.2 万美元已经满足不了 Roadster 日益提高的成本，这个数字要上涨到 10.9 万美元。尽管这可能会激怒一部分消费者，但是马斯克别无选择,特斯拉不能靠着 SpaceX 的借款度日。他们需要向政府贷款,而实现这一目标的先决条件就是特斯拉需要盈利。

涨价并不是那段时间里唯一的坏事,第一批发售的 345 辆 Roadster 存在着底盘螺丝不紧的问题,于是只好将这些车辆全部召回。而第二年又进行了第二次的召回,这次是因为内部电线与车身摩擦可能会引起电线短路,这一次召回了 439 辆 Roadster。召回并不是什么光彩的事情,但是马斯克凭着他的三寸不烂之舌硬生生地将召回说成了售后服务,车辆存在小问题,但特斯拉会为用户提供最无微不至的服务。

除此之外,风口浪尖上的马斯克还有着关于个人名誉上的麻烦。早在马丁·艾伯哈德离开特斯拉的时候,就有风言风语说马斯克不过是个窃取他人劳动成果的小贼,一旦有利可图,马上就会把共同奋斗的伙伴踢出局。而在 2009 年,特斯拉开始有起色以后,马丁·艾伯哈德真的对马斯克提起了诉讼,他指控马斯克诽谤并且违约,他在特斯拉遭受了一系列不公正的待遇。面对名誉受损,马斯克表现得理直气壮,他写了一篇博文详细罗列了艾伯哈德的缺点。双方私下达成了和解协议,但是私交却仍然很差。不过艾伯哈德也没什么好抱怨的,如今他在特斯拉所持有的股份已经成了一个天文数字。

在与艾伯哈德和解的同时,马斯克还打了另一场官司,是特斯拉对于汽车设计师菲斯克的起诉。早在 Roadster 刚刚成型的时候,马斯克就在着手准备下个型号的汽车。对于新车,马斯克认为应该从内到外完全包装,让所有人都能感受到它的美。于是,他聘请了业内很有名气的设计师菲斯克。菲斯克曾为宝马、阿斯顿·马丁、奔驰等多家大型汽车制造商提供设计方案,并且广受好评,而到了特斯拉以后,他却表现得不尽如人意。

菲斯克为新汽车所做的设计就如同儿童的玩具一般,看起来圆润、臃肿,像一个巨大的鸡蛋。菲斯克认为自己的发挥受到了限制,新汽车与传统汽车完全不同的结构限制了他灵感的飞翔,他不可能做出轻盈美观的设计。显而易见的是,特斯拉的电动汽车比传统汽车的限制更少,理应更容易被设计出来,菲斯克这样做不是名过其实,就是他藏私了。最大的可能,是他把那些好的设计变成了自己的私人作品，不想拿给特斯拉。

与人们预计的一样，菲斯克在 2008 年开办了自己的菲斯克汽车公司，并且生产于 Roadster 类似的混合动力汽车。他的最新设计都用在了那款名为 FiskerKarma 的汽车上，整辆车看起来雍容华贵，任何一个花花公子都不能把眼睛从那上面移走。马斯克对菲斯克展开了调查，结果发现他在为特斯拉设计汽车的时候，已经开始着手成立自己的汽车公司了。一方面，他到处游说硅谷的投资人们，为新公司筹集资金，而另一面则不肯给特斯拉拿出设计来，拖延特斯拉新产品的上市时间。马斯克一怒之下将菲斯克告上了法庭，控告菲斯克窃取特斯拉的创意，并且拿着特斯拉支付的工资去开发和特斯拉竞争的产品。最终菲斯克赢得了这场官司，马斯克不得不为自己的冲动付出诉讼费的代价。

这件事情也为特斯拉带来了一些好处，最开始的时候马斯克的打算也是把新车做成混合动力汽车。但是最终发现混合动力车的造价更高，性能更差，并且在菲斯克汽车公司的产品面前显得毫无新意。于是，他们开始将纯电力汽车作为新车的目标。

2012 年，特斯拉开始发售新型轿车 ModelS，这辆轿车充满电能够行驶 300 英里，加速到 60 英里每小时只需要 4.2 秒，内容积很大，算上儿童座椅可以搭乘七名乘客，并且还有两个行李箱。这种巨大的内部空间对于汽车的体型来说简直是不可想象的，这得利于 ModelS 不使用传统发动机，ModelS 的发动机位于两个后车轮之间，并且只有西瓜大小，而电池只要放在汽车底盘上就好。这样不仅可以为 ModelS 节约大量的空间，更可以减轻发动机带来的噪音。相对于传统轿车来说，ModelS 可以说已经全面胜出了。

相对于马斯克的高要求，ModelS 当然不可能只弥补传统轿车的缺点，更多的地方 ModelS 给人一种来自未来的感觉。车门把会在人靠近车身时自动弹出，把车门打开。而在人进入车内以后，门把手会自动收缩，融入车门，变得几乎看不出来。车内的控制不再需要众多的旋钮、按钮，而是使用一块 17 寸的触摸屏，这又为车内节约了大量的空间。ModelS 自带接入互联网功能，可以轻松地实现听音乐、Google 导航等功能。

在ModelS众多惊人的设计中，最具未来感的当属他的打火系统。或许称之为打火系统并不准确，因为驾驶员启动汽车并不需要钥匙，也不用按按钮，只要坐在驾驶座上，重力感应系统就会自动启动车辆。除此之外，人们最关心的安全问题和服务问题也得到了解决，特斯拉将SpaceX的航天技术应用到了汽车上，他们的汽车使用一体化、轻重量、高强度的铝合金制成，安全程度史上最高。而服务方面，ModelS的驾驶员们也不用担心充电问题，特斯拉会在整个美国高速公路沿线提供充电站，充电是免费的，而这项服务日后也会从美国扩展到全世界。大众汽车所标榜的"即签即卖"服务在特斯拉面前也变得毫无优势，尽管他们改变了传统汽车的销售方式，避免了消费者与销售员讨价还价的尴尬局面，但特斯拉的ModelS可以直接在网站上购买。在富人区，与苹果专卖店相邻，有许多特斯拉的专卖店，想要看车、提车也非常方便。当然，如果你不方便亲自提车，他们也提供送货上门服务。

在售后方面，特斯拉的服务堪称奇妙。作为高科技产品，ModelS总是有着各种各样的小问题，比如门把手不能正常弹出啊，天窗不能用软件开启啊，手机APP的某些功能失灵啊。尽管这些问题不大，但是ModelS有着高昂的价格，所以他的用户理应接受最全面的服务。特斯拉的工程师们一般是在深夜解决问题的，他们会连接问题车辆的网络，将全新的软件上传到车辆上，这样一般的小问题，车主一觉醒来就全都没有了。关于其他服务的升级，多数也都是通过这种方式更新的，很长一段时间，特斯拉的用户们每天醒来最兴奋的事情就是去看他们的ModelS又多了哪些新功能，这是购买传统汽车不可能有的购物体验。

特斯拉最早的用户群是那些在硅谷工作的高级工程师，他们懂技术，他们向往新的生活，敢于挑战传统，哪怕特斯拉的产品还有许多的不完美。ModelS刚刚开售，在旧金山和周边城市的街头就经常可以看到ModelS的身影。那些人们心中最酷的硅谷人很快就成为了ModelS的代言，其他地区的有钱人、高科技人才纷纷效仿，几个月以后，喜欢标新立异的洛杉矶和政治氛围浓厚的华盛顿，以及最新潮的纽约都出现了ModelS的用户。

对于 ModelS 所掀起的风潮，传统汽车制造商是不屑一顾的，他们认为这种风潮不过是有钱人们贪图新鲜，贪图一时之快所造成的现象。但没过多久，这种不屑一顾变成了一种"狼来了"的恐慌，他们发现 ModelS 不是一个新鲜的玩物，而是一个完全可以和传统汽车抗衡，甚至将来会取代传统汽车的全新产物。2012 年 11 月，ModelS 被知名汽车杂志《汽车族》选为"年度汽车"，这个结果不是来自专家评选，而是来自无记名投票，几乎在所有的体验上，特斯拉的 ModelS 都击败了传统汽车。几个月以后，《消费者》调查杂志又给出了汽车评分历史上的最高评分——99 分。作为一个还有很多问题的产品，ModelS 只丢失了一分。在这种情况下，所有的传统汽车制造商都不得不转变自己的理念，纷纷成立新的研究小组，研究如何打造属于他们自己的 ModelS。

与命运搏斗

ModelS 的发布是特斯拉的成功，更是马斯克的成功，他甚至以为自己摆脱了命运的纠缠，踏上了一条坦途。实际上，事情远不止这么简单，不管是生活还是工作，都有很多他想不到的麻烦事。

第一件麻烦事就是他和莱莉离婚了，相比于第一次离婚，马斯克更快地走出了离婚的阴影，对于这次离婚他所披露的细节并不多，只是从马斯克的表现来看，他很平静。

第二件麻烦事就是特斯拉又要倒闭了。这简直令人觉得不可思议，马斯克和特斯拉刚刚取得了一次巨大的成功，怎么就要倒闭了呢？特斯拉公司于 2010 年上市，上市为特斯拉筹集了大量的资金，但是特斯拉在 ModelS 上面的成功却没有让投资人们看见希望。尽管 ModelS 是具有超前科技的新车，但是特斯拉的产能很低。人们为 ModelS 疯狂，但猜猜 ModelS 的产量是多少？每周十辆。每周只有十辆要如何应付那数以万计的订单呢？股市的反应可以代表人们的想法，他们疯狂地做空特斯拉的股票，在短时间内就让特斯拉成为纳斯达克交易所上市排名前 100 的企业里被卖空最严重的一家。没有产能，没办法交付订单，也就没有盈利，这是显而易见的事情。

对于怀有恶意的人们，马斯克所做的是高调反击。从种种迹象我们可以看得出来，马斯克就是那种即便公司还有几个小时就要倒闭，也不肯说丧气话的人。他动用公司几乎所有能够动用的资金，开始建造电动汽车的充电网络。尽管一开始的目标只有在加州、内华达州和亚利桑那州的六个充电站，但是马斯克做出的宣言是将来会有上千个充电站，不止要遍布全美，更是要遍布全球。特斯拉要建造的充电站，必须巨大、高效，所以花费同样不菲。马斯克手里没钱，特斯拉公司没钱，但是这个计划是早已制订好的，哪怕这会让特斯拉陷入更深的危机，马斯克依然义无反顾。

靠着充电网络的建设，特斯拉在舆论方面找回了场子，但是这不足以解决特斯拉存在的种种危机。或许 ModelS 有着许多超越传统汽车的优点，但是同样有着只属于 ModelS 的缺点。从设计上来看，ModelS 没有倒车感应系统和雷达自动巡航系统，这在传统高端汽车上已经是标准配置了。另外在一些汽车配件上，ModelS 也表现得不尽如人意。雨刷的速度始终被用户所诟病，座椅和遮阳板也不够舒适，这些都是 ModelS 存在的问题。想要解决这些问题，要么由特斯拉的团队亲自动手，那么就要找到可靠的供应商。

ModelS 的结构与传统汽车不同，这让汽车零件供应商们很难将传统汽车的零件用在 ModelS 上。就如同之前他们所遭遇的危机一样，供应商们不肯为特斯拉的少量订单而设计新的产品。种种问题都延误了特斯拉的交货时间，没有人认为特斯拉能够在一年里交付 1000 辆 ModelS。伴随着人们的疑问，特斯拉再次迎来破产危机。

从特斯拉的门店来看，人们一定认为特斯拉的生意不错。但这一切都要归功于马斯克请来了前苹果公司的高管乔治·布兰肯希普。布兰肯希普打造了人们所看见的苹果实体店，这让 iPhone 不仅是一款电子产品，更是身份的象征。

人们蜂拥一般地来到特斯拉的门店，甚至愿意为了排队购买权花费5000美元的高价。最终，蜂拥而至的人们悄悄地离开了，没有多少人肯真正地花钱购买ModelS。这或许是因为ModelS存在着种种说不清道不明的质量问题，也或许是因为特斯拉不肯提供分期付款的方式。不管是哪个问题，都让购买ModelS的风险增大了不少，没有人知道他们到手的新车是否能够正常运作，更没有人知道当他们不想要这辆车的时候，会不会有人接手，会出多少钱接手。

人们的担心不无道理，事实上ModelS的确存在着质量问题。前期交付的那些ModelS经常成批地返回特斯拉，而特斯拉却没有足够的维修能力，潜在客户不肯为这样一个质量不稳定的产品买单。

到了2013年年初，特斯拉面对着令人心痛的抉择。如此低下的产能完全是在浪费工厂的钱，如果不能找到提高产能的办法，那么特斯拉将不得不暂时关闭工厂。一时之间，特斯拉进入了战时状态，马斯克要求所有的员工都拿起自己的电话去推销ModelS，哪怕这个员工之前只是一名沉默寡言的工程师。

到了4月份，特斯拉已经撑不下去了。不但没有更多的人为ModelS下单，甚至原本想要购买的人也因为特斯拉宣称新的ModelS会有新的功能和新的颜色而推迟了购买ModelS的时间。这种情况下，马斯克不得不向外求助。他找到了自己的好友拉里·佩奇，开始和佩奇商谈由Google来收购特斯拉的问题。

作为马斯克本人，自然是不想出售特斯拉的。但是没有足够的订单，工厂也不能开放，恐怕出售特斯拉是最好的选择。马斯克想要让Google完成他的目标，于是他在出售特斯拉的时候提出了特斯拉必须保证拥有绝对控制权，直到能够批量生产畅销的电动汽车为止。如果在长时间内都不能达成这个目标，那么至少特斯拉也要拥有八年的绝对控制权。Google方面对于马斯克的要求不以为然，因为他们收购特斯拉就要花费60亿美元。

特斯拉处在被Google收购的边缘，一个奇迹拯救了特斯拉，也拯救了马斯克。战时状态的销售大军超额完成了他们的目标，他们找到了更多的人购买ModelS，这让特斯拉的第一季度的财务报表变得好看起来。在第一季度里，特斯拉的销售额高达562亿美元，盈利有1100万美元。尽管1100万美元相对于销售额来说太少了，但这是 2010 年特斯拉上市以后的首次盈利。第一季度的财务报表让人们重新对特斯拉有了信心，短短两个月内特斯拉的股价就从 30 美元上涨到了 130 美元。

特斯拉有钱了，马斯克也就不再需要和 Google 商谈出售特斯拉的事情，特斯拉和马斯克都迎来了新生。重新有了活力的特斯拉又开始全力运转了起来，他们开始不停对外发布新的消息，这些消息一个比一个更让人欢欣鼓舞。比如，特斯拉决定让充电站使用太阳能发电，又比如充电站将出售电池。

从此以后，特斯拉一直稳步前进着，并且为人们带来了更多的电动汽车。其中与 ModelS 同时研发的 ModelX 也被人们广为认可，ModelX 与 ModelS 不同，是体型更大的休旅车，更适合家庭使用。

对于下一代产品，马斯克有着很多恶劣的想法，他一度试图将第三代电动汽车命名为 ModelE，这样一来三条生产线的名字就可以拼成 SEX（性）。这个做法引起了福特公司总裁的愤怒，他表示这个系列是他们公司将要生产的。马斯克对此表示疑惑，如果 ModelS 和 ModelX 都是由特斯拉公司生产的，那么福特公司的 ModelE 不会显得很奇怪吗？面对马斯克的质疑，对方信誓旦旦地表示这就是他们真心想要使用的字母，因为福特公司在一百多年以前就生产过 ModelT 系列了。事实上福特公司并没有使用 ModelE 这个名字，他刁难马斯克只是为了报复特斯拉抢走了大量的客户而已。

为了报复福特公司，马斯克注册了 ModelY 这个商标，福特方面马上打电话给特斯拉，询问为什么注册不是 ModelE。福特方面认为这可能是一个阴谋，而他们得到的回答是特斯拉想要把生产线拼成 SEXY（性感）。这个答案让福特公司的高管们哭笑不得。

一辆辆的特斯拉电动车改变了人们的生活方式和对汽车的理解。或许之前没有人敢想象汽车会是这个样子的，但是特斯拉做到了。他们不仅生产出了畅销的电动汽车，更是打造了一个生态圈。他们与用户紧密相连，中间不存在其他供应商所带来的隔阂，这是其他传统汽车公司所做不到的。特斯拉几乎亲自生产每一个零件，并且他们的新功能大多可以依靠软件实现。用户们总是能够体验到特斯拉最新的科技，哪怕他们已经购买ModelS很多年了。

在服务方面，特斯拉同样想要做到尽善尽美。他们不准备把维修汽车作为收入来源的一部分，这也与传统汽车公司截然不同。特斯拉希望自己生产的汽车可以永远不坏，因为他们不需要通过为用户替换汽车零件盈利，他们更希望能够利用软件升级来填补在维修方面损失的收入。这种服务理念导致修车人盼着客户汽车坏这件事情不再存在，而这种方式也成为了此后特斯拉公司竞争对手们所效仿的一点。

把生活带向未来

或许人们对于埃隆·马斯克有着自己的看法，有些人认为他是一个自私自利的商人，也有些人觉得他是一个擅长吹牛的自大狂，更有人认为他是一个窃取他人劳动成果的窃贼。事实上，从他的投资项目来看，从他的经历来看，他或许并不太在意钱的事情。在特斯拉第一次遭遇破产危机的时候，马斯克曾说将花掉自己的每一分钱，哪怕将来要搬进贾斯汀父母的地下室里去。而他也正是这样做的，他投资了很多的项目，还对未来有着很多设想，这些东西有一个共同点，那就是改变现在的生活方式，让人们迈向未来。

2004年，马斯克建议赖夫兄弟投身太阳能领域，在这之前，马斯克已经做了很多的研究，认为未来太阳能这种清洁能源将会大行其道。于是，他们用了两年时间来学习如何成为一名太阳能方面的专家，并且确定了自己的商业模式。想要让太阳能真正地走进千家万户，减少生产成本，让人们买得起太阳能板才是根本性的问题，但是在这一点上，他们毫无办法。但是，他们能够解决消费者担心的其他问题，比如烦琐的安装方式。

在2006年，他们成立了一家名叫"太阳城"的公司。"太阳城"不是一家传统的太阳能公司,他们不生产太阳能板,他们只是太阳能板的搬运工。从其他公司采购到太阳能板以后,就会帮助用户分析他们的房子位置,以及怎样才能最大效率地接收太阳能,然后为用户做一个评估,分析安装太阳能板能否比使用传统电力更加省钱。这个业务模式是马斯克帮他们构建的,并且马斯克为他们提供了投资,成为了董事长和最大的股东。奇怪的是,这个业务模式不符合马斯克的所作所为,他在 SpaceX 和特斯拉都极力提倡自己制造一切的东西。

成为美国最大的太阳能板安装公司,"太阳城"用了六年时间,有珠玉在前,类似的太阳能公司开始如雨后春笋一般涌现。中国太阳能板制造商找到了节约成本的方法,他们为美国带来了廉价的太阳能板,而"太阳城"成为了最大的受益者。他们大大扩展了业务范围,不仅可以为个人提供服务,还可以为大型超市、商场,甚至是电影院安装太阳能板。

除了马斯克,投资清洁能源的还大有人在,但是就如同马斯克之前所说的一样,这个领域大有可为,但是鲜少有人能够抓住正确的机会。特斯拉和"太阳城"成为了美国最成功的两家清洁能源公司,而他们都掌握在马斯克手里。太阳城与特斯拉的合作制造出了全新的产品,那就是储能设备。太阳能板为储能设备储存能源,而在断电的时候,或者夜晚,这些储能设备将为其他设备供给能源。他们成功地建立了一个销售网络,并且控制着这一切,就如同传统的水、电、煤气公司一样。

"太阳城"始终不是马斯克的重点项目,但这却是他把生活带向未来的计划中不可缺少的一环。太阳提供的能源实在是太可观了,仅仅是照射在地球上一个小时的太阳能源,足够全球使用一年,这就是未来。

特斯拉同样承载着马斯克的期望,ModelS 的成功远远满足不了他的野心,毕竟 ModelS 只是一个供有钱人使用的代步工具。特斯拉的下一个目标是让 ModelX 走进千家万户,但是对于价格这个问题,仍然是实现目标的最大阻碍。以在中国的价格为例,1 辆 ModelX 的价格高达 80 万人民币,这个价格几乎能够买 1 辆路虎了。第二代 Roadster 跑车也在研发中,并且马斯克还希望能够研制能够潜水的汽车。

或许畅销车距离走进千家万户，距离取代其他有上百年历史的汽车制造商还有着巨大的差距，但是在 2017 年，马斯克有着更宏伟的目标。特斯拉的新产品 Model3 可能会在 2017 年面市。之前的几年里马斯克一直致力于降低动力汽车的生产成本，如果 Model3 真的能够像他所说的那样，以 3.5 万美元的价格出售，那么取代其他的汽车，成为世界最大的汽车制造商将不再是个梦想。

马斯克出售了特斯拉的债权，换取了 20 亿美金，投资开办了一家超级工厂。这家工厂主要用来提供电池，而这个举动让其他人觉得愚蠢不堪。大量的电池订单必定会促使电池生产商们自己建造超级工厂。马斯克不这样想，他认为特斯拉将会售出更多的电动汽车，因此他们需要更多的电池。一个超级工厂不仅不愚蠢，而且远远不够，他还希望将来能够建造更多的超级工厂。

SpaceX 同样没有落后于马斯克的其他公司，他们仍然在尝试将人送上太空。按照计划，他们打算在 2016 年之前帮助 NASA 把宇航员送到国际空间站，而这一计划一直被拖延下去，可能会在 2017 年正式进行。第二代的"龙"飞船将完成载人上天的梦想，称之为梦想，是因为其相对较低的成本。如果第二代"龙"飞船成功地完成了把宇航员送到国际空间站的目标，那么十年以后 SpaceX 把人类送上火星的计划也可能会实现。

马斯克想得远比十年更远，他的目标是拥有一天内多次发射火箭的技术。从他对这项技术的渴求，不难看出他的目标，那就是殖民太空。在火星上建造一个城市，一个基地，需要多少人呢？恐怕是数以百万计的。为此，SpaceX 必须拥有一天之内多次发射的技术，不然数以万次计的发射次数将让殖民火星成为一个泡影。

降低成本同样是殖民火星计划中至关重要的一环，在未来，马斯克希望能够将人均费用降低到 50 万美元至 100 万美元。如果费用足够低，那么人们对于开垦火星的兴趣就会大大提高。他相信，甚至会有人变卖自己的财产换取前往火星开垦的机会。他渴望看到，在有生之年里人类可以把火星变成像地球一样的宜居星球，尽管可能性不足万分之一。为了那一天能够实现，马斯克不惜赌上一切，但是他却不会想要亲自到太空上看看。

喜剧动画剧集《飞出个未来》广受人们的喜爱，其中未来人使用一种奇特的交通方式，那就是使用大型气动管道。只要设定好目标，人坐进载具里面，启动载具，就可以全自动地抵达目标。看似不可能的未来科技，也在马斯克的考虑范畴之内。在 2013 年 8 月，马斯克就提出了"超级高铁"计划，这一计划就将为人类实现这一目标。这一计划最大的优势在于不用考虑交通问题，所有交通都将在管道中进行，车祸、塞车将不复存在，因此，载具的速度也可以大大提升。按照马斯克的计划，如果"超级高铁"成功，那么人们将会开始以时速 800 英里的速度来完成那些过去很漫长的旅程，从旧金山到洛杉矶，在半个小时内就可以抵达。而为这些设备提供能源的，就是太阳能系统。

构思这个计划，用掉了马斯克几个月的时间。当他将这一计划公布于众的时候，没有人觉得他会成功。甚至人们认为，马斯克的所作所为只是在控诉美国高铁的无能，并且启发人们寻找新的交通方式。事实上，马斯克曾对朋友们谈起这件事情，并且差点就拿出钱来投资这一项目。相信如果不是特斯拉和 SpaceX 绊住了他的手脚，这个看起来无比"未来"的项目可能已经在开发中了。

尽管人们嘲笑这个计划，认为这是不可能实现的，但是美国政府却给予了足够的重视。至少美国的上一任总统奥巴马很喜欢这个计划，并且 PayPal 的前高管和马斯克的朋友们真的成立了这个公司，准备在洛杉矶和旧金山之间完成"超级高铁"的第一阶段。

不管这个世界的未来会变成什么样子，至少马斯克的三家公司在接下来很长的一段时间里都将成为全美国，甚至全世界的最伟大的创新公司。特斯拉将成为电动汽车产业的领军力量，而太阳城将成为太阳能市场的主导，SpaceX 会击败所有的竞争者，完成把人类送上火星的一切准备。如果说之前人类经历了漫长的科技停滞年代，那么马斯克将打破这一切，为人类带来全新的希望。

Part 5

IBM：甲骨文，与上帝叫板

IBM 发表 R 系统论文，但没有很快推出关于数据库产品，正是他们的这一错误成就了我。

——拉里·埃里森

第一节
鹬蚌相争，IBM 成就了埃里森

> 如果说拉里·埃里森在成功的路上需要对谁表达感激，那毋庸置疑，一定是"蓝色巨人"IBM。IBM 软件工程师所发布的信息让拉里·埃里森为之癫狂，这就是机会，就是未来数据库的发展趋势。于是，拉里·埃里森利用 IBM 的错误成立了甲骨文公司。

叛逆的犹太坏小子

1944 年 8 月 17 日，一个 19 岁的犹太女孩生下了一个男婴。这个 19 岁的女孩并没有为儿子的呱呱坠地而觉得开心，反而有一丝忧愁爬上了心头，因为这个孩子没有父亲，这个 19 岁的未婚妈妈连养活自己都成问题。

九个月以后，这个男婴就生了一场大病，连续数日高烧不退。年轻的未婚妈妈又悲又悔，深知自己没有能力将这个孩子养大，于是就将这个孩子送给了她的兄弟路易斯。

路易斯是一名从俄罗斯来的移民，每个移民的身上都有非凡的冒险精神和上进心，路易斯也不例外。早些年他曾经投身于房地产业，赚到了不少的钱。可惜好景不长，没多久又在经济大萧条中一贫如洗。突如其来的打击不仅改变了路易斯的生活条件，也改变了他的性格，他变得阴阳怪气，暴躁易怒，不好与人相处。不管是养子埃里森，还是亲生女儿多丽丝都对路易斯印象极差，埃里森认为路易斯是一个墨守成规的老顽固，多丽丝则觉得路易斯是一个冷酷无情、性格孤僻的人。事实上，路易斯确实对一双儿女不太好，作为一个父亲，他极少对自己的儿女表现出亲切，更别说做些亲昵的举动了。埃里森就跟随路易斯生活在芝加哥中下阶层的犹太人聚集区中。

童年的生活塑造了埃里森的性格，周围混乱的环境和冷漠的养父，培养了他尖酸刻薄的性格和很重的疑心病，他不相信任何人，甚至就连结发的妻子也信不过，在他的眼中，婚姻和生意一样，不过是一场你情我愿的交易，是一场暂时的合作。除了坏的一面，他性格中好的一面也来源于此。他不喜欢养父，养成了他喜欢对抗权威，喜欢创造新事物的性格。

没上学的时候，他就在对抗他认为是一个老顽固的父亲，上了学以后，老顽固就变成了他的老师们。他不喜欢被人管着，老老实实地上课在他的眼里无疑就是向"专制"势力妥协。于是他经常逃课去做自己想做的事情，无视老师的批评与白眼。这样一个坏学生，自然少不了被学校惩罚，屡教不改以后，学校请来了路易斯，要求路易斯好好管教埃里森。埃里森在学校的所作所为无疑让父子关系进一步恶化了，但不管路易斯怎样惩罚他，他依旧是我行我素。

经常逃课，学习成绩自然也不会好，老师们认为，埃里森将来会一事无成，他就连犹太人必学的拉丁文都不能及格。埃里森对此则不以为然，他认为几个字母不足以决定他的未来。尽管老师们不喜欢埃里森，但是同学们却对他评价却颇高。他高中时代的好友就一直相信，埃里森必定会成为一个非凡的人，他认为埃里森有超越同龄人的主见，看问题有自己独特的角度。埃里森对此也表示，自己的养父和学校的老师们一样，都是他成功的绊脚石，任何让老师开心的行为，不过是因为你按照老师的想法去做事了而已，但这些在生意场上没有任何价值。

12岁的时候，埃里森从养父口中得知了自己的身世，他是一个被遗弃的孩子。此后的很长时间里他都陷入了一种悲观的情绪，一想到自己的出生是一个错误，是一个被遗弃的孩子，他就变得极度缺少安全感，而养父的所作所为更让他觉得自己一定要成功，一定要把自己的命运牢牢地掌握在自己手中。从此以后，他把悲观变成了对成功的渴望，不过走出悲观以后的他变得更加叛逆了。犹太人在13岁的时候要进行犹太教的成人礼，这是一生之中最重要的几件事情之一，但埃里森拒绝参加。这件事情让埃里森的离经叛道上升到了一个新的境界，他的养父母因为这件事情在很长一段时间里都不愿意理他，但埃里森对此并不在意。

埃里森有着自己的生活方式，他渴望成功，渴望着实现自己成为百万富翁的理想，他认为只要自己去做，就可以做成任何事情，成为自己想要成为的人。尽管他还小，就已经从理想走向了实践。在犹太中下层的社区中，孩子们都有一些自己喜欢的玩物，还有不少人收集自己喜欢的东西，埃里森也不例外。他对集邮有着很高的兴趣，但由于没什么钱购买邮票，只能利用放学的时间去打工，用微薄的薪水来集邮。从此，他开始关注有关邮票的新闻和报纸，他发现集邮这件这件事情不仅可以陶冶情操，更可以改善自己的生活。他开始转卖一些邮票，从中寻找赚钱的机会，没过多久，他就成为了班级里过得最滋润的孩子。

埃里森的叛逆性格让班级里的其他孩子都不喜欢和他来往，在人群之中过着与世隔绝的生活，而埃里森本人也不介意这一点，因为这个时候他爱上了读书。埃里森喜欢读的书并不是那些跟学习有关的课本，而是关于战争和战争英雄的书，他尤其喜欢丘吉尔和麦克阿瑟，他们的传记被埃里森一次次地翻看，这些书对埃里森的人生产生了巨大的影响。那段时间里，就连上课迟到时，他都会拿丘吉尔也总是迟到来当借口。

在这一阶段中，埃里森有着明确的目标，并且培养出了非凡的专注能力。在他做事的时候，任何人都很难打扰到他。比如他在看书的时候，多丽丝不管在他旁边用多大的声音和他讲话，他都能够充耳不闻，除非多丽丝挡住他的眼睛，或者将书拿走，不然埃里森都不会注意到多丽丝已经站在他身边了。

埃里森相比于其他的孩子，显得更加敏感和早熟，尽管年纪轻轻，对于人生已经有了自己独特的见解。在那个时期，他经常将一句话挂在嘴边："无所谓快乐不快乐，压力是决定你心态的唯一因素。"除了读书之外，埃里森也非常喜欢运动，橄榄球和棒球都是他擅长的体育项目。他是学校棒球队的成员，为了打棒球，他甚至可以放弃上课。运动使他感觉到刺激，也让他觉得前方充满挑战。

三所大学得不到一个文凭

高中毕业以后，埃里森就迎来了他的大学生活。在上大学之前，他对大学有着许多美好的憧憬，在大学里，老师不再用顽固的旧思想来束缚他，也不用担心自己会因为逃课而被学校惩罚，更不用担心在家里和路易斯发生一些令人难堪的冲突。上了大学以后，埃里森一改儿时的调皮任性，开始认真投入到了学习当中去，不过还是要他感兴趣的学科才能够让他全身心地投入进去，比如数学。

埃里森对数学的喜爱可以说是如痴如狂，一道解不开的数学题，就可以让他废寝忘食地研究。甚至有几次，他遇到了花去十几个小时还解不开的数学题，甚至在深夜跑到数学老师家的门前，叫醒睡梦中的老师为他解题。尽管整个过程埃里森表现得非常无礼，但老师对这个执着的学生却也没有多少恶感。埃里森在数学上极有天赋，并且还有着一种可怕的偏执。因此，在整个班级里，没有一个人的数学成绩比他更好，甚至在课堂之上他总是能拿出胜过老师的解题方法。

埃里森对于数学有多热爱，对于他不感兴趣的科目就有多厌倦，比如说拉丁文，这门从小他就深恶痛绝的学科。他几乎逃掉了所有的拉丁文课程，考试也从不参加，甚至就连老师是谁他都不知道。就这样，埃里森令大学中的老师们又爱又恨，爱的是这孩子聪明绝顶，又有一股惊人的偏执劲儿，如果能够专心研究学术，将来肯定是个人才。恨的是这个学生的性格太孤僻了，而且过于我行我素，恐怕很难从学校里毕业。

不管是面对老师们的教导还是同学们怪异的眼光，他都能安之若素，他用偶像丘吉尔激励自己，认为自己和丘吉尔一样是一个天才，如果没有特立独行的勇气，又怎么能够成就一番事业呢？仔细对比，埃里森和丘吉尔的求学时代还真是有很多相似之处，比如两人的平均成绩都不突出，都热衷于做离经叛道的事情，都头脑聪明、脾气暴躁。

埃里森在大学时期成为了学校的名人，但这不是因为他聪明的学习成绩，更不是因为他的特立独行以及孤僻的性格，而是因为他在一场砸车比赛上的表现。砸车比赛，顾名思义就是比谁先将汽车弄坏。埃里森从小就热爱运动，大学时的他已经是个肤色健康、身材高大的棒小伙子了。比赛的当天，他拿着一把巨大的锤子，状若疯狂地向汽车砸去，很快就把整辆汽车砸得粉身碎骨。就在这一天，他的身影映入了学校所有人的眼中。他成了学校的名人，甚至有了许多追求者。被女孩围绕的埃里森并没有和她们交往，因为他心里装着他的初恋女友。多年以后，已经成为了花花公子的埃里森表示，没有和那些女孩约会真是他人生中所犯下的最愚蠢的错误。

在他大学第二年的末尾，养母病逝的噩耗从家乡传来。不同于养父，埃里森对于他的养母有着非凡的感情。他的养母莉莲是一个善良而温柔的女性，她对自己的工作任劳任怨，尽管薪水微薄，但她经常将工作带回家里做，而且毫无怨言。尽管他们的家庭条件并不好，但莉莲仍然会给街头那些乞讨的流浪汉一些零钱和食品，这些行为无疑深深地影响了埃里森，给了埃里森真正母亲的温暖。可以说，在埃里森的人生前半段里，莉莲是他的精神支柱。养母的去世令埃里森悲痛欲绝，他不敢相信，如果没有母亲的温柔，他要怎样去面对自己脾气古怪的养父。深受打击的埃里森无心学业，几个月后，正式从伊利诺斯大学退学了。

又过了几个月，埃里森才从莉莲去世的打击中恢复了过来，他选择进入芝加哥大学继续学习，并且还申报了西北大学的选修课。结果还不到一个学期，他就因为平均成绩达不到及格线再次退学了。

就读了三所大学，埃里森都没有获得一张学位证书。尽管埃里森是个反对传统、离经叛道的人，但他依旧不能否认大学学位的重要性，现实也是这样告诉他的。离开了大学以后，埃里森决定进入社会，数次应聘，都没有获得成功，都是因为招聘方要求应聘人员要有大学学位。至此，埃里森对于自己的离经叛道依旧不后悔，他认为自己拒绝传统的教育方式，虽然因此吃了不少的苦头，但是获得的却远比这些苦头更多。至于他功成名就以后，在耶鲁大学演讲时，用众多退学富豪的经历煽动耶鲁大学学生退学的时候是怀着怎样的心思，就不得而知了。

既然没有合适的工作，那么埃里森就如同公路电影中的主角一般，开始了自己浪迹天涯的生活。他用自己的大部分积蓄购买了一辆二手轿车一路开往了加州，抵达加州的时候，他身上的钱只够人的口粮和车的汽油。加州是美国反主流文化运动的发源地，到处都充满了自由、开放的氛围，这里深深地吸引了埃里森，于是他决定留在加州。他申请了伯克莱大学的研究生，并且开始尝试深造自己，寻找一份工作。

作为一个思想先进的年轻人，他在大学里获得了扎实的计算机基础知识，随后他又购买了一本编程手册，没多久就学会了计算机编程。靠着编程技术，很快他就在银行、保险公司等地方找到了程序员的工作。不过成为一个程序员并不是他的理想，在他心中，这只是他养家糊口最基本的保障而已。

加州不仅给了埃里森一份工作，还给了他一个妻子，就是在加州，他邂逅了他的第一任妻子，短短的几个月以后，他们就正式结婚了。埃里森的第一任妻子爱塔·昆妮是一个年轻漂亮的金发姑娘，尽管她看起来更像是一个书呆子，但身上却有着令人难以置信的活力，埃里森对她可以说是一见钟情。

或许是天性使然吧，结婚以后埃里森依旧没有安稳下来的意思，他从一家公司跳槽到另一家公司，接连换了十几份的工作，而原因就是工作过于单调了。埃里森无法接受简单无聊的工作，老板们也不喜欢不遵守公司纪律，不尊敬自己上司，总是高谈阔论，与公司环境格格不入的埃里森。在埃里森找到新的工作之前，总是要经历一段时间的失业时期，仅仅靠妻子的收入，两个人过得格外艰苦。埃里森虽然不会赚钱，但是却非常会花钱，刚刚结婚不久，他就找了加州最好的整形医师给他的鼻子做了整形手术。借钱买帆船，贷款买汽车，每个月都会收到厚厚的一叠账单。埃里森频繁地失业，挥金如土的花钱习惯，这一切都让昆妮觉得不堪重负，而更让昆妮感到痛苦的是埃里森的性格。

或许是因为两人相处时间不长的原因吧，两人结婚时间越长，昆妮越是发现埃里森身上有一些自己不能接受的性格特点。埃里森可以为一只死去的猫悲伤一个星期，在这一个星期里，他拒绝上班，并且表现出对于死亡深深的恐惧。埃里森还善于撒谎，他伪造学历的事情始终没有跟妻子坦白，还将妻子给他交房租的钱买了酒，并且告诉妻子房租已经交过了。每当昆妮为了钱的事情和埃里森发生争吵，埃里森总是大声地对昆妮说："我花的钱我会想办法赚回来的。"如果昆妮再对他嚷，他甚至会动手打昆妮。数次以后，昆妮对埃里森十分害怕，甚至担心埃里森会杀掉她。

埃里森为了兑现他赚回自己花掉的钱的承诺，在1973年进入了阿姆达尔公司。阿姆达尔公司当时是一家非常有实力的企业，有45%的股份属于日本富士通。进入阿姆达尔以后，埃里森经常前往日本出差。日本文化对埃里森的影响很大，谦虚而又好斗的日本文化甚至成为了日后甲骨文的企业文化。埃里森在阿姆达尔公司的收入比之前高了不少，但是他却开始厌倦程序员的工作，他觉得每天都在电脑旁边重复工作，这简直是苦行僧一般的生活，是在浪费自己的人生。于是，在他30岁的时候，毅然决然地离开了阿姆达尔公司。就在这一年，他的妻子昆妮再也无法忍受他反复无常的性格，向他提出离婚。他再三地挽留，再三地许诺，也没有挽回妻子的心。最终，埃里森在30岁的时候成为了一个失业又离异的中年男子，过上了穷困潦倒的生活。

硅谷，奇迹开始的地方

硅谷可以说是近代 IT 业的发源地，如今智能手机和电脑能够做的事情越来越多，在我们的生活中占据了越来越重要的位置，这一切都离不开硅谷的贡献。IT 行业只是硅谷众多高精尖行业的其中一部分，整个硅谷可以说是全世界资讯科技产业的领头羊。

这样一个高科技产业聚集地区，自然吸引了无数的高科技人才前来求职，尤其是斯坦福大学和加州大学伯克利分校毕业的学生们，他们明白电脑会越来越深入人们的生活，对于新事物的热情更是让年轻人们找到了证明自己的全新机会。30 岁的埃里森就如同一个刚刚大学毕业的年轻人一样，满怀热情来到了硅谷这块奇迹之地。

埃里森在硅谷得到的第一份工作是在安培影像设备公司担任程序员，埃里森这个时候已经不是那个刚刚自学成才的天才型程序员了，他不仅有天马行空的想法，扎实的技术，更有着丰富的经验。作为一个技术高手，很快他就在公司成为了举足轻重的人物。

埃里森人生之中最大的阻碍永远不是缺少能力，而是他充满缺陷的性格。找到新的工作以后，没多久埃里森就原形毕露了。他每天都要快中午才去上班，在他看来，他所负责的项目从来都是按时完成，而那些每天都按时上班的人也没有比他先完成任务，他没有耽误工作，那些每天按时上班的庸人不过是用这种方式取悦公司的老板而已。由于埃里森的工作上一直没有出现什么问题，所以老板对他的我行我素也是睁一眼闭一眼。埃里森的同事们对他的评价很差，认为埃里森是一个自私又不负责任的人。如果是别人在工作上出现了纰漏，那么埃里森就会指责这个人，认为犯错的人应该为整个失败负责。如果埃里森自己出错了，那么他就认为这并不是自己的责任，而是参加这个项目的每一个人都有错。

埃里森在待人接物这方面做得很差，公司里没有人喜欢他，但是对于埃里森的才能却是每个人都推崇备至的，他在电脑编程上简直就是个天才。相对于技术上的事情，更令人印象深刻的是埃里森的高瞻远瞩，许多埃里森过去的上司都认为，埃里森可以本能地把握技术发展的趋势，看到时代发展的前景，这样的人不仅是个出色的程序员，更可以是个优秀的领导者。

有一个具体的例子更可以说明埃里森这样的狂人是如何在安培公司立足的。有一次，另外一个小组负责的项目遇到了问题，整整一夜都没有人拿出一个正确的解决方案。项目负责人尽管不喜欢埃里森，但还是硬着头皮向埃里森求助了。埃里森看了看问题，告诉项目负责人，一个小时以后再来，只要一个小时他就可以拿出一个解决方案。尽管项目负责人对他的话将信将疑，但现在也只能相信埃里森了。一个小时以后，项目负责人再次回到埃里森那里，埃里森果然已经解决了问题。不过凭着埃里森的为人怎么可能就这样放过项目负责人，埃里森狠狠地嘲讽了他，表示堂堂斯坦福高才生居然还不如他这个被退学，连个毕业证书都没有拿到的人。尽管埃里森帮忙解决了问题，但是项目负责人却一点感激的心情都没有，灰溜溜地离开了埃里森的办公室。

埃里森在编程方面有着出色的技术和解决问题的能力，因此在安培公司接受当时还是比较新颖的技术项目时，埃里森毫无疑问地成为了小组中的一员，而这个项目就是埃里森后来作为主要发展目标的数据库。数据库这个概念，现在的人们并不陌生，不过就是储存数据的仓库而已。随着计算机技术的发展，人们迎来了一个信息爆炸的年代，任何一个行业都需要有大量的数据被妥善保管。用传统的纸质文件来保存数据显然已经不足以满足人们的需求了，计算机数据库相对于纸质文件来说有着便于查找、易于保存、体积很小等优点，所以人们开始借助计算机保存数据。而安培公司接手的新项目，就是做一个大型数据库。

安培公司任命埃里森为这个项目的主要负责人，与埃里森共同负责这个项目的同事里，还有两个日后对于埃里森有着举足轻重意义的人，这两个人就是鲍勃·迈纳和爱德华·奥茨。他们共同负责这个项目，试图将数据库变得更有效率，更加能够被企业所接受，更容易被推广到市场上。

埃里森一直不喜欢程序员的工作，每天千篇一律的工作内容让埃里森觉得自己过得是一种苦行僧的生活，不过这个数据库项目不同，对于埃里森来说，这是一个全新的挑战，是一个可以让他大展拳脚的机会。不过公司给予埃里森的权限并不多，主要还是负责技术方面的工作，这让埃里森非常不满，他认为自己所付出的技术根本就与得到的回报不成正比，想要实现自己百万富翁的梦想，就必须自己当老板，将命运掌控在自己的手中。他对自己的同事们讲述了自己的想法，而同事们已经熟悉了埃里森的天马行空和善变，认为这不过是埃里森的又一次突发奇想。

尽管埃里森认为自己在这个项目上没有犯什么错误，已经做得足够好了，但这个项目还是失败了。这促使着埃里森迈出建立自己事业的一步，对于埃里森来说，他更懂技术，也更懂市场，这次的失败完全是公司高层的问题，如果是他自己在经营公司，那么就完全不会发生这样的失败。于是，他再次向两个同事提起想要自己成立公司的想法。

在当时的硅谷，年轻人凭借自己的技术成立科技公司形成了一股热潮，比尔·盖茨的微软公司和乔布斯的苹果公司都是在同时期于硅谷创建的。同样都是技术型人才，同样是大学的退学生，同样是和自己信任的伙伴们，开创起了世界上最著名的IT行业公司。

一个上百亿美元的错误

在数据库最开始出现的时候，尽管已经比纸质文件更方便查阅了，但古老的层级数据库依然令人们查询资料时非常麻烦。繁多的步骤，烦琐的操作，不仅浪费了大量的时间，更是增加了出错的概率。在这个时候，一个方便快捷的新型数据库的出现迫在眉睫。1970年6月，IBM公司的研究人员埃德加·弗兰克·考特发表了一篇论文，提出了一种可以输入命令以提取有关命令所有信息的关系数据库。这篇论文让无数的程序员动了脑筋，究竟如何可以设计出一个通过关系提取资料的数据库，而在1976年，考特又发表了一篇关于数据库的文章，文章中提到了所谓的R系统，这个R系统就是IBM最新的研究成果。

如同硅谷许多程序员一样，埃里森也看见了这篇文章，而这篇文章给埃里森的不仅是震撼，还有莫大的吸引。这是世界上第一次有人提出用全面一致的方案管理数据信息，尽管1970年考特就发表了关系数据库的理论，但这在当时并没有给人们太大的震撼。因为考特所提出的关系数据库速度是很慢的，如果想要处理一个公司那么多的数据，那么使用价值就大大降低了，但数据库最大的客户就是那些大公司，所以这种关系数据库看起来无利可图。IBM的R系统看起来就不一样了，这个系统相比之前的理论来说更具有可行性与易用性，但是IBM研究了三年之久，也有着数个看起来十分可行的计划，但却始终没有拿出一个实际的产品来。这主要是因为当时应用最为广泛、名气最大的层级数据库就是IBM公司的IMS数据库。如果过早地推出关系数据库的产品，那么必定会影响老产品IMS的销售数量。

考特的研究成果无疑是为埃里森打开了一扇大门，埃里森天才的眼光告诉他，坚定这个项目。他马上告诉自己的两个伙伴，就是这个项目，这个项目就是他们成功的希望之光。IBM 的技术人员身上的商人气息并不浓厚，他们很多人都是学者出身，相对于在市场上创造利益，他们更喜欢突破一个又一个的研究理论，学术的研究成果是整个科学界的，公开这些东西能让他们有更大的名气和地位。而埃里森则实际得多，尽管这种理论听上去十分的有趣，继续研究完善他将为整个 IT 界做出巨大的贡献，但是相对于研究这种事情，他认为不如把这项技术的研究成果推向市场，变成一捆捆的美元。

自从电脑技术逐渐成熟以后，这种可以让数据管理工作变得更加方便的工具开始在机场、剧院、银行和其他的行业中大展拳脚。到了 20 世纪 70 年代，各大商场都应用了数据库技术，有了数据库技术的支持，过去让人算到头大的商品品牌、价格、生产日期、生产厂家等信息都可以通过数据库存入电脑，而通过扫描仪识别代码就可以将产品的数量、价格和名称等信息打印出来，办公实现了自动化，大量的时间和人力资源被节约了下来。如今的超市、银行也在广泛地使用数据库技术，可以说如果没有数据库技术，就没有我们今天所看见的超市。

关系数据库始终不被业内看好，就连当时的数据库行业巨头也认为关系数据库还只能处在理论研究阶段，不能投入实际应用。一向藐视传统的埃里森不这样想，越是那些守旧的人不看好的东西，他越是注意，何况他对于关系数据库这个东西抱有足够的信心。在埃里森看来，关系数据库有着光明的前景和广阔的市场，用不了多久就可以取代层级数据库。而在新老交替的这个时间里，谁能够先一步抢占市场，那么谁就能成为计算机行业未来的领跑者。

IBM 放弃了研制关系数据库产品，结果被埃里森抢先一步，要知道，IBM 所放弃的这个产品将来的价值高达上百亿美元。埃里森表示，自己能够成功离不开 IBM，尽管 IBM 先发表了关于 R 系统的论文，但是他们却没有推出产品，而这一点成就了他。一直等到 1985 年，IBM 才推出自己的关系数据库产品，但是这个时候，埃里森已经靠关系数据库产品成为了千万富翁。

1977 年 6 月，埃里森与鲍勃·迈纳和爱德华·奥茨在硅谷正式成立了他们自己的公司，公司的名字叫软件开发实验室，这就是鼎鼎大名的甲骨文的前身。

当时硅谷每个月都会有几家新的公司成立，也会有几家公司破产，因此，根本没有人会去注意他们刚刚成立的公司。从公司规模的角度来说，他们也不是什么值得注意的，因此他们所成立的公司只投资了 2000 美元。埃里森是公司的大股东，占有 60% 的股份。埃里森的两个同伴显然也不很看好关系数据库这一项目，但是在埃里森的游说之下，他们还是多少拿出了些资金投入。当时的软件公司经营并不复杂，需要投入的资金也不多，公司的总裁由迈纳担任，副总裁是奥茨，埃里森当时还在另外一家软件公司上班，每天下班以后回到自己的公司工作。

在公司刚刚成立的时间里，他们没日没夜、废寝忘食地工作着，因为公司只有三个人，从开发产品到签订合同，甚至打扫卫生这样的事情全部都要他们亲自完成。尽管公司的资金有限，人手也不多，但是每个人都拼命地工作着。或许只要想到这是为自己的未来而努力，也就不那么辛苦了。埃里森回忆起那段时光，总是觉得非常庆幸，许多公司都是带着极好的目标去创业的，未来看起来也很光明，但是他们没有撑过最为艰难的那段创业时期，而他们挺住了。

没过多久，他们的公司就迎来了第一位员工。这名员工名叫布鲁斯·斯科特，相信初次的招聘不管是招聘方还是应聘方都会终身难忘。埃里森对于招聘一向有着自己的一套原则，他本人就是一个不喜欢严格规章制度的人，他喜欢自由的工作环境，只要能将工作做好，其他的事情他不是很在意。所以他们的公司在招聘的时候是非常随意的，并不像那些大公司一样咄咄逼人，给应聘者压力。每当提到关于未来的同事需要什么样的人时，埃里森都是表示会以自己的喜好为主，他数次表示，关于创业的目标，钱不是最主要的，他只是想在自己喜欢的环境里和自己喜欢或佩服的人一起工作。而招聘的具体原则就是，埃里森本人必须觉得自己可以一周三次和这个人一起共进午餐，如果做不到这一点，那么这个人就不能加入公司。

在他们拼命地努力下，几个月后就拿出了第一个产品，不过这个产品并不符合商业标准，相对于一个成熟的产品，这东西倒更像是一个无趣的玩具。这个寄予了他们厚望的产品被命名为甲骨文，将来甲骨文会成为智慧的源泉，但现在，这个产品只能够完成简单的关系查询。

把一个毫无用处的产品推向市场，恐怕只有埃里森这样的人才干得出来。这是市场上第一款关系数据库查询的产品，所以许多客户都抱着试试看的心态购买了。结果可想而知，没多久铺天盖地的投诉就淹没了整个公司，产品的销售进入了停滞状态。

1979年，甲骨文公司正式发布了甲骨文的第二版产品，这个产品虽然看起来是一款升级产品，但实际上功能和上个版本毫无区别，依旧只能做关系数据库的查询工作，不能处理任何数据，并且有着许多问题。之所以推出第二个版本，是埃里森为了应对产品滞销而搞的一个小把戏。关系数据库的产品在当时还是颇受期待的，许多不明真相的人都觉得第二版产品肯定比第一版强吧，所以他们纷纷掏钱购买了甲骨文的第二版。以这样略带欺骗性的销售策略，甲骨文公司又收获了一批新的客户。埃里森的行为受到业内同行的抨击，他们认为埃里森的行为是在用欺骗的手段抢占市场，用户是不诚信交易的受害者。但埃里森本人不这么认为，他觉得这不过是他的推销手段而已，与欺骗什么的毫无关系，他根本就没有承诺过什么。

跟着 IBM 的脚步

IBM 可以说是埃里森命里的贵人，是 IBM 促使埃里森成立了甲骨文公司，尽管是行业的龙头，但 IBM 在今后的时间里还将一次又一次地成全埃里森小小的甲骨文公司，比如埃里森的第一个大客户也与 IBM 脱不了干系。

甲骨文第二版发布以后，公司的客户增加了不少，但是那些有分量的大客户依然会选择更加成熟的 IBM 公司的产品。一次偶然的机会，埃里森从 IBM 的工作人员口中得知，美国中央情报局正准备采购一套商用关系数据库软件。IBM 当时并没有什么关系数据库的成熟产品，所以中央情报局只能寻找其他的产品。得知了这个消息以后，埃里森马上找到了中央情报局相关负责人，告诉他们自己的公司可以提供满足他们需求的产品。不过中央情报局的官员都是非常保守的，他们一直使用的都是 IBM 公司的产品。相对于默默无闻的甲骨文公司，他们更信任 IBM。

埃里森是一个非常称职的推销员，在被拒绝了以后，他仿佛这件事情从未发生过一样，每天都来到中央情报局推销自己的产品，不停地讲述自己产品的优点，这些优点包括可以兼容 IBM 主机，不会影响主机的速度，操作简单，并且可以为中央情报局提供技术支援和员工培训。实际上这些优点并不存在，而这一点正是许多埃里森的同行所不齿的，他们认为埃里森习惯性地向客户撒谎。在埃里森的死缠烂打下，中央情报局购买了甲骨文，成为了甲骨文公司的第一个大客户。

自己说的谎，自己要想办法圆，所以这个大客户为埃里森带来了巨大的挑战。当时还没有一个统一的操作系统，这些操作系统不可兼容，软件也不能轻松地移植到其他主机上去。中央情报局的主机都是 IBM 的，甲骨文如何在 IBM 主机的操作系统上运行成为了一个极大的难题。就在埃里森一筹莫展的时候，他们想到了 C 语言。C 语言于 1978 年推出，在今后很长一段时间里成为了世界上最为流行的高级程序设计语言，可以在所有的操作系统上运行。不过在当时，C 语言还是未被市场肯定的，没有人知道 C 语言到底是个半成品还是一个等待市场检验的精品。

公司内部对于是否使用 C 语言都持保守态度，认为用 C 语言开发是一种冒着极大风险的行为，不过问题迫在眉睫，如果不用 C 语言的话，公司很有可能就会失去中央情报局这第一个大客户。于是，埃里森决定，将甲骨文全部用 C 语言进行改写。埃里森的这个决定意味着公司要在极短的时间内重新编写软件，在当时，不管是资金还是人力都是公司非常缺乏的，所以时间紧迫，困难重重。这段日子可能是埃里森创业那段时间里最为艰苦的，整个公司只有四个员工，饿了就在电脑旁边吃饼干和面包，困了就趴在电脑前面睡一会儿，每个人都是一副营养不良，随时都会休克的样子。

在整个公司四个人玩命地工作下，他们按时完成了甲骨文第三版的改写，并且于1983年3月正式推出。埃里森的冒险成功了，C语言的确是一个等待市场检验的精品，便宜、高效、兼容性好、可移植，这些都让甲骨文软件得到了抢占市场的先机。尤其是可移植这一点，让甲骨文可以在不同的电脑上使用，帮助他们占领了更多的市场。

中央情报局购买了甲骨文第三版，这不仅为埃里森带来了一笔客观的收入，更是让埃里森和他的产品声名鹊起。中央情报局也在使用他们的关系数据库软件，这成为了埃里森最重要的广告词，每次推销的时候，只要说出这句广告词，总是能取得较好的结果。也有许多埃里森所不知道的潜在客户，因为中央情报局的关系慕名而来，购买了甲骨文。

公司的业务越来越多，盈利也越来越可观，埃里森和他的伙伴们开始考虑如何让公司变得更加正规，"软件开发实验室"这个名字似乎不利于建立客户对他们的信心。1983年，作为只有一款产品的公司，埃里森决定将公司名称与产品名称保持一致，改名为甲骨文，此时，埃里森的公司已经成立了七年之久。

C语言成为了埃里森的救世主，但是C语言却不是万能的。用C语言改写的甲骨文因为时间的关系，导致整个第三版的甲骨文充满了程序错误，软件经常不能工作，用户不断地进行投诉，而他们只能不停地修改。长期的高强度工作让斯科特的身体和精神都承受了巨大的压力，最终他选择离开公司，把工作移交给了迈纳和埃里森。或许这对斯科特来说是一段不愿再想起的回忆吧，他和公司彻底划清了界限，将自己持有的4%的公司股票出售了。这应该是他人生中最令他后悔的几件事情之一，因为在短短两年以后，甲骨文公司上市了，4%股票的价值一夜之间就超过了1000万美元。如果他能够扛住压力，坚持在甲骨文工作的话，或许亿万富翁的榜单上还要再多一位甲骨文的元老。

甲骨文的种种问题已经严重影响到客户的使用，黑屏、死机事件频发，连正常使用都做不到的软件让用户们忍无可忍，而且这些事故带来的损失更是他们无法承受的。由于当时计算机行业的发展限制，更换数据库是一项工作量十分惊人的事情，而且许多客户对于甲骨文公司没有实现他们的承诺非常愤慨，不想忍气吞声，不少人表示想要将甲骨文告上法庭。

就在客户们怨声载道的时候，甲骨文内部也开始出现了不和谐的声音，埃里森视财如命，极其自私，面对这种情况，他将所有的压力都推到了技术人员身上。斯科特的技术水平已经算是不错了，但是在当时的科技发展水平制约下，他无法满足埃里森所需要的一切，就连解决现有的问题都做不到，甲骨文的第三版不可能有更多的改进了。斯科特每天都陷入了一种消极状态中，他不仅要面对如山一般多客户的职责，还要面对埃里森的逼迫，埃里森只管他能不能解决问题，根本不管他到底有什么样的感觉。就这样，缺少关爱的斯科特决定离开甲骨文公司。公司内部出现问题的不仅是斯科特一人，奥茨在这个时候正经历着一场离婚风波，他无法集中所有的精神在公司里，所以选择了离开甲骨文。

斯科特和奥茨的先后离开给了甲骨文极大的打击，但是甲骨文却还是坚持下来了，埃里森和迈纳两人帮助甲骨文渡过了危机，或许从这件事情上也可以看出来，迈纳是最适合与埃里森成为同伴的人。迈纳本人是个低调的天才，他在计算机领域的天赋十分惊人，本人又极具学者气质，相对于金钱，更加重视技术，为人低调。而埃里森除了也是技术天才这一点外，简直就是迈纳的反面，他热爱奢侈享乐，为人高调张扬，经常口出狂言。

尽管两位元老级的重要人物离开了甲骨文，但是在迈纳的领导下，公司于1984年10月发布了甲骨文第四版，第四版解决了第三版的许多问题，特别是在稳定性上。这个版本的推出平复了许多用户的怒火，但依旧不尽人意。甲骨文的第四版增添了一个新的特性，这个特性就是数据库的关键特性——读一致性。读一致性可以保证用户在查询的时候看见一致的数据，也就是说有人正在修改数据的时候，在他提交之前，其他所有查看数据库的人并不会看见他修改了，但并没有提交的数据。

埃里森采用了跟往常一样的宣传策略，他依旧将甲骨文的新产品夸上了天。在埃里森尽职尽责的推销下，依旧有着众多问题的第四版还是得到了广大用户的认可，增添了不少销售量，甲骨文真正在硅谷站住了脚。

第二节
龙争虎斗，跨过那些强大的对手

> 没有任何公司前进的道路能够一帆风顺，甲骨文也是如此。在甲骨文成长的过程中，要面对来自许多相同业务的公司。相对于竞争者们，甲骨文不是技术最好的，也不是资金最多的，但是甲骨文在拉里·埃里森的带领下，总是能够击败对手。

被挖墙脚的 Ingres

之前，甲骨文在关系数据库领域几乎是没有对手的，尽管他们面对着一次次的危机，但这些危机都是因为甲骨文的产品并不能满足客户的需求。而在1984年，他们的竞争对手出现了，那就是 Ingres。

甲骨文当时在市场上占据了一席之地，他们的销售额达到了1270万美元，但是对手 Ingres 也不差，有900万美元之多。两家公司一边竞争一边发展，都呈现出了惊人的前进势头，到了1985年，两个公司的销售额都翻倍了。从长远的眼光看来，Ingres 的成长速度显然要超过了甲骨文，恐怕用不上几年，Ingres 就会将甲骨文抛在身后，这种情况是埃里森所不愿见到的。

Ingres 是一家非常有实力的公司，他们的技术丝毫不逊色甲骨文。Ingres 的设计者是加州大学伯克利分校的教授，迈克尔·斯通布莱克。他们以强大的技术迅速抢占市场的份额，令甲骨文头疼不已。就在这个时候，埃里森命中的贵人IBM又出手了。

当时Ingres使用的是斯通布莱克自己发明的QUEL查询技术，1985年IBM发布了自己的关系数据库DB2，采用的查询技术是SQL。相对于SQL来说，QUEL是一种更加优秀的查询技术，如果放任Ingres发展下去，QUEL成为数据库标准以后，Ingres会垄断整个数据库市场，这让IBM头疼不已。为了避免这种情况发生，IBM决定把自己的SQL提交给数据库标准委员会，而更加在意技术层面问题的斯通布莱克教授则并不打算将QUEL提交给委员会，他认为有竞争才会有创新，数据库一旦出现标准，毫无疑问创新将会大大减少。

1986年，IBM的SQL不出所料地成为了数据库委员会规定的行业通用程序语言，这无疑是拉了甲骨文一把，因为甲骨文使用的正是SQL。这个消息的发布给了Ingres狠狠一棍，明明QUEL比SQL更加优秀，但是市场上却只能有SQL，Ingres必须重新开发使用SQL语言的关系数据库软件，在这段时间里，甲骨文占领了更多的市场。在这点上，埃里森依旧展现出了他的前瞻性，他在Ingres和IBM展开竞争的时候就告诉了自己手下的开发人员，跟着IBM走准没错。

面对如此天赐良机，埃里森一边在市场上宣传甲骨文和IBM可以互相兼容，一边表示QUEL这种语言有问题，就连甲骨文的推销人员在推销的时候都会提到Ingres的QUEL不久以后就会退出市场，Ingres也会随之被淘汰，而甲骨文才是一家根深蒂固的公司。在埃里森的宣传手段之下，甲骨文从Ingres手中抢走了大量的客户，等到Ingres的数据库已经用SQL改写了以后，发现甲骨文已经远远地将他们抛在了身后。

IBM不愧是埃里森的贵人，这次IBM的举动成为了甲骨文击败Ingres的关键。而埃里森也明白了一个道理，那就是IBM家大业大，跟着IBM总是有饭吃的。从此以后，甲骨文开发的产品一直紧紧跟随着IBM的脚步，也因此成为了IBM与Ingres战争之中最大的受益者。

1985年注定是甲骨文一飞冲天的一年，在这一年里，甲骨文终于发布了自己第一个稳定的产品，也就是甲骨文第五版。甲骨文的用户为之欢欣雀跃，甚至热泪盈眶，已经八年了，甲骨文终于有了一个稳定的版本，用户们终于可以不再面对可怕的程序错误，那些黑屏死机都逐渐远去。而就在同年，Ingres发明了一种新技术——分布式查询。这种新技术在当年是非常实用的，分布式查询可以引用多个链接的服务器，对每个链接的服务器都可以进行更新和读取操作。这个技术可以让用户一次性查询访问储存在多个位置的数据，每个客户端都有数据的备份副本，查询数据的操作是直接使用副本进行。相对于原来使用一个服务器进行集中式查询，分布式查询可以让网络故障变得不再可怕，服务器发生短暂故障的时候，依旧可以正常工作。

然而这样一项突破性的技术没有为 Ingres 带来足够的收益，因为他们的技术与 IBM 在 1985 年发布的 DB2 关系数据库不能兼容。Ingres 与 IBM 不能兼容，但是埃里森却可以，一直跟随着 IBM 脚步的埃里森马上就决定研发与 IBM 兼容的系统，并且要运用分布式查询技术。短短的十天，甲骨文公司就在报纸上打出了分布式查询数据库的广告，并且宣布这个被称为是甲骨文 5.1 的产品将完全兼容 IBM 的数据系统。而据我们对埃里森的了解，他敢说出这句话的时候，并不说明甲骨文就已经有了这样的产品，事实上，这个产品还没有研发出来，甚至刚刚开始研发，广告就发出来了。

埃里森为了迅速兑现自己的广告，他将 Ingres 分布式查询研发小组的核心人物用高薪挖了过来，并为他成立了一支研究小组，开始夜以继日地研究分布式查询数据库。半年以后，甲骨文 5.1 正式出现了。可怜的用户刚刚用上甲骨文第五版不久，就又要接受仓促上市、充满程序错误的甲骨文 5.1。幸好数据库产品是有着极大黏性的，如果用户想要选择其他产品，那么就要重新改写程序，这工作量是非常惊人的。也正是因此，埃里森可以对于购买了他产品的用户爱理不理，他的态度傲慢得惊人，认为公司只要负责改进技术就好，关于用户的投诉可以置之不理，用户的起诉可以交给法律顾问。甲骨文公司在埃里森的带领下，对于用户是非常蔑视的，也正是这种态度为日后的祸根埋下了伏笔。

尽管埃里森对于用户的态度极其傲慢，但是对于那些还没有购买甲骨文产品的潜在用户却是用心之极，他非常关心市场，认为抢占市场份额和提升产品质量同样重要。Ingres 正是因为相对于市场他们更在乎技术，所以才会被甲骨文轻而易举地跨了过去。这时的 IBM 呈现出一种尾大不掉的状态，他们轻易不敢将自己的产品转型，推出一款产品，那必须是一款稳定的，可以得到肯定的产品。于是，广阔的数据库市场任凭埃里森予取予求。从硬实力的角度来说，Ingres 比甲骨文的技术更好，而 IBM 比甲骨文资金更雄厚，但埃里森更加明白市场才是决定谁能赚钱的根本，正是他这种理念弥补了甲骨文公司在技术和资金方面的劣势，让甲骨文公司成为了数据库领域发展最快的公司。

生死一线的甲骨文

甲骨文公司迎来了自己飞速发展的好时光，但是，这一切都是建立在埃里森违背市场规律的营销手段之下的。在这种情况下，公司虽然发展很快，但是背后却埋下了很大的隐患。而这一切，都在 1990 年爆发了。

在与 Ingres 的交战当中，拉里·埃里森尝到了甜头。尽管 Ingres 的技术远比甲骨文更出色，但是以学术研究为主的公司，在营销方面被甲骨文完全击垮。甲骨文从 1985 年开始，每年的销售额都在疯狂增长，从 1985 年到 1990 年，每年都要翻上一番。1990 年的时候，甲骨文公司已经成为了一个销售额高达 9.75 亿美元的庞然大物。

埃里森早在 1985 年就预言到了甲骨文公司每年的销售额将会翻倍增长，但是当时埃里森说出这话的时候只是为了让甲骨文的股票更加好卖而已。埃里森不管是对社会，对用户，还是对公司员工都夸下了海口，为了实现自己说的大话，只能拼命地努力。在那一段时间里，埃里森将销售这一部分的工作完全交给了其他人，而自己则每天都跟工程师们待在一起，要拿出一个更好的产品。

埃里森卸下了销售方面的担子，那么就必须另有能人将这沉重的担子扛起来。在那一段时间里，销售部门成为了公司最为重要的部门，所有在销售方面有才能的员工，都备受管理层的重视。想要进入甲骨文公司，就必须是有野心、有干劲、会夸口、说大话的人。提高销售额，是整个公司上下最关注的，而至于销售人员使用什么手段，管理人员们完全不放在心上。因此，公司的管理层为销售部门的员工布置了极为严峻的任务，让他们挑战自己的极限。当时甲骨文内部有一条规定，就是不管销售人员今年有多少销售量，明年必须要翻倍。

伴随着严苛的条件，同样还有惊人的奖励，在甲骨文以销售为王的时代，许多销售人员第一年进入公司，就领到了30万美元的年薪，甚至有许多人在甲骨文一年赚到的美金超过了100万。

巨大的压力，高额的奖励，管理层的不过问，导致了销售人员为了提升销售量无所不用其极。相对于其他部门的员工，销售部门配有奢华的高级轿车，出入高档会所，以用来结识有钱的客户。为了讨客户的欢心，他们甚至会雇用侦探来调查客户的喜好，不惜用女色或者金钱来行贿，让客户从公司里拿出钱来购买甲骨文的产品。

甲骨文为了将销售进行到底，埃里森用大价钱请来了IT业的销售名人，号称销售之王的加里·肯尼迪。而埃里森的钱可不是白花的，他要求肯尼迪让甲骨文产品的销售额再次翻倍。当时甲骨文的产品已经让用户头疼不已，漏洞极多，这个任务对于销售人员来说，简直是不可能的。为了从甲骨文赚到更多的钱，肯尼迪自然是用了心的。他对埃里森说，想要翻倍的销售成绩，那么他在公司里要有更大的权力。

肯尼迪对于提升销售量，第一个举措就是找到埃里森，提出公司的法律部门成为了提升销售量的绊脚石。甲骨文的法律部门是非常负责的，对于每一笔交易的合同都要逐字逐句地分析查看，这种严谨的做法在肯尼迪看来是非常拖拉的，是影响交易进度的，是导致公司客户流失的重要原因。

埃里森为了提升销售量，果断放权给肯尼迪，表示销售部门具有最高级的自主权，不用通过法律部门的审定，就可以直接与客户签约，并且承认该合约是切实有效的。而对于销售部门无所不用其极的做法，也同样是睁只眼闭只眼。销售部门的做法根本不是一家正常经营的公司应该用的，但是这种做法的确快速地提高了销售量，所以管理层对于销售部门的做法给予了容忍。

随着管理层的纵容，事态很快就向着不可控的方向发展了。销售部门缺少订单，就要求公司加快更新产品，这样才能有更多的产品卖给客户。但是，开发新产品不是一朝一夕的事情，强行加速，所能得到的都是一些不能用的半成品。而且为了销售量，拥有绝对权力的销售部门自作主张给客户很高的折扣，甚至不惜伪造合同，以增加销售量，从公司获得更多的奖金。这些行为不仅损害了客户的利益，同样损害了甲骨文公司的利益，尽管销售量大大地提高，但是利润却是降低了不少，坏账、死账也增加了很多。1989年的时候，公司的销售额为5.84亿美元，1990年公司的销售额飞升到了9.75亿美元，提升了近一倍，公司的坏账也提高了一倍，1990年，公司无法收回的款项居然有4.68亿之多。

到了1990年第三季度，甲骨文公司的财务人员发现，当季度的销售额达到了历史最高峰，有2.36亿美元，但是利润只增长了1%。甲骨文第六版存在着非常严重的技术问题，但销售人员仍然在疯狂地推销这个失败的产品，并且为了掩盖产品的问题，销售人员多数采用了欺骗的手段。失败的产品让用户对甲骨文失去了信心，用户们越来越愤怒，股东也对公司越来越不满，甲骨文的股票价格开始暴跌。到了10月底，甲骨文的股票价值居然缩水到原本的五分之一。埃里森手中持有公司价值十亿的股票，转眼之间价值已经不足两亿。甲骨文的总会计甚至给埃里森下了最后通牒，甲骨文公司面临破产。

不管情况是怎样的窘迫，甲骨文公司也要给公众一个交代，埃里森也要给公众一个交代。他冥思苦想，究竟如何召开发布会，要用一份怎样的新闻稿，如果这份新闻稿不能让公众满意的话，那么甲骨文公司倒闭的日期将会在下个星期被决定。埃里森用了整整一夜的时间，反复修改了42遍，最终才拿出了一份不到1000字的新闻稿。埃里森此时尽管悲痛欲绝，但他不信甲骨文公司已经走到了尽头。

战胜自我，走出深渊

尽管拍卖公司，或者卖出自己的股票可以让埃里森获得更多的利益，但是他始终放不下自己一手创办的甲骨文公司，他决定接受命运的挑战，把甲骨文公司扛起来。他开始反复地思索甲骨文公司为什么会变成现在这个样子，并且想着要改变甲骨文公司的现状。经过分析和调查，埃里森发现尽管公司价值缩水严重，但是面临的问题却没有那么严峻。主要问题还是出在他将太多的时间用在了技术研究方面，而放弃了公司的财务问题和销售问题。想要将甲骨文公司从死亡线上拉回来，其实并不难。只要能够将被销售部门搞乱的公司秩序恢复正常，并且找到一笔资金注入，那么公司就可以转危为安。

埃里森开始四处寻找能为甲骨文公司注入资金的组织，最终他找到了日本钢铁公司。在他自信的演说下，日本钢铁公司决定为甲骨文公司贷款，数额是两亿美元。这笔资金解决了甲骨文公司的危机，而为了让甲骨文公司回到正轨，在1991年，埃里森对公司进行了大刀阔斧的改革。多名公司管理层人员和多达3500名的普通员工被辞退，公司的财务和销售秩序也恢复了正常。埃里森还制定了新的规定，公司每个月都要进行一次结算，销售合同也必须得到法律部门的认可，还专门派人监督合同的后续执行情况。为了不让公司再出现缺少现金和有大量坏账的问题，他还将一年以后再支付软件费用的规定改为马上支付。

随着甲骨文公司的管理方面开始趋向成熟，埃里森也开始重视客户的意见，他要求服务人员和技术人员务必要耐心听取客户的意见，不再任由客户怨声载道而置之不理。在埃里森的严格要求下，甲骨文公司的客户真正地成为了上帝，再也不会被挂电话，也不会被辱骂。得到客户认可的甲骨文公司，将以更快的步伐走出自己制造的深渊。

事实证明埃里森的一系列改革措施切实有效，销售量增长放慢了脚步，但是盈利却有所增加，此时的甲骨文公司才真正是一个正常的、健康的公司。

客户们对甲骨文公司重新燃起了信心，而埃里森也试图扭转过去公司和他个人给客户们的印象。1992年，甲骨文第七版推出了。第七版是几年以前就被埃里森和甲骨文的销售人员挂在嘴边上的，不过那都是为了吸引客户的空谈。而客户们对于埃里森的销售方式也早有了解，不过就是说甲骨文的新产品远远领先其他公司的产品，如何能够满足用户更多的需求。而实际上，客户们拿到手上的却是个漏洞百出，换汤不换药的半成品而已。

这一次，客户们可是想错了埃里森了，为了挽救甲骨文公司的危机，埃里森可是拿出了所有的力量来对甲骨文第七版进行研究与测试，并且为这第七版增加了许多新的功能，让产品更加地好用，更加地稳定，更加地满足客户需求。

过去的六个半成品，都能让甲骨文变成一个庞然大物，何况这个制作精良的第七版。果不其然，第七版刚刚上市就得到了客户的交口称赞，不管是稳定性，还是更多实用的新功能，都让客户们兴奋不已，第七版获得了巨大的成功。从1992年第七版推出，到1995年，甲骨文的销售额已经从12亿美元增长到了42亿美元。在这四年里，将整个甲骨文公司扛在了自己的肩膀上，付出了无数的努力与汗水，终于让甲骨文公司摆脱了困境。如果说埃里森在这场惊心动魄的危难当中得到了什么教训，那就是公司一定要以健康的方式来经营。而对于他本人来说，却让他变得更加狂妄自大了。

甲骨文公司走上了正轨，埃里森肩膀上的担子也轻了许多。从公司创始以来，几乎每一个决策都需要埃里森做决定，公司每个产品的方向也需要埃里森亲自指导，甚至就连公司的销售，也是埃里森亲自过问的。如今，埃里森已经不需要事必躬亲了，而公司过去的许多缺点，也都有着他的影子。因为他性格多变，情绪起伏很大，从宣传策略到招聘员工，全都是以他个人的喜好而定，这些也都是公司状况时好时坏的原因。这些也可以从甲骨文的股票上反映出来，许多甲骨文股票的持有者都表示，买甲骨文公司的股票需要一个坚强的心脏，你可以一夜暴富，也可以一无所有。埃里森知道自己性格中有许多缺点，为了不让自己影响到公司,埃里森觉得是时候找一些人来共同管理公司,而雷·莱恩进入了他的视线。

莱恩是以技术人员的身份进入甲骨文公司的,尽管他性格比较内向,也不善于与人交流,但是他有着顽强的性格,也具备管理能力。埃里森相信,与自己性格完全不同,做事规规矩矩的莱恩,会是一个对甲骨文公司很有帮助的经理人。于是,在1992年,莱恩正式成为了甲骨文的总裁。在甲骨文公司的一系列改革中,莱恩起到了举足轻重的作用。在莱恩的管理下,甲骨文公司很快就成为了华尔街投资者心目中值得信赖的公司。

莱恩在甲骨文公司和公司的客户当中都有良好的声誉,埃里森为了让莱恩安心在甲骨文公司工作,一次又一次增加莱恩的股份。埃里森对于莱恩始终不放心,莱恩帮助甲骨文公司摆脱了危机,并且帮助公司建立了良好的秩序,帮助公司与客户建立了长期良好关系,并且改变了甲骨文公司销售部门的销售风格。莱恩所做的一切,都让他显得在公司里要比埃里森更加重要。

莱恩成为了甲骨文的负责人,埃里森的生活发生了翻天覆地的变化。他原本性格就非常放荡不羁,摆脱了公司的束缚后,开始过上了一种自由自在的生活。他热衷于驾船出海,成为了一名飞行爱好者,还交了许多明星女朋友。在他过上自由生活的这段时间里,甲骨文公司依旧稳步前进着,甚至可以说比他在的时候发展得更好。到了20世纪90年代中期,甲骨文已经完成了在数据库方面对IBM的超越,市场份额是IBM的两倍。在数据库软件领域的一骑绝尘为埃里森带来了更大的野心,他开始不满足于仅仅是在数据库领域呼风唤雨,他想要成为整个计算机行业的领头羊,想要名扬天下,想要拥有像他朋友乔布斯一样的名誉和地位。

誓与盖茨争高低

20世纪90年代是一个神奇的年代，计算机行业在这一段时间里突飞猛进，电子商务开始出现，并且广泛地被人们接受。在互联网上做生意，从一种时尚、新潮的行为变成了人们所离不开的东西，越来越多的数据开始在互联网上进行传输。这对于埃里森来说是一个天大的好消息，只有互联网的蓬勃发展才能带来更多的数据，而数据库公司才有更广阔的天地可以发展。埃里森一直认为，互联网可以改变一切。

在甲骨文上市的时候，埃里森在一夜之间变成了亿万富翁，而第二天，微软的上市让比尔·盖茨完全盖过了他的风头，这是他对比尔·盖茨不满的主要原因。在PC系统兴起的时候，他错过了机会，不仅是甲骨文错过了发展的机会，他也错过了超越盖茨的机会。而互联网的兴起，则是给了他第二次机会。他毫无疑问地相信，借着互联网的大潮，甲骨文将会超过微软。

就是在这样一种思想影响下，埃里森开始让甲骨文公司转型，对于核心业务数据库，埃里森已经不再有什么兴趣，而新兴的网络，成为了他的心头好。埃里森一心想要让甲骨文利用数据库技术开发出能够在互联网上使用的产品，一旦成功，那么这个产品必将走进千家万户，就如同微软的Windows一样。

就这样，埃里森开始着手新产品的开发。这种产品的目标是取代那些无法沟通的公司软件，成为一种可以让每个公司从一个终端到另一个终端都可以传导数据的软件，这种软件将使甲骨文成为一个软件服务商，而不仅仅是一个单一的数据库公司。这种产品一旦面世，那么埃里森就不再仅仅是一个成功的企业家，一个亿万富翁，而是会成为一个领袖，成为一个不管走到哪里都会被人称赞，享受崇拜目光的偶像。

想要开发新产品，甲骨文公司就必须重组，开发数据库的那些技术人员已经不再符合公司的需求，旧的销售模式也必须要改变得适应网络时代。在这次改革中，甲骨文公司有超过 4000 名的员工失去了工作，销售方式从传统的推销开始转向在公司的网站上进行，软件的价格也进行了调整。甲骨文公司在这次改革中，将所有的资源都投向了新的在线数据管理软件。事实证明，埃里森的改革是成功的，在短短一年时间里，甲骨文公司的股票就从 17 美元上涨到了惊人的 90 美元。

任何改革都不会是无痛的，在 1997 年 6 月发布的甲骨文第八版中，就已经有了许多新的功能，这个版本为甲骨文软件支持互联网打下了基础。而在一年后，甲骨文就发布了支持互联网的第八版，在这个版本中，用户将得到关于网络方面数据库的支持。随后，甲骨文公司所发布的升级版软件都是针对网络方面的功能进行更新。在互联网的大潮中，甲骨文获益良多，但公司内部却因此有了许多分歧。

公司的 CEO 莱恩对于埃里森回归甲骨文所做的一系列措施非常不满，莱恩稳扎稳打的性格令他趋向于平稳地发展数据库软件，埃里森的步子迈得太大了，这让他无法接受。埃里森也发现了这一点，所以他开始架空莱恩，并且产生了将莱恩赶出公司的念头。莱恩在甲骨文公司越来越边缘化，甚至连公司的最新动态都无法第一时间得知。后来，埃里森剥夺了莱恩的职务，从 DLJ 银行请来了莎弗拉·卡茨。

卡茨很快就取代了莱恩的位置，成为了埃里森的左膀右臂。莱恩眼见自己再也无法回归公司的核心地位，于是带着他价值七亿美元的甲骨文股票和期权离开了甲骨文，加入了克莱纳·珀金斯风投公司。在今后的日子里，莱恩数次表示自己离开甲骨文就是因为埃里森，他在公司所遭遇的一切，都是因为埃里森的个人作风。他明白，埃里森渴望成为一个名垂青史的人，他想要超过比尔·盖茨。

埃里森对于比尔·盖茨和微软一贯颇有微词，他数次在媒体上公开发表攻击微软的言论。在他眼中，微软的不可一世早晚会被淹没在互联网的大潮中。

占据了个人电脑桌面软件市场的微软，将会随着个人电脑的谢幕而被历史的车轮碾过。甲骨文会成为网络经济的最后赢家，而他自己将成为硅谷中那个最有名的人。他的自大令硅谷震惊，硅谷人甚至为他编出了一个笑话：上帝和埃里森有什么区别？——上帝不认为自己是拉里·埃里森，但是埃里森总是觉得自己就是上帝。

在今后的日子里，埃里森的人生目标就变成了超过比尔·盖茨，但是双方却缺少一个战场。甲骨文公司的主要目标是为大公司提供数据库软件，而微软是为个人用户提供桌面软件，尽管双方口水不断，但却始终没有正面交锋过。但是，随着双方业务的扩展，最终在数据库领域，甲骨文和微软有了一个开战的机会。

微软公司一直想要将自己的WindowsNT应用到更大型的计算机上面，那么，数据库就是必不可少的。早在20世纪80年代末，微软就从甲骨文的对手Sybasc手中购买了数据库软件技术，打算对数据库软件市场的龙头老大甲骨文发起进攻。很快，微软就有了自己的数据库软件，这个数据库软件就是人尽皆知的SQLServer。

传统的数据库软件由于销售模式和技术支持方面的成本，价格一直居高不下，而SQLServer的出现打破了这一现状。SQLServer十分廉价，这让许多用户有了向传统数据库软件供应商叫板的勇气，而这远远不是微软的目标。由于Windows在市场上的占有率，微软想要让自己的软件取代其他公司的软件，是非常简单的事情，比如微软将浏览器内置在Windows里面，网景公司就在鼎盛时期被击落神坛。如果微软能够将SQLServer整合在Windows里面，那么将对甲骨文造成巨大的威胁。

微软公司的做法霸道，但却有效。一直看微软和比尔·盖茨不顺眼的埃里森自然不会默不作声，他公然宣布，要和盖茨开始一场战争，并且这场战争不是个人之间的战争，而是为了其他软件公司，甚至是为了全世界，全人类。微软公司在操作系统上已经取得了垄断地位，如果微软继续消灭其他的软件公司，那么全世界的技术公司最后将只剩下微软一个，任何人都不愿意看到这个景象。

从此以后，埃里森一有机会就会发表针对微软的攻击性言论，比如在

COMDEX 秋季展会上，他嘲讽微软的 Exchange 电子邮件服务器："我们希望人们将微软的 Exchange 服务器软件扔了，因为它又难用又落后，那些垃圾简直不像是我们这个时代的技术人员制作的。"在一次访谈节目中，主持人询问他和比尔·盖茨的关系，埃里森如是说："多年以前我们两个还会和彼此说话，后来我不愿意和他说话了，因为他窃取了我的创意。"

当然，仅仅是嘴上的针锋相对是不会将微软击垮的，在正面交锋中，还是要用过硬的技术来说话。于是，甲骨文公司与微软的技术战拉开了帷幕。

正面交锋

想要击败微软，那么就必须要战胜微软无往不利的操作系统 Windows，因此，甲骨文公司就把操作系统作为突破口。单凭甲骨文的力量是不够的，好在微软树敌无数，让甲骨文有大量的盟友可以选择。最终，甲骨文与 Netscape 公司、IBM 公司和 Sun 公司组成了一个联盟，这个联盟被比尔·盖茨称为 "Noise" 集团。

Netscape 公司，也就是网景公司，是原来的老牌浏览器公司。网景公司成立于 1994 年，最开始公司的员工只有两位一无所有的年轻人。同年，他们发布了网景浏览器 1.0，并且连续四年成为了浏览器界当之无愧的领军人物。两名创始人毕竟还是年轻，很快他们就对微软发起了挑战，公开宣称网景浏览器的用户会越来越多，这会在一定程度上影响微软在操作系统方面的领先地位。面对网景的挑衅，比尔·盖茨自然不会心慈手软，在一年以内微软就在 Windows 里内置了 IE 浏览器。免费的诱惑力总是最强大的，没多久，IE 浏览器就将网景浏览器的地位蚕食得一干二净。1998 年 11 月 24 日，网景公司就被美国最大的互联网服务商美国在线以 42 亿美元的价格并购了。

Sun 公司的创始人来自硅谷附近的斯坦福大学和加州大学伯克利分校，四名创始人都是研究生，注册于 1982 年 2 月。刚开始的时候，Sun 公司主要以设计工作站为业务重点，半年以后就开始盈利了。在互联网时代，他们推出了全新的理论，那就是网络就是计算机。为了适应互联网的潮流，他们的业务开始转向发展网络技术，为大型计算机、服务器和工作站提供网络计算软件。1995 年，Sun 公司推出了一款产品，至今还对我们的生活有着巨大的影响力，那就是 Java。

这四家公司结成的联盟，主要目标就是从操作系统方面击垮微软。为此，他们提出了"网络计算机"的概念。这种概念颇像是今天的"云"概念，简单来说就是计算机不需要太高的配置，也不需要更新硬件和操作系统，甚至连储存设备都不需要。一切的资源都放在了互联网上，只要联通网络，就可以获得信息和储存文件。在当时，计算机硬件的价格是非常昂贵的，而"网络计算机"的概念里，人们需要的计算机价格不会超过 500 美元。如果"网络计算机"的概念变成了现实，那么桌面操作系统就不再有存在的意义，网络系统会成为计算机的主要系统。网络计算机取代了个人计算机，而依赖于个人计算机的桌面系统就将失去立足的根本，微软失去了生存的土壤，自然会消失在历史的舞台中。

如今，"云"储存和"云"计算已经来到了我们身边，但是仍然不能完全取代个人计算机，可见，"网络计算机"的理念是多么的超前。正因如此，没有任何一台"网络计算机"被生产出来，这个概念被媒体热炒了两年，最终悄无声息地落幕了。比尔·盖茨对于"网络计算机"嗤之以鼻，但是他还是悄然地做出了对策，他试图制造一款依旧需要 Windows 的"网络计算机"。最终的结果我们都知道了，"网络计算机"胎死腹中，而 Windows98 系统获得了前所未有的成功。

第一次交锋以比尔·盖茨获得全面胜利而告终，第二次交锋随即开始。这一次，双方交战的战场是硅谷的另一名巨头——苹果公司。

1997 年，苹果公司由于经营不善，连年亏损。不得已，董事会只好请回曾经被他们赶走的史蒂夫·乔布斯。这个时候的苹果公司需要更多的资金注入，没有现金流，苹果公司无法解决眼前的难题。在这种情况下，乔布斯马上就想到让自己的好朋友埃里森入股苹果公司,成为苹果公司的董事。尽管埃里森和乔布斯是朋友,但是埃里森一心想要成为乔布斯这样的名人,于是,他的目标从成为苹果公司的股东,变成了收购苹果公司。

埃里森的喜怒无常在业界颇有名气。因此,他的举动引起了苹果公司管理层的恐慌。他们认为,一旦埃里森成为了苹果公司的主人,那么管理层必定要遭遇大变动,董事会其他元老的地位也会摇摇欲坠。一方面在苹果公司上下一致的抵抗下,埃里森失去了成为苹果公司董事的机会。另一方面,比尔·盖茨对于苹果公司也是非常有兴趣,尤其是当时苹果公司正在开发的网络电视软件。于是,比尔·盖茨以 1.5 亿美元的投资,成为了苹果公司的董事。

或许是埃里森实在不适合以正常竞争的方式获得胜利,于是他转变了自己的策略,采用了自己比较擅长的方式。为了与 SQLServer 竞争,甲骨文推出了第九版产品。埃里森在甲骨文的发布会上宣布,甲骨文第九版要比微软的 SQL 快三倍,仅仅四台使用甲骨文第九版软件的服务器,工作效率就可以和 200 台装有微软 Exchange 的服务器不相上下。就在此时,一家媒体蹊跷地爆料说,就连微软公司都不使用 SQL,而是使用甲骨文第九版。这让埃里森抓住了把柄,大肆宣扬就连世界上最大的软件公司都在使用甲骨文的软件,而不使用他们自己的。这一场交锋让甲骨文获得了大量的订单,也让埃里森扬眉吐气了一回。

埃里森与比尔·盖茨的交锋不仅是因为双方都是硅谷精英,本质上还是因为双方的成就不相上下,但是性格却相去甚远,生活更是大相径庭。

在政治上,埃里森是个共和党人,却力挺克林顿成为总统。甲骨文为克林顿提供了大量的政治献金,资助克林顿竞选总统。而比尔·盖茨当时更加看好老布什,双方针锋相对,最后埃里森笑到了最后。

埃里森不喜欢工作,工作只是他获得金钱和名声的手段。闲暇之余,埃里森有更多的爱好,他喜欢刺激的生活,快艇和飞机是他的最爱。比尔·盖茨则正相反,是个不折不扣的工作狂,他热爱工作和思考,喜欢安静。比尔·盖茨往往会连续工作几十个小时,然后再睡上几十个小时。

在私人问题上，埃里森和比尔·盖茨也是格格不入。埃里森穿着时尚，在公共场合出现时总是西装笔挺，头发和胡子也是精心修剪的。他生活放荡，有过四段婚姻，还时常与好莱坞的明星传出绯闻。比尔·盖茨生活上可以说是粗枝大叶，他总是穿着硅谷程序员常穿的衬衫，光脚穿皮鞋，搭配着一条土里土气的裤子。比尔·盖茨对妻子非常忠诚，从未传出绯闻。

如此截然相反的两个人，成为对手几乎是必然的。埃里森一直野心勃勃地想要超过比尔·盖茨，而他最终也成功地做到了，虽然只有短短的几天。

首富之争

由于"网络计算机"的失败，埃里森与盖茨正面交锋的战场越来越少，在仅剩不多的战场上，埃里森最想要赢的就是世界首富的宝座。当时比尔·盖茨已经是世界首富了，而埃里森相距比尔·盖茨也不远，稳定排在世界富豪榜的前十名。如果甲骨文公司按部就班地发展，那么埃里森恐怕会和比尔·盖茨相距越来越远，但是互联网大潮给了埃里森一个机会。

在互联网的大潮中，许多网络公司趁势而起，而这些公司都需要使用甲骨文公司的数据库。因此，甲骨文公司的销售额和利润都大幅增长，股票也是飞速上升，埃里森个人的身价更是水涨船高。1999年，甲骨文公司的销售额超过了100亿美元，公司的营业利润达到了惊人的30亿美元。这还仅仅是营业利润，在证券上，甲骨文公司的利润达到了70亿美元。如果说这个数据还不够惊人，那么这样说，从1998年到1999年，短短的一年时间里，甲骨文公司的股票价格翻了十倍！

甲骨文公司跟上了互联网大潮，而微软公司却在这个时候陷入了泥潭。早在1994年的时候，美国司法部就已经做出判决，认为Windows操作系统与

IE4.0 是一种捆绑销售，勒令微软改正。到了 1999 年，美国司法部再次旧事重提，认为微软违背了 1994 年的判决，要求微软拆分公司。微软自然不会承认他们要求计算机厂商捆绑销售 Windows 和 IE4.0，但是法官却拿出了许多细节详细的证据。这对微软无疑是重大的打击，股东和股民的信心也被动摇了，微软股票的交易价格大跌。比尔·盖茨的个人资产也受到了影响，直线缩水。

此消彼长之下，比尔·盖茨和埃里森两人个人财富的差距越来越小，埃里森随时可能超越比尔·盖茨，成为新的世界首富。埃里森为此兴奋不已，甚至在媒体上发言，表示应该更新世界首富排名了，现在的计算方法有问题，按照他的计算方法，自己已经超过比尔·盖茨了。美国《财富》杂志对此进行了报道，封面也使用了拉里·埃里森，这一下就让他成为了全世界关注的热点。

2000 年 4 月，微软股票的价格还在持续下跌，每股的价格已经跌到了 69.75 美元。比尔·盖茨手中持有 7.4 亿微软的股票，市值低到了 517 亿美元。甲骨文公司的股票则持续上涨，来到了 79.94 美元，埃里森手中持有 6.6 亿股票，总市值有 530 亿美元。世界首富的头衔易位，埃里森成为了新的世界首富。

这对埃里森来说，无疑是值得载入史册的一天，当天晚上，他大摆筵席，在庆功宴上友好地对待每一个人，这是他从未表现过的。他高声欢呼着，大笑着，疯狂地舞蹈着。埃里森想不到的是，他的辉煌没有保持多久，几天以后他就将首富的头衔还给了比尔·盖茨。

从某种意义上来说，微软公司股价的下滑是比尔·盖茨自己导致的，也可以说是比尔·盖茨将世界首富的头衔拱手相让了。而埃里森，同样也是因为自己的失误，让盖茨拿回了头衔。

微软此时正为垄断官司焦头烂额，如果不趁着微软无力还击时踩上几脚，那就太不像埃里森了。他多次发布微软应该被拆分的言论，认为微软对桌面系统的垄断是阻碍个人电脑发展的。而实际上，埃里森不仅是微软拆分的支持者，更是这一计划的推动者。在法庭上，法官出示了多项详细证据，令比尔·盖茨都觉得吃惊，而这些都是埃里森的手笔。

尽管比尔·盖茨是技术精英，但不代表他就不精通人情世故。法官手中的证据震惊了比尔·盖茨，作为微软的 CEO，就连他都不曾对公司的产品了解得如此详细。毫无疑问，微软内部出了内奸。于是，微软内部展开了全面的调查，发现有一名清洁女工行动异常。逼问之下，该女工承认自己受雇于甲骨文公司，是他们的商业间谍，负责回收微软公司的垃圾，并且将这些垃圾交给甲骨文公司，甲骨文公司的技术人员再从这些垃圾里寻找能够打击微软的证据。

比尔·盖茨气急败坏地将这一切公之于众，整个 IT 界都轰动了。过去企业之间虽然也有竞争，但是从来未有过如此卑鄙的手段，这件事被业内称为"垃圾门"，几乎所有的公司都或公开或私下地对埃里森表示了不满。

事情曝光以后，埃里森很坦然地承认了这一切。他坦率地表示是自己雇用了侦探调查微软公司，司法部手中的证据也是他提供的。但是，他拒绝向微软公司道歉。埃里森认为，如果微软没有做错事情，又怎么会怕别人私下调查呢？他向公众公开微软的所作所为，对整个世界都是有好处的，这是一种荣耀。埃里森还一直强调，自己的做法没有违法，违法的是微软公司。他的所作所为让比尔·盖茨更加火冒三丈，公开大骂埃里森是个流氓，是个无赖。

祸不单行，"垃圾门"事件没过多久，新的问题又出现了。在甲骨文公司被架空、排挤的雷·莱恩正式辞职，这无疑让公众更加浮想联翩，认为甲骨文公司开始走下坡路了。他们开始抛售手中的股票，甲骨文公司的股票开始疯狂下跌，短短两天就下跌了 14%。而微软方面则是绝处逢生，微软没有被拆分，比尔·盖茨再次满面红光地出现在了公众的面前。微软的前途无忧，股价再次回升，比尔·盖茨从埃里森手中夺回了首富的位置。

失去首富的位置让埃里森悲痛欲绝，但是对于甲骨文公司之外的人来说，这并不是什么坏事。比尔·盖茨再次在电视上展露欢颜，美国政府和人民也开始庆幸引领美国经济的是一个稍微有点呆气的人，不是那个追求奢侈生活的花花公子。

这次对于埃里森来说可谓是千载难逢的机会，借着甲骨文第九版的东风和微软要拆分的消息，当了几天首富。但最终他还是没有保住这个位置，微软也没有被拆分。或许将来有一天，埃里森会超过比尔·盖茨吧。

第三节
并购狂潮，建立甲骨文帝国

> 甲骨文已经成为了一家实力强大的公司，但是想要获得更快速的发展，还需要另辟蹊径。拉里·埃里森敏锐地发现了未来企业的发展趋势，那就是多元化公司。想要实现公司多元化，并购远远比创立要简单得多，但是拉里·埃里森的个人名声成为了并购的阻碍。

首战打响

从 20 世纪 70 年代开始，全世界以硅谷为中心，展开了一场围绕计算机和互联网的技术探索。每年都有大量的技术公司成立，也有无数的技术公司倒闭，一时之间百花齐放，各种新技术出现在了人们的眼前。随着技术探索的逐渐结束，技术的发展逐渐成熟，软件行业技术的探索结束了，迎来了新的阶段。各大公司开始了互相兼并，而这场兼并运动就是由甲骨文率先发起的。

2003 年 6 月，拉里·埃里森已经 60 岁了。许多公司的领袖在这个年纪已经下放自己的权力，甚至已经急流勇退了。而埃里森不然，他仍旧雄心勃勃，想要成就一番令后人铭记的丰功伟业。于是，甲骨文开始了一场软件行业上规模最为惊人的并购行动，那就是并购仁科。

为什么说并购仁科是一场最为惊人的并购呢？因为仁科公司可不是什么等

闲之辈。仁科公司成立于 1987 年，创始人是两位来自 Intrgral 的软件工程师戴维·杜菲尔德和肯·莫里斯。杜菲尔德和莫里斯两人发现，软件开发和企业人力资源管理可以结合起来，并且市场潜力十分巨大。于是，他们两个离开了 Integral 公司，成立仁科，专门开发人力资源软件。

仁科公司在客户端服务器架构这方面颇有过人之处，他们解决了原来无法轻松访问集中于主机的信息这一难题，并且他们的软件十分讨喜，任何用户都能够轻松地操作。在人力资源软件方面，仁科成为了佼佼者，公司的产品也在急剧增加，出现了客户关系管理软件，供应链管理软件，人力资源管理软件以及财务管理软件。并且在互联网的大潮中，他们顺应潮流，开发出了适应互联网环境的新软件，成功地实现了软件用户与整个公司员工以及供应商的在线协作。

到了 21 世纪初，仁科公司已经成为了一家世界领先的企业，他们的实时企业应用软件更是世界第一。公司的软件出售到了全球 140 个国家和地区的 5100 个机构。2001 年，仁科公司公布的财报显示，仁科公司的收入高达 20.7 亿美元，利润达到了 1.9 亿美元，连续 14 年盈利。仁科公司不仅是一家成功的公司，更是一家稳定发展的公司，是一家在业内广受好评的公司。

到了 2003 年，仁科公司的发展势头并没有呈现出疲态，他们试图增加自己的市场份额，开发更多的软件。仁科公司的董事会做出了一项决议，决定用 15 亿美元收购世界最大的企业资源软件供应商，J.D.Edwards 公司。如果这次收购能够成功，那么他们的软件将实现更多的功能整合，他们的市场份额将直追甲骨文。

埃里森得到这个消息以后十分紧张，第二天他就通过中介公司联系上了 J.D.Edwards 公司的董事会，表示自己可以用更高的价格收购。或许是得益于埃里森的臭名远播，J.D.Edwards 公司不仅没有给埃里森回应，反而如同受惊的兔子一般，加快了并入仁科的脚步。到了 6 月 3 日，仁科公司正式发布消息，已经成功收购了 J.D.Edwards 公司，成交价格是 17 亿美元。仁科公司一跃成为了软件行业第二大的公司，这让埃里森感到心惊肉跳，他做出了一个决定，那就是收购仁科。

短短三天以后，埃里森就放出消息，要以51亿美元的价格收购仁科。这个价格非常合理，以这个价格来算，甲骨文收购仁科，每股的价格是16美元。在之前一天的晚上，仁科股票的成交价是15.11美元。甲骨文公司直接致信仁科的董事会，提出自己的收购意愿。

仁科公司同样是个庞然大物，甲骨文虽然是业内第一，但是仁科对甲骨文是否能够有足够的流动资金持怀疑态度。甲骨文公司则财大气粗地回应了仁科，甲骨文手中至少持有60亿美元的现金，并且鼎鼎大名的瑞士信贷投资银行——波士顿投资银行，将会为甲骨文提供融资。

这个消息传出以后，整个软件业都轰动了。首先做出反应的就是J.D.Edwards公司，他们表示，如果甲骨文收购了仁科，那么J.D.Edwards公司并入仁科这件事情将会有变动，他们会重新考虑是否要并入仁科。

仁科公司也对此做出了反应，公开对媒体发布声明，认为埃里森想要收购仁科，简直是痴人说梦，甲骨文未必想要收购仁科，发布消息主要是为了阻碍仁科收购J.D.Edwards公司。仁科公司的负责人克雷格·康威还呼吁股东，不要过早行动，仁科公司将会认真审核任何收购案。

仁科和J.D.Edwards公司做出的反应媒体并不意外，毕竟埃里森恶名昭彰，在他们眼里，这场收购案必定是充满恶意、另有所图的。几乎所有的媒体文章中都对仁科充满了同情，希望埃里森会失败，希望仁科能够坚守阵地，击败埃里森。

连续两场收购案，因为主角不同，媒体做出的反应也大不相同。埃里森的恶名昭彰是一部分原因，而另一部分是因为康威与埃里森之间曾有过一段不愉快的经历。康威在加入仁科之前，曾在甲骨文公司工作了八年，到了1993年，甲骨文公司实行了规模庞大的改革，康威也在这场改革中离开了甲骨文。我们无从得知康威离开甲骨文的细节，但从他离开甲骨文以后的表现来看，离开的场面没有鲜花和掌声，并不是一场和平的分手。康威离开甲骨文以后，经常与埃里森打口水仗，并且持续了十年之久。

两人这般私交，这场收购案必定不会以和平方式进行。康威一直公开表示，甲骨文公司并不是真心想要收购仁科，他的目的就是为了捣乱。能够收购仁科固然是好，如果不能收购，埃里森也将会使用一切手段让仁科的业务不能正常进行。而埃里森也表示，如果甲骨文能够成功地收购仁科，将不会保留仁科的品牌。仁科两个字，将从历史上消失，仁科的产品也将会重新制作。

埃里森对于仁科的坚决抵制，一时之间也没有什么好办法，只好故技重施。他在新闻发布会上透露，说早在一年前，仁科的 CEO 就和他洽谈过，希望能够将仁科的应用软件与甲骨文的应用软件合二为一，但当时埃里森与对方没有能够达成一致。面对虚假宣传，康威第一时间做出了回应，他表示埃里森了又胡说八道了，仁科没有任何人跟埃里森接触过，并且表示相对于双方合并，如果甲骨文能够停止自己的软件业务，开始为仁科服务更好。

康威将埃里森刻画成了一个气势汹汹的伪君子，而埃里森则将宣称康威是一个玻璃心的小狗。双方之间唇枪舌剑一直没有停过，而媒体则一边倒地站在了仁科一边，业内人士也认为埃里森对于仁科的收购不过是为了报复康威，这场收购是一场充满恶意的闹剧。

在仁科公司内部，整个董事会上下一心，抵抗甲骨文的收购。在外部，所有的媒体和业内专家也都站在了仁科一边。埃里森一直在提高对仁科的收购价格，从原本计划的 51 亿美元上升到了 63 亿美元，没过多久，又上升到了惊人的 77 亿美元。77 亿美元的溢价依然没有打动仁科的董事会，一直到甲骨文开出了惊人的 94 亿美元，仁科的董事会仍然不动心。

并购仁科

仁科的上下一心和舆论对仁科的支持,让仁科坚持了下来,但是这种坚持不能永远地持续下去。一力降十会,在甲骨文强大的资本攻势下,仁科早晚有一天会失守。想要保住仁科不被甲骨文吞并,一支救兵是仁科最为需要的。这支救兵不是普通的公司就能担任的,最好是和甲骨文不相上下的巨头,至少不能比甲骨文差得太多。在这种情况下,最佳的对象莫过于微软、IBM 和 SAP 三家公司。

仁科首先将目标瞄准了 IBM,IBM 对仁科也是非常心动。但是,经过 IBM 的分析,收购仁科有以下几个问题:

1、IBM 并不是一定要用仁科的应用软件,对于 IBM 来说,SAP、西贝尔等公司的软件也都是很好的选择。

2、IBM 与任何公司合作并不会为 IBM 带来多大的利益。IBM 与 SAP 和 J.D.Edwards 等公司都有过协议,一旦 IBM 和仁科合作,那么 SAP 公司极有可能会不再支持 IBM。

于是,IBM 放弃了仁科伸过来的橄榄枝,表示不会参与到这场并购战中去。

随后,微软方面也表示对收购仁科不感兴趣。微软当时还没有彻底从反垄断调查中脱身,而且数据库业务并不是微软的主要业务,哪怕是甲骨文真的吞并了仁科,对于微软来说并没有多大的影响。

SAP 成了仁科的最后一根救命稻草,可惜 SAP 对于收购仁科也没有太多兴趣。SAP 对于大型收购计划没有什么经验,贸然出手的风险是极大的。而且,甲骨文收购仁科,对于 SAP 的影响也不大,SAP 依旧占有着大多数的市场份额。SAP 甚至表示,甲骨文与仁科合并以后,两个敌人变成一个敌人,SAP 将更容易确定目标。

寻找援军失败以后，仁科就变成了砧板上的鱼肉，只看甲骨文什么时候下刀了。面对这种情况，仁科依旧不想坐以待毙，想要抵抗甲骨文，只剩下自毁长城一招。这个办法在反收购案例中屡见不鲜，只要想办法增加收购成本，就可以减少公司对于收购者的吸引力。于是，仁科表示如果甲骨文执意收购仁科，那么仁科将会发行上百万股的新股票，提高收购成本，并且表示即便甲骨文成功地收购了仁科，那么仁科的产品将不会对客户有后续支援，甲骨文给用户的退款将高达20亿美元。

面对仁科自毁长城的做法，甲骨文丝毫没有乱了阵脚。埃里森将仁科告上了法庭，强迫仁科取消了这些不正当的反收购条款。并且对仁科做出了最后宣言，甲骨文公司将支持同意收购案的仁科股东上台，一旦仁科有任何一点失误，新上台的董事就会抓住管理层的小辫子，开展一场批准收购的投票。

釜底抽薪的计划也失败了，摆在仁科眼前的办法只剩下一个，那就是反垄断法。事实上哪怕是甲骨文并购了仁科，也不会造成应用软件业的垄断，因此，仁科只是在病急乱投医而已。仁科在这场官司里花费了多达7000万美元，但最终结果是显而易见的，法庭判决甲骨文收购仁科并不能构成垄断。

既然反抗失败，仁科只能选择顺从。一直与埃里森对抗的康威，也就变成了仁科董事会的绊脚石。在2004年的10月1日，仁科董事会宣布将康威解职。康威下台以后，甲骨文并购仁科，只是一个时间问题。随后还出现了一个小插曲，那就是欧盟像模像样地对甲骨文与仁科并购一案进行了一次调查，需要证明这次收购不违规，在欧洲也不会构成垄断。

2004年12月13日，甲骨文正式宣布对仁科进行收购，收购价格为每股26.5美元，总计103亿美元。这场规模惊人的收购案最终以甲骨文的成功而落下帷幕，尽管甲骨文花费了大量的资金，用掉了长达18个月的时间。但从长远来看，并购仁科是对甲骨文有利的，甲骨文公司的股票将会持续上涨，增长幅度也会加大。

作为甲骨文的对手，SAP也没有闲着。仁科与甲骨文两虎相争，SAP

在旁坐收渔利。甲骨文收购了仁科以后，SAP 就收购了另一家公司，TomorrowNow。仁科此时全面改组，流失了大量的客户，而 SAP 借着 TomorrowNow 公司的产品，抢夺了大量甲骨文的潜在客户，其中甚至有百事公司这样的行业巨头。从此，甲骨文与 SAP 算是结下了仇，双方的争斗拉开了帷幕。

并购狂潮

任何一个公司想要变成真正的帝国，都必须走向多元化。甲骨文也是如此，不仅要在应用软件业呼风唤雨，同样需要在其他领域获得发展。并购仁科只是一个开始，这场收购案不仅增强了甲骨文的实力，更是让甲骨文切实地学到了如何去并购其他企业。于是，甲骨文展开了一场并购狂潮。

尽管埃里森和甲骨文财大气粗，但收购并不是盲目的。埃里森曾表示，仅仅是在软件业，多元化发展也是非常必要的，并且在并购其他公司的时候，也会得到该公司原本的客户。软件业与制造业不同，生产成本不会随着客户的增加而增加，所以利润的增长将会是惊人的。在开始收购之前，埃里森为甲骨文制定了一项规范，那就是在下一个五年里，每年的利润要增长 20%，任何收购都将以达成这个目标为最终目的。就这样，甲骨文的疯狂收购拉开了序幕。

SAP 一直视甲骨文为最大的竞争对手，甲骨文吞并仁科以后，更是让 SAP 产生了前所未有的危机感。于是，趁着甲骨文还在消化仁科，SAP 也开始了自己的扩张计划。SAP 首先将目标瞄准了拥有一些实用技术的企业应用软件公司 Retek。当 SAP 发布消息以后，埃里森马上就乱了阵脚，SAP 的扩张必定会让甲骨文失去许多市场，为了不失去先机，甲骨文也马上开始了行动，准备从 SAP 嘴里把 Retek 抢下来。

相对于 SAP 一步一个脚印的扩张，埃里森的做法无疑是疯狂而不讲理的。甲骨文刚刚吃下了仁科，还没有整合完毕，合并了的新公司甚至连自己的市场目标与定位都没有确定下来，就要吃下 Retek，甲骨文十有八九要"消化不良"。而埃里森则自信地表示，甲骨文在美国软件市场上已经处于了领先地位，如果想要保持这种领先，那么就必须大规模地扩张。收购 Retek 是完成甲骨文扩张的重要部分，这场收购势在必行。

其实，甲骨文的确对 Retek 的收购势在必行，但不是因为什么扩大领先地位，而是因为 Retek 的用户群和甲骨文有极大的重合度。双方之前一直有着紧密的合作关系，超过 80% 的用户在使用甲骨文的数据库运行 Retek 软件。如果 Retek 易帜，那么这些用户很有可能转投其他数据库公司的怀抱。所以，将 Retek 的用户留下来，是至关重要的。

明眼人都明白，Retek 对于甲骨文来说意义重大，但是 Retek 公司规模并不大，甲骨文想要和 SAP 争夺 Retek，就需要溢价收购。这对于 SAP 和甲骨文来说都不是一个好消息，而 Retek 才是这场收购中最大的赢家。事实也是如此，SAP 给 Retek 开出的价格是 3.41 亿美元，甲骨文加入战争以后，价格很快就被双方抬高到了 6.69 亿美元，翻了一倍还多。Retek 董事会很快就给出了回应，他们喜出望外地表示，董事会一致同意接受甲骨文以 6.69 亿美元收购 Retek 的提议。

甲骨文的行为彻底激怒了 SAP，双方开始隔空喊话。甲骨文称 SAP 的产品是"网络骗子"，而 SAP 则还击，称甲骨文的产品是一片混乱的。口水仗并没有阻挡甲骨文收购的脚步，仅仅四个月以后，甲骨文又将负责提供零售利润优化解决方案的软件供应商 ProfitLogic 公司收入囊中。同时，甲骨文还从花旗集团手中获得了 I-flex 解决方案公司，该公司是印度最大的企业应用软件公司，也是全球最大的金融软件公司之一。2 月以后，埃里森又瞄准了西贝尔系统公司，该公司与甲骨文一样，主要业务是负责客户关系管理。西贝尔一直是甲骨文强而有力的竞争对手，但是由于市场的限制，西贝尔公司的股价从 2001 年就开始大跳水，到 2005 年的时候，公司资产已经缩水了 90%。甲骨文急不可耐地用溢价17%的58.5亿美元将西贝尔并购了下来。

在收购其他公司的过程中，埃里森依旧没有忘记打击竞争对手SAP。不管收购计划是在多么忙碌地进行，他始终有办法让SAP焦头烂额。在2006年，埃里森提出了"脱离SAP"计划。该计划的核心内容是SAP软件的客户可以免费用原来的软件兑换甲骨文公司的软件，让客户无忧无虑地从SAP阵营过度到甲骨文阵营当中。据埃里森个人发布的数据，该计划实施得非常顺利，短短一个月时间，就有230家公司表示要脱离SAP的阵营。

到了2007年，甲骨文公司将SAP告上了法庭，指出SAP公司非法访问那些有密码保护的客户支持网站，将甲骨文公司有版权保护的软件和其他资料复制到了自己的服务器上，这场官司最终因为没有足够的证据而不了了之。

甲骨文的一系列收购没有起到立竿见影的功效，尽管这些行动让甲骨文公司在北美市场上抢占了大量的市场份额，令SAP不得不改变计划，但实际上甲骨文的利润正在逐年递减。甲骨文收购了众多公司，总销售量没有提高，甚至连持平都做不到。有分析公司发布文章，表示埃里森大举并购其他软件公司，很可能会就此毁掉甲骨文。

埃里森可不这样想，他想要的公司是规模庞大，业务全面，只要客户需要应用软件，我们就可以提供。因此，他没有停止收购的步伐，从2005年到2008年，甲骨文收购了四十余家软件公司，成为了名副其实的软件市场整合者。如今，甲骨文仍然没有停止他并购的步伐，那些拥有云技术的公司将成为甲骨文的下一个目标。

中国计划

许多人都在质疑埃里森的成功,他不是硅谷中技术最好的那个,也不是经验最丰富的那个,更不是最会做生意的那个。但是,在他的带领下,甲骨文一步步地走上了世界应用软件霸主的位置。这主要得利于埃里森个人对于形势的分析能力,他有着鹰一般敏锐的眼光,猎豹一样敏捷的反应速度,不管是甲骨文内部改革,互联网大潮还是甲骨文多元化改革,都体现出了他的高瞻远瞩。因此,他将自己的目光转向未来形势一片大好的中国,也没有让太多人感到意外。

早在2002年,甲骨文公司就正式注册了"甲骨文"的中文商标,这是一个具有特别意义的举动,甲骨文第一次专门针对某个区域市场,而专门设计了注册商标。这无疑表示埃里森对于中国市场的特别重视。埃里森曾表示,按照中国市场的发展速度,到了2007年就可以取代日本,成为甲骨文全球第二大市场。

埃里森这次可不是无的放矢,早在2001年,甲骨文没有正式在中国成立分公司的时候,中国所占的市场份额已经达到了亚洲第三,仅次于日本和韩国。并且相对于增长缓慢的日本和韩国,中国市场表现出了惊人的增长势头,甲骨文中国年收入增长速度超过了50%。因此,埃里森特别制订了"金色中国"的计划。在"金色中国"计划中,中国市场将用三年的时间超越韩国,用五年的时间超越日本。

甲骨文公司在中国可以说是下了大本钱,在超越韩国的三年时间里,甲骨文中国公司增加了大量的员工,并且采用了本土化战略,在北京和深圳都建立了研发中心,并且举办了两届甲骨文全球技术和应用大会。

"金色中国"计划起到了应有的效果，在2005年，甲骨文中国公司已经全面超越了韩国公司，成为亚太地区的头名。而在世界范围内，中国也上升到了第六位，这也让埃里森越来越重视中国市场。

对于埃里森来说，中国是一块尚待开发的处女地，尽管已经有着可观的销量，但仍然蕴含着巨大的潜力。2005年，美国的计算机行业发展速度已经放缓，互联网上的一切都不再新鲜，新客户越来越少。而在中国，正是个人电脑和互联网经济井喷的时候，越来越多的人购买电脑，使用互联网。中国本身的发展速度也是惊人的，GDP以可观并且稳定的速度增长着，就连狂妄的埃里森都怀疑甲骨文公司是否能够跟上中国的发展步伐。

对于未来，埃里森表示会持续增加对中国的投入，尽管增加投资会加大公司承担的风险，但是如果不增加投入，那么损失的风险将会更大。在最近几年，甲骨文公司与中国政府以及许多机关都达成了合作，还将云企业正式落户到了中国，在2016年还与腾讯公司合作，准备一举成为中国云服务的掌控者。

第四节
成功密码，埃里森其人

> 很多成功者都有着同样的特质，但是拉里·埃里森是一个反向的成功者，他身上的缺点远比优点要多。他的竞争对手不喜欢他，他的合作伙伴不喜欢他，大众和媒体也不喜欢他。但是，他还是成功了，相对于那些千人一面的成功者，拉里·埃里森有着自己独特的面貌。

埃里森的管理哲学

对于任何一个成功的公司，我们都会在其身上看见领导人对于公司的烙印，这些烙印是通过公司的管理方式和企业文化传递给其他人的，而这些烙印的形成则主要取决于公司领导人的个性和作风。对于甲骨文来说，埃里森是不可或缺的一员，就如同苹果和乔布斯一样。乔布斯去世以后，苹果公司的情况虽然没有每况愈下，但是相信乔布斯如果还在，必定能让苹果公司更上高峰。但是，对于如今的甲骨文来说，很少能够看见埃里森的个性烙印，这也是经过甲骨文和埃里森共同努力才做到的。

硅谷对于埃里森和乔布斯这对好朋友的评价非常类似，他们两个都是坏孩子。不过，从乔布斯身上人们看见更多的是叛逆，而埃里森身上则是有着许多的野蛮。硅谷人这样评价埃里森："埃里森只不过是从一个没有教养的青年变成了一个没有教养的富翁。"而更加直接的评价,如"流氓,无赖"也是屡见不鲜。其他公司的人对于埃里森缺少好感,而甲骨文公司的工作人员对埃里森也称不上什么亲切,甲骨文公司的一位前销售总裁就表示,为埃里森工作切实能体会到什么叫伴君如伴虎。

埃里森从不在乎别人对他的评价,这似乎跟他的性格很相似,但他的言论就不太符合他的表现了,他曾说过:"我不会依据什么样的报道对我有利来发表言论。"这句话恐怕是埃里森说过的最大的谎话之一。

埃里森在选择公司员工的时候,更像是一个任性的孩子,尽管所有的管理者都喜欢和与自己类似的人一起工作,而埃里森在这方面更甚于其他人。埃里森的性格很容易被人看透,他狂妄自大,自以为是,甚至想与上帝比肩,而招聘员工的时候,他也更加喜欢那些有野心,自信爆棚,但是却有着极高智商的人才。甲骨文的一位工程师曾透露说:"他们从大学招聘员工的时候,会问学生是不是最聪明的,如果答案是'是',那么这个学生就会被录用。如果得到的答案是'不是',那么他们就会询问谁才是那个学生心目中最聪明的人,然后去录取那一个。"在埃里森的"精心挑选"下,甲骨文公司的大部分员工都是狂妄自大、自信心爆棚的人。

埃里森是一个任性的孩子,但他不是暴君,他允许别人质疑他,甚至有点喜欢。越是敢于挑战他,越是自以为比老板还要正确的员工,他就越是喜欢。一个公司里充斥着大量傲慢的员工,产生的结果只能是在管理上一片混乱。员工们在埃里森的默许下,将公然违反公司规定和顶撞上司变成了一种常态。有些管理人员认为,埃里森甚至是在纵容这些行为,他经常会表扬这些员工,认为他们是在勇于挑战传统。但是,埃里森也有判断员工是否合格的标准,那就是成绩,如果没有成绩,那么自信就将变成无知的自大。

埃里森不介意别人质疑自己,甚至挑战自己的另一个主要原因是他自信是甲骨文公司里最聪明的人。而事实上,几乎公司里所有的员工也都是这样认为的。这也是尽管他缺少人格魅力,在管理方面非常专横,却依旧有人团结在他周围的原因。

埃里森是个极其情绪化的人，他的情绪变化极快，快得就像一道闪电一样。他温柔起来就如同和煦的春风一般，让所有的员工都能感受到他的温暖。而他如果冷漠起来，就如同西伯利亚的寒风，让所有的员工都瑟瑟发抖。他对员工好的时候，可以倾听员工的任何意见，关心下属的健康、家人，甚至家里的宠物。他对员工不好的时候，会因为某个人穿了一套他看不顺眼的衣服就将其解雇。这种忽冷忽热的性格让所有的员工都对他毕恭毕敬，没有人知道他下一秒会发什么疯，会不会突然将自己解雇。

埃里森阴晴不定的表现几乎让所有真正有才能的人都无法和他共事，公司的高层人员每隔一段时间都会更换一次，而这些离开甲骨文的人都在硅谷的其他公司功成名就。仁科的CEO克雷格·康威就曾在甲骨文工作了八年之久，西贝尔公司的创始人汤姆·西贝尔也曾是甲骨文公司的员工，马克·贝尼奥夫更是在今后的创业中延续了埃里森的行事风格。一方面，埃里森曾自嘲说，每一家加州湾软件公司的负责人，几乎都是甲骨文的前员工。从另一方面来看，甲骨文的确是一家成功的公司，他为IT行业培养了无数的人才，极大地推动了IT行业的发展。

埃里森另一个增加员工积极性的方法是引入竞争机制，利用竞争来给员工施加压力。埃里十分喜欢日本文化，尤其是被日本文化中的矛盾所折服。他认为，日本人是世界上最有礼貌的，同时又是最好斗的，在日本人身上，可以找到极度傲慢与极度谦卑的平衡。这成为了他管理甲骨文员工的理念，也将其作为了甲骨文的企业文化之一。员工们既要保持谦虚，又需要有好胜心。谦虚可以让员工看见自己的缺点，而好胜心则可以提升员工的竞争力，达到优胜劣汰的目的。于是，作为一个公司负责人，他经常挑起公司内部的争斗，他曾说："任何一笔生意都可能有五个竞争者，而其中三个可能来自甲骨文内部。"

在甲骨文工作的员工都承受着巨大的压力，这种压力来自无休无止的竞争。为了平衡这种残酷的竞争，埃里森为竞争的胜利者准备了丰厚的奖品。任何一个进入甲骨文公司的员工，都有机会获得丰厚的待遇，早在"销售至上"

的年代，甲骨文公司的销售人员就能拿到 30 万美元的年薪，那些顶尖的销售人员甚至在一年之内就成为了百万富翁。

那些达到销售目标的员工有丰厚的奖励在等着他们，等待那些没能完成目标的员工就只有解雇了。埃里森每年都会为员工们制定极其荒唐的目标，这些目标都是极其遥远，几乎不可能达成的，而埃里森则表示，这些目标是必须被完成的，只许多，不许少。哪怕只差一点点，没有完成目标的员工都将面临被解雇的危险。甲骨文公司就如同一个残酷的角斗场，有人获得胜利，就得有人品尝失败。

埃里森的管理哲学十分残酷，但却让甲骨文公司一直保持着活力，让甲骨文公司一直飞速前进着。从公司的角度来看，埃里森无疑是成功的，但是从员工的角度看，埃里森是残忍的。这种斯巴达式的管理方式成就了甲骨文，却也摧毁了许多没能扛住压力的人。

胜利就是一切

埃里森喜欢日本文化，但是他最为崇拜的人却不是某个日本人。他一直将成吉思汗作为他的偶像，比如他经常引用成吉思汗的话："成功本身并不重要，重要的是其他所有人都失败了。"而他本人也做过类似的发言。因此，为了成功他可以不择手段，他在乎的只有最后的结果，至于取得成功的手段是否光彩，并不在他的考虑范围内。

之前我们说过，埃里森公开表示："我不会依据什么样的报道对我有利来发表言论。"事实上，埃里森不仅会根据对他有利的报道发表言论，甚至会为了让自己处于有利的境地而发表虚假的言论。在甲骨文公司刚刚成立的时候，他就是用虚假宣传拉到了一批又一批的客户，在对战微软的时候，他也曾借助媒体一篇不实的报道为自己的新产品造势。而在2006年，面对SAP的时候，他故技重施，在甲骨文季度会议上宣布SAP的主要产品会将发布日期推迟到2010年。埃里森"帮"SAP将新产品的发布时间推迟到了四年以后，这是何其不负责任的发言。埃里森的话让整个业内都一片混乱，SAP为了稳定客户的情绪，当天就发布了声明，表示埃里森完全是在胡说八道，公司并没有推迟新产品发布的时间。SAP对于埃里森的胡言乱语可是有着相当丰富的应对手段，因为埃里森不止一次发布关于SAP的虚假信息，早在2000年，埃里森就宣布甲骨文已经超过了SAP，成为了商业管理软件中的最强企业。而在当时，甲骨文离SAP还差得远呢。

埃里森的卑鄙手段不仅会用在竞争对手身上，还会用在自己的前员工，甚至现任员工身上，雷·莱恩与甲骨文的不欢而散就是最好的例子。莱恩对于甲骨文可以说是功勋彪炳，受命于危难之际，挽救甲骨文于倾颓之间。当埃里森决定让甲骨文公司投身互联网大潮的时候，立即将绊脚石莱恩一脚踢开。莱恩对于在甲骨文的遭遇一直耿耿于怀，他表示在公司里，任何人都无法忍受埃里森的善变，埃里森是个独裁者，他狂妄自大，跟他相处的八年实在是太不容易了。莱恩没有说错，能与埃里森相处八年的人的确不多，甲骨文公司管理层的频繁更迭就说明了这一点。埃里森认为人与人之间的关系不过就是一场又一场的交易，不管是工作还是婚姻，都是如此。而在公众面前，埃里森则拿出了另一副嘴脸，他表示是离开的那些人背叛了他，这不是他的错。他是个受害者，这些人的离开让他感受到了被抛弃的感觉。

另一个深受埃里森残害的人是他的门徒——马克·贝尼奥夫，贝尼奥夫在甲骨文工作的时间长达13年，在这13年里，埃里森也是多方提携，让他做到了执行官的位置上。离职以后的贝尼奥夫创办了属于自己的网站，为销售软件提供支持。埃里森表面上做出一副支持贝尼奥夫的样子，公开对贝尼奥夫在另一个领域开疆辟土表示支持和赞扬，并且拿出了200万美元成为了贝尼奥夫公司的董事。而实际上，埃里森借着成为贝尼奥夫公司董事的机会，窃取了公司的创意和计划，在短短半年以后就成立了一个与贝尼奥夫的公司几乎一模一样的新公司。这让贝尼奥夫非常愤怒，勒令埃里森退出董事会。埃里森厚着脸皮拒绝了贝尼奥夫，并且表示贝尼奥夫是个忘恩负义的人。最终，埃里森还是退出了贝尼奥夫的公司，但是在离开的时候又为自己在公司里持有多少股份和贝尼奥夫斤斤计较了一番。

有商务心理学家对埃里森的心理状况进行了分析，认为埃里森不择手段的行为与他早年的经历有着密切关系。我们之前提到过，埃里森的养父是一个尖酸刻薄的人，从来不会对他说一句好话。埃里森也学得有模有样，成为了一个经常会对自己的对手出言不逊的人。对待他的下属时，他也学着养父的样子，想什么时候发脾气就什么时候发脾气，对于犯错的员工，绝不原谅。他内心渴望得到认可，所以他表现得总是与众不同，总是与传统对抗，总是挑战权威。在他创业以后，对于成功感受到了前所未有的渴望，为了满足这种渴望，其他的事情都不重要。

在硅谷之中，虽然鲜少有彬彬有礼的绅士，但是公司之间的博弈始终是文明的。只有埃里森，采用一种近乎野蛮的方式在硅谷杀出了一片天地。他总是将自己逼入绝境，他的字典里不会有失败，要么是成功，要么就是消亡。这就是埃里森的生存之道，也是他的商业策略，成功至上，胜利就是一切。

埃里森的成功密码

任何人的成功都不是无迹可寻的，埃里森同样如此。尽管他做人专横跋扈，四处树敌。但无可否认，他是世界范围内最为成功的企业家之一。在埃里森的经历中，我们不难找到他成功的密码，我们将这些密码转换成三个关键词，逐个进行分析。

关键词一：高瞻远瞩

我们常说机会是给有准备的人，纵观埃里森的经历，每当潮流发生变化，埃里森总是能够准确地抓住时机。那么埃里森是时刻都准备着吗？当然不是，他不是工作狂，他每次做出的决定，都依赖着与生俱来的商业眼光。

埃里森的第一次成功得利于 IBM 研究人员发布的论文，这片论文提出了一个新型数据库概念，那就是关系数据库。就在所有人都认为关系数据库是毫无用处的、缺少商业价值的时候，埃里森准确地把握到了其中的商机，认为关系数据库才是日后的主流产品，于是做出了全力开发关系数据库的决定。这个决定为日后埃里森的成功奠定了坚实的基础，也狠狠地回击了那些他在开发关系数据库时冷嘲热讽的人。

埃里森的第二次成功是因为赶上了互联网的大潮。他认定互联网就是计算机行业的未来，为了让公司将核心转移到适合互联网的数据库上，不惜赶走为甲骨文工作了八年的功臣雷·莱恩。不管埃里森的做法是否令人不齿，但他的眼光是正确的，如今已经是互联网的时代，甲骨文公司也在互联网的大潮中赚得盆满钵满，甚至一度让他坐上了世界首富的宝座。

埃里森能够让甲骨文公司成为一个帝国，这也得利于他的商业眼光。他敏锐地察觉到，未来企业的发展模式就是多元化，只有那些规模庞大，功能齐全的公司才能成为行业的佼佼者。于是，他开始了疯狂并购其他公司的行动。当时，从华尔街到硅谷，无数的分析人员都不看好埃里森的所作所为，他的步子迈得实在太大了，很容易将甲骨文公司拖垮。埃里森再次证明了自己是正确的，甲骨文公司带领了一波收购潮。许多公司都发现了埃里森的先知先觉，等他们开始并购其他公司的时候，埃里森早已先行一步，获得了更多的利益。

尽管甲骨文公司的员工都认为埃里森的思想至少超前了 18 个月，但是关于互联网的设想，埃里森至少领先了十年。埃里森当年提出了"网络计算机"概念，认为可以用低端配置的计算机在网络方面的优势，取代高端个人电脑。虽然这个概念最终胎死腹中，但人们不得不承认，这一次埃里森的失败是因为他看得实在太远了。云概念如今已经走进了我们的生活，这不正是埃里森在

1996年提出的"网络计算机"的另一种形态吗？

埃里森在商业方面有着无可比拟的眼光，也正是如此，他让甲骨文成为了一个开创潮流的公司，而不是一个跟随潮流的公司，让甲骨文超越了一个又一个对手，甚至超越了他一直当作风向标的IBM。

关键词二：舍我其谁

埃里森的狂妄自大在硅谷享有盛名，但是这种狂妄自大何尝不是一种极致的自信，如果没有这种自信、没有舍我其谁的气魄，埃里森也不会带领甲骨文做出今天的成绩。

埃里森从不向传统低头，从学生时代他就是个叛逆的孩子，他拒绝上拉丁文课，拒绝参加成人礼，认为这是浪费时间。而到了创业阶段，他同样敢于挑战传统，做别人不敢做的事情。在做关系数据库之前，就连IBM都不敢尝试自己的技术人员提出的概念，而一无所有的埃里森却敢投身其中。正应了埃里森的那句话："这种自信在其他人看来或许是毫无根据的，但是一切都是从这里开始的。"

埃里森也从不惧怕任何对手，他的第一个大客户就是从IBM那里顺走的，尽管甲骨文的产品当时根本不成熟，却还是勇敢地接下了CIA的大订单，最后让CIA满意而归。之后，同样以数据库为主要业务的IBM与甲骨文展开了激烈的竞争，甲骨文宣传自己的产品应用在所有大流量的公司里，而IBM则表示自己的产品对用户更加友好，更加稳定。

IBM可以说是埃里森的引路人，但埃里森对于IBM这样的传统公司一直是非常不屑，他曾公开宣称IBM的产品都是25年前由父辈人所编写的，就连IBM自己都不会使用他们自己的DB2数据库。事实上，IBM确实对甲骨文的产品青睐有加，在IBM为客户演示他们的计算机和服务器产品时，运行的数据库就是甲骨文的产品，因为DB2实在是太庞大了，会拖慢计算机的速度。

埃里森将比尔·盖茨视为一生的对手，并且果断向微软开战了。在甲骨文向微软公司开战的时候，正是微软公司最不可一世的时候。当时，微软公司刚刚用内置IE浏览器的办法击垮了出言不逊的网景公司，其他软件公司人人自危，生怕微软将自己公司同类型的软件内置在Windows里。而埃里森则丝毫不畏惧这一点，他甚至主动挑衅微软，表示甲骨文将以数据库产品来击垮微软公司。微软也是毫不留情地给予了还击，开发出了SQLServer数据库，试图与甲骨文分庭抗争。最终，双方始终没有分出胜负，而埃里森没有放弃击垮微软的想法，至今仍在为这个目标奋斗着。

关键词三：对市场的重视

提到埃里森的成功，就不得不提到埃里森的市场策略。在硅谷，从未有过像他一样成功的例子。刚刚成立甲骨文公司的时候，埃里森的主要策略就是制作一个关系数据库。但是之前我们已经数次提到，甲骨文公司前期的作品根本是一些无法正常使用的残次品，程序里满是错误，总是导致用户的电脑死机，承诺的功能无法兑现，但埃里森还是用这些几乎无法使用的产品让自己变成了千万富翁。埃里森明白，先抢占市场才是最重要的，从先于IBM做出关系数据库开始，他就将抢占市场作为公司的首要目标。如果埃里森等待甲骨文的产品完善才发布的话，那么在市场上就无法甩开其他的竞争对手。埃里森擅长用自己的三寸不烂之舌来欺骗客户，他认为市场份额对于公司的发展远比产品质量重要。先卖掉产品，再用赚到手的钱来完善产品。

Ingres是第一个倒在埃里森市场策略下的对手，相对于甲骨文来说，Ingres是一个充满了学者气质的公司，他们更看重的是技术的进步。当Ingres在1985年推出分布式查询的时候，就让埃里森看见了机会。埃里森认为分布式查询技术必定会引起数据库的一场变革，于是抢在Ingres之前推出了兼容IBM关系数据库的产品。尽管他在产品还没出现时就放出了大话，尽管他的产品实际上依旧充满了问题，但甲骨文在Ingres之前抢占了市场，走了Ingres的路，让Ingres无路可走。

提前发布虚假消息抢占市场也是埃里森的惯用招数，许多客户都对甲骨文的发布会产生过质疑，为什么埃里森在发布会上演示的软件总是能够正常运行，功能也都能够实现，而到了他们手上就完全是另一个样子。这就是埃里森的狡猾之处，现场大多数观众看完埃里森的演示以后都会对甲骨文的新产品充满信心，掏钱购买甲骨文的产品，而实际得到的东西则是完全不同的产品。

埃里森用精明的销售手段弥补了技术上的不足，这让他完成了资本的快速积累。当资本积累完成以后，甲骨文公司已经成为了一个庞然大物，想要招聘更多的技术人员简直是轻而易举。埃里森深深地明白利用销售手段抢占市场才是甲骨文公司发展的根本，他为销售部门制定了疯狂的目标，并且许以重利。这让甲骨文公司的销售部门充满了狂热的气氛，视金钱为上帝的销售人员让甲骨文在前期达成了每年销售额翻一番的目标。

如今，甲骨文的经历在硅谷已经成为了一个神话，埃里森用自己的成功告诉硅谷的创业者们，像 IBM 一样坚持推出客户满意的产品会成功，像甲骨文一样用不入流的产品配合顶级的销售策略，快速抢占市场一样可以成功。在埃里森功成名就了以后，甲骨文已经彻底改变了自己的销售策略，开始用技术说话，用产品的实力说话，这种转变是建立在甲骨文拥有了足够的市场占有率之上的。埃里森清楚地明白，想要从一个已经被瓜分完毕的市场上取得 1% 的市场份额，将要付出无数的资金；先成为市场的瓜分者，成功将变得容易很多。

Part 6

Salesforce.com：世界最创新公司

我一直雄心勃勃，这并不是什么秘密。

——马克·贝尼奥夫

第一节
心之所向，创建一个"云"里的公司

> "我们将会成为传统软件时代的终结者。"在1999年Salesforce公司创建的时候，那位傲慢的缔造者马克·贝尼奥夫如是说。而事实证明，十多年过去之后，Salesforce也的确毅然成为了行业的领导者，当年一个小小的创意，成就了这个市值超过160亿美元的"云"中王国，这场颠覆注定成就一个传奇。

Salesforce 和它傲慢的缔造者

硅谷从不缺少的除了科技之外，还有一群"自大狂"，而马克·贝尼奥夫无疑正是其中之一。在媒体眼中，贝尼奥夫绝对是个傲慢无比的人，硅谷著名的科技博客网站Valleywag就曾撰文批评过贝尼奥夫是个过于自以为是的人，文中这么写道："你可以试着去想象一个六英尺五寸高，300磅重的，皮肤非常白的甘地形象，是的，这就是贝尼奥夫所认为的他自己的形象。"

事实上，贝尼奥夫的傲慢也确实人尽皆知，哪怕是在一群"自大狂"聚集的硅谷，他的所作所为也总是令人震惊不已。2000年，他曾怒气冲冲地闯进埃里森办公室，要求他辞去Salesforce董事长的职位；2001年，他解雇了Salesforce的CEO翰·狄龙，进一步全面掌控了Salesforce公司；2010年，他在媒体上公开炮轰微软,并称其为"专利流氓",为苹果打抱不平……

这就是贝尼奥夫,一个总是语出惊人、傲慢无比的家伙。但这显然并不是贝尼奥夫的全部。

傲慢的自大狂无疑是令人厌恶的,但如果他有足以与其傲慢"匹配"的才华与成功,那就注定成为媒体的宠儿,行业的传奇。贝尼奥夫就是如此,在他的"狂妄自大"背后,是 Salesforce 颠覆性的传奇与成功。这不仅仅只是一间市值超过 160 亿美元的公司,它是一个时代的颠覆者与领导者,开创了一个新的里程碑。

那么,Salesforce 究竟是一间怎样的公司呢?

Salesforce 是一间主要面向企业客户的,推崇"软件即服务"云计算服务公司。简单来说,它其实就是一个提供随需应用的客户关系管理平台,它允许客户与独立软件供应商对产品进行定制与整合,并建立各自所需要的应用软件。对于用户来说,这样的服务是大有裨益的,既节约了购买硬件、开发软件等庞大的前期投资,也避免了许多复杂的后台管理问题。在 Salesforce.com 所提供的按需定制软件服务中,用户只需要每个月缴纳一定的类似租金的费用,就能使用所需的各种网站所提供的服务,这些服务涉及了客户关系管理的方方面面,比如最普通的联系人管理,以及产品目录和订单管理,销售管理等。在这个平台上,用户随时可以根据自己的需求,进行一些功能的增加和删减,可以说,Salesforce 所提供的这个平台,真正实现了软件服务的"按需使用"。

早在 Salesforce 创建之前,马克·贝尼奥夫就已经预言过软件业的灭亡,那时候的他还在甲骨文公司担任高管。贝尼奥夫设想:假如把软件放在云端,不再需要进行本地的安装、维护和升级,那么世界各地的人们就能够通过任何设备登录网站去使用自己所需要的软件,和使用水、电、煤气一样,只需要定期进行缴费就可以了。

正是这样一个颠覆性的构想,成就了 Salesforce 的传奇。正如贝尼奥夫所宣称的:"Salesforce 的目标不仅仅是要拥有一个小众市场,而是将创建一个巨大的行业,并领导这个行业的发展。"

如今再回首，我们看到，贝尼奥夫的确兑现了曾经的豪言壮语。时至今日，云计算已经成为科技群雄逐鹿之地，而这位"云计算"之父所缔造的Salesforce也已然成为了该行业当之无愧的领导者。

"我一直雄心勃勃，这并不是什么秘密。"这是贝尼奥夫在其半自传《云攻略》中所写道的。正如贝尼奥夫自己所说，他从来就不是一个安分的人，而这种不安分的基因或许正是来自于他的家庭。

贝尼奥夫出生在旧金山的一个商人家庭，他的父亲在20世纪六七十年代经营着一家百货公司，而作为律师的祖父则发明了BART（旧金山湾区快速交通系统）。刚上高一的时候，贝尼奥夫就已经是一名不折不扣的"极客"了，他通过做兼职的收入给自己买了一台电脑，并利用这台电脑写了他的第一款软件"变戏法"，通过这款软件，贝尼奥夫赚到了75美元，这是他人生的第一桶金。

15岁的时候，贝尼奥夫和他的朋友一起合伙，创办了第一家公司，名为"自由软件"，该公司的主要业务是为Atari800开发冒险游戏。对于此次创业，贝尼奥夫的家人给予了他全力的支持，甚至允许他独自一人前往欧洲，考察一座需要在游戏中出现的城堡。那时候，由于贝尼奥夫忘记给家里打电话报平安，他母亲还焦急万分地通知了英国警局，这让贝尼奥夫的旅行多了一个尴尬的小插曲。

所幸贝尼奥夫付出的努力并没有白费，当时游戏卖得很好，每个月能赚到至少1500美元，正是靠着这间公司，贝尼奥夫存够了他上大学的学费，并且还给自己买了一辆车。

贝尼奥夫的大学生涯是在南加州大学度过的，学的是企业管理和科技创新课程，这也是他母亲所毕业的学校。在1984年的大学暑期，20岁的贝尼奥夫进入苹果公司的计算机部门实习，他所负责的工作主要是为Macintosh（简称Mac）电脑编写一些本地汇编语言。也正是在这里，他认识了乔布斯，在之后贝尼奥夫的创业路上，乔布斯还曾做过他的顾问。贝尼奥夫曾说过这样一句话："如果没有乔布斯，就不会有Salesforce。"能让这个傲慢的家伙说出这种话，可见乔布斯对他的影响之深。

对于在苹果公司实习的这段时光，贝尼奥夫始终记忆犹新，不管是公司冰箱里的果味沙冰，门厅里停放着的摩托车，天花板上挂着的海盗旗，还是能够享受的福利——指压按摩，都给贝尼奥夫留下了深刻印象，当然，最让他难以忘记的，还是在公司里走来走去，鼓励开发者的乔布斯。在那次实习期结束之后，贝尼奥夫又曾第二次去过苹果公司实习，但那个时候，乔布斯已经离开了苹果。对于第二次的实习时光，贝尼奥夫的热情因乔布斯的离开而降低了不少，他说道："那时，随着乔布斯的离开，那些激动人心的氛围也就不复存在了。"

1986年，从南加州大学毕业之后，贝尼奥夫加入了甲骨文公司，而他所负责的第一个工作任务却是和软件开发编程完全无关的——接听公司的800热线电话。这对于贝尼奥夫来说是一个全新的体验，也正是在这个工作岗位上，他练就了一身和客户打交道的好本领。此后，贝尼奥夫从客服、销售、市场、产品开发一路干下去，凭借着出色的业绩，成为了甲骨文公司的销售明星。

在贝尼奥夫加入甲骨文的时候，甲骨文大约有两百多名员工，公司发展非常迅速，而创始人兼CEO拉里·埃里森也非常愿意给年轻人机会。那时候，埃里森常常会到大厅和员工们谈心，而贝尼奥夫便总是抓住机会，给埃里森递上小纸条，表达自己对Mac的了解和热爱，并递交了关于苹果市场的商业计划书。贝尼奥夫很快获得了埃里森的青睐，并被提升为甲骨文Mac部门的主管。不久之后，直销部门主管汤姆·西贝尔辞职，贝尼奥夫正式接替他的职位，在甲骨文的地位又更进一步。此后，贝尼奥夫平步青云，直至成为了甲骨文的副总裁，年薪高达30万美元。那一年贝尼奥夫年仅25岁，是该公司历史上最年轻的副总裁。

令人艳羡的成功并未牵制住贝尼奥夫的步伐，那颗不安分的心始终蠢蠢欲动地等待着一个破壳而出的机会。而正是在甲骨文公司的工作经历，让贝尼奥夫更加深刻地理解了管理软件，也让他开始产生颠覆传统软件业的想法。

灵感与创意的诞生

大概在 1995 年前后，互联网热潮席卷硅谷，".com"的后缀成了新时代的潮流。就在这一年，亚马逊与 eBay 这两家公司在硅谷成立了，它们为消费者提供了一种全新的生活方式，互联网上的无限可能展露了冰山一角。

在那个时期，甲骨文公司的发展依然十分迅猛，很快就成为了仅次于微软的全球第二大软件公司。虽然如此，但贝尼奥夫的很多同事依旧还是选择了辞职创业这一条路，对于他们来说，甲骨文就像是创业者的摇篮，他们从这里起步，在这个平台上发展自己的人脉关系，待羽翼丰满之后，便开始打造自己的软件帝国，甚至最终成为甲骨文的竞争对手。

在很长一段时间里，贝尼奥夫对于自己的职业发展其实是非常满意的，在硅谷，甲骨文可是顶尖的软件公司，而他则是这间顶尖软件公司的高级副总裁，稳定的工资、丰厚的期权，谁能拒绝这一切呢！但新的趋势与机遇不断撩拨着贝尼奥夫那颗不安分的心，他始终期盼着改变，期盼着一些特别的、全新的东西。只是，那时候的贝尼奥夫也并不清楚，自己究竟想要做什么。

在这样的迷惘中，贝尼奥夫向公司请了一个长达数月的假期，并在夏威夷岛上租了一间小屋，他决定在那里好好考虑自己的未来。

在夏威夷期间，很多朋友都来探望过贝尼奥夫，包括他在甲骨文公司的同事，他们一起畅谈理想和未来。特里·加内特是贝尼奥夫的好朋友，也是他以前的同事，他还在甲骨文公司时，负责的是营销和业务拓展，后来跳槽到了洛克菲勒家族旗下的梵洛克投资公司。加内特去探望贝尼奥夫时，他们聊到了搜索引擎和互联网对人们的消费习惯所造成的种种改变。贝尼奥夫非常激动，他一直对亚马逊这一类的网站充满兴趣。

事实上，贝尼奥夫曾做过一个非常奇特的梦，他梦见亚马逊网站是由自己所创立的，但有趣的是，网站标签并不是书籍、CD 或者 DVD 等一类的东西，而是"客户、合同、预测、报告"等。这个梦让贝尼奥夫产生了一个全新的想法：将消费网站的模式移植到商业界。

贝尼奥夫将自己的想法告诉了加内特，加内特非常热情地鼓励贝尼奥夫，并对他说道："你在甲骨文已经待得够久了，是时候去创业了，我相信你一定能做得与众不同。"

由梦中而来的灵感让贝尼奥夫的前路变得日益清晰起来，他开始一点点整理自己的思路，一个大概的雏形在他的脑海中渐渐成型。贝尼奥夫知道，商业软件正在朝着一个全新的方向发展，而他则从中看到了千载难逢的机遇。

在传统的软件行业，公司所售卖的商品主要是软件，也就是说，如果某企业想要获得某种服务，那么就必须购买价值数百万美元的传统软件包，并花费半年甚至一年多的时间去进行安装、调试，此外，硬件和网络设备方面的投资也非常庞大，而最终，该软件包所提供的所有服务，却并非每一项都是企业所需要的。

这无疑是一种巨大的麻烦和浪费。于是贝尼奥夫开始设想，既然如此，为什么不考虑将售卖软件转变为销售"服务"呢？如果将软件所能提供的各项服务，都放在一个互联网的平台上，让软件以网站的形式出现，那么客户只要每个月缴纳一定的费用，就能按照自己的需求，针对性地选择企业所需要的服务，并且省去了软件在安装、调试等时候的种种麻烦。更重要的是，只要拥有一台能够联网的设备，客户就能从任何地方，在任何时间获取所需要的服务。

这将会成为一场革命，一场颠覆传统软件业的革命。这个想法让贝尼奥夫兴奋不已，虽然那时，一切都还只是个创意，那是一个全新的行业，没有行业理念的倡导者，甚至还没有形成任何与之相关的行业术语，但贝尼奥夫却坚信，总有一天，所有软件都终将进入云端，传统软件最终会走向消亡。

当贝尼奥夫在夏威夷的小屋里一边度假一边思索自己的创意时，CRM 软件公司的西贝尔系统上市了。该公司的创始人汤姆·西贝尔曾是贝尼奥夫在甲骨文的同事，西贝尔是个非常有才华的人，他曾开发了一款销售自动化软件，该软件能够让销售人员对联系人进行实时地跟踪、管理，并且随时可以对账户信息进行查看。在离开甲骨文之后，西贝尔将这款软件随之带入了西贝尔公司。

贝尼奥夫非常看好汤姆·西贝尔所开发的这款软件，因此在西贝尔公司创建之初就进行了天使投资，而西贝尔公司的上市也证明了贝尼奥夫的眼光，并让他获得了丰厚的回报。

每个企业都有自己的销售队伍，因此，销售自动化软件的市场前景是非常广阔的。但作为传统企业软件，该产品不可避免地存在缺陷。首先，投入巨大，无论是软件的维护还是IT方面的硬件要求，显然都是一笔不小的花费，对于不少公司来说，企业软件所需的费用通常都远超公司的承受能力。其实，实用性低，不少企业在花大价钱购买企业软件之后，大多数的服务实际上一直都处于闲置状态，比如据调查，西贝尔软件的授权，有65%是从未被使用过的。但非常有趣的事情是，即便该软件存在着这样的问题，但为了提高销售业绩，不少企业依然愿意投入大价钱来获得它的服务。

该软件广阔的市场前景吸引了贝尼奥夫，他开始考虑，假如能将CRM软件变为服务，开发一款在线CRM软件，那么将会发生什么呢？他坚信，这个设想一定能获得成功。

贝尼奥夫将自己的设想告诉了汤姆·西贝尔，并算了一笔账：

在传统软件业中，许可销售的利润是非常可观的，即便是一款低端产品，其授权也大约要花费1500美元左右。此外，获得服务支持需要支付5.4万美元，定制和咨询服务则需要支付120万美元，购买基本硬件设施需要38.5万美元，然后管理人员的费用大约十万美元，培训人员的费用大约3000美元。也就是说，在传统软件业中，企业使用一款低端产品，第一年内就需要花费大约180万美元。简直天价！

但假如采用SaaS（软件即服务）模式，那么每一位用户只需要每月支付一小笔费用，大约50美元到100美元左右，就能使用所需要的服务，此外，由软件公司来进行托管，还能免除一系列烦琐的软件安装过程。

可想而知，客户会更愿意选择哪一种服务方式。

贝尼奥夫的创意让西贝尔眼前一亮，甚至极力邀请贝尼奥夫加入西贝尔公司。但在深入的交谈之后，贝尼奥夫意识到，虽然汤姆·西贝尔非常欣赏这个创意，但同时也认为，这个创意只适合用于小公司市场。这与贝尼奥夫的看法是非常不同的，贝尼奥夫始终认为，这种全新的模式将会对整个软件产业带来颠覆性的冲击。

在慈善与梦想中寻找出路

贝尼奥夫在夏威夷待了三个月，之后又和好友阿琼·古普塔一起前往印度旅行，这次旅行花费了两个月的时间。

在印度，贝尼奥夫拜会了印度教大师、人道主义领袖诗丽·诗丽·若威香卡，并与之进行了一番谈话。但对贝尼奥夫影响最深的，还是玛塔·姆里塔南达马伊，她会热烈地拥抱所有来拜访她的人，因此被人们称之为"拥抱圣人"阿玛祺。阿玛祺是个非常善良而伟大的人，一生都致力于减轻别人的痛苦，她拥有一颗悲悯之心，人们赞誉她是"永久赐福的圣母"。

贝尼奥夫和好友古普塔私下里一同拜访了阿玛祺，并与之展开了一场对贝尼奥夫而言影响深远的谈话。阿玛祺告诉贝尼奥夫，人们在追求职业抱负的同时，也该尽自己的力量去回报社会。阿玛祺的一番话让贝尼奥夫开始思索关于"慈善"的意义，他开始意识到，经商与行善之间其实并不矛盾，甚至来说，二者完全可以相辅相成，共同实现价值。贝尼奥夫也向阿玛祺诉说了自己的迷惘与烦恼，他告诉阿玛祺，他正在考虑是否要离开甲骨文，去开创自己的事业。但阿玛祺却告诉他说："现在还不到时候。"

印度之行结束之后，贝尼奥夫的长假也随之结束了。在休假的这段时间里，贝尼奥夫思考了很多。后来,每次提起这个假期,贝尼奥夫都坦言称,那次休假是他职业生涯中最有收获的一个时期,对他后来的人生有着深刻影响。

在 30 岁以前,贝尼奥夫一直认为,所谓的成功就是获得权力、赚到钱。因此,在甲骨文任职的头几年,贝尼奥夫对自己的工作是非常满意的。然而,到三十多岁的时候,贝尼奥夫的想法却发生了变化,他发现,自己所拥有的这一切,似乎并不能真正让他感到满足。他是全球第二大软件公司最年轻的高级副总裁,名下有着令人艳羡的资产,他几乎是所有年轻人所向往的目标,但他却始终不能感到满足。直到这个长达数月的假期,贝尼奥夫在印度之行中找到了答案。

如果说亚马逊和 eBay 的崛起让贝尼奥夫脑海中产生了创立 Salesforce.com 的全新技术模式和销售模式构架,那么印度之行所得到的启示则让贝尼奥夫寻找到了人生和经商所能带来的另一种价值。贝尼奥夫欣然接受了这些改变,他感到眼前的迷雾正在散去。而真正促使他下定决心创业,开办自己公司的,还是之后的一场慈善活动。

从印度归来后,贝尼奥夫应邀参加了一场名为"总统峰会——美国的未来"的会议。这场会议是 1997 年,从"参谋长联席会议主席"职位上退下的科林·鲍威尔将军和五位美国前总统共同发起的,目的是号召各界商人用自己的财产——包括资本、人力以及社会关系等来行善,以及为国家做出更大贡献。

这场会议让贝尼奥夫耳目一新,在此之前,他从未参加过类似性质的会议。会议所倡导的思想与传统经济学家的思想完全不同,这是贝尼奥夫在学校从未学习过的。著名的经济学家米尔顿·弗里德曼有这样一句名言:"经商归经商。"但这场会议却告诉人们,商业不仅仅是商业,商业应与慈善紧密相连。

回到公司后,贝尼奥夫积极地将自己在会议上所听到的一切内容都告诉了拉里·埃里森,埃里森也深受感染,并当即表示,将会在甲骨文建立一个专门为财政困难的公立学校提供联网计算机设备的基金,他决定募集一亿美元,用十年的时间来完成这个基金项目的建设。

很快,甲骨文便在纽约市广播城市音乐厅启动了名为"甲骨文承诺"的慈善项目，监管人就是贝尼奥夫。通过负责该项目，贝尼奥夫结识了鲍威尔将军，而鲍威尔将军也成为了甲骨文慈善项目的顾问。

这一慈善项目为甲骨文公司带来了无数的正面评价，让甲骨文在无形中受益匪浅，拉里·埃里森甚至还因此上了欧普拉的脱口秀。而甲骨文也的确给全世界数百所学校装上了成千上万的电脑，影响了无数年轻人的生活。虽然一切看似都很顺利，但这其中也不可避免地存在许多不足，毕竟这是甲骨文首次涉足这一领域，而在此之前，贝尼奥夫也从未有过任何运营慈善项目的经验。这些不足在甲骨文向华盛顿特区麦克法拉中学提供赞助的时候完全暴露了出来。

这所中学分布在几个不同的楼层，学校里没有任何一部电梯。安装机器的那天，气温非常高，大约有华氏110度，空气酷热且潮湿。原本之前该地分公司的甲骨文员工曾承诺会过来帮忙，但那时正处于季末，员工们都忙于提升自己的销售业绩，因此最终并没有任何一个人出现，而学校方面也没有派遣任何一名志愿者。结果，连同贝尼奥夫在内，这次负责安装机器的人，一共只有三名。

面对这种情况，贝尼奥夫傻眼了，无奈之下，他只得如实致电鲍威尔将军，告诉他此次任务无法顺利完成，这让贝尼奥夫感到非常羞愧。由于电话信号不好，贝尼奥夫没有听到电话那头的鲍威尔将军是如何回答的。大约30分钟后，一群美国海军突然出现了，当得知他们是来帮忙安装机器的时候，贝尼奥夫和他的团队都松了一口气，无论如何，至少此次任务得到了补救。

虽然这一次任务最终有惊无险地完成了，但贝尼奥夫心中却没有感到多少安慰。要知道，甲骨文公司拥有着超过五万名技术娴熟的员工，而就在距离该学校仅仅几英里远的地方，就有数千名甲骨文的员工在那里，可最终，他们却需要依靠海军的协助才能完成给学校安装电脑的任务，这实在是令人感到失望和丢脸。事实上，会发生这样的事情在1997年的美国再正常不过了，那个年代，美国企业界普遍认为，员工最应该做的事情是100%地专注于自己的本职工作，而不是去做志愿者或者参加什么慈善活动。

这一次的经历让贝尼奥夫对慈善与商业有了更进一步的认识，他开始考虑，如何才能将慈善项目变为公司的一个组成部分，而不仅仅是让行善停留在理论上。这个想法让贝尼奥夫坚定了创办公司的决心，也让他更加清晰地明白，自己想要创立的 Salesforce.com，将会是一个全新的、与众不同的公司，他将建立全新的技术模式、销售模式以及全新的慈善模式。贝尼奥夫知道，他职业生涯的新篇章将由此而开启。

告别甲骨文，从 Salesforce 起步

在下定决心创业之后，贝尼奥夫并没有马上公布这个消息，虽然他心中主意已定，但他并没有完全准备好。

1998 年秋日的一天，贝尼奥夫和人力资源管理公司萨巴软件的创始人鲍比·雅兹达尼一起共进午餐。贝尼奥夫不仅是雅兹达尼的朋友，同时也是他的"生意伙伴"——贝尼奥夫对萨巴软件进行了投资。

和贝尼奥夫一样，雅兹达尼对互联网所引起的变革也相当震惊，他们的话题从谈论萨巴软件逐步转向了创业精神。雅兹达尼对贝尼奥夫说道："很多创业者最大的失策就在于，他们不曾向他人吐露其渴望创业的心声。要知道，如果他们能够敞开心胸，那么很可能会得到别人的相助。"

这话让贝尼奥夫大为震惊，事实上除了曾与汤姆·西贝尔谈论开发在线 CRM 软件之外，他几乎从未向其他任何人提及过自己想要创办 Salesforce.com 的想法。斟酌一番之后，贝尼奥夫坦诚地告知了雅兹达尼自己想要创办公司的想法。

幸运的是，确如雅兹达尼所言，某些时候，敞开心胸很可能会得到意外的帮助。在得知贝尼奥夫的想法之后，雅兹达尼给他推荐了三位非常优秀的开发人员。这三位开发人员当时已经创办了自己的软件公司，名为左岸软件，雅兹达尼曾把自己公司的项目外包给他们做，因此对他们的能力非常了解。雅兹达

尼坦言，原本他曾试图收购左岸软件，但这三位开发人员对萨巴并不感兴趣，他们有着更大的理想，渴望做出一番成就。

很快，雅兹达尼就安排贝尼奥夫与其中一位名叫帕克·哈里斯的开发人员见了面。哈里斯是个充满自信的人，曾在米德尔伯格大学研读英国文学。虽然贝尼奥夫并不确定能否打动帕克·哈里斯，让他愿意成为自己的伙伴，但他很清楚，什么东西对哈里斯有足够的吸引力。

贝尼奥夫向哈里斯诉说了自己的设想，他要做的事情，不仅仅是创办一个公司，而是要终结众人所熟知的软件业务模式和技术模式，贝尼奥夫知道，这件事情对哈里斯有着足够的吸引力，一旦成功，这将成为跨时代的创举。此外，贝尼奥夫还知道，哈里斯的家就在旧金山，而他也一直希望能待在旧金山上班。为了让哈里斯下定决心，贝尼奥夫向他承诺道："Salesforce.com 的办公地点就在旧金山。"不出所料，哈里斯动心了，但这并不意味着最后的成功，接下来他还必须得说服其他的合伙人，而其中最大的麻烦当属一直持反对态度的戴夫·莫伦霍夫了。

一个星期六的早上，哈里斯带着左岸软件的开发者们一同到了贝尼奥夫家中，讨论关于创办 Salesforce.com 的计划。为了在这场会面中说服这些未来的伙伴们，贝尼奥夫准备了一份简短的商业计划书。

贝尼奥夫的设想让众人震惊不已，戴夫·莫伦霍夫甚至直接断言，这个创意简直异想天开，根本不可能真正付诸实施。面对众人的质疑，贝尼奥夫表现得非常自信且坚定，他果断地对莫伦霍夫说道："我们所要做的与传统企业软件完全不同，我们的新方式将会更为民主。这将成为软件技术模式的终结，也将成为现有软件商业模式的终结，而最终，这甚至将成为软件本身的终结者——未来的公司甚至不会再销售软件。"

莫伦霍夫并不是一个容易被打动的人，他高声说道："我们的客户可都是企业啊！你如何让他们信任你，并且愿意从你这里购买服务呢？"

这个问题贝尼奥夫也曾想过许多次，他侃侃而谈道："这是时代的新潮流。要知道，客户们已经无法再忍受现在的系统了，我们将成为一个更好的选择。

我们的应用将会作为网站发布，它将比亚马逊或雅虎更加便捷！我们与其他公司完全不同，不需要投入大量的资金，收费的模式也非常简单易行，我们的用户每个月只需要支付 50 美元就能享受他所需要的服务。这些费用可仅仅只有西贝尔的 10% 而已，再者，我们的客户还具有长期性。"

提到西贝尔，莫伦霍夫的眉头皱得更紧了："你或许真该考虑一下西贝尔，它在市场中无疑是占据统治地位的！"

贝尼奥夫毫不退让，他说道："西贝尔并不能满足大多数公司的需求。互联网时代已经来临了，这种力量将会摧毁现今的客户端。技术的成本和使用门槛一直在降低，这是大势所趋。"

这场争论最终以贝尼奥夫的胜利为结局，他成功说服了这几位优秀的技术开发者，Salesforce.com 的创建已经水到渠成。1999 年 3 月 8 日，在贝尼奥夫家附近的一个公寓里，帕克·哈里斯、弗兰克·多明格斯以及戴夫·莫伦霍夫开始正式为 Salesforce.com 工作。

虽然自毕业之后，贝尼奥夫便一直供职于甲骨文公司，但在对 Salesforce 的管理上，贝尼奥夫的理念却是与甲骨文截然不同的。在甲骨文，拉里·埃里森用他著名的"嘲笑管理"风格鞭挞着每一名员工，公司内部处处都是钩心斗角，不择手段，如同硝烟弥漫的战场。这并不是贝尼奥夫所喜欢的方式。

相比甲骨文来说，贝尼奥夫显然更喜欢苹果公司的氛围，在苹果的暑期实习经历一直让他记忆犹新。贝尼奥夫希望能让所有员工都感到心满意足，让他们感觉到工作的价值。而贝尼奥夫也的确是这么做的，他与他的合作者们一同创建着一种乐在其中的企业文化，他们穿着夏威夷衬衫，在华盛顿广场上的 Mama's 吃早餐，甚至带着狗一起工作。贝尼奥夫养了一条金毛猎犬，名字叫作 Koa，Koa 在后来还被任命为公司的"首席爱心官"。

在着手创办 Salesforce.com 的同时，贝尼奥夫和老板拉里·埃里森也就这一计划进行过多次长谈。埃里森非常看好 Salesforce 的前景，并对贝尼奥夫大加鼓励，甚至准许他利用上午的时间去做 Salesforce.com 的工作，下午再回到甲骨文上班，这让贝尼奥夫大为感激。

对于贝尼奥夫来说，埃里森不仅仅是他的老板，更是他十多年的导师和挚友。对于 Salesforce.com 的创办，埃里森给予了贝尼奥夫慷慨的支持与鼓励，他投入 200 万美元种子基金，加入了 Salesforce 公司的董事会。在 Salesforce.com 逐步走上轨道之际，埃里森建议贝尼奥夫从甲骨文离职，并许诺，要是 Salesforce.com 经营不善，贝尼奥夫随时可以再回甲骨文。

对于一个新公司来说，最缺少的不是资金，而是人才。埃里森很清楚这一点，也明白贝尼奥夫若是需要人才，首先就会考虑从甲骨文挖角，因此他主动提出，希望贝尼奥夫只会从甲骨文带走三个人。贝尼奥夫欣然接受了这一提议，在他看来，这是拉里·埃里森对他表示出的最大善意了，要知道，埃里森是非常看重忠诚的，之前对于任何一个打算跳槽离开甲骨文的员工，埃里森都恨不得对他们说一句："感谢上帝，你终于要滚蛋了！"

最终，贝尼奥夫从甲骨文带走了负责人力资源的南希·康纳利；负责硬件研发的吉姆·卡瓦利瑞；以及曾为加利福尼亚导师计划研发过应用，并在甲骨文慈善项目中立下汗马功劳的米奇·华莱士。

在 Salesforce.com 成立几个月后，贝尼奥夫和企业家马格达莱纳·耶瑟尔在一个投资者见面会上碰了面，临别之际，耶瑟尔对贝尼奥夫说道："接下来你应该和甲骨文一刀两断了，而不是继续保持这种离职状态。你是时候做一个全职企业家了。"

事实上，贝尼奥夫也曾考虑过这个问题，但他一直都很犹豫。对于贝尼奥夫来说，他为甲骨文付出了太多，甚至甲骨文已经几乎成为了他生命的一个组成部分，他始终期望能够两者兼顾。但此刻，贝尼奥夫知道，耶瑟尔是对的，是时候做出取舍了。

1999 年 7 月，贝尼奥夫正式与甲骨文告别，Salesforce.com 成为了他的新战场。

在全心投入 Salesforce.com 之后，贝尼奥夫开始寻找新的办公场地，并很快看中了凌康中心一处大约 8000 平方英尺的办公室。当贝尼奥夫对公司团队说要租下这个地方时，大家都以为他在开玩笑，毕竟这时候的 Salesforce.com

一共只有十名员工，这个空间对于他们来说简直大得有些浪费。直到公司真正搬到了这里，他们才肯定，原来贝尼奥夫是认真的。虽然一度心存疑虑，但大家很快就喜欢上了这里，这里更大更宽敞，除了正常的办公之外，他们还能在这里玩高尔夫球和遥控氦气飞艇。一条狗，一群身穿夏威夷衫、充满激情、活力四射的年轻人，这就是贝尼奥夫的 Salesforce.com。

而之后的发展也再一次证明了贝尼奥夫的远见，Salesforce.com 的规模开始急剧扩大，到 1999 年 12 月的时候，当戴夫·莫伦霍夫度完蜜月归来时，公司的人数已经增长了一倍。搬到这里一年之后，Salesforce.com 甚至已经人满为患了，三名销售人员不得不在过道办公，另外五名 IT 专家则只能搬到了会议室。

2000 年 12 月，Salesforce.com 再一次乔迁，搬到了与这里仅有一街之遥的新办公地点。当贝尼奥夫和他的团队将服务器放到办公椅上推到街对面的新办公室时，他们知道，从地理意义上来看，他们或许只是挪动了几步，但对于整个公司的发展而言，却是一个惊人的飞跃，他们将踏入一个崭新的时代，开启一个有着无限可能的未来。

第二节
品牌为王，塑造与众不同的企业形象

> 品牌是企业最宝贵的资产，个性则是品牌最直观的体现。在逐渐步入正轨之后，Salesforce.com 最迫切的事情就是要建立自己的企业形象，凸显独特的公司个性，让人们对它印象深刻。

60 万美元的发布会

在创办 Salesforce.com 之初，贝尼奥夫和他的团队曾接受了《华尔街时报》记者唐·克拉克的采访，那时候他们的办公室还在那个私人公寓。之后，唐·克拉克于 1999 年 7 月 21 日，在头版头条上发表了一篇名为《被取消的项目：软件将变成在线服务，或引发行业变革》的文章，文中着重提及了 Salesforce.com，那时距离 Salesforce.com 的成立仅有六个月。这篇文章的结尾引用了贝尼奥夫在接受采访时的一句话："这将是一个新行业的摇篮。"

这篇文章让贝尼奥夫和他的团队们明确了 Salesforce.com 在未来发展上的自我定位——行业先驱者。同时也让贝尼奥夫意识到，他的公司开始真正出现在公众面前了。他们连夜赶制出了一个只有两个页面的公司网站：主页和招聘页。即便如此，到第二天的时候，这个简陋的网站居然也获得了五百多次的访问。这让贝尼奥夫开始意识到宣传的重要性。

同年秋天，贝尼奥夫前往摩纳哥参加欧洲技术巡展（ETRE），在那里，OutCastCommunications 的高科技策略师帕姆·亚历山大找到了贝尼奥夫，并说服他召开新闻发布会。那时 Salesforce.com 的主要任务还停留在向测试用户发布新创意，公司甚至还没来得及聘请公关公司，更别提有什么多余的精力准备发布会了。于是，在亚历山大的建议下，贝尼奥夫在巴黎饭店的一个套房里举办了 Salesforce.com 的第一个小型推介会，向三十多位同行及媒体工作者演示了公司的产品。这次的小型推介会取得了非常理想的效果，正如亚历山大所言，软件业的同行们都对此兴致勃勃。《财富杂志》的编辑大卫·柯克帕特里克和《福布斯》杂志西海岸办事处的主管大卫·爱因斯坦都出席了这次的推介会。

尝到了宣传的甜头之后，贝尼奥夫开始重视公司这一块的发展，并正式聘用了 OutCastCommunications 公司为他们提供公关服务。最初，Salesforce.com 的宣传主要还是线上宣传，直至跨入 2000 年后，贝尼奥夫认为，时机已经成熟，Salesforce.com 是时候正式出现在人们面前了。于是，即便在当时"互联网泡沫"的背景之下，Salesforce.com 依然召开了一个盛大的新闻发布会，并期待能够一鸣惊人。

这场新闻发布会是在旧金山的摄政剧院召开的，一共花费了大约 60 万美元。对于任何一个成熟的企业来说，这笔花费确实不算多，但在当时，Salesforce.com 的客户还仅仅只有两百多名，公司甚至还没有实现盈利，如此大手笔的新闻发布会可以说与他们当时的公司规模是极不相称的。但对于贝尼奥夫来说，他们所举办的这场发布会有着举足轻重的意义，他们不仅要向人们介绍公司和产品，更重要的是，他们将向人们展示一个全新的市场，推出一个颠覆性的新商业模式。这是 Salesforce.com 向低效率传统软件业的正式宣战！

抱持着这样的想法，他们精心准备着每一个细节，从节目到佳肴，都力求尽善尽美。他们还请到了"世界上最优秀的派对乐队" B-52s，他们的现场表演博得了满堂喝彩。他们甚至还安排了嘉年华游戏，包括打鼹鼠，向马桶投掷 CD 等。

这场活动物超所值，吸引了大约 1500 多人，其中包括许多颇有价值的媒体。更重要的是，贝尼奥夫让人们记住了他们一直宣扬的变革，成功将 Salesforce.com 推到了公众面前。

在发布会上，贝尼奥夫进行了一番慷慨激昂的发言，他大胆地向众人宣称："三年之后，Salesforce.com 将会成为市值一亿美元的公司。"数周之后，互联网公司的股价开始疯长，纳斯达克指数一度上升到了 5048 的高点。但这种热潮仅仅持续了数月，数月之后，泡沫开始破灭，很多人的钱都被互联网股票套牢了，不少评论家纷纷发声，开始怀疑 Salesforce.com 的未来，甚至有人向贝尼奥夫建议，将 dot-com 从公司名字上去除。但贝尼奥夫始终坚持着自己的理念，他坚定不移地相信，互联网将会改变一切。之后的事实也一再证明，在这件事情上，贝尼奥夫从来都是正确的。

在新闻发布会的午宴上，贝尼奥夫身穿军装亮相，这是他在明确 Salesforce.com 的使命和信仰之后所想到的主意。他要塑造一个革命者的形象，这与公司文化是高度契合的。在那时，很多 CEO 们都习惯躲在公司后头，小心地保持自己的神秘性。但贝尼奥夫并不愿意那么做，在他看来，世界上大多数真正卓越的 CEO 都是与他们所管理的公司融为一体的，他们是公司的思想领导者，他们所展现出的个性为他们赢得了声誉，这让他们有更多的机会在公众面前宣传自己的主张。

在新闻发布会结束之后，贝尼奥夫趁热打铁，聘请了业内数一数二的广告专家布鲁斯·坎贝尔来负责 Salesforce.com 的品牌包装。在明确贝尼奥夫的想法和 Salesforce.com "终结软件"的使命之后，坎贝尔为 Salesforce.com 设计了一个"NOSOFTWARE"的 Logo。贝尼奥夫非常满意这个 Logo，对它一见钟情，这完全就是他想要的东西。

但让贝尼奥夫意外的是，除了他之外，几乎所有人都不喜欢这个 Logo，甚至他的顾问们也是如此。他们提出了众多的反对意见，说得头头是道："这完全违反了市场的基本准则：别用负面信息宣传自己"、"这可能会冒犯到客户"、"媒体总喜欢纠结字面意义，而这个标识显然并不准确，要知道，我们依然是在制作软件，只是改变了发布方式而已"……

在大多数时候，贝尼奥夫都是一个愿意倾听反对意见的人，但在这件事情上，他却表现出了前所未有的坚持，甚至有些不近人情。在几乎所有人都试图对这个 Logo 进行消极抵制，让它就此消失的情况下，贝尼奥夫却如同一个强硬的独裁者一般，他将这个 Logo 印在了所有的材料上，每天都佩戴着"NOSOFTWARE"的徽章，并要求所有员工都得这么做。在贝尼奥夫看来，这个 Logo 直接而有效地表达了他们的与众不同之处，而这正是 Salesforce.com 最强悍的竞争力。

为了进一步提高公众对 Salesforce.com "终结软件"战争的关注度，贝尼奥夫让人制作了一张极具煽动性的宣传海报，海报上的画面是一架战斗机正在射击一架双翼机。战斗机所代表的就是 Salesforce.com，而双翼机则暗指了传统的软件业。

这张海报的创意其实来源于甲骨文，拉里·埃里森曾经让人制作过一张海报，所描绘的画面就是代表甲骨文的战斗机击落了代表其在数据库领域竞争对手的双翼机。贝尼奥夫非常喜欢这个创意，此外这也是他向甲骨文和埃里森致敬的一种方式，贝尼奥夫从未忘记埃里森这位导师。

在取得埃里森和海报原作者里克·贝纳特的许可之后，这张海报就正式出炉了。虽然布鲁斯·坎贝尔一直认为，这个战斗机广告实在是很可笑，但贝尼奥夫还是将它交给了《康塔卡丝塔时报》的每周商业专栏撰稿人麦克·里德可和杰西卡·桂恩，他们都很喜欢这个创意。后来，这张海报还作为编辑精选入围了《康塔卡丝塔时报》的商业栏目封面。对此，布鲁斯·坎贝尔感到非常不可思议。

不管众人怎么看，贝尼奥夫的营销策略的确获得了媒体的欢心，这对于 Salesforce.com 的宣传是至关重要的。最后，他们在《华尔街时报》上也刊登了这则广告，让 Salesforce.com 赚足了眼球。

如火如荼的宣传

"Salesforce.com 到底是做什么的？"——这是 Salesforce.com 刚进驻凌康中心时不少人问过的问题，而那个时候，贝尼奥夫发现，每个人对此的回答都不一样。这是个很棘手的问题，如果连公司员工都不清楚公司的定位和使命，又怎么去向客户进行宣传、推介呢？贝尼奥夫决定给员工补课，他希望能将公司的每一名员工都培养成合格的销售代表。

贝尼奥夫让公关公司 Out Cast Communications 制作了一张双面的压膜卡片，在上面用一句话总结了 Salesforce.com 究竟是做什么的。此外，上面还描述了公司的服务要点、近期的新客户及合作伙伴，还有公司最近所获得的各种奖项等。贝尼奥夫给每一个员工都发了卡片，并对每位员工进行了具有针对性的专门培训，以确保每个人都清楚，如何与客户打交道，如何更好地宣传公司的产品及理念。

卡片上的客户和合作伙伴时常会进行更新，上头唯一不变的，大概就是竞争对手的名字了。对于 Salesforce.com 来说，有资格被他们视为竞争对手的，永远只有"市场老大"，就和它的创始人贝尼奥夫一样，Salesforce.com 同样如此雄心勃勃。当然，虽然 Salesforce.com 想要与行业巨头竞争，并最终取而代之，但客观来说，它还尚未做好准备与这些大公司进行硬碰硬的战争。

2000 年 2 月 22 日，Salesforce.com 举办发布会的那一天，"西贝尔用户会议"也在旧金山市举行。这纯粹是一个巧合，不论是贝尼奥夫还是他的团队都始料未及。但不得不说，这绝对是个难得的良机，贝尼奥夫不会放过这个机会。

在"西贝尔用户会议"开始的那天早晨，贝尼奥夫将花钱雇用来的"抗议者"们送到了莫斯克尼会议中心，让他们高举"NOSOFTWARE"的标识，大声嚷嚷着诸如"互联网太棒了……软件已经成为过去时"之类的口号。此外，他们还雇用了一些演员，假装成当地电视台 KNMS 的工作人员，来对这场"终结软件"抗议活动进行采访。这场策划成功激起了当时与会人员的注意，甚至连西贝尔的 20 位高管都从莫斯克尼中心跑了出来，想看看到底发生了什么事。当时还有人报了警，但这次抗议活动是完全合法的，因此警察抵达现场之后，非但没有阻止抗议活动，反而还开始保护抗议者们的安全。

这场策划实在太有意思了，当人们纷纷好奇围观的时候，Salesforce.com 的营销团队就坐在不远处的监视车里观察成果。当然，这次策划的目标可不只是想找点乐子。在活动结束之后，贝尼奥夫和他的团队联系上了当天参加西贝尔会议的客户们，并邀请他们参加 Salesforce.com 晚上举行的发布会，结果很多人都应邀前来了。

这次别开生面的宣传活动让 Salesforce.com 受益匪浅，一方面在公众面前成功建立起了令人印象深刻的形象，获得媒体大幅度的报导；另一方面则成功抢到了西贝尔公司的客户。在随后的两周时间里，Salesforce.com 增加了一千多个注册用户。而此后不久，这场"终结软件"活动还被《公关周刊》评选为"年度高科技营销案例"。

"终结软件"活动的成功让贝尼奥夫发现，直接利用竞争对手开展游击战效果十分显著，而当时的市场巨头西贝尔无疑成为了 Salesforce.com 的头号"盯梢对象"。

有一次，西贝尔公司在圣地亚哥开会。会议举行的当天，Salesforce.com 主管活动策划的高级副总裁伊丽莎白·平卡姆雇用了许多双轮人力车夫，让他们等候在圣地亚哥会议中心门外，负责免费接送这两千多名与会人员，并给他们派发免费的咖啡和甜甜圈，每一个装咖啡的马克杯上都印着一句话："醒醒吧西贝尔，Salesforce.com 是一匹充满威胁的野马，它将成为 CRM 市场的领跑者。"

为了让与会者们对 Salesforce.com 有更深入的了解，他们还准备了不少宣传材料，分发给西贝尔的客户们。而在人力车接送的途中，他们也赢得了向客户推广 Salesforce.com 服务的时间。不得不说，这招的确非常有用，就连西贝尔最忠实的客户也都对 Salesforce.com 产生了兴趣，很多与会者都直接带着 Salesforce.com 的马克杯进入了西贝尔的会场，就连汤姆·西贝尔本人也非常大方地接了一杯 Salesforce.com 派送的咖啡。

之后，在"西贝尔欧洲用户周"期间，Salesforce.com 又一次故技重施。这一次的会议是在法国戛纳举行的，大部分参加会议的人都是先飞往尼斯，然后从尼斯乘坐出租车前往戛纳。Salesforce.com 租下了当天所有的出租车，向所有与会者提供免费接送服务，并利用在路途中的 45 分钟向这些客户推介 Salesforce.com 的服务。贝尼奥夫还让人在每一辆出租车上都放置了公司的宣传手册，并在出租车车身上打上"NOSOFTWARE"的 Logo。这让西贝尔的高管们极为愤怒，却又无可奈何。

后来，Salesforce.com 又特意选在西贝尔发布季度财报的同一天召开记者招待会，发布 Salesforce.com 的新功能。这一次已经不再是巧合，而是贝尼奥夫的故意为之，他们要让 Salesforce.com 和西贝尔同时出现在人们眼前，这样，当人们想到西贝尔的时候，同时也会想起 Salesforce.com。在那个时候，如果说西贝尔是一头大象，那么 Salesforce.com 不过只是一只小小的蚂蚁而已，但这只小蚂蚁却聪明地抱住了大象的"大腿"，爬到它的背上，利用大象的知名度让人们注意到了它。

旁敲侧击的宣传方式毕竟不是长久之计，贝尼奥夫开始考虑为 Salesforce.com 投放广告，以更为直接的方式来向西贝尔宣战。他将自己的想法告诉了里克·贝纳特，贝纳特很快提出了一个广告创意——"不要被欺负"。广告的具体表现形式为：让一个小男孩在黑板上写字。由于西贝尔既是公司的名称，同时也是人名，利用这一点，在其中的一个广告里，小男孩在黑板上写的是："我不会把午餐钱交给西贝尔。"在另一个广告里，小男孩又用双关语写道："我不要浪费整个暑假来安顿西贝尔。"（install 在英语里既有"安顿"的意思，也有"安装"的意思。）

这个广告创意是非常具有策略性的，既嚣张又极具攻击性，对西贝尔步步紧逼。但如果西贝尔公司对此做出回应，那么无异于公开承认 Salesforce.com 确实是他们的竞争对手，这将在无形中帮助 Salesforce.com 扩大知名度。最终，西贝尔对此还是有了一些反应，在一次接受《财富》杂志的采访中，汤姆·西贝尔说道："那个公司（Salesforce.com）不会存活超过一年。"而当记者提到《华尔街日报》上刊登的 Salesforce.com 的广告时，汤姆·西贝尔则回应道："对此我确实感到很震惊，这样知名的出版物怎么会刊登那种不靠谱的广告呢！"

不管西贝尔公司究竟是抱着怎样的意图对 Salesforce.com 进行回应的，贝尼奥夫都无疑成为了最大的赢家，西贝尔的回应无异于向公众承认了 Salesforce.com 的实力，这比任何广告和宣传都更有效果。

Salesforce.com 之所以盯上西贝尔，完全是出于战略考虑，无关任何私人恩怨。但媒体显然并不这么认为，对他们来说，越是戏剧化的情节显然就越是具有新闻性。通常来说，记者最喜欢的故事莫过于正反两派跌宕起伏的斗争了，而贝尼奥夫则为他们提供了最生动的素材。

贝尼奥夫很清楚，Salesforce.com 只是一间刚起步的小公司，客户少，知名度低，那些知名刊物对这样的小公司是没有任何兴趣的。但西贝尔不同，那可是行业领袖。试想一下，当一个名不见经传的小公司勇敢地跳出来，发誓将会打倒这个行业领袖的时候，那将多么具有传奇性啊。贝尼奥夫正是利用这一点，吸引了众多媒体对 Salesforce.com 的关注。

此外，在对待记者的态度上，Salesforce.com 与西贝尔也是完全不同的。在西贝尔的用户讨论会议上，记者和与会人员受到的待遇是有明显区别的，西贝尔给予了客户们足够的重视，而面对记者时，则显然不是那么用心了。Salesforce.com 不同，他们热情地欢迎一切媒体工作者，不论在什么活动中，他们对待记者与来宾都是一视同仁的，他们甚至会主动地将客户引荐给记者。

在这样的对比之下，媒体显然更愿意站在 Salesforce.com 一边。于是，在一个个极具戏剧性的报道中，西贝尔俨然成为了故事中强大的"反派"，而 Salesforce.com 无疑就是那个不畏强权，敢于挑战一切的"正义使者"。

贝尼奥夫一直都和记者们保持着非常友好的关系，他喜欢和他们会面、聊天，并将他们视为 Salesforce.com 的朋友。对这些媒体关系的维护让贝尼奥夫获得了许多公开发表自己意见和言论的渠道及机会，这对 Salesforce.com 的宣传是极具好处的。要知道，你想在《华尔街日报》的焦点版面投放一个整版广告，一年的花费就超过 100 万美元，而如果你选择让记者来为你写一篇报道，那价格可就便宜多了。再者，对于消费者们而言，比起广告宣传，他们显然会更倾向于信任新闻报道。

广受好评的"城市巡回活动"

在 Salesforce.com 创办之初，公司最迫切的需求就是打响知名度，让公众注意到 Salesforce.com 的存在，因此，他们紧盯行业巨头西贝尔公司，利用与西贝尔的"敌对"关系来制造噱头，赢得曝光率和关注度。但如今，随着 Salesforce.com 的成长，公司的营销重心已经不再是打击竞争对手了，他们要做的，是向公众宣传 Salesforce.com 服务的核心价值，让人们更深入地了解 Salesforce.com。

从以往发布会的成功经验中，贝尼奥夫发现，公开活动对于公司建立口碑、吸引客户有着立竿见影的效果，因此他们决定通过举办一个大型的系列活动来向人们展示 Salesforce.com 的核心价值，让那些不同背景的人——客户、分析师、媒体、慈善家、潜在用户等——都能参与其中，与 Salesforce.com 展开互动和交流。在此基础上，一个六站的"城市巡回活动"开始了。

活动的第一站选在了费城，Salesforce.com 邀请了 50 人出席该活动，但令人失望的是，最终应邀前来的人大约只有 15 人。虽然颇有些出师不利，但贝尼奥夫等人的热情并未因此而减退。在第一站的活动中，贝尼奥夫学到了非常重要的一课：参与者的多样性通常比人数更加重要。

贝尼奥夫举办"城市巡回活动"的目标是传播 Salesforce.com 的使命，并创建 Salesforce.com 的"草根宣传队"，简单来说就是，让客户成为 Salesforce.

com 的"销售人员",利用客户口碑来达成宣传目的。贝尼奥夫相信,最有效率的销售并不是由销售团队来完成的,而是通过那些你根本不认识的人,当你不在场时,他们也依然会为你宣传你的产品。

这个培养 Salesforce.com 忠实粉丝的创意灵感主要来源于 hip-hop 文化。在决定开展"城市巡回活动"之前,贝尼奥夫通过朋友介绍,认识了美国"说唱鼻祖"MC·哈默,在旧金山的办公室里,哈默和贝尼奥夫分享了"草根宣传队"的理念。这个创意让贝尼奥夫非常激动,虽然他还不知道应该如何实施运作,但他认为,这个主意值得一试。于是,"城市巡回活动"应运而生。

在"城市巡回活动"的每一站,贝尼奥夫都会亲自发表演讲,与参加活动的人们谈论 CRM 软件的优秀之处及弊端,引导客户寻找全新的替代品。演讲结束之后,会有一个专门的提问时间,以及现场的产品演示过程。起初,贝尼奥夫和公司的宣传团队都以为,他们会需要回答很多提问,但事实上,很多时候,他们甚至不需要发声,就会有公司的客户主动给出答案。这是一个非常令人惊喜的发现,看着参与者们热烈地讨论如何使用 Salesforce.com 的服务,这让贝尼奥夫和他的团队都感到非常激动。之后,"城市巡回活动"特意加入了一个对话交流的环节,效果非常显著,他们甚至无须出声,就会有客户主动站出来讲述自己的亲身体验,为 Salesforce.com 的产品做宣传。

贝尼奥夫发现,对于潜在客户们来说,相比公司团队舌灿莲花的宣传,他们更愿意相信其他客户的推荐。发现这一点之后,贝尼奥夫开始考虑,如何将这种口口相传的"传教模式"应用到销售之中。他开始鼓励客户积极发言,分享自己的故事,甚至主动点名,让听众中的某个人来向大家讲述自己对产品的使用体验。

此后不久,Salesforce.com 将客户推荐也纳入了"城市巡回活动"的日程安排中,在每次活动举办之前,他们都会联系一些客户,邀请他们在活动中向其他听众讲述自己的产品体验。虽然做这件事情并不能获得任何报酬,但大部分受邀的客户都以极高的热情参与了讨论和分享。

这是 Salesforce.com 在销售环节中的一个创举。虽然很多公司都知道客户推荐的重要性和影响力，但大部分公司却都忽视了对这个环节的管理，他们并没有将客户推荐真正纳入到营销计划之中，让其发挥最大效用。而贝尼奥夫做到了这一点，并且做得非常好。

传统企业软件公司在销售产品时，所盯住的目标主要是各个公司里掌管钱袋子的主管，但实际上，企业软件的最终用户大多都是销售、市场及客服领域的人。Salesforce.com 则选择了与传统企业截然不同的营销策略，他们瞄准这些真正使用软件的人，向他们推介这种与传统软件截然相反的新模式。而这些用户也都往往非常乐于向上级反映情况、提出意见，无形中促进了 Salesforce.com 的推广和销售。

随着 Salesforce.com 知名度的提高和用户群的增长，不久之后，贝尼奥夫发现，一些网站所发布的招聘广告里，拥有 Salesforce.com 的使用经验已经成为了一项聘用要求，与此同时，很多求职者也都将掌握 Salesforce.com 的使用方法作为了一项特殊技能。这是一个非常好的开始，同时也有力地证明了 Salesforce.com 宣传策略的成功。

与日俱增的支持者让 Salesforce.com 的"城市巡回活动"逐渐演变成了 Salesforce.com 爱好者们的聚会，客户们骄傲地分享自己的心得体会，与同道中人侃侃而谈地进行交流，有时候他们甚至会直接在活动现场通过公司提供的终端设备，或者自己的笔记本电脑登录 Salesforce.com 网站，互相分享、查看各自的应用。

当然，任何一个精彩的策划在付诸实践之初都会存在一些不足，"城市巡回活动"也同样如此。比如在其中一站的活动中，Salesforce.com 竟然预订了一处阴暗的经济旅馆的地下室作为活动举办场地，这是一个极大的失误。要知道，活动就是公司在公众面前的一种形象展示，活动的情况直接决定了公众对公司的感觉和印象。在那一次失误之后，贝尼奥夫和他的团队迅速调整了活动策略，对活动举行场地的选择给予了更多重视。

在纽约站的活动中，一项新的创意诞生了——鸡尾酒会派对。当时纽约站的产品演示会是在华尔街附近一个酒店中举行的，报告结束之后，还有大概一半的参与者都留了下来，但由于酒店要做清洁工作，所有人都被赶出了房间。为了让听众们能继续交流，贝尼奥夫便邀请所有人去了酒店的酒吧，在那里一边喝酒一边继续交谈。那场谈话持续了大约两个小时，大家才意犹未尽地离开。而最令贝尼奥夫感到惊讶的是，在酒吧的短暂交流竟取得了不俗的成效——几位潜在客户正式成为了 Salesforce.com 的客户，而那天晚上，他与他们的交流，不过只是一杯冰茶的时间而已。

此后，鸡尾酒交流会也被纳入了"城市巡回活动"的日常安排中，在每次活动的最后，Salesforce.com 都会让客户与潜在客户聚在一起，在派对上一边享受美酒一边进行更深入的交流。

几乎没有人不喜欢"城市巡回活动"，但可惜的是，Salesforce.com 不可能在每一个城市都举办这些活动。就在这时，东海岸的一位销售人员向总公司反应道："事实上即便没有任何内容也不要紧，我只是想要进行社交而已，和客户一起享受美食、美酒，谈天说地。"

这个主意实在太大胆了，但 Salesforce.com 就是一个倡导创新的公司，他们愿意接纳一切不落俗套的主意。于是，他们在纽约的哈瓦那大酒店举办了一个小型鸡尾酒派对，这个派对没有任何主题，也没有任何展示，它更像是一个俱乐部活动。参加这次派对的有 11 名客户或潜在客户，而 Salesforce.com 则来了八个人。他们一起抽雪茄，喝苏格兰威士忌，谈论 Salesforce.com。最后，贝尼奥夫发现，这次活动的支出费用仅仅只有"城市巡回活动"的十分之一，但收效却几乎相等。

举办俱乐部活动的主意简直堪称天马行空，销售主管菲尔·罗宾逊在加盟 Salesforce.com 之初就曾向贝尼奥夫表达过自己的质疑，他根本就不理解，为什么 Salesforce.com 要举办这种既没有主题，也没有展示的俱乐部活动，他对贝尼奥夫说道："如果你并不打算宣传产品的话，那么究竟为什么要把他们聚在一起呢？你究竟想得到什么？"

对于罗宾逊的质疑，贝尼奥夫并不感到奇怪，或许每一个员工在真正加入并理解 Salesforce.com 的理念之前，都会对此感到莫名其妙吧。贝尼奥夫到底想要干什么呢？这其实很简单，他只是试图为 Salesforce.com 提供一个被谈论的机会罢了。在贝尼奥夫看来，Salesforce.com 是颠覆性的、革命性的，没有任何人会拒绝它的魅力，对此他信心十足。只要有那么一个机会，让客户与潜在客户在一起讨论它，让他们互相交流学习，这本身就是一次效果显著的营销。

崛起——成为市场领导者

一直以来，贝尼奥夫的目标都未曾改变过，他要做的，不仅仅是一个成功的公司，更是一个全新行业的领袖。而要实现这个目标，Salesforce.com 就得时时提醒人们，什么才是行业所趋，Salesforce.com 又是如何塑造未来的。

在这个过程中，贝尼奥夫发现，想要向媒体和公众传达信息，举办活动正是最有效的方式。因此，每隔 6～8 周，Salesforce.com 就会举办一次发布会，向媒体介绍新的东西。而每次发布会之后，媒体的关注度都会显著增加，Salesforce.com 网站的访问量也总能实现增长，更重要的是，公司的营收也开始逐渐增长起来了。

当 Salesforce.com 不断通过各项活动增长流量时，一个计划之外的事件发生了，从表面上看，这个事件对 Salesforce.com 而言似乎充满了威胁，但从结果上看，却正是这一事件，让贝尼奥夫距离他的目标又更近一步了。

2003 年 10 月，西贝尔公司突然宣布，将会推出按需服务的西贝尔 CRM，在接下来不到两周的时间里，西贝尔迅速完成了对按需企业软件提供商 UpShot 公司的收购。这在业内无疑是个重磅消息，在此前的数年里，西贝尔公司一直都在贬低 Salesforce.com 开拓的 SaaS（软件即服务）模式，而现在，这位"市场领袖"似乎对此有了全新的看法，软件行业的风向已经在悄悄转变了。

一直以来，Salesforce.com 一直将西贝尔视为最大的竞争对手，现在，这个强大的行业巨头已经开始意识到互联网的力量，并调转枪头杀入了这一领域。西贝尔的转变无疑会对某些年轻的公司造成极大冲击，但对于 Salesforce.com 而言，却未必是件坏事。现在的 Salesforce.com 已经不再是当年不起眼的"蚂蚁"了，即便直面西贝尔，Salesforce.com 也并不感到怯场。何况，贝尼奥夫的目标从来就不是单纯地创建一个公司而已，他想要做的，是创造一个行业。

一个市场，如果不存在竞争的话，那么就不能称其为市场。而现在情况不同了，西贝尔加入了，成功地激活了这个市场。当西贝尔收购 UpShot，进入按需软件领域的报道出来之后，Salesforce.com 非但没有受到负面影响，反而一夜之间就翻了一番。毕竟，连西贝尔都认可了 Salesforce.com 的模式，还有什么比这样的宣传更具成效呢！

在这数年之间，Salesforce.com 的"城市巡回活动"已经扩充得有些人满为患了，房间里拥挤得几乎只剩下站立的空间。2003 年，贝尼奥夫决定要举办一个年度用户会议，这个会议与仅仅数小时的"城市巡回活动"截然不同，它将会是 Salesforce.com 一年一度的盛大活动，至少持续几天之久，贝尼奥夫将这一活动称之为"Dreamforce 大会"。Dreamforce 大会首次举办就大获成功，吸引了超过 1000 人参与，很多人甚至是从以色列、澳大利亚以及加麦隆等地飞来的。而到第二届大会的时候，事情就不像首届大会这样顺利了，不少麻烦接踵而至。

2004 年的第二届 Dreamforce 大会在 10 月初就开始报名了，大会预订的开幕日与美国总统选举撞了期。这个决定并不是那么理想，但考虑到旧金山希尔顿饭店可预订的"档期"，Salesforce.com 不得不选择这天开幕。

麻烦远远还未结束。在大会开幕前两周，旧金山所有酒店的员工突然开始举行大罢工活动，为了避免到时没有场地举办会议，策划团队紧急准备了两个方案：方案一，如果罢工能在会议开幕之前结束，那么一切照旧；方案二，如果罢工依然在继续，那么将启动另外的会议指南和人员配备预案。

结果，罢工一直持续到了大会的开幕日，贝尼奥夫不由得庆幸，还好当初准备了方案二。会议的产品演示转移到了没有罢工警戒线的地方，主题演讲则放到了金门大桥剧院。这一年前来参加大会的有 3000 多人，是上一届大会的两倍之多。

为了充分调动起现场气氛，策划团队为听众们准备了一个非常特别的惊喜。当贝尼奥夫进行完自我介绍，正准备开始演讲的时候，营销主管克拉伦斯·索突然走上演讲台，在贝尼奥夫耳边说了几句话，并交给他一张小纸条。随即，贝尼奥夫笑着对听众们说道："我刚刚被告知，总统现在就在会场。之前他曾告诉我说会顺路过来看看，但我并不相信。"

贝尼奥夫话音刚落，音乐就响起了，现场的大屏幕上出现了老鹰的徽章，"总统"乔治·布什走上演讲台——当然，这位总统是假冒的，他是 Salesforce.com 专门为这场活动请来的替身斯蒂夫·布里杰斯。

"总统"的现身将现场气氛推至高潮，在"总统"走秀完毕之后，贝尼奥夫再次回到了演讲台上，正式开始他的演讲。最终，这一届麻烦不断的 Dreamforce 大会还是在精彩纷呈中顺利落幕了。

2005 年的 Dreamforce 大会对于 Salesforce.com 和贝尼奥夫都是意义非凡的，它的特别之处并不在于这届大会本身，而是在于大会开幕前发生的一个大事件。大会开幕之前的一天，贝尼奥夫的未婚妻感到非常焦虑，久久无法入睡，于是就在网上闲逛。大约凌晨四点半的时候，她突然看到了一条消息：甲骨文早上刚宣布同意收购西贝尔。

看到这个消息之后，她立刻叫醒了贝尼奥夫。一看到这个爆炸性的消息，贝尼奥夫就立即召集公司的营销团队，针对这一消息制订了一系列的计划。首先，贝尼奥夫接受了 CNBC 的采访，并在采访中大肆批评甲骨文缺乏创新意识，甚至预言西贝尔将很快步入死亡。然后，贝尼奥夫重写了之前足足准备数月的主题演讲稿，将此次里程碑式的事件定为新的演讲重心。

贝尼奥夫的快速反应为 Salesforce.com 赢下了一场大胜仗，所有关于西贝尔与甲骨文交易的报道中，几乎都提到了贝尼奥夫和 Salesforce.com，很多报道中除了刊载贝尼奥夫的一些观点之外，还提及了 Salesforce.com 的 Dreamforce 大会，使得这一届 Dreamforce 大会获得了前所未有的关注。

发展到 2006 年的时候，Salesforce.com 已经成为了名副其实的市场领导者。在 2006 年的 Dreamforce 大会举办期间，一间规模很小的 CRM 公司员工在会场外举行抗议示威。很显然，该公司是在模仿当年 Salesforce.com 对西贝尔所使用的策略。这让贝尼奥夫有些哭笑不得，这战术可是他们发明的。Salesforce.com 完全无视了这家公司的抗议，他们可不想重复西贝尔的老路，让对手得到免费的公关。对付这场闹剧，直接忽视显然比任何方法都更有效。

在确定了市场领导者的地位之后，Salesforce.com 又有了更大的新目标：把客户从微软、甲骨文以及 SAP 手中"拯救"出来——这意味着，Salesforce.com 给自己找的新"敌人"将是所有的传统软件权威公司。他们想要做的，不仅仅是打败某一个行业巨头，而是要革新整个行业！

第三节
艰难前行，危险与机遇并存

在软件业中，有这样一条金科玉律：通过学习经验和使用习惯来生存。Salesforce.com 正是遵循着这样的准则不断发展壮大的。在前行的道路上，危机总是与机遇并存，在每一场危机中，都暗藏着宝贵的经验，战胜危机，就能迎来更大的飞跃与进步。Salesforce.com 做到了，它和它的领导者一样，雄心勃勃地创造着一个崭新的互联网时代。

沉默引发的"信任危机"

云计算公司所面临的最大问题就是如何确保服务性的稳定。在这方面，Salesforce.com 付出了巨大的努力，他们尝试过用许多不同的方式来保证网站的正常工作，比如让数据库在多个不同的服务器上运行，这样一来，即便其中的一台服务器出现问题，其他的服务器也能保证数据库正常工作。但即便如此，疏漏依旧不可避免，2005 年末的时候，Salesforce.com 的网站还是出现问题下线了，这个意外让 Salesforce.com 一度陷入危机，险些失去了辛苦建立起来的口碑与客户的信任。

客观来说，Salesforce.com 的服务算是相当可靠的，正常运转时间达到了 99%，甚至比软件要更可靠。但客户不会考虑这些统计数据，对他们来说，任何中断都是不可容忍的。2005年末，当Salesforce.com的网站出现问题下线之后，客户很快就开始抱怨了，甚至一度怀疑Salesforce.com的可靠性。而最糟糕的事情是，Salesforce.com的竞争对手得知这一情况之后，立刻向客户推出了免费试用注册，并在最短的时间里通知媒体，将Salesforce.com的所有问题都捅了出去。在客户的抱怨声中，记者也蜂拥而至，没过多久，关于Salesforce.com可靠性问题的报道就占满了媒体的版面。

在这样的情况之下，贝尼奥夫和他的团队做出了一个非常错误的决定——隐瞒和沉默，这个决定使得Salesforce.com进入了一个极其艰难的境地，甚至一度陷入严重的信任危机。

事实上，刚一出现问题，Salesforce.com的工程师团队们就立刻忙碌起来了，他们想尽一切办法去解决问题，甚至暂停了所有新功能的开发，集中一切技术资源去寻找最好的解决办法。他们积极与甲骨文、Sun以及Veritas公司的供应商展开合作，重新对软件进行开发，并完成了无数的稳定性测试。工程师们不懈地努力着，夜以继日地寻找出路，但这一切客户们却并不知情。

在当时，贝尼奥夫认为，对于公司来说，最重要的应该是优化科技，解决问题，而非如何进行公开回应。他试图尽可能地低调，而事实上他也的确不知道应该如何对客户和媒体解释。在贝尼奥夫的设想中，只要公司团队能尽快找到解决问题的方案，那么一切困难也就都迎刃而解了，到时候，他只需要向公众做出适当的解释，然后分享这个好消息，一切事情便都能重回正轨。抱持着这样的想法，在出现问题之后，Salesforce.com开始停止接听任何电话，也停止对任何电话进行回复。贝尼奥夫以为，这或许是当时最安全的回应方式。

对于贝尼奥夫的决定，公司战略副总裁布鲁斯·弗兰西斯是非常不赞同的，他对贝尼奥夫直言道："我们不该隐瞒，这不是我们的行事风格，我们一直都是采取主动的。"而此后事态的发展也证明，这个决策简直是贝尼奥夫做过的最糟糕的决策了。

众所周知，SaaS模式的一大特点就是，Salesforce.com托管了所有客户使用的服务。在危机爆发之后，由于Salesforce.com拒绝一切回应，导致客户无法打电话给自己的数据中心，也无法了解到究竟出了什么问题，这让客户感到非常恼怒。

而最可怕的是，为了应对危机，Salesforce.com 将 250 位经理全部召集起来进行异地会议，偏偏在这个时候，Salesforce.com 系统宕机，所有服务都中断了，重启庞大的数据库花费了整整 90 分钟。在此期间，由于经理们都在参加异地会议，无论是客户还是媒体都联系不上任何负责人，得不到任何的解释与回复。这让 Salesforce.com 辛苦建立起来的形象一落千丈。

这场信任危机将 Salesforce.com 推入了举步维艰的境地，他们必须尽快找到一个快速而有效的沟通渠道，挽回客户对公司的信心，否则将可能陷入万劫不复的境地，毕竟对于任何云计算公司而言，客户的信任正是其赖以生存的养分。

为了让客户感受到 Salesforce.com 的诚意，帕克·哈里斯和布鲁斯·弗兰西斯都向贝尼奥夫建议，对外公布公司用来跟踪状况的内部检测系统。通常来说，当服务器运作一切正常时，该系统会显示绿色，而运行一旦出现问题，则会出现黄色标示，至于服务终端则是用红色标记的。通过这个系统，客户可以直观地看到 Salesforce.com 服务器的运行状况。

这是一个非常大胆的建议，同时也是一次建立信任的大飞跃，如果采取这个建议，那么就意味着，Salesforce.com 服务器的一切运行问题都将毫无遮掩地暴露在公众面前，每个人都能清晰而直观地监测到系统的运行状况，是否变慢或者是否停止工作等。这让贝尼奥夫一度感到十分犹豫，毕竟恐怕不会有任何公司会甘愿将自己放在不利的位置上。虽然说客户确实有知道系统实时运作情况的权利，但如果这些信息向所有人公开，那么很可能一点点的风吹草动，都将成为落入媒体或竞争对手手中的把柄。

但最终，在反复考虑之后，贝尼奥夫还是采纳了这一建议，他意识到，一方面，想要在这场危机中重拾客户对 Salesforce.com 的信任，就必须以百分之一百的坦诚站在公众面前，而又有什么比完全的透明更能体现 Salesforce.com 对客户的诚意呢？再者，从另一方面看，这一行为也将为 Salesforce.com 提供新的动力，鼓励员工们继续精益求精，让 Salesforce.com 的服务更上一层楼。

一个网址为"trust.salesforce.com"的网站诞生了，贝尼奥夫将其称之为"信任网站"。在这个网站上，客户可以查询到 Salesforce.com 运行的实时信息，包括其最新的例行维护情况、交易量和速度的历史信息、近期的网络钓鱼软件和恶意软件报告以及最新的安全技术等。

信任网站的诞生让 Salesforce.com 引发了又一轮的关注，这一举措不仅成功挽回了客户的信任，同时也赢回了媒体的好感，并堵住了竞争对手的嘴，毕竟事实胜于雄辩，当一切信息都完全公开之后，谣言也就不攻自破了。

"标签革命"——一切以客户为尊

贝尼奥夫最初创建 Salesforce.com 的灵感来源就是类似于亚马逊的消费类网站，他和他的团队也一直致力于让客户爱上 Salesforce.com 应用的使用体验，因此在推出任何一项服务或功能时，他们首先要考虑的，就是客户需要什么、想要什么。

在做传统软件的时候，公司想要知道客户的喜好和需求，只能通过销售人员与客户进行交流来搜集信息，之后再将信息反馈给产品经理。这个信息搜集过程其实非常麻烦，销售人员必须花费大量的时间来与客户进行接触，以了解究竟哪些功能才是客户所迫切需要的，究竟要增加哪些服务，才能让客户选择公司的产品。

而"终结软件"模式让一切都变得更为简单便捷了，客户可以根据自己的需求来定制服务，公司则能够通过检测用户的使用行为来获取信息，知道客户更喜欢哪些功能，以及很少使用或基本不使用哪些功能。有了这些信息，结合客户使用应用过程中的一些反馈，服务的改进和完善就变得更为便捷了。

最初的时候，Salesforce.com 网页顶部的标签条一共有五个，包括：客户、联系人、业务机会、预测以及报表。这五个标签条分别代表了大多数企业需要做的五类事情，相比当时现有的企业软件来说，这个应用的使用要更为简单，并去除了许多花哨的东西。后来没过多久，Salesforce.com 就接到了不少客户的意见，他们认为五个标签条实在是太少了，根本无法满足大多数用户的需求。

扩展标签条的方式有两种：一是横向扩展，让用户可以根据自己的需求添加额外的标签；二是纵向扩展，让客户能够在现有的标签条下增加具体的行业功能。最后，考虑到不同客户的不同需求，Salesforce.com 决定同时采纳两种方式，让标签条实现横向及纵向的扩展，之后这一模式一直延续了数年。

在该服务提供了数年之后的一天，贝尼奥夫突然接到一位客户的电话，这位客户是一名医药经理人。客户对贝尼奥夫抱怨道："那些标签条的名字对我们来说根本就没有任何意义。要知道，我通常只和医院打交道，根本不存在所谓的'客户'；而我和病人打交道，也并不需要什么'联系人'。"

"或者您可以考虑将医院看作是客户，将病人看作是联系人，这样就行了。"贝尼奥夫耐心地建议道。

"不，这也太混乱了。"这位客户抱怨道，"为什么你们就不能考虑对标签进行重命名呢？我想很多公司和行业大概也都有这样的需求吧。"

标签条重命名？这个建议让贝尼奥夫感到有些不可思议，要知道，他们所面对的客户是非常庞大的，不仅仅是某个公司或者某个行业，他们根本不可能只为了一个人就做出这样的改变。但秉持着尽一切力量让客户满意的原则，贝尼奥夫还是决定认真考虑一下这位客户的需求。

有趣的是，在贝尼奥夫和他的团队讨论这一问题的解决办法时，他们有了另一个更好的创意：不是由 Salesforce 公司，而是让每一位客户都能根据自己的需求对标签条进行重命名。这个创意简直棒极了，试想一下，如果标签名留空，让客户自己来命名的话，不同行业的客户就能根据自己不同的需求来"制作"标签了。比如从事运输行业的客户可以跟踪"司机"和"车辆"；从事医药行业的客户可以跟踪"医院"和"病患"；非盈利组织机构可以跟踪"活动"

和"捐助"……这一改变将让每一位不同行业、不同工作的客户都获得定制化的体验，还有什么能比这更贴心呢！贝尼奥夫立即就被这个创意吸引住了，他相信，如果这一功能能够成为现实，那么对 Salesforce.com 扩大市场将会有积极的帮助。

贝尼奥夫的"异想天开"并不是第一次了，但帕克·哈里斯和戴夫·莫伦霍夫还是又一次地提醒他，想要实现这个功能将会是一个极其烦琐的工作，如果非要这么做，甚至可能会扰乱整个产品线的开发工作。但不出所料，贝尼奥夫的回答是："我想这会成为我们技术的重要功能之一，所以让我们一起搞定它吧！"

之后，为了实现这个创意，戴夫·莫伦霍夫付出了整整一个月的时间来进行开发。新功能推出之后，很快就获得了客户的一致认可，它让 Salesforce.com 的服务显得更贴心，且更加人性化，进一步增强了客户对 Salesforce.com 的忠诚度。

在 Salesforce.com 的发展过程中，"空白标签"的创意绝对是革命性的，这种自定义项目的推出让客户享受到了更为贴心也更为自由的定制服务。而 Salesforce.com 对客户需求的重视也让它赢得了更多的粉丝。

平台与商店：开启无限可能

在 Salesforce.com 的发展过程中，所做过的最关键决定之一就是提供代码和平台，让其他公司或个人可以自由地在 Salesforce.com 的网站上创建自己的在线服务，开发自己的在线应用。这一举措让 Salesforce.com 吸引到了更多客户，同时也让 Salesforce.com 的平台变得更加独具特色。

在很长一段时间里，尽管 PaaS（平台即服务）模式让贝尼奥夫耳目一新，而他也确实认为这一全新的模式将大有可为。但究竟是否要着手实施，将其列为 Salesforce.com 未来发展的一部分，贝尼奥夫始终没有拿定主意。他担忧的问题主要有两点：第一，Salesforce.com 是否具备开发一个互联网操作系统的能力，允许其他人的代码在 Salesforce.com 的系统上运行，存在最大的问题就是潜在的兼容风险，贝尼奥夫并不确定，Salesforce.com 所拥有的技术水平是否足以解决这些问题；第二，客户能够信任这一模式，这直接决定了 PaaS（平台即服务）模式是否能够存活。

贝尼奥夫的担忧不无道理，对于这个大胆而未经任何检验的想法，公司内部的反对之声也远远要高于支持的声音。但建立平台这个创意实在太具有吸引力了，虽然它存在一些问题和不确定性，但如果能够成功，则将帮助 Salesforce.com 解决一直以来所存在的大问题：客户要求更多的应用，但公司却没有足够的资源来实现这一切。

此外，对很多开发者，尤其是那些新兴国家的开发者们来说，建立这样一个平台也是大有好处的。创办 Salesforce.com 是一个极其艰苦的历程，这一点贝尼奥夫深有体会。除了需要投入大量的资金来购买诸如网络设备、存储系统、数据库以及数据中心等，还需要做出很多充满风险的决定。之后还必须考虑软件开发及维护的种种技术性问题等。想要成功实在太难了，除了具有非凡的才华之外，你还必须有足够的资金及好运。

但如果建设平台的创意能够变为现实，那么一切都将完全不同。如果 Salesforce.com 将基础设施作为服务提供给开发者，那么开发者们就不再需要独自去承担高昂的费用和难以控制的风险，他们将会拥有一个更能实现公平竞争的平台，真正靠各自的想法和才华一决高下。当然，这对 Salesforce.com 也是很有好处的，除了解决之前提到的应用开发问题之外，平台的建立还将让 Salesforce.com 从一个 SFA（销售能力自动化）应用真正转变为一间大型的网络服务公司。

贝尼奥夫聘请了高中时期曾与自己一起合伙开公司的伙伴史蒂夫·费舍尔来协助他完成这项计划，他在这方面可是专家。费舍尔很自信绝对能帮助贝尼奥夫让这个平台成为现实，为了不让费舍尔被任何事情所影响，贝尼奥夫一直将费舍尔的工作看作是一项"秘密工程",并且不让任何人去打扰费舍尔。这反而让费舍尔常常向贝尼奥夫抱怨,自己的工作实在太孤独了。但不得不说,这是非常有效果的,费舍尔的全心投入很快就有了好结果,仅仅用了一周的时间,费舍尔就在平台上开发出了首款名为"Volunteerforce"的应用,时至今日,Salesforce.com 的员工们依然还在利用这款应用管理志愿者活动。

没过多久,费舍尔成功创造了一种通过下拉菜单来实现应用切换的方式,在外行人看来,这不过就是一个下拉菜单而已,和其他的任何一项新功能没有什么不同,但对于贝尼奥夫这样的专业者来说,这个小小的下拉菜单不仅反应了多个应用协同合作的能力,并且可看作是网络操作系统的开端。

在 Salesforce.com 逐渐转变为能够让其他人进行应用开发的平台过程中,客户们的需求也逐渐呈现出明显的"两极分化"。普通的用户们希望一切能变得更为简单,不需要通过代码就能在 Salesforce.com 上自行定制所需的功能;但更多的那些精通技术的用户则希望能够获得更多复杂化的定制。基于这一情况,贝尼奥夫决定将 Salesforce.com 用来开发新产品的编程语言 Apex 开放给那些有更多需求的开发者,让他们可以通过自己编写代码,来创建可在平台上运行的任何应用。此外,Salesforce.com 还为开发者们提供了其他的资源支持,例如数据中心及安全技术等。

帕克·哈里斯也很快开发出了一项名为"Visualforce"的技术,让用户能够在任何用户界面中创建任何所想要的应用。这意味着,每一个用户都能拥有一个可以任意进行开发的空白页面,这为他们在互联网上打开了一个具有无限可能的新世界。

在平台建设的初期,正如贝尼奥夫所料,客户们对此并不信任,不少人都打开电话,充满担忧地询问工作人员:"我真的可以自己编写代码吗?这样难道不会破坏你们的计算机?"当然,随着平台的逐渐完善,Salesforce.com 的客户与合作伙伴们都接受了这一全新的模式,他们在 Salesforce.com 创建了超过 11 万个自定义的应用,涉及了方方面面的内容。不久之后,Salesforce.com 平台搬到了 Force.com。

很多世界性的大组织都成为了 Force.com 的用户，比如花旗集团就利用 Force.com 来创建私人银行家和金融顾问们所使用的程序；摩根士丹利则通过它来创建招聘类的应用；日本邮政则通过该平台为旗下超过七万名雇员编写客户服务及监管规范等软件。

在 Salesforce.com 发展的前十年中，他们一直致力创建可替代昂贵传统软件的应用，以终结传统的软件时代。他们想方设法地应和客户的需求，完善所能提供的服务，并将业务从简单的 SFA（销售能力自动化），逐渐扩展到了市场、客户服务、统计及内容管理等领域。他们从社交网站那里也学习到了很多，为 Salesforce.com 增加了移动能力，增强与客户之间的互动和沟通。

而在 Salesforce.com 的第二个十年里，PaaS（平台即服务）模式成为了 Salesforce.com 的主旋律。贝尼奥夫认为，这是更为激动人心的一场革新。PaaS（平台即服务）模式的出现让人们认识到了"云"的无限潜力，客户可以在云端运行所有的企业应用、网站及公司内联网。无数的开发者都能在 Salesforce.com 发布商业应用，这无论对于 Salesforce.com 还是对于用户都是大有好处的。比如欧洲财务管理解决公司 CODA 就在 Salesforce.com 平台上创建了一个非常优秀的会计系统。如果 CODA 采用传统的老方式来创建这个系统，那么他们首先得花费数年的时间和超过 2000 万美元来建造基础设施，但使用 Salesforce.com 的平台则完全省去了这个步骤，他们只需要专注于自己的所长，在该平台上开发出优秀的会计应用就行了。

随着新技术模式的发展和进化，企业面前出现了两条分岔路，一条通往的是传统的 PC 模式，另一条则通向 Salesforce.com 一直所倡导的云计算。为了让客户充分意识到云计算的惊人发展，Salesforce.com 决定推出一个能够打包和分发应用的按需商店。这将会是一个独立的网站，在这里，开发者可以自由上传自己开发的应用，而客户则能自由搜索、查看这些应用，并进行免费测试，最终决定是否购买并下载这些应用。贝尼奥夫将该网站称之为"AppExchange 应用商店"。

这种模式和 eBay 及 iTunes 都非常相像，只不过商品变为了企业软件。《商业周刊》将这个 AppExchange 应用商店称之为"企业软件的 eBay 版",而《福布斯》则将其称之为"企业软件的 iTunes 模式"。无论如何,AppExchange 应用商店的确大获成功,它不仅为客户提供了一个寻找更多应用的平台,并且让更多志趣相投的人有了交流的机会。

AppExchange 的出现让 Salesforce.com 的角色从一个普通的技术提供商摇身一变成了创新技术的推动者。通过 AppExchange 应用商店,Salesforce.com 为未来的云计算发展建立起了一个基础的生态系统。

"软件终结"时代的来临

很早以前,贝尼奥夫就意识到了客户在营销中的重要影响力,因此他们一直致力于扩大客户社区,以便能更好地将客户力量纳入公司的营销环节,为此,Salesforce.com 为客户创办了线下以及线上的论坛。

到 2004 年的时候,Salesforce.com 专门为成功采用其服务产品的客户推出一个交流网站,通过这个网站,客户能够与其他人一同分享使用 Salesforce.com 产品的经验,而那些正在考虑是否成为 Salesforce.com 客户的潜在客户,也能通过浏览其他客户所分享的个人体验来做出最终决定。之后,Salesforce.com 将博客、留言板以及其他社交媒体形式的功能都纷纷搬上了该网站,让客户能够直接向 Salesforce.com 提出建议。此后,该网站又陆续增加了用户分享、发现及投票等功能,让客户能够对社区里提交的创意进行投票和评级。最终,这个工具发展成为了一个有着增强功能的意见箱,贝尼奥夫和他的团队将其称为"IdeaExchange"。

IdeaExchange 原本主要是 Salesforce.com 为了更好地服务于客户而设置的一个用户反馈系统,但令人惊喜的是,它发挥出了远超预期的功能,成为了一个收集创意，以及观察社区中客户反响的重要途径。成千上万的客户将各种五花八门的创意都发送到了 IdeaExchange，这仿佛成为了一个头脑风暴的中心点。IdeaExchange 就像一个等待挖掘的富矿一般，里面塞满了从客户那里收集到的创意、投票及评论等内容，这些内容中不乏珍贵的宝藏。

贝尼奥夫一直认为，IdeaExchange 就是 Salesforce.com 创新的秘密武器。在 2007 年的时候，迈克尔·戴尔重新执掌戴尔公司，担任首席执行官，迫切地为戴尔公司寻求着出路。在一次和戴尔的交谈中，贝尼奥夫提到了 IdeaExchange，这给了戴尔很大的启发，不到三个星期，戴尔公司就推出了一个与 IdeaExchange 相类似的网站"IdeaStorm"。网站发布的当天，就有一位戴尔用户发表了一个帖子，建议戴尔销售预装 Linux 操作系统的电脑，之后的几周时间里，无数用户都对此表示支持，用户的需求直观地反映在了帖子之中。三个月后，戴尔回应了客户的建议，正式发布一系列预装 Linux 操作系统的台式机及笔记本电脑。

当创意顺利转化为营销之后，迈克尔·戴尔兴致勃勃地将这一经验分享给了星巴克总裁霍华德·舒尔兹。那时候舒尔兹与戴尔的情况非常相似，他同样也刚刚才重返自己创立的公司担任首席执行官。一直以来，舒尔兹都在寻求一个与客户建立正常交流的方法。不久之后，星巴克就和 Salesforce.com 达成了协议，推出 MyStarbucksIdea.com。在股东大会上，霍华德将这一方案定位为星巴克公司最关键的五个新方案之一，并在接受《商业周刊》采访时宣称，这个应用将会彻底改变星巴克，并最终培养出他一直试图建立的"看得见的文化"。

事实证明，这个在线社区的确给予了星巴克超出预期的回报，很多广受好评的服务，灵感其实都来源于客户的点子。比如特浓的热巧克力、现成的速溶咖啡，以及针对 iPhone 用户的免费 AT&T Wi-Fi 接入等。根据客户的反馈，星巴克还推出了"防溅吸管"——吸管的大小正好与杯盖的小洞相契合，这样一来，在走路或开车的时候，客户就再也不用担心咖啡会飞溅出来了，这个创意受到了众多客户的一致好评。一位星巴克的忠实客户就曾在自己的博客上写道："我彻底被星巴克征服了。它完全明白我的心思，那根小小的吸管让我一整个早晨都沉浸于感动之中。"

对于Salesforce.com而言，创新就是其赖以生存和发展的根基。除了IdeaExchange这个巨大的"点子宝库"之外，Salesforce.com建设平台过程中所组建起的开发大军也是一股不容小觑的创新力量。

在早期的时候，贝尼奥夫一直认为，想要开发更多的在线软件，补充Salesforce.com的产品，唯一的途径就是和其他公司展开合作。但问题是，很多传统软件厂商都不愿意真正放权给他们的合作伙伴，他们能为Salesforce.com提供的助力是非常有限的。在这样的情况下，贝尼奥夫的目光开始转向一些小公司。

伴随着平台的建立，贝尼奥夫开始有了新的设想，如果Salesforce.com能为开发者们提供一个平台，那么他们为什么不能考虑提供一个独立的环境，将那些愿意并且有能力与他们一同创造这个行业的人聚集在一起呢？

有了这个想法之后，Salesforce.com很快在加州圣马特奥市租下了地方，并把小隔间以极其便宜的费用出租给那些对Salesforce.com平台有兴趣，并且想要在这个平台上进行业务开发的初创公司。他们甚至在现场为这些小公司配备了能够帮助他们解答代码问题的专业程序员，并将这些公司引荐给潜在客户，甚至帮助他们推荐产品和服务。

Salesforce.com的"大公无私"很快就吸引了一批初创公司，对于这些缺少资金和人脉的小公司来说，这无疑是一个难得的发展机会。Salesforce.com提供平台与设施，小公司则帮助Salesforce.com丰富网站上的应用与服务，在这种各取所需的良性发展中，Salesforce.com很快就组建起了一支超过16万人的开发大军，为AppExchange应用商店提供了无数极具创造性的应用。在AppExchange应用商店刚刚发布的时候，上面只有大约七十多个应用，发展到2008年之际，AppExchange应用商店的应用总数则已经超过了800个。

这个全新的PaaS（平台即服务）模式带领人们打开了一个全新的互联网世界，让人们看到未来互联网发展的强大力量。任何人都能通过互联网来开发应用，销售应用，这是以往传统软件行业所完全不敢想象的事情。一切就如贝尼奥夫曾经所预言的那般，"软件终结"时代终究是要来临了。

第四节
进军全球，Salesforce.com 的海外扩张

> 企业在进行全球化拓展之前，通常都会确保先在本土打下坚实的基础。但马克·贝尼奥夫的行事风格向来与"按部就班"截然相反，Salesforce.com 的企业文化也总是与"通常"二字背道而驰。怀抱着绝对的自信与勃勃雄心，Salesforce.com 开始了全球化的扩张，贝尼奥夫相信，未来将是"云"的时代，未来将是他的时代！

慈善与商业并行

早在创办 Salesforce.com 之前，贝尼奥夫就对慈善产生了浓厚的兴趣，甚至可以说，对慈善行为的向往也是促使他下定决心离开甲骨文，开办自己公司的原因之一。

在 Salesforce.com 成立之后的第一天，贝尼奥夫就和他的合伙人们一起讨论过关于对慈善的看法和计划。公司的另外三位元老、帕克·哈里斯、弗兰克·多明格斯和戴夫·莫伦霍夫很快就和贝尼奥夫达成了共识，他们都认同贝尼奥夫的慈善理念，认为企业的价值不应该仅仅只是单纯的商业行为，他们同样非常愿意利用经营所得的一切来回报社会。达成共识之后，他们很快注册了 Salesforce.com 基金会来作为公共慈善机构。

在此之前，贝尼奥夫曾负责过"甲骨文承诺"项目，那段经历让他深刻地体会到，仅仅只有良好的愿望，是不足以建立起强大的企业基金的，慈善不像纸上谈兵那样简单，要想真正做好这件事情，他们需要同时具备非盈利组织及企业工作经验的领导人才。最终，在朋友的推荐下，贝尼奥夫结识了苏珊娜·迪比昂才，她在开始企业职场生涯之前，曾是某非盈利组织的经理，与NGO组织和政府官员都有过合作。

2000年，迪比昂才正式加入Salesforce.com基金会，担任执行董事一职。在接下来的数月之中，贝尼奥夫和公司团队研究了许多企业的基金会，并私下会见了许多有名的基金会经理，希望能从这些运行成熟的公司身上学到经验。对于贝尼奥夫来说，这是一件值得他花费精力去关注，去做好的事情，也是他实现自我价值的一种途径。

教师兼技术专家朱丽叶·特雷斯利是贝尼奥夫在负责"甲骨文承诺"项目时认识的人，在着手开始准备Salesforce.com的慈善计划时，贝尼奥夫立刻就想起了她。贝尼奥夫还记得，刚认识特雷斯利的时候，他将"甲骨文承诺"项目所做的事情告诉了她，当时特雷斯利还纠正他说："仅仅将电脑捐献给学校是不够的，事实上你们更应该做的事情是培训老师和年轻工人。"

贝尼奥夫非常赞同特雷斯利的观点，对她之后的协助工作也深感满意。于是，在苏珊娜·迪比昂才加入基金会之后，朱丽叶·特雷斯利很快就成为了她的第一位下属。

2000年的暑期，Salesforce.com的首个课外技术中心在恩巴克德罗青年会正式启动，贝尼奥夫请到了该行动的最初创意人科林·鲍威尔出席此次活动。这对于贝尼奥夫来说还只是一个开端，他想要做的事情远比这还要更庞大得多。

贝尼奥夫通过与科林·鲍威尔和"美国承诺"项目的关系，与一个旨在消除数字鸿沟的非盈利组织PowerUp取得了联系。PowerUp主要是通过集中式的管理来对大规模的全国性项目进行运作的，但很快，贝尼奥夫就发现，这种一成不变的模式并不适合于每一个中心。而且该项目虽然在全国分发电脑这一块的活动上极具效率，但却缺少关于使用和维护设备等内容的后续培训。

而 Salesforce.com 所设立的这个课外技术中心从理论上来说，的确是个很好的主意，同时也受到了社区的欢迎。但在实际的运作中，这个项目却一直危机重重。很多时候，Salesforce.com 的员工们在背后付出了足够多的努力，但中心却始终没有达到原本的预期效果。前来参加培训的学生大多数都不是第一次使用电脑，甚至于有些人所知道的比老师还要多。为了让学生们继续保持学习兴趣，中心必须要能真正地教给他们一些东西。

和平队前志愿者史蒂夫·赖特的加入帮了大忙，他帮助 Salesforce.com 基金会进行了项目改进，使其更加迎合受众。赖特教授这些年轻人互动技术，让他们学习如何在线制作音乐，以及有关摄影和剪辑的技术，这大大提高了学生们的积极性。

为了让学生们的作品得到展示，Salesforce.com 还为他们举办了青年媒体节。随着基金会发展日益壮大，最终这一项目发展成为了一个国际性的媒体盛会，吸引了来自世界各地的人，包括一些非常有名的人，例如环保活动家、美国前副总统戈尔，技术界的传奇人物迈克尔·戴尔以及音乐家彼得·盖布瑞尔等。

2004 年夏天，Salesforce.com 在纽约证券交易所正式公开上市了，在这一天之内，Salesforce.com 基金会就募集到了 1200 万美元的资金。获得资金之后，基金会由此启动了一个助学计划，该计划其中一个项目是一个针对偏远地区高中生设置的为期四天的创业学习班，名为"商务学院"。这一项目是 Salesforce.com 和商业天地基金会共同合作运营的，目标是为了让学生们能够充分体验到公司运营的每一个环节。

对这个项目的赞助一度让贝尼奥夫感到非常满足，他很乐于看到这些朝气蓬勃的年轻人给 Salesforce.com 注入新的活力。而通过商务学院，Salesforce.com 还向不少高中生提供了实习岗位，这其中许多人直至进入大学之后，依然还继续选择在 Salesforce.com 工作。比如商务学院的首届毕业生克里斯蒂·娜琳，现如今就是基金会中的一员；而杰西卡·黄则从 2006 年时就一直在 Salesforce.com 的专业服务部门工作，工作表现可圈可点。

Salesforce.com 基金会的运作主要采用了综合慈善的独特模式，这个模式被称为"1-1-1模式"。这一模式的主要内容是：

1%的财富：基金会1%的财富将作为物资和捐款，提供给最需要的人，尤其是与青少年项目及科技项目有关的活动；

1%的时间：要求Salesforce.com全体员工在一年中的六天带薪假期里去当志愿者，参与那些有意义的活动；

1%的产品：将1%的Salesforce.com利润以产品的形式捐赠出去，帮助有需要的客户或组织提高运作效率，让他们能够将时间和精力主要集中在其核心项目上。

Salesforce.com回报社会的举动感染了很多合作伙伴，按需服务软件咨询公司BluewolfGroup就是其中之一。起初，该公司主要是作为志愿者参与了Salesforce.com基金会所组织的一些活动，比如帮助受到家庭暴力的妇女，或者在假期帮汤锅店送餐等。后来没多久，该公司的联合创始人埃里克·布里奇就向贝尼奥夫表达了想要创立企业慈善项目的愿望。

此后，Bluewolf也建立起了自己的1-1-1模式，并将其纳入了公司的重要部门之一。和Salesforce.com一样，Bluewolf同样也利用基金会进行员工的招聘，布里奇表示："如果一个人愿意花时间去帮助其他人，那么我相信他肯定也愿意做更多的工作。由这样的人才所组成的企业，才能真正建立起一种具有进取心的企业文化。"

2005年8月下旬，一场致命的卡特里娜飓风席卷美国，灾难一直延伸到了墨西哥湾中部。在这一灾难事件中，Salesforce.com募集了一百多万美金，之后所捐出的实际数额比这个数目还要更高。此外，在新奥尔良溃堤后的24小时之内，Salesforce.com有70名员工参加了公司召开的紧急会议，商讨如何搜集卡特里娜生还人员名单，随后他们建立起了一个名为"寻人"的数据库。这个构思是在9月2日成型的，到9月7日时，该数据库里就已经录入了超过九万条的记录。最后，这个名单一直增至到了65万条记录，提供了上百万次的搜索。

在Salesforce.com，慈善从来不是纸上谈兵的形象工程，据统计，该公司三千多名员工向其所在社区捐赠的社会服务时间超过了15万个小时，而海外员工中超过85%的人一直都在积极参与志愿者活动。

全球化第一站——都柏林

通常来说，任何一间公司在进行全球化之前，都会在本土先建立起一个非常稳固的商业基础。但 Salesforce.com 从来不是一间"通常来说"的公司，而贝尼奥夫也从来不是一个"按部就班"的人。

"全世界都需要 CRM 软件"——这是贝尼奥夫一直坚信的事情，因而他也相信，无论在哪里，只要有互联网，Salesforce.com 就能取得成功。所以，他并不愿意花费数年的时间去等待 Salesforce.com 慢慢走出硅谷，在他看来，如今就是最好的时机，那些跨国公司对 Salesforce.com 的服务有着迫切的需求，那将是一个极其庞大的、极具潜力的客户市场——海外扩张时不我待！

早在 Salesforce.com 创建之初，贝尼奥夫就开始考虑其服务的全球化潜力了，在他的计划之中，Salesforce.com 的全球化能力并非只是一个简单的扩展功能，而是 Salesforce.com 服务的核心组成部分。

Salesforce.com 的全球化尝试是从 2000 年 2 月开始的，当时，《商业周刊》上刊载了一篇报道 Salesforce.com 的文章，甲骨文爱尔兰分部的几位高管，大卫·邓普西、弗格斯·格洛斯特以及约翰·阿普尔比在看到这篇报道之后，便联系到了贝尼奥夫，询问他对欧洲市场的态度。

此前，贝尼奥夫曾与这几位高管一同合作过一个慈善项目，相互之间有着较好的信任关系。而当时，贝尼奥夫也一直试图建立一个国际分部，现在他们主动找上门来，这对贝尼奥夫来说无疑正是一个展开行动的机会。他们就欧洲市场的拓展问题讨论了数月，最终，贝尼奥夫决定，正式聘用该团队，并邀请他们前来旧金山，与 Salesforce.com 的团队会面，同时也亲身体验一下 Salesforce.com 的业务和文化内涵。

那个时候，Salesforce.com 还在凌康中心办公，由于公司规模的急剧扩张，办公室已经人满为患了，而新的办公室还在筹备之中。加之公司的销售团队在地下室开办了商店，以至于在那段时间里，办公室陷入了垃圾与鼠患的双重威胁。而最为不幸的是，这个欧洲团队抵达办公室的那一天，正好是最为臭气熏天的日子。

两个团队截然不同。爱尔兰的高管们西装革履，而 Salesforce.com 的员工则身着夏威夷衬衫和短裤，头上还戴着棒球帽，公司门口还铺着一张极其显眼的、绘制海豚图案和"NOSOFTWARE"字样的门垫。弗格斯·格洛斯特对所见到的这一切都大为震惊，但最令他感到不可思议的，还是看到贝尼奥夫居然在办公室里训练他的金毛猎犬 Koa。其中有一次，贝尼奥夫在看到 Koa 成功地使用了消防栓后，居然兴奋得手舞足蹈，特地临时中断了会议，这实在让弗格斯·格洛斯特大开眼界。

贝尼奥夫并没有打算隐藏或假装什么，他之所以邀请他们前来，为的就是让他们了解最真实的 Salesforce.com 文化，让他们感受到 Salesforce.com 的与众不同。

Salesforce.com 的欧洲总部最终设在了都柏林，之所以选择这里主要有两个方面的原因：第一，这个城市的通用语言是英语，非常适合作为 Salesforce.com 进军欧洲市场的奠基；第二，12.5% 的企业税率具有不小的吸引力。

欧洲分部的创办方式与 Salesforce.com 在旧金山创办公司时候的模式差不多，虽然都柏林的办公室里没有海豚和狗，但主要的管理方式并没有太大差异。他们租了一间小办公室，并开始着手从甲骨文和戴尔等大公司挖人，以组建自己的精英团队。非常有意思的是，Salesforce.com 所组建起的这个欧洲新团队几乎集合了能说各国母语的人，公司还建立起了一个中央来电处理系统，根据客户来电的号码来选择适合接听的员工，以确保客户打进电话后，能与和他说同样母语的员工进行交流。

通常来说，在传统的商业模式中，企业想要开拓海外市场往往是不需要亲力亲为地去做一些基层工作的，他们只需通过合作伙伴的关系网络来增加企业曝光率就行了，实际上的基层工作，如争取客户和市场份额等，主要都是由企业在各个国家的合作伙伴去完成的。这种模式免除了很多麻烦，但却并不适合Salesforce.com。首先，对他们来说，付给合作伙伴费用来让他们做这些事情，会导致公司产品价格的增加；其次，公司的客观条件让他们别无选择，他们在欧洲市场不过就是刚刚起步的"雏鸟"，还不具备成型的合作关系网络来为他们提供一切所需要的东西。

Salesforce.com在欧洲建立市场所采取的策略与其在美国市场的策略差不多，包括：提供客户免费试用、建立良好的媒体关系以及激发客户热情等。值得欣喜的是，这一系列的举措都取得了较好的效果，欧洲市场对Salesforce.com业务的接受力比贝尼奥夫所预期的还要更强，这是一个非常喜人的开始。

在业务刚起步时，Salesforce.com设置在都柏林的办公场地是一间仅有4000平方英尺的办公室，而在仅仅一年之后，他们就搬迁到了位于都柏林郊外的一处特殊地产——波尔豪斯。这是一处18世纪时就已经建成的古老建筑，在当地有着不错的声望，这正是贝尼奥夫选择这里作为欧洲公司新址的原因——这与他想要欧洲市场对Salesforce.com认可的价值不谋而合。后来的事实证明，这次选址的确极为成功，对于Salesforce.com搬迁到这个庄严场所的事情，公众给予了高度的关注。在这里，Salesforce.com再一次开始大展拳脚。

此后，他们一直在波尔豪斯待到了2006年，那时，公司规模进一步扩大，经过慎重地选择之后，他们搬到了另一座同样有着重要意义的办公大楼——它正好紧挨着微软。

虽然Salesforce.com在欧洲市场的总部设置在都柏林，但实际上，他们的客户、媒体联系人及分析师大部分都在伦敦，因此，当都柏林的业务基本稳定之后，贝尼奥夫萌生了在伦敦设立分部的想法。

由于伦敦市中心的房价实在太贵，最终Salesforce.com选择在距离伦敦大约30英里的萨里郡坎伯利建立了一个小型办事处。只不过这个地方条件并不理想，因此虽然在伦敦有了办事处，但考虑到公司形象问题，在与客户见面时，他们依然和从前一样，选择伦敦的文华东方酒店作为会见客户的主要场所。这样的状况一直持续了数年，直到公司业务扩展到新市场之后，已经逐渐成长起来的 Salesforce.com 伦敦分公司才终于在伦敦市中心建立了自己的办公室。

在欧洲市场征服客户的同时，Salesforce.com 也雇用了许多来自世界各地的员工，此后，为了满足市场发展需求，Salesforce.com 又陆续在德国、西班牙及意大利等国家设立了办事处，成功推进了 Salesforce.com 的全球化进程。

向日本进军

贝尼奥夫在着手进行欧洲市场的扩张时，也一直注意着日本市场的动向。当他还供职于甲骨文的时候，就表现出了对日本的浓厚兴趣，那时候去日本出差对贝尼奥夫而言是件非常开心的事情。

事实上，在考虑 Salesforce.com 的全球化扩张时，贝尼奥夫心目中的首选一直是日本市场。作为世界第二大 IT 市场，日本对贝尼奥夫一直有着巨大的吸引力，当 Salesforce.com 在美国发布第一款产品的时候，他们同时也发布了一个日语的试用版，可见，进军日本市场的计划实际上早就已经存在于贝尼奥夫的脑海中了，只是一直缺少一个关键的契机，直到一家大型的日本企业找到贝尼奥夫，表示想要在日本市场转售 Salesforce.com 的产品，贝尼奥夫知道，时机已至。

与 Salesforce.com 取得联系的企业在日本很有名气，但贝尼奥夫并不确定，这家公司是否能成为 Salesforce.com 最理想的合作伙伴。他找到了甲骨文日本分公司的 CEO ChikaraSano 和他之前在甲骨文的一位导师，将情况如实告知，并向他们寻求建议。Sano 先生并不认为 Salesforce.com 应该与一家成立已久的日本大公司建立亲密的合作关系，他认为这很可能会让 Salesforce.com 陷入被动地位。他直言不讳地对贝尼奥夫说道："太过于依赖一家公司，将会让你未来的发展道路受到限制。"他还提醒贝尼奥夫，甲骨文之所以能够取得成功，最重要的一点就在于，它可以与任何一家公司建立合作。

这家日本企业的示好让贝尼奥夫看到了打开日本市场的契机，但他也很清楚，选择一个合适的合作伙伴对公司未来的发展是至关重要的。他也并不担心会失去这次合作的机会，当一家公司在美国具备足够的吸引力之后，又何愁吸引不到海外企业的青睐呢？

开拓日本市场已经是势在必行的事情了，Sano 先生建议贝尼奥夫可以考虑与 SunBridgeCorporation 的 CEO 艾伦·迈勒联系，Sano 先生表示，SunBridge 公司就好像是日本 IT 新公司的孵化器一样，Salesforce.com 完全可以考虑与该公司建立合资关系。

艾伦·迈勒是贝尼奥夫的老熟人了，1986 年 5 月，贝尼奥夫刚进入甲骨文公司，参加新进员工培训的时候，坐在他旁边的人就是这位艾伦·迈勒，那是他们两人的第一次见面。之后不久，迈勒就被派往日本进行当地业务的开拓去了。在此之前，贝尼奥夫也和迈勒有过一些项目上的合作，其中包括设计甲骨文公司的第一款日语产品。之后，贝尼奥夫与迈勒几乎是同一时间离开甲骨文的，而现在，最为巧合的是，他们二人的道路又将因 Salesforce.com 进军日本的计划产生交集了，这何尝不是一种缘分呢。

贝尼奥夫与艾伦·迈勒很快就一拍即合了，他们为日本的 Salesforce.com 构架了一种非常独特的合资模式，Salesforce.com 日本成为了一个独立于 Salesforce.com 美国的存在，而非 Salesforce.com 美国的子公司。Salesforce.com 美国相当于是 Salesforce.com 日本的大股东，而 SunBridge 也参与了投资。公司成立之后他们就开始计划关于上市的事情，贝尼奥夫和迈勒都希望将 Salesforce.com 日本打造成一家国际化，并且让员工及持股公众都能参与管理的公司。

SunBridge 为 Salesforce.com 日本公司的创建提供了很大的帮助，Salesforce.com 日本的第一任总裁 AkiraKitamura 就是由 SunBridge 招聘进来的。在来 Salesforce.com 之前，Kitamura 先生已经从事科技行业的工作超过 25 年了。在与贝尼奥夫首次见面的时候，Kitamura 先生就向他坦言，这种新型的按需服务模式让他感到非常震惊，也非常兴奋，云计算将会在未来成为日本商务的主要操作模式，这让他感到万分激动。

在正式加入 Salesforce.com 之后，Kitamura 先生凭借着自己多年来在科技行业建立起的人脉关系网络，很快就打响了 Salesforce.com 的名气，让客户注意到了这一全新的服务模式。起初，有一些客户之所以愿意购买 Salesforce.com 的产品，完全只是看在 Kitamura 先生的面子上罢了，购买之后他们甚至都没有使用过。但幸运的是，大部分的客户对于体验新事物都是充满兴趣的，他们乐于尝试这种前所未见的新模式。

在营销方面，Salesforce.com 和在美国时候一样，主要将目标客户定为真正使用服务的终端用户，而非那些企业中掌控预算的人。Salesforce.com 相信，也只有产品的真正使用者，才能真正懂得 Salesforce.com 的优秀之处。

在日本开拓业务一段时间之后，Salesforce.com 迎来了一位新朋友——EijiUda。他是一位直销天才，有 20 年的工作经验，曾在 IBM 工作过，并且曾在日本最大的 IT 经销商软银商务公司担任总裁兼 CEO。贝尼奥夫雇用他来负责 Salesforce.com 日本公司的销售管理。Uda 先生刚到任不久就展现出了他的实力——Salesforce.com 在媒体上的曝光率直线上升，与之前相比翻了好几倍。

根据在美国时候的经验，客户推荐在 Salesforce.com 的营销环节中一直占据着非常重要的地位。但日本与美国的情况是有所差异的，在日本，客户更为看重的并非推荐的内容，而是推荐来源于何处。也就是说，想要让客户推荐达到最佳的推广效果，Salesforce.com 必须寻找那些在日本具有影响力的人物或机构来进行推荐。

日本市场与美国市场最大的不同之处就在于，日本的龙头企业与政府机构相比美国来说要保守得多，想要笼络这些大客户是件极其艰难的事情。Uda 先生很快为 Salesforce.com 锁定了目标客户，并针对性地与他们进行接触，试图说服他们。所幸 Uda 先生在日本有着非常重要的人脉资源，他通过调动自己的关系，与一些大公司的经理搭上了话，包括佳能、新日本制铁株式会社、NTT、理光、日立以及瑞惠实业银行等。

和在美国及欧洲的时候一样，Salesforce.com 举办了许多活动，并向这些大客户发出邀请。在一次活动中，佳能的总裁兼 CEO HaruoMurase 亲自来到现场，与贝尼奥夫直接进行了会面。贝尼奥夫是狂热的摄影爱好者，他兴致勃勃地和 Murase 先生谈论了很多关于照相机和佳能的事情。之后，贝尼奥夫与 Murase 先生一直保持着密切的联系，只要有机会到日本，贝尼奥夫都会去拜访他，和他谈谈 Salesforce.com 的业务进展情况。不久之后，佳能的上千名员工都成为了 Salesforce.com 的用户。

Salesforce.com 的工作团队也一直在和日本政府接触，当时日本的邮政系统和储蓄银行正在进行私有化，若是能够赢得这位大客户，那么 Salesforce.com 在日本必然会引起大量的媒体关注，更重要的是，这将成为 Salesforce.com 攻占日本市场的重要据点。幸运的是，当时担任日本邮政信息总监的 KazuhikoYoshimoto 曾在瑞惠任职，而那个时候，瑞惠体验过 Salesforce.com 的服务，因此这位总监对 Salesforce.com 的产品并不陌生。最终，Salesforce.com 在经过详细的审查后，在公招中顺利中标，获得了日本邮政一笔 5000 用户的订单，后来这一订单又增加到了 7000 用户。

这笔订单的成功不仅让 Salesforce.com 收获了可观的利润，更重要的是奠定了 Salesforce.com 的市场地位，让日本其他的大型金融机构及小型日本商户都接纳了 Salesforce.com。

人才是公司发展最重要的支持力，但在海外寻找人才是件非常困难的事情，想要找到有能力并且又能适合企业文化的人才就更是难上加难了。因此，很多公司在进行海外拓展时，通常会考虑从总部派遣人才前往分公司进行市场开拓的工作。贝尼奥夫最终选中了北美西部地区的销售主管卡尔·沙克特，将他派往日本做营运总监。

贝尼奥夫的决定让卡尔·沙克特感到十分震惊，他从未去过日本，也完全不会日语，他甚至从没离开过加州。但贝尼奥夫的决定是不容置疑的，卡尔·沙克特最终遵从公司的安排去了日本。颇有意思的是，当沙克特和他的家人体验过东京的生活之后，他们最终决定搬到日本去居住，那是一种与加州完全不同的生活。

此后，Salesforce.com 日本公司的领导层基本定型了：Uda 先生负责开拓日本市场；而卡尔·沙克特则负责日本公司与总部之间的协调工作。这两位同样优秀的领导者通力合作，为 Salesforce.com 日本公司奠定了坚实的基础。

征服亚洲，漫步云端

很多人以为，日本是 Salesforce.com 征服亚洲的一个平台，但实际上，Salesforce.com 进军亚洲市场的工作主要是在澳大利亚完成的。将澳大利亚作为进军亚洲市场的跳板，这一策略在美国企业界是非常常见的。澳大利亚的人口结构与美国非常相似，而时区则更接近亚洲地区，在这里和亚洲地区洽谈生意显然非常合适。

进军澳大利亚和亚洲的计划是旧金山的高管道格·法伯提出的，那个时候，Salesforce.com 在澳大利亚已经建立起了一些客户关系，对澳大利亚市场也有了一定了解，因此贝尼奥夫很快就批准了这一建议。

可没想到的是，就在道格·法伯雄心勃勃地准备飞往澳大利亚领导 Salesforce.com 的员工们"开疆扩土"时，贝尼奥夫却接到了一封来自澳大利亚一家名为 SalesForce 的公司法务部的信件，该公司宣称，Salesforce.com 侵犯了他们的注册商标，有引起品牌混淆的威胁。该公司要求 Salesforce.com 必须立刻停止继续使用"salesforce"这一名称来运作公司。

商标侵权在澳大利亚一直是臭名昭著的热门话题，惹上这个麻烦让贝尼奥夫头疼不已。更重要的是，Salesforce.com 在美国和欧洲市场都已经建立起了品牌价值，又怎么能在澳大利亚和亚洲市场更换名字呢，这将给 Salesforce.com 造成不可估量的损失。

最终，为了解决这个问题，贝尼奥夫和 SalesForce 的创始人兼常务董事凯文·潘诺撒进行了一次电话交流。令人意外的是，在这次交谈中，贝尼奥夫居然发现了凯文·潘诺撒和自己的诸多共同点，两人甚至当即敲定了两家公司的合作关系。一个巨大的麻烦就这样顺利解决了。

在澳大利亚站稳脚跟之后，Salesforce.com 正式向亚洲发起进军。他们决定在亚太地区建立一个办事处，澳大利亚的市场毕竟与亚洲市场不同。最终他们选中了新加坡，一方面这里是个讲英语的国际化商务中心；另一方面，在这里无论是想进军中国还是印度都非常方便。而且，这个国家的教育水准是比较高的，想要在这里寻找到合适的员工显然也要比在其他地方容易得多。

负责新加坡地区公司建设的人是亚伦·卡茨，他不仅拥有国际化的工作背景，还拥有七年在美国进行业务拓展的工作经验。他带着 Salesforce.com 的销售诀窍来到了新加坡，花费了六个月的时间为这里招聘人才，打造适应亚太市场的新团队。Salesforce.com 将每一位招聘到的新员工都带到了新加坡，让他们在这里接受培训和公司高管的直接管理，以便让他们在最短的时间里了解 Salesforce.com 的企业文化。

亚洲市场与美国市场有着巨大差异，这种差异不仅仅体现在不同的经济制度和政治体系上，更重要的是文化方面的阻碍。

有一次，贝尼奥夫受邀去一个由新加坡资讯通信管理局所赞助的活动上发表演讲，贝尼奥夫认为，这将是一个绝佳的向新加坡的开发者们推介应用商店的好时机，于是他决定制造一些噱头，以加深人们对 Salesforce.com 的印象。贝尼奥夫故技重施，雇用了五十多个人，身穿印着"NOSOFTWARE"字样的 T 恤，高举着牌子喊口号抗议。

在美国，抗议示威是最能煽动人心的一种营销手段，效果立竿见影。但在新加坡，这一套却行不通。这是一个律法相当严格的国家，除非得到政府的批准，或者范围非常小，否则任何公开的抗议、示威、游行等都是违法的。在贝尼奥夫正式登台之前，新加坡的警察们就来了，他们驱散了抗议者，甚至威胁要关闭整个活动中心，这让贝尼奥夫感到非常尴尬。幸好最后没有任何人被逮捕，贝尼奥夫的演讲也顺利完成了，但这段经历的确让人尴尬不已。但不得不说，除了有些失礼之外，这次策略也确实达到了贝尼奥夫所希望的效果，人们的确对他以及 Salesforce.com 都印象深刻。之后，甚至有不少新加坡的公司都效仿 Salesforce.com 开展过一些较为小心的模拟抗议活动。

在进军亚洲市场的过程中，贝尼奥夫发现，相比美国市场而言，亚洲市场对承诺的重视要高得多，客户希望能够得到企业的长期承诺。针对这一情况，Salesforce.com 采取了多种方式来赢得客户的信任，比如在新加坡建立国际数据中心，以便为亚洲客户群提供更加完善的服务；在当地发展基金会，包括帮助特奥会新加坡分会建立一个篮球中心等。

无论身处何处，无论在哪一个市场，对于企业来说，承诺都是同样重要的，企业必须想尽办法去赢得客户的信任，从而才可能在市场中站稳脚跟，谋求发展。在这一方面，Salesforce.com 一直都做得非常好。

到 2010 年的时候，Salesforce.com 在亚太地区已经拥有近 7000 家机构客户，这意味着它已经在亚洲市场逐渐站稳了脚跟。

2012 年，Salesforce.com 的收入达到 22.67 亿美元，成为了首家收入破 20 亿美元的 SaaS 云计算公司；

2013 年，Salesforce.com 的营收达到 38 亿美元，成功进入全球前十大软件厂商排名；

2014 年，Salesforce.com 全年营收突破 40 亿美元……

"我一直都雄心勃勃，这并不是什么秘密。但 Salesforce.com 的成功还是远远超过了我的预期。"马克·贝尼奥夫曾这样说道。

无论如何，他确实成功了，正如他创建 Salesforce.com 之初所说的，他和他的 Salesforce.com 成为了传统软件的终结者。马克·贝尼奥夫最成功之处，不在于赚到了惊人的财富，也不在于缔造了全球知名的企业，而是创造了一个时代，一个崭新的"云端"时代！

Part 7
亚马逊：一键下单解决一切

在这里，人们可以找到和发现他们想从网上购买的一切。

——杰夫·贝佐斯

第一节
成立公司，来自互联网的启发

> 作为新兴事物，许多人会以保守的眼光来看互联网，就连后来在互联网获益最多的杰夫·贝佐斯也持保守态度。但是他有着卓越的商业眼光，当他稍微审视了一下互联网，马上就转变了他的态度。面对一个增长率惊人的东西，不在上面做点什么简直是对自己的犯罪。于是，亚马逊诞生了。

德克萨斯小牛仔

每一个成功的企业家，在功成名就的路上都会树立许多的敌人，他们被人所崇拜，也被人所厌恶。世界上有这样一个成功的企业家，他是美国，乃至全世界所有书店老板最痛恨的人，他就是杰夫·贝佐斯。杰夫·贝佐斯的亚马逊让实体书店失去了他们的客人，尽管在美国的书店里往往会有沙发和咖啡，但客人们明显更喜欢便宜的价格和送货上门的服务。杰夫·贝佐斯和他的亚马逊让无数的书店关门大吉，但同样让人们体会到了足不出户就可以购物的便利。如今，杰夫·贝佐斯已经是福布斯富豪榜上的常客，人们仰望他的成功，却鲜少有人对他的过去感兴趣。

杰夫·贝佐斯出生于 1964 年 1 月 12 日，对于他的生父人们知之甚少，甚至有人说杰夫·贝佐斯是一个私生子。事实上,杰夫·贝佐斯出生的时候,他的母亲只有17岁,而他的父亲也不到20岁,他们结婚没多久,杰夫·贝佐斯就降生了。恋爱中的年轻人总是可以用爱情遮住自己的双眼,而生活却往往会强迫他们睁开眼睛正视难题。在杰夫·贝佐斯一岁半的时候,他的父亲就忍受不了生活的压力,和妻子离了婚,从此贝佐斯就再也没见过他。对于贝佐斯来说,没有生父似乎也不是什么大不了的事情,因为他有一个胜似亲生父亲的养父。

1959年,菲德尔·卡斯特罗成为了古巴的统治者。鉴于卡斯特罗粗野的作风,许多古巴人对未来的生活失去了信心,他们将自己的孩子送往美国,希望他们能在美国有更好的生活。1962年,一个名叫麦克·贝佐斯的15岁少年被送到了特拉华州的天主教堂,他的身份是一个难民,除了身上所穿的衣物,他一无所有,这个人就是杰夫·贝佐斯的养父。

麦克·贝佐斯是一个进取心极强的人,尽管背井离乡,语言不通,又一无所有,但他并没有消沉。他很快就学会了英语,高中毕业以后来到阿尔布奎克大学学习机械工程,而阿尔布奎克正是杰夫·贝佐斯的故乡。麦克·贝佐斯为了养活自己,在一家银行里找到了工作,就是在银行里,他认识了杰夫·贝佐斯的母亲,杰姬·约根森。两个人的相遇并不浪漫,也没有一见钟情,杰姬·约根森当时还怀着杰夫·贝佐斯,两个人只是以朋友的身份来往。等到麦克·贝佐斯和成为杰夫·贝佐斯父亲的时候,杰夫·贝佐斯已经四岁了。

麦克·贝佐斯是一个称职的父亲,尽管杰夫·贝佐斯并不是他的亲生儿子,但是他却将杰夫·贝佐斯视若己出,让他感受到了家庭的温暖和父亲的关怀。杰夫·贝佐斯曾经说过,他真正的父亲是那个把他养育成人的人。

除了杰夫·贝佐斯之外,麦克·贝佐斯还有一个儿子和一个女儿,为了让家人过上更好的生活,麦克·贝佐斯加倍地努力工作,他顺利地从大学取得了博士学位,成为了埃克森美孚石油公司的一名工程师。

杰夫·贝佐斯从小就展示出了他的与众不同,他三岁的时候还睡在摇篮里,这让他感到非常不快,他认为自己已经到了睡床的年纪。他向母亲提出了自己的要求，但是母亲担心他的安全，拒绝了这个要求。没多久，母亲走进杰夫·贝佐斯的房间时，就发现他在使用螺丝刀拆自己的摇篮，这才让母亲感觉到，杰夫·贝佐斯是应该睡床了。在母亲的培养下，从小他就对科技产品非常有兴趣，他会拆卸家里任何一件电子产品，并且热衷于用一些乱七八糟的东西来做他的科学实验。

杰夫·贝佐斯的表现让他的父母非常兴奋，于是，在麦克·贝佐斯升职，全家搬到休斯敦以后，他们就把杰夫·贝佐斯送到了橡树河小学，参加了"先锋计划"。"先锋计划"是一个培养天才儿童的项目，杰夫·贝佐斯的同班同学也都是一些智力超群的天才儿童，另一些人在长大以后也取得了非凡的成就。

智力超群难免会造成性格上的早熟，当其他的孩子还在疯跑玩乐的时候，杰夫·贝佐斯已经开始对阅读十分痴迷了，他喜欢读书，几乎将所有的时间都用在读书上。所以，他从来不怕自己犯错以后被父母关禁闭，因为在这段时间里，他可以尽情地阅读，丝毫不会感觉到无聊和寂寞。他最喜欢读的就是科幻小说和名人传记，这让托马斯·爱迪生和沃尔特·迪士尼不可阻挡地成为了他的偶像。他喜欢爱迪生天马行空一般的发明，也喜欢迪士尼让所有人共同协作的管理方式，这对他日后的发展有了很大的影响。

尽管喜欢阅读是一件好事，但杰夫·贝佐斯的父母仍然会担心。他们觉得杰夫·贝佐斯将太多的时间用在了阅读上，这会让他交不到朋友。于是，他们要求杰夫·贝佐斯加入橄榄球队，成为一名球员。小时候的杰夫·贝佐斯身材并不高，也不强壮，在橄榄球队这种地方，他很有可能成为误入狼群的羔羊。但实际上，在橄榄球场上，杰夫·贝佐斯依然在用他的智慧对比赛产生影响。他有很好的阅读比赛的能力，比赛的每个部分，场上的每个球员都在他的掌握之中。教练马上就发现了他的与众不同，让他当了球队的防守队长。

杰夫·贝佐斯喜欢读书，并且也经常给人一种书呆子的印象。但实际上，在杰夫·贝佐斯的课余生活里，他可是个不折不扣的牛仔。杰夫·贝佐斯的外祖父，劳伦斯·吉斯曾是一名火箭专家，当他退休以后，就回到了祖祖辈辈生活着的德克萨斯，经营着祖先留下来的农场。杰夫·贝佐斯四岁的时候第一次来到外祖父的农场,就深深地喜欢上了这里。几乎每个夏天,他都要到这里来度过自己的假期,一直到他升上高中为止。

在农场的生活无疑是快乐的,虽然每天都要干许多的农活,但是他乐在其中。他喜欢一切能够让他动手的事情,在农场里,他学会了如何养牛,包括给牛做记号、阉牛、清理牛圈。而对于修理机械,他也能信手拈来。贝佐斯一再表示,在农场的生活让他培养起了自己动手的好习惯,并且为他的创业播下了种子。

在农场的时候,他的外祖父也对贝佐斯造成了巨大的影响,作为前火箭专家,他一直潜移默化地让贝佐斯明白科技的重要性,并且培养贝佐斯的专注精神。贝佐斯也一直将他的外祖父当成是他的精神导师和人生榜样,一直深深地崇拜着。

杰夫·贝佐斯的高中生活依旧丰富多彩,在大学里,他认识了他的挚友,也是他的初恋情人——乌苏拉·沃纳。乌苏拉·沃纳比杰夫·贝佐斯要高一个年级,但是两人却有着与生俱来的默契。他们都非常聪明,都果敢进取,都有极强的行动能力,都对宇宙非常感兴趣。在高中时期,两人经常一起畅谈关于宇宙和未来的设想。可惜,两个人的关系只保持到了高中结束,升上大学的时候。年轻的情侣面对自己的选择,不得不劳燕分飞。乌苏拉·沃纳去了杜克大学,而杰夫·贝佐斯选择了普林斯顿。

升上普林斯顿是杰夫·贝佐斯人生中重要的转折点,在这里,他第一次因为不如别人而感到挫败。相对于小学和中学,大学的课程要更加艰难,尤其是在他一直热爱着的物理学上,他发现自己不再是那个学得最好的学生。他开始明白,自己或许不是当物理学家的那块料,因此,他的目标转向了计算机。

早在小学的时候,贝佐斯就接触过计算机,但是直到大学,他才发现计算机不仅可以用来玩游戏,更是一种可以让人沉浸其中的科学。他开始疯狂地学习编程技术,学习计算机算法和计算机数学。也正是在这段时间里,他开始觉得,计算机是一种令人难以置信的工具,将会在未来大放异彩。

在普林斯顿的大学生涯决定了他未来将要走的道路,在那里,他和齐尔尼斯基成为了同学,而齐尔尼斯基帮他找到了他人生中第一份正式工作。

寻找创业的钥匙

杰夫·贝佐斯曾表示，他想过从大学毕业就创建自己的公司，最终他打消了这个念头。在骨子里，他上进而不激进，更不会固执地认为创业只要有技术就够了。他愿意拿出一部分时间去学习如何创业，如何真正地经营一家公司。更何况，他当时只有创业的念头，但却没有一个真实存在的目标。于是，加入一家刚刚创业的公司是最好的选择，他决定听从朋友的劝告，去 Fitel 公司。

Fitel 公司的创始人格拉西娅·齐尔尼斯基是贝佐斯同学的母亲，创业前一直在哥伦比亚大学经济系担任教授。Fitel 公司最开始创业的目标，是在互联网流行之前建立一种小范围内的网络系统，这个系统旨在将投资公司、经济公司以及银行等企业用一个网络联系起来，这样就方便了资金的流通和投资交易。Fitel 公司刚刚成立，他们最缺少的就是能够编写程序的技术性人才，杰夫·贝佐斯正是他们需要的。

与贝佐斯同时加入 Fitel 公司的还有其他 14 个编程天才，贝佐斯不是最先加入公司的，但却在一开始就负责系统最为重要的部分。这对年轻的贝佐斯来说无疑是一个挑战，而贝佐斯出色地完成了他的任务。他的成果让 Fitel 公司的其他同事交口称赞，行业内部的其他人甚至不敢相信 Fitel 公司可以完成这样一个系统，他们怀疑 Fitel 公司所制作的产品可能只是一个虚有其表的半成品，而实际上，这个系统不仅可以运行，而且几乎没有错误。

贝佐斯的出色表现让他很快就成为了公司的高层，一年之内就坐上了副总裁的位置，那时他才刚刚 23 岁。年轻的贝佐斯此时已经是公司的二把手了，不过为别人打工可不是他的目标，他的目标是要成立自己的公司，而加入别的公司不过是为了帮他更好地完成创业之前的积累。于是，在他进入 Fitel 公司的第二年就递交了辞职报告。

贝佐斯的下一个东家是美国信孚银行，这同样是一家让计算机为金融服务的公司。贝佐斯依靠自己强大的技术，在新环境里如鱼得水。仅仅入职十个月，他就成为了公司的副总裁。在信孚银行工作的时候，他开发了一个叫作BTWorld的通信系统，用于让信孚银行的顾客与信孚银行进行沟通，让更方便快捷的电子版报道取代书面版。就如同贝佐斯在 Fitel 公司一样，他同样受到了业内外的质疑，而贝佐斯同样完成了其他人看来不可能的事情。

伴随着一次次的成功，贝佐斯打响了自己的名气。但是，他始终没有忘记自己的目标是创业，是成立属于自己的公司，在 1989 年，他迎来了自己第一次创业的机会。当时，梅林投资银行一位名叫霍尔西·迈纳的分析师为美林银行建立了一个内部系统，将信息、图像和动画结合了起来，这在当时是非常有突破性的。美林公司很看好这个系统，而迈纳也认为这个系统可以成为一个独立的商业产品。

想要将这个系统开发成独立的产品，就必须有投资人。美林公司愿意出资为迈纳成立自己的公司，但是迈纳却志不在此，他更想做一个通过分析用户爱好，为用户提供信息的网络。迈纳的想法吸引了贝佐斯，两人经过一番讨论后，决定共同完成这个项目，投资方依然是美林银行。眼见贝佐斯的创业梦想就要扬帆起航了，一个悲伤的消息送到了他的面前，美林银行不打算投资了。

贝佐斯的第一次创业还没有开始就夭折了，但是这却让他坚定了创业的信心。他开始觉得在金融公司不会让他积累更多的创业经验和技术，他决定离开金融界，去一家有更多商业机会，有更多技术挑战的公司。于是，他将自己的资料和要求交给了猎头公司。没多久，猎头公司就给贝佐斯打来了电话，但是他们介绍给贝佐斯的依然是一家华尔街的金融公司，不过这家公司与其他的金融公司不同，更注重技术方面的东西。前往这家公司是贝佐斯人生中的另一个转折点，他在这里碰见了自己挚爱的妻子。

这家公司就是后来鼎鼎有名的 D.E.Shaw，这家公司由戴维·肖一手创建，主要业务是设计计算机自动化交易系统。肖是哥伦比亚大学计算机科学的教授，之前受雇于华尔街的其他公司，负责将股票交易系统计算机化的工作，后来将这项工作做成了独立的商业产品，成立了属于自己的公司。D.E.Shaw 当时在华尔街已经小有名气，不仅是因为他们的产品，更是因为他们公司浓厚的学术氛围。可以说 D.E.Shaw 公司的员工都是精英。贝佐斯来到 D.E.Shaw 以后，马上就坐上了副总裁的位置。

转眼之间，贝佐斯已经 26 岁了，他开始考虑成家立业的问题。贝佐斯对自己的个人生活并不关心，但是他知道在自己余下的人生里，需要一个女人成为他的贤内助。为了不浪费自己的时间，他甚至制作了一个寻找合适伴侣的"女人流程表"。这个表格是按照华尔街银行家们进行交易的流程表制作的，旨在帮助自己快速、理性地找到自己心目中的另一半。许多知道这个流程表内容的人都啼笑皆非，其中第一条标准就是这个女人必须要聪明，并且聪明的程度要能够把贝佐斯从第三世界国家的监狱里弄出来。使用寻找 007 的方式来寻找自己的伴侣，贝佐斯自然是难以找到心目中的另一半，但是他在 D.E.Shaw 公司遇到了麦肯齐·塔特尔。麦肯齐·塔特尔在 D.E.Shaw 公司做研究助理，或许她并没有贝佐斯想要的聪明才智——因为她从未描述过自己要如何把贝佐斯从第三世界国家的监狱里弄出来，但是贝佐斯就是和她看对眼了，两人于 1993 年正式结为了夫妻。

成家之后的事情就是立业，尽管贝佐斯在 D.E.Shaw 公司如鱼得水，但是他还是将创业这件事情提上了日程，而 D.E.Shaw 公司为贝佐斯提供的福利不仅仅是一个妻子这么简单，它还给贝佐斯提供了创业的机会，把这个机会带到贝佐斯面前的人正是 D.E.Shaw 公司的老板，戴维·肖。

以互联网为目标

在 20 世纪 90 年代，世界上发生了很多大事，而其中对人们的生活影响最为深远的，莫过于互联网的兴起。尽管贝佐斯一直从事关于计算机的工作，但是对于互联网却一直没有深入的了解。在这个时候，戴维·肖明显要比贝佐斯更有商业眼光，他认为互联网是有潜力、有前途的，在 1994 年，他让贝佐斯去了解一下互联网究竟是个什么东西。

互联网给了贝佐斯前所未有的震撼，经过他的了解，互联网的用户数量每年都以 2300% 的速度在增长，这种增长是惊人的，按照这样速度发展下去，互联网将来将会成为一个庞然大物，整整 23 倍的增长速度，短短三年时间，就能让互联网的用户翻上 1.4 万倍。贝佐斯敏锐地察觉到，这是一个机会，如果以互联网为平台，先人一步进行商业活动，必定会取得惊人的成功。一定要在互联网上做点什么，这是贝佐斯不停告诉自己的，面对一个每年增长 2300% 的东西，什么都不做本身就是一种失败，他开始着手寻找一种可以在互联网上做点什么的商业计划。

或许硅谷中其他的创业者在迈出第一步的时候都思考过自己为什么要这样做，为什么要做这个，都有一个非常明确的目标。而贝佐斯却并非如此，他不清楚自己要做什么，他只知道自己要赚钱，而赚钱的机会就隐藏在互联网当中。想要赚钱，就要卖东西，而卖什么成为了他最大的难题。什么都能卖自然是最好的，但是他缺少经验和资金，专注销售一种产品是目前最好的选择，而这个商品是什么将影响他未来的发展。

为此，他专门做了一个表单，上面列出了几十种他认为有可能在互联网上销售的产品，经过多次筛选，最终确定了，他的商品就是图书。

将书作为商品有着许多的好处，他将这些好处一一罗列出来，这样更能够说服自己。

首先，图书是大家熟悉，并且不很在乎质量的商品。每个人都知道书是什么，每个人都知道自己要买的会是个什么东西。而书的质量人们并不担心，相对于质量，人们更加在乎书的内容。而其他的产品则不这么方便，在网络购物已经非常普遍的今天，人们在购买大多数商品的时候仍然会担忧买到手的商品是否会有质量问题，更何况是网络购物刚刚兴起的20世纪90年代。

其次，书是一种种类繁多的商品。尽管商品确定为书，但在这个世界上书的种类实在是太多了。当时在世界范围内销售的图书有300万种之多，远超于其他商品的种类。而在移动设备和电子图书没有普及的20世纪90年代，图书有着极大的市场，在1994年，美国有5.13亿册图书售出，人均消费多达79美元，远远超过了其他商品。

再次，与其说互联网适合销售图书，不如说图书更适合在互联网上销售。作为一家书店，能够放在消费者面前的图书是有限的，哪怕是一家有电影院大小的书店，最多只能为读者展示17万册书籍。而互联网则不存在这种问题，只要贝佐斯愿意，完全可以利用软件将上百万册图书放在网站上，并且还没有传统书店查找的不便，只要动动手指就可以轻松地查找到自己想要的书籍。

最后，供应链简单。图书的生产不像其他产品一样复杂，其他产品一旦面对大量订单，很有可能会面临缺货的情况。图书则不会，生产图书实在太简单了，一本畅销的图书是基本不可能缺货的。至于将商品送到消费者手中，图书也比其他商品要容易得多。在快递业还不发达的年代，在网上购买一台电脑，送货的费用可能会达到产品费用的10%，图书则不存在这种问题，重量轻、体积小，运送的费用很低。

经过一系列的分析，贝佐斯觉得图书简直是最适合在互联网上销售的产品，而现在他所缺少的，只是一个可以处理许多书籍资料和订单的系统。贝佐斯第一时间将自己的结论告诉了戴维·肖，戴维·肖则不看好贝佐斯的计划。尽管戴维·肖看到了互联网的巨大潜力，但不代表他就认同公司要开展在互联网上销售图书的业务，公司不可能从一家金融公司转向成为一家图书公司。

肖的回答让贝佐斯非常失望，他不愿意放弃自己的计划，在他看来，在互联网上销售图书，是非常有前途的事情。此时，他陷入了一种两难的决定，要么打消自己的念头，要么离开 D.E.Shaw 公司。他与戴维·肖进行了一次长谈，戴维·肖对他进行了苦口婆心的劝说，在他看来放弃一份薪资丰厚，工作稳定，又得心应手的工作，去创办一家前途未卜的新公司，并不是一个理智的决定。

如同以往做决定的时候一样，贝佐斯为这个计划制作了一个"将后悔最小化"的表单。他在想，如果自己已经 80 岁高龄，回首往事时，哪一个选择会让自己更加后悔。经过一番思考以后，他觉得放弃华尔街的工作，放弃 1994 年的奖金，只会成为他人生当中一件微不足道的小事。而放弃投身互联网，将令他后悔终生。要知道，人的一生之中又能碰上几次年增长率在 2300% 的东西呢？

在确定了自己的心意以后，他将一封辞职信送到了戴维·肖的办公桌前，告诉肖，自己将会成立一家从事网络图书销售的新公司。

艰难的开始

成立公司可不是一个人的事情，而此时的贝佐斯可以说是一无所有。他没有商品，没有销售渠道，缺少资金，这让他寻找合作伙伴这件事情变得无比艰难。最开始的时候，贝佐斯打的是做无本买卖的打算，如果有顾客向他订购图书，那么他就从经销商那里买一本，然后再快递到顾客手中。所以，目前他最缺的就是人。

根据他以往的经历，最容易寻找的合作伙伴都是 D.E.Shaw 的同事，而介于他与戴维·肖的良好关系，他不能挖公司的墙脚。于是，他只能采用最原始的办法，让一个人介绍另一个人，一环接一环，直到找到合适的人选为止。他拜托了在 D.E.Shaw 里与他关系较好的同事，毕竟还是这个圈子里更容易找到合适的人选。好消息很快就传来了，他的朋友拉文索尔为他介绍了赫博。赫博毕业于斯坦福大学，许多斯坦福大学的毕业生最后都在硅谷找到了工作，赫博也不例外。他与一个朋友合伙开了一家有关互联网业务的小公司，与他合伙的朋友名叫谢尔登·卡凡。

　　作为一名软件工程师，卡凡在硅谷也是小有名气的，他的技术出色，头脑灵活，行为怪异。卡凡有着和贝佐斯类似的志向，那些功成名就、发展稳定的大公司不是他的目标，他更喜欢那些刚刚创业的小公司，如果这家小公司有着美好的前景，他希望自己能够让这家公司成功。于是，卡凡经历了一次又一次的跳槽，他离开的公司里不乏一些获得成功的大公司，但更多的是那些很快就以倒闭收场的小型公司。

　　就在贝佐斯正在苦苦寻找适合互联网的项目和可以合作的人才时，赫博与卡凡也在做着同样的事情。赫博与卡凡两人都在技术方面有着一定的造诣，但是提到商业管理，两人几乎是一窍不通。于是，赫博和卡凡希望通过拉文索尔找到合作伙伴，而贝佐斯提出了同样的要求，双方就在拉文索尔的牵线下会了面。双方的会面气氛融洽，不管是在技术层面、聪明程度还是目标，三人都是一拍即合，贝佐斯当即就提出要雇用卡凡和赫博。

　　要说成立一个小公司，三个人已经达成了基本条件，巧合的是许多大公司成立的时候都只有三名成员，比如鼎鼎大名的甲骨文。成立公司的下一步就是要找到一个办公场所，这个事情可不能马虎，公司的所在地会影响避税、销售策略等方面的问题。卡凡和赫博两人并没有多做思考，将公司开在硅谷就是个不错的选择，但是贝佐斯却不这么想。按照以往的经验，我们不难推测贝佐斯要干什么，没错，他为公司的选址问题列了一张表单。

　　在这张表单上，写着贝佐斯对于公司地址的要求。

　　首先，这个地区要有许多企业家和软件程序员，这对于拉投资和招聘员工都有很大的帮助。

其次，这个州的常住人口不要太多，这样有助于避税。

再次，这个州需要有经销书商的仓库，这样才能更好地实行他做"无本买卖"的计划。

最后，要选在是交通枢纽的大城市，这样才能尽快地将图书送到消费者手上。

罗列出这些条件以后，硅谷明显不是一个合适的地方。他们找到的，最合适的城市就是微软的诞生地，西雅图。由于微软的崛起，许多科技公司都在西雅图落户了，这里正变成一个科技中心，但却刚刚起步，远没有硅谷竞争那么激烈。

贝佐斯选择西雅图还有另一个原因，在两年以前，他通过一个同事与尼古拉斯·哈诺尔成为了朋友。哈诺尔是太平洋沿岸羽毛公司的总裁，该公司为全美国提供充填枕头和被褥使用的羽毛，每年的利润多达两亿美元。在得知贝佐斯想要成立自己的公司时，哈诺尔就告诉贝佐斯他有意向给贝佐斯投资，并且向贝佐斯强调，西雅图未来将是美国的中心、世界的中心，甚至全宇宙的中心。

卡凡和赫博对于将公司开在西雅图的决定不是很满意，赫博决定不去了。卡凡虽然抱着试试的念头，独自前往了西雅图。但是，卡凡还留了个心眼儿，他没有将自己的一切都带到西雅图去，大部分的东西都留在了加州，如果创业失败了，他的生活将不受到任何影响。

人手有了，地址选定了，接下来的问题就是公司的注册。想要注册公司，那么就必须有个名字。贝佐斯在取名这方面毫无天赋，一开始他选定的名字是 Cadabra，这个毫无意义的单词是电影中巫师念的咒语中的一段。这个名字差点就成为了公司的名字，他甚至已经告诉他的律师托德·塔伯特注册了，但是塔伯特的一句话让他如同被泼了一盆冷水一样。塔伯特问贝佐斯："是 Cadaver 吗？" Cadaver 是尸体的意思，如果公司真的取了 Cadabra 这个名字，那么塔伯特绝对不是唯一一个听错的人。这个名字不仅给了贝佐斯一个打击，卡凡也为这个名字头疼不已，当他发现贝佐斯用 Cadabra 作为公司的名字时，差点就要打道回府了。

Cadabra这个毫无前途的名字在短短七个月以后就被换掉了，贝佐斯选择了Amazon，也就是亚马逊。这个名字是他深思熟虑以后才定下来的，不仅有意义，而且还能带来许多便利。Amazon是以A开头的，这就意味着每当有以首字母开头为排名方式的名单时，Amazon总是可以名列前茅，事实也证明了Amazon这个名字确实占了很多便宜。另外，亚马逊河是世界上最长的河流，这也是贝佐斯对公司的期望，雄伟宏大，绵延不绝。Amazon还具有拼写上的便利性，互联网可不像人一样灵活，只要大概对了人们都可以猜到是什么。互联网是死的，拼写错误是不能达到想去的地方的。

抵达西雅图以后，贝佐斯做的第一件事情就是租下了一所带有车库的三居室。他对"新公司是在车库里起家"这种说法有一种莫名的兴奋感，如果他功成名就了，必定会大肆宣扬这一点。但实际上，他们的车库变成了员工休息室，办公场所并不在车库。而且他们的车库并非独立车库，在这种车库成立公司完全不合法。

公司的第一笔资金是从贝佐斯自己的口袋里掏出来的。因为公司是股份制的，所以他用一万美元购买了亚马逊公司1020万股的股票，这个决定使他在亚马逊上市以后一夜暴富，但是在创业阶段，这一万美元可谓是杯水车薪。到了年底，他再次掏出了自己的4.4万美元积蓄，不过这笔钱就不是购买股票了，而是作为贷款。他的家人也给了他许多支持，麦克·贝佐斯用十万美元购买了亚马逊公司582528股的股票，有了这笔钱，亚马逊完全可以再坚持半年。

尽管家人对贝佐斯表示出了足够的信心和提供了无条件的支持，贝佐斯依然想好了这场创业可能会以失败而告终。他调查过硅谷新公司的存活率，大概只有10%的新公司能够活下来。尽管贝佐斯对自己非常自信，对互联网的前景也十分看好，但他仍然觉得自己的成功率只有30%。

赫博的放鸽子让贝佐斯感觉到人手短缺，不过所幸西雅图也是科技中心，想要找到有技术的员工并不算困难。他马上拜托华盛顿大学计算机科学与工程学院院长帮他找寻人才。令贝佐斯没想到的是，前来亚马逊应聘的居然是大名鼎鼎的保罗·戴维斯。保罗·戴维斯在西雅图的名气可是比卡凡在硅谷的名气还要大得多，但是他同样是一个喜欢在新公司工作的人。尽管他对于亚马逊兴趣不大，但还是来到了亚马逊公司一窥究竟。令他没有想到的是，亚马逊这样一个小公司，居然有贝佐斯这样的领导人，他被贝佐斯和他在互联网上销售图书的计划所打动，决定加入亚马逊。

于是，亚马逊公司就这样运转了起来，公司的设施非常简陋，他们办公设备只有一张用门板改造的桌子和一个路由器。整个公司算上贝佐斯只有四个员工，其中三个人是不愿意待在大公司的怪胎，而最后一个就是贝佐斯的妻子麦肯齐。在最开始的时候麦肯齐几乎负责了技术之外的一切工作，她要做客服，要做采购，还要算账，简直是忙得焦头烂额。

贝佐斯也很忙，除了要负责技术方面的事情外，他还要学习怎样经营一家书店，在互联网上的书店也是书店啊。他报名参加了一个如何办一家书店的课程，讲课的老师也是很有名气的。上课的学员大多数都是抱着开书店的想法而报名的，在私下里，学员们会一起吃饭，谈论自己的计划。贝佐斯怕别人抢占先机，一直对自己的计划遮遮掩掩，让导师和其他学员十分好奇。不知晓他们当中究竟有多少人最后成为了书店的老板，如果他们知道贝佐斯日后会是那个让大量书店不得不关门大吉的人，恐怕会合谋将这个未来最大互联网书店的老板扼杀在创业时期。

不管怎么说，亚马逊公司总算是成立起来了，准确地说，应该叫作亚马逊网站，这也是贝佐斯的坚持。

第二节
做世界上最大的书店

> 零售业不比其他行业，没有库存的零售业在之前是无法想象的。杰夫·贝佐斯打破了这一定向思维，创造了一家不需要库存的书店，并且还向世界上最大的目标前进着。在亚马逊成为一家成功的书店以后，杰夫·贝佐斯又坚持以不盈利作为亚马逊的发展策略。或许正是这种古怪让亚马逊成为了一个不同的企业，让杰夫·贝佐斯成为了一个不同的人。

没有库存的"最大"书店

按照贝佐斯的想法，运营公司所需要的资金并不多，因为他并不需要存有太多的书籍，有订单来的时候，和其他书籍经销商购买就可以了。但实际上，公司的运营状况远比他想的要艰难得多。想要在互联网上销售书籍，那就必须要有自己的网站，网站依托于计算机，而在管理方面软件更是必不可少的。单单是购买 Sun 公司的工作站和甲骨文公司的数据库，就是一笔不小的开销。

对于购买软件这件事情，公司里其他的两位合伙人并不赞成。因为在亚马逊公司里，精通销售的人并不多，但是精通软件工程的人可是不少。如果可以自己开发软件，那将会省下一大笔开支。抱着这种想法的创业公司并不少，但实际上自己开发软件需要耗费大量的时间，时间就是金钱，自己开发软件往往是得不偿失的。贝佐斯明白这一点，他知道什么样的软件是需要自己开发的，什么样的软件是需要购买的，如果要自己开发甲骨文公司那样的数据库，那简直是疯了。

亚马逊公司主要是使用甲骨文的数据库，但是这个系统只是一个通用系统，想要让它成为真正能被亚马逊所使用的软件，还需要在其基础上二次开发。卡凡负责建设网站和制作用户们使用的软件，戴维斯则负责开发负责交易和运营公司的后台系统。两人都是技术方面的精英，但是对于销售方面却不甚精通，因此在开发软件的时候走了很多弯路。

最终的成果是喜人的，他们不仅成功开发了面向顾客的系统，也完成了储存书名的，属于亚马逊自己的小型数据库。在这个数据库里，有超过100万条书名，于是，贝佐斯大言不惭地放出消息，称亚马逊已经是世界上最大的书店了。宣传起到了很好的效果，但实际上贝佐斯非常清楚，所谓世界上最大的书店不过是一个噱头而已。他早在创业之前就计划好了，自己不会有库存，只有收到顾客的名单以后才会给图书经销商下订单，这个办法他坚持了很久，一直到亚马逊已经足够庞大，可以拥有自己的存货。超过100万种图书显然超过了其他的所有图书经销商，当时世界上最大的图书经销商不过只有30万种图书的存货。

亚马逊的做法非常取巧，但贝佐斯不是第一个有想法这样经营的。任何一家书店，只要想要做，都能够号称自己有超过100万种的图书，不过他们的效率会远远不及亚马逊。亚马逊有着自己的数据库和强大的软件技术，他们能够在第一时间用计算机找到用户所需要的图书，完成下单。这个流程如果完全靠人力，那将是一个巨大的工程。亚马逊公司有一个非常狡猾的库存跟踪系统，他们使用这个系统来确定要用多长时间来完成订单。如果亚马逊刚好有这本书，就会告诉顾客一天送达。如果需要从其他经销商那里购买，就会是2~3天送达。如果是非常遥远的地区，那么亚马逊就会告知到货时间会长达一个月。对于到货时间，贝佐斯永远都会为自己留出一点，他希望书籍到达顾客手中的时间短于他们告知的时间，这样收到书籍的顾客会感到惊喜而不是失望。

接单和收钱对于当时的亚马逊来说也是个不小的问题，当时互联网刚刚兴起，对于接单和付款这件事情都缺少有效的解决方法。亚马逊公司的员工集思广益，试图寻找一种用户比较能够接受的下单与付款方式。最终，电子邮件成为了他们所确定的方法，但是却没有投入到使用中去。互联网的发展速度超出了贝佐斯的想象，当亚马逊开门营业的时候，互联网用户已经开始使用网页下订单了。而对于那些不习惯使用计算机的人，他们则会使用电话来完成付款和下单。到现在，付款方面的问题算是解决了一半了，另一半问题出在如何妥当处理用户的信用卡账号上。信用卡账号在当时是非常重要的，他们需要和信用卡公司逐个号码地进行核对，才能确保交易能够顺利进行，而这些资料更是黑客眼中的肥肉，如果这些资料被黑客盗取，后果可不止是关闭亚马逊那么简单。

经过一系列的整合，亚马逊成为了一个真正的网络书店，不仅可以实现在互联网销售书籍，更有着许多针对顾客个人的贴心服务。在服务这一方面，网络销售本身就比不上传统书店，但是，在网络上也能做到许多书店做不到的事情，比如快速提供一些难以购买的绝版书籍。帮忙购买绝版书籍是亚马逊成立初期最吸引顾客的功能之一，强大的数据库让亚马逊可以轻易地找到在哪家书店的老仓库里还藏着顾客下单的绝版书。

如今，我们所使用的淘宝、百度和其他网站都能够通过我们的搜索或购买记录来为我们推荐可能会感兴趣的商品，而在当时，能够将所有的产品按照某个特点分类，以方便用户挑选，已经是一个重大的创举了。卡凡做到了这一切，他将一条条独立的信息链接起来，形成了图书作者或者题材的整合分类。这样顾客在没有明确目标的时候，就可以直接从他们感兴趣的主题或者作者中进行搜索。如果对于某个作者感兴趣，那么只要点击作者的名字，就可以找到该作者的所有作品。卡凡一直对自己的这项工作引以为傲，他甚至表示，这种后来非常普遍的超链接就是亚马逊早期能够获得成功的关键。

在亚马逊正式营业之前，贝佐斯悄悄地找到一些人对网站进行了一系列的测试。其中广受好评的一点是他们没有想到的，那就是网站界面的简洁。在互联网时代的初期，许多网站为了引人注目，放了许多色彩斑斓的图片和听起来十分新颖的声音。甚至在某种程度上，他们觉得网站越是复杂，越是说明他们的技术专业。亚马逊的网站上图片并不多，这不是因为他们不想放，而是因为他们没得放。而没有图片和声音这一点，正好迎合了当时很多顾客的需求。那个时候还都是拨号网络，传输速度是非常慢的。那些将信息放在图片上的网站，用户要加载很长的时间才能完全看见图片上的东西。亚马逊不存在这种问题，简单易懂，以文本为主的界面，给用户留下了良好的第一印象。事实上，当网络传输速度变快了以后，用户仍然不喜欢太过复杂的界面，谷歌的成功就很能说明这一点，简简单单的 Google 和一个搜索框，除此之外没有什么惹眼的东西。

在测试网站的过程中，贝佐斯找到了很多快乐。当他想要测试亚马逊的订购流程时，被图书经销商告知，每次最少要订购十本书。亚马逊还没有正式营业，贝佐斯也根本不想有图书库存，于是他想到了一个钻经销商空子的办法。按照经销商一贯的经营方式，在同一个订单中，如果某些书没货，那么经销商仍然会将单子上仅有的书送到，哪怕订单上的书不足十本，而且所收的费用也只是送到的书的费用。于是，那些各大书商都缺货的冷门书籍就成了贝佐斯所关注的目标。在测试的过程中，他给经销商所下的订单里，只有一本他想要的书，其他的九本都是难以找到的冷门书籍。结果，经销商真的将那一本书送到了贝佐斯的公司，并且对其他九本的缺货表示诚挚的歉意。

在亚马逊还没营业，甚至刚刚营业的那段时间里，他们完成了许多的工作。这部分工作不仅有如何让网站正确地运行起来，还有很多是为了满足顾客的需求。后一点成为了亚马逊的传统之一，这也是亚马逊能够成功的重要原因。

痛，并快乐着

在准备好了一切，并且经历了一番详细的测试以后，亚马逊的网站于 1995 年 7 月 16 日正式开始运营。亚马逊开业的时间堪称完美，互联网的用户开始暴增，而其他人还没有开始做和贝佐斯一样的事情。因此，在占领市场方面，贝佐斯获得了全面的领先。

随着亚马逊的正式运营，公司也有了正式的办公场所，他们在西雅图的工业社区租了一个店铺，有一个 100 平方米左右的办公区，在地下室还有一个不足 40 平方米的仓库。办公设备没有得到更新，桌子依旧是旧门板改造而成，办公室里面的屋子被变成了杂物间使用。仓库被当作是打包间来使用，里面堆满了打包书籍和要寄给顾客的书。尽管他们的空间并不大，贝佐斯还是决定要在公司的电梯里放一块白板，让员工可以在闲暇时间把自己的想法记录在上面。

按照贝佐斯的想法，一开始的经营必定是艰难的，甚至第一个月可能连一个订单都没有。可是事情的发展完全出乎了他的意料，刚开始的时候每天就能接到十个左右的订单。认为一开始会经营艰难的并不只有贝佐斯一个，公司的一名程序员也这样想。按照他的设想，公司在最开始的时候，没有订单，大家只能各自忙各自的事情。所以，一旦有订单进来，就必须要让大家知道。他特意编写了一个程序，有订单的时候，亚马逊所有的计算机都会发出提示音。这个程序受到了公司所有员工的一致好评，但是公司在营业以后，没过多久订单就越来越多，提示音变成了一种恼人的噪音，不得不被关掉。

为了让更多的人知道亚马逊，贝佐斯在招揽生意上也下了不少功夫。大型连锁书店经常会搞打折活动，贝佐斯也开始将畅销书以大型连锁书店的折扣形式进行销售。亚马逊内部每日会推荐一种焦点图书，六折的价格配合简单的介绍，也吸引了大批的顾客。但是，让亚马逊广为人知的，却不是亚马逊本身的宣传。

在亚马逊网站刚刚上线的第三天，雅虎公司的创始人给贝佐斯写了一封邮件，在邮件里，雅虎表示想要将亚马逊网站收录在雅虎上面一个"酷"网站的页面上。这件事情无疑可以让更多的人知道亚马逊，但是亚马逊作为一个刚刚起步的网站，还没有足够的实力为大量的用户服务。经过反复地思考，贝佐斯认为这是利大于弊的，他咬着牙答应了雅虎。于是，四天以后亚马逊收到的订单金额就已经达到了1.2万美元。亚马逊的配送能力完全跟不上这种疯狂的增长速度，他们在那段时间里配送的图书金额连订单的10%都达不到。贝佐斯很快就增加了人手，但订单的金额也在持续地增长，下一个星期亚马逊也才刚刚配送出了订单金额一半左右的图书。

在这段时间里，贝佐斯发现亚马逊公司还是有很多不足。在网站方面，他们没有考虑到有些顾客会很恶趣味的订购数量为负的图书，这样的订单让贝佐斯哭笑不得，他说："我一度想要把金额划到用户的账户里，等待他们把书给我送过来。"在书籍的配送上，公司的能力严重不足，尽管每个员工都加班到天亮，但仍然远远不够。门板改造的桌子也无法承担所有人一起使用的重任，许多员工不得不跪在地上打包书籍。在这个时候，贝佐斯听到了一个建议，他将这个建议评价为他一生当中听到的最有才华的想法，员工尼古拉斯·洛夫乔伊对他说："老板，买几张桌子吧。"

就是这样一个非常不专业的公司，在互联网的大潮中仍然以一种飞一般的速度发展着。不到三个月的时间，他们每天就会接到100本书的订单。不到一年的时间，他们每个小时就能接到100本书的订单。亚马逊的名字开始在互联网上流传，许多综合性网站将亚马逊的名字放在了推荐访问的名单中，并且因为首字母是A，亚马逊总是排在最前面。《华尔街日报》上也刊登了关于亚马逊的文章，越来越多的人开始注意到亚马逊的网站。

曝光率持续增加，带来了好处，也带来了坏处。许多大型连锁书店，尤其是同样有在网络上销售图书的书店开始注意到了亚马逊，他们开始仿照亚马逊的模式来改进自己的书店。那些没有网站的书店，也快马加鞭地把自己的网站放在了互联网上。尽管如此，亚马逊却一直保持着领先的地位，因为亚马逊是一个创造者，而不是一个模仿者。用今天的话来说，就是"一直被模仿，从未被超越"。

为了保持自己的领先地位，亚马逊总是利用自己技术方面的优势推出更加吸引顾客的新功能。比如，根据顾客的购买记录向他们推荐类似的新书。尽管如今的网站都有类似的功能，例如淘宝网就会根据用户的搜索记录和购买记录向用户推荐商品。但是在那个年代，特备是在实体书店，那是只有VIP顾客才能享受的服务。实体书店里有经验的员工会向书店的常客推荐新书，而在亚马逊上，这一切都是全自动的。

在亚马逊上，另一项网络购物的创举是给用户说话的权利。在传统书店里，人们在购买了书籍以后，很难再回到书店对那本书品头论足。而网络书店则不同，每个人都可以在上面书写自己的读后感。亚马逊鼓励读者评论书籍，甚至还推出了为书籍打分的功能。评论功能的开放增加了亚马逊用户之间的沟通，甚至亚马逊还会邀请书籍作者来亚马逊网站上回答读者的问题。除此之外，互动功能还可以用来开展活动，比如在传统的杂志上，经常会有作者给出一个短篇故事的开头，由读者续写下去。亚马逊也曾开展过类似的活动，参与者多达40万人之多。亚马逊在半个月内选出了六个优秀作品，这六个作品的作者每人都将获得1000美元的奖金。在这六个人中还将选出一个最佳获奖人，将会获得高达十万美金的奖励。那个时候，亚马逊不仅是一家网络书店，还承担起了社交网络的作用，为读者们提供交流的空间。

给读者评论书籍的权利，这个决定在亚马逊内部也曾有过争议。万一读者觉得这本书不好怎么办？会不会让其他想要购买这本书的人望而却步？同行也表示不看好这个功能。但是贝佐斯不这么想，亚马逊上的书籍超过了100万种，完全不愁读者在上面找不到自己想要购买的书。如果亚马逊能够帮助读者进行筛选，避免购买那些不够好的书籍，肯定会让亚马逊有更好的口碑，会有更多的顾客。

在顾客们看来，亚马逊在他们购买书籍这件事情上给了顾客很大的帮助，不仅可以节约挑选书籍的时间，还能因为避免买到不好的书籍而节约金钱。在顾客的眼中，亚马逊是一家切实为顾客的利益考虑的公司，亚马逊的声誉也水涨船高。

在亚马逊的壮大过程中，有许多陌生人给了贝佐斯很多宝贵的建议。贝佐斯在管理公司方面不是个独裁者，也不是一个自大狂，他乐于接受他人的建议，并且加以改进。曾经有一个顾客表示，亚马逊能否允许她将一些书籍的连接放到她的个人网站上，这样就更方便让人们买到她推荐的书籍了。这个建议给了贝佐斯很大的启发，当时在互联网上热闹的网站并不少，完全可以找到一些没有竞争关系的网站帮助他们进行推销，就如同之前雅虎做的那样。不过雅虎是主动找到亚马逊，亚马逊想要找别的网站，就需要给出适当的费用。这个主意让亚马逊的销售量得到了明显提高，还增加了亚马逊的名气。比如，在一家关于育儿的网站上，可以放一些关于育儿类书籍的链接，在关于钓鱼的网站上，可以放一些关于钓鱼书籍的链接。这让人们产生了一种感觉，亚马逊是无所不能的，你所需要的任何书籍，都能在亚马逊找到。

就这样，亚马逊步履蹒跚地前进着。他们总是会遇到超出预想的麻烦，但也总是能够及时找到解决问题的方法。他们不断地受到来自其他竞争者的挑战，也不断地做出新的功能巩固自己的领袖地位。作为亚马逊的领导人，贝佐斯痛并快乐着，每天都忙得焦头烂额，不过离他赚大钱的目标却已经越来越近了。

亚马逊的赚钱方式

对于一家传统书店来说，赚钱方式显而易见，那就是低价购买图书，然后再将图书增价销售，赚取中间的差价，而亚马逊的赚钱方式则完全不同。相对于现在我们所知道的其他巨头公司，亚马逊在前几年都没有进行疯狂敛财，反而采用了一种负盈利的方法达到让公司扩张的目的。亚马逊采用这种独特的赚钱方式，保证了在21世纪初，互联网经济崩溃的时候，公司可以屹立不倒。

在贝佐斯创业的时候，我们曾经详细地介绍了三名主要的员工，贝佐斯、卡凡和戴维斯。这三个人在经历上有一种奇怪的共同点，那就是技术出色，偏爱小公司，对金钱不很在意。尽管贝佐斯的创业目标是非常模糊的"赚大钱"，但是亚马逊在很长一段时间里不仅没有赚钱，反而是一直在亏钱。

从亚马逊刚刚成立，就开始了亏钱。尽管贝佐斯不很在意这一点，他还是把公司的成长看得更重，但是保持收支平衡，有钱生活也是很重要的事情。于是，亚马逊初期的经营方式是以借钱为主。在贝佐斯花光自己的积蓄和家人的资助时，找投资就变成了亚马逊的首要大事。贝佐斯第一个就找到了鼓动他来西雅图创业并且表示要投资他公司的哈诺尔，两人进行了会面。显然贝佐斯不是一个好的说客，每当哈诺尔想起贝佐斯试图说服他的样子时，他总是给出"糟透了"的评价。

贝佐斯聪明、有热情、富有个人魅力，但这一切不足以让投资人拿出钱来投资一家从未有先例的网络书店，他们对于亚马逊的未来持观望态度，他们认为人们更喜欢去传统书店购买书籍。事实上，这件事情贝佐斯早就调查过了，他给出了详细的数据，证明在互联网上销售书籍是非常有前途的。一个名叫埃里克·狄龙的股票经纪人被贝佐斯打动了，他愿意为亚马逊的前景掏钱。但是，他对于贝佐斯的开价有些质疑，贝佐斯对亚马逊的估值是600万美元，而狄龙认为如果贝佐斯向亚马逊继续注资，并且将估值降低到500万美元，那才有得商量。另一个被贝佐斯的调查数据打动的人是汤姆·阿尔伯格，此人在仔细分析了贝佐斯给出的数据以后，认为亚马逊将来的销售水平会是普通书店的20倍。

哈诺尔没有食言，他首先拿出钱来表示了对贝佐斯的支持，而其他人纷纷慷慨解囊，为亚马逊注入了资金。共有二十多个投资商为亚马逊注资，但是每个人只拿出了三万美元左右，总数只有98.1万美元。

亚马逊成立一年以后，华尔街的投资人们才开始看到互联网公司的巨大潜力，任何一个有明确目标的互联网公司都是华尔街投资人们的香饽饽，亚马逊也不例外。一家投资公司的负责人给贝佐斯打了电话，他愿意在亚马逊估值1000万美金的情况下为亚马逊投资。

尽管一年前亚马逊的估值只有500万美金，还很难找到投资人，但如今的贝佐斯已经不同于往日了。他没有立即接受这笔投资，因为他敏锐地察觉到整个华尔街的风向已经发生了变化，亚马逊的经营也已经走上了正轨。此时，亚马逊的年收入已经达到了500万美元，并且还会以一种爆炸般的速度增长。估值1000万美元，对于贝佐斯来说实在是太少了。

此时，狄龙和其他几位投资人已经成了亚马逊的商业顾问，他们与贝佐斯有着同样的看法。在华尔街热衷于投资互联网公司的情况下，亚马逊完全可以估值5000万美元。于是，他们就以5000万美元的公司估值来寻找投资者。贝佐斯寻求的第一个投资人就是美国KPCB风险投资公司的约翰·多尔。傲慢的多尔没有回电贝佐斯，亚马逊对于KPCB来说只不过是一家小公司，必须要好好调查以后，才能给对方答复。

其他公司看见了亚马逊的含金量，许多风险投资商给贝佐斯打来了电话，其中就有鼎鼎大名的美国泛大西洋投资集团。此时的亚马逊已经不是那个苦苦寻找几万美元的时候了，他们有资格慢慢地挑选究竟让哪一家公司对他们投资。将所有的投资公司都摆在台面上，逐一分析后，贝佐斯还是觉得KPCB是最佳的选择。于是，他们第二次和美国泛大西洋投资集团的代表见面时，做出了一个惊人的举动，那就是如果美国泛大西洋投资集团愿意为亚马逊估值一亿美元，就能够达成协议。贝佐斯并不是普通的狮子大开口，他将亚马逊估值一亿的主要原因是他并不喜欢美国泛大西洋投资集团，而且想要试探一下亚马逊这个时候究竟能值多少钱。

美国泛大西洋投资集团显然没有想到贝佐斯会给出如此不讲理的条件，他们召开了一个紧急会议，告诉贝佐斯他们愿意把估价提高到5000万美元，贝佐斯和他的顾问拒绝了这个价格。对方又把估价提高到7000万美元左右，贝佐斯才有点动心。

KPCB 公司这个时候也有了反应，突如其来的竞争对手让他们开始正视亚马逊，并且发现了亚马逊的巨大潜力。于是，KPCB 的人联系到了贝佐斯，希望能够就合作进行谈判。追求者越多的女孩，越可以表现得趾高气昂，这件事情应用在投资方面依旧适用。美国泛大西洋投资集团的开价给了贝佐斯不小的底气，他告诉 KPCB 的联络人，让多尔来西雅图见他。

KPCB 最终给出的开价是以 800 万美元的价格购买亚马逊 13% 的股票，这表示他们对亚马逊的估价是 6000 万美元左右。这个价格足足比美国泛大西洋投资集团给出的估值少 1000 万，但是冲着 KPBC 的招牌和约翰·多尔的名字，贝佐斯表示完全可以接受。但是，贝佐斯有一个条件，那就是让约翰·多尔加入亚马逊的董事会。尽管约翰·多尔表现得不情不愿，但他最后还是同意了，毕竟此时还有许多亚马逊的"追求者"正排队等着约翰·多尔拒绝呢。

这笔投资彻底缓解了贝佐斯在资金方面的压力，之前他不得不为了赚钱而改变自己的经营策略，而现在他可以让亚马逊照着他想要的方向发展了。在那个时候，贝佐斯曾说过一番话："我们可以盈利，盈利是世界上最简单的事情，但也可能是最愚蠢的。我们把那部分应该是利润的钱用来扩大公司规模。如果现在亚马逊就将目光放在盈利上，那么这将是个无比愚蠢的决定。"不愁钱的贝佐斯，现在只想让亚马逊快速成长。

依赖风投公司的钱总不是长久之计，上市才是解决公司经济问题的最终方案。亚马逊在接受 KPBC 投资一年以后，就成功地上市了，这个时候，亚马逊才开始运营不到两年。亚马逊上市之前，已经有华尔街的分析人员对亚马逊上市以后的公司估值做出了分析，他们认为亚马逊上市以后，公司估值可能会达到三亿美元，这个数字让其他分析员连呼疯狂，因为互联网投资此时已经开始降温了。但实际上，亚马逊比疯狂还要疯狂，上市第一天他们的股价就达到了 18 美元，整个公司估值高达 4.29 亿美元。

在这个时候，亚马逊仍然保持着以发展为第一要务的经营方式，盈利依旧不在他们的考虑范围内。贝佐斯给超过 40 万种图书惊人的折扣，这让他们在价格方面的优势超过了其他所有的书店。

在接下来一年的时间里，亚马逊的亏损达到了 3000 万美元，奇怪的是他们的股价没有下跌，反而以火箭般的速度疯狂蹿升，达到了每股 105 美元，亚马逊公司的市值有 50 亿美元之多，足足是之前的 11 倍还多。从盈利方面来说，亚马逊是在赔钱，但是从成长的角度来说，亚马逊是成功的。这个时候的亚马逊已经成为了互联网上的明星公司，是最重要的互联网商务网站，所有的人都知道亚马逊，都看好这家不盈利公司的前景。所以，推动亚马逊股价的不是公司的真实价值，而是其巨大的品牌效应，人们争相购买亚马逊的股票，将亚马逊的股票价格推上了惊人的高度。

亚马逊不盈利的战略被后来者争相效仿，但这并不是谁都玩得转的。亚马逊之所以能够成功，主要是因为所有的顾客都喜欢亚马逊，亚马逊给了他们交流的空间，给了他们低廉的价格，给了他们便捷的服务。

让前进的车轮转动起来

亚马逊不再缺少资金，贝佐斯就改变了之前维持盈利的状态和勤俭节约的理念。但这不代表贝佐斯开始挥霍投资方的金钱，他将每一分钱都用在了刀刃上。亚马逊的网站大受欢迎，但公司还有许多需要改进的地方，亚马逊完全可以变得更好。

有了资金，亚马逊首先做的事情就是宣传。虽然互联网的用户在持续增加，但这并不代表亚马逊不需要在广告方面进行投资。1996 年上半年，贝佐斯花费 34 万美元在广告上，这些广告主要是针对非深度互联网用户，让那些不经常使用互联网的人也知道有一个名叫亚马逊的网络书店。从广告投资上，也可以看出亚马逊的成长速度，到了 1998 年的时候，亚马逊三个月的广告投入就已经达到了 2600 万美元，而 2009 年，这个数字达到了惊人的六亿美元。

人手不足的问题也一直困扰着贝佐斯，现在的亚马逊哪怕不盈利，也养得起更多的员工，在一轮轮的招聘过后，亚马逊的员工数量暴增到 110 人。这个人数远远超过了当时亚马逊公司所需要的员工数量，许多人无事可做，包括一些经理级别的员工。尽管有大量的员工闲置，但这不是因为贝佐斯被大量的投资冲昏了头脑，他是在提前为公司的发展做人才储备。这些闲置的员工可以说是一个庸才都没有，每个能够进入亚马逊的人都要经过多次面试，最后还要由贝佐斯本人亲自拍板。不仅是来应聘的人惧怕严格的贝佐斯，就连面试官们也对他十分头疼。他认真到但凡是通过面试的员工简历中有一点问题，都要把面试官批判一番，然后拒绝那个应聘者。

那个提出购买桌子建议的老员工，尼古拉斯·洛夫乔伊表示，他很庆幸自己在 1995 年就来到了亚马逊，成为公司里的第五名员工，如果他在亚马逊找到投资以后才来应聘，那他恐怕无法成为亚马逊的一员。

改善网站也是贝佐斯投入许多的重点项目，尽管在当时看来，亚马逊已经足够好了，但是贝佐斯依旧不满足，他总是担心其他的书店会从模仿亚马逊做起，最后超越亚马逊。因此，他一直要求员工们为亚马逊增加新的功能。员工们一有新的想法就会告诉贝佐斯，而这些想法有许多都成为了亚马逊的新功能，让亚马逊网站变得更讨顾客喜欢。

亚马逊有钱了以后，贝佐斯也开始考虑改变自己做"无本买卖"的想法，而这一步改变恰恰是日后亚马逊成功的关键，他成立了一个大型的图书配送仓库。亚马逊的客户越来越多，依靠经销商供货给客户，需要让工作流程翻倍，这个数字随着亚马逊的订单增多而变得令人难以承受。于是，贝佐斯增加了西雅图仓库的容量，增加的比例高达 70%，并且还在特拉华州的纽卡斯尔建立了一个亚马逊自己的配送中心。尽管如此，这个仓库依然和亚马逊网上的图书种类不成比例，此时亚马逊网站上的图书种类已经有三百多万种了。此时此刻，亚马逊才算真正地将整个图书从经销到配送都掌握在了自己手中。

亚马逊此时已经爪牙齐全，这让其他的图书连锁公司感受到了深深的恐惧，任何一家图书经销商都不敢小看亚马逊。小型的经销商试图和亚马逊一起合作，亚马逊也向他们伸出了橄榄枝，希望可以建立合作关系，让他们将自己的图书放在亚马逊的网站上销售。大型经销商也开始按照亚马逊的经营方式经营自己的网上书店，试图与亚马逊一争高下。结果令他们非常沮丧，尽管网络上有名的书店只有亚马逊一家，但是市场却趋向于饱和状态，所有的顾客都被亚马逊掌握在手中。

贝佐斯很快就从拥有自己的仓库和配送中心上尝到了甜头，他开始大刀阔斧地增加仓库与配送中心的数量。截至到 21 世纪初，亚马逊已经有五个规模巨大的高科技仓库。这些仓库通过计算机来搜寻商品，并且使用传送带将商品送到打包站，这大大提高了亚马逊的配送效率。

亚马逊的急剧扩张令人忌妒，但是却仍然在亏本经营。种种巨大的开销让贝佐斯不得不出售自己手中的股票，尽管如此，亚马逊仍是入不敷出。贝佐斯并不后悔自己为亚马逊定下的经营策略，因为他明白品牌和信誉才是真正的无价宝，按照他的说法，只要他想让亚马逊赚钱，随时都可以。

亚马逊占领了网络书店的绝大部分市场，因此在图书销售方面已经没有扩张的余地了。想要让亚马逊更进一步，那么就必须要涉足其他的领域，这就是亚马逊公司下一步的发展方向。

第三节
电子商务界的领袖

> 当所有的图书消费者都是你的客户,你还要怎么发展呢?这个问题是其他所有书店都没有想过的问题。杰夫·贝佐斯面对着这个前无古人的问题给出了自己的答案,那就是扩张。没有更多的人买书就卖别的,美国所有人都在亚马逊买书,那就去美国之外。零售业需要一个领袖,电子商务界需要一个领袖,杰夫·贝佐斯用自己的行为告诉大家,亚马逊要当这个领袖。

书店已经满足不了亚马逊了

在网络销售这一方面,亚马逊无疑是走在了前面,在销售额这方面,亚马逊成功地击败了所有的连锁书店,并且仍然在成长着。从 1995 年亚马逊开始营业,几乎每三个月营业额都要翻倍,到了 1998 年年底,亚马逊的销售额每年可以增加三倍。这意味着亚马逊成为了网络上最大的书店,不论是规模还是销售额,都要远超传统书店。贝佐斯敏锐地察觉到,亚马逊是已经铺设好的巨大平台,如果单单是销售图书无疑是一种浪费。

在经过了几个月的筹备后,亚马逊推出了自己的音像店。这家音像店以 CD 为主要产品,使用了和亚马逊一模一样的销售模式。在种类上,亚马逊的音像店超过实体音像店十倍，达到了惊人的 12.5 万种，并且用户可以在上面享受高达六折的优惠。网页上保存了亚马逊书店的绝大部分功能，并且针对 CD 销售进行了优化，用户可以在上面找到音乐界的最新消息，得到亚马逊网站和其他用户的推荐，还提供 22.5 万首歌的试听。

亚马逊 CD 店闪亮登场，但这只是贝佐斯实现野心的第一步，如果音像店能够像亚马逊书店那样成功，那就说明了亚马逊还可以向其他零售业扩张。在那段时间里，贝佐斯几乎把所有的时间都用在了音像店上，他亲自参与网站的制作，并且向用户发出邀请，希望在用户那里获得更多的建议，让音像店变得更好。

与书店不同，贝佐斯并不是第一个在网络上销售 CD 的人，早在亚马逊在图书业征战的时候，已经有人发现在互联网上销售商品的好处，并且以 CD 作为了重要商品。作为后来者的亚马逊遭到了业内的质疑，人们觉得作为后来者的亚马逊很难从那些已经有了固定用户的网站手中分一杯羹。并且，始终不营业的亚马逊还将面临一个更大的问题，那就是 CD 业的利润并不高，亚马逊的不盈利恐怕还要保持相当长的一段时间。

此时的贝佐斯在想什么呢？亚马逊开始如同卖书一样，不盈利地销售 CD，所有人都对贝佐斯的想法非常好奇，但更多的人对贝佐斯是充满信心的，毕竟亚马逊的股价还是不断升高。贝佐斯的想法很简单，那就是要做互联网零售业的领袖，哪怕是以一种不盈利的手段。

贝佐斯和亚马逊没有让相信他们的人失望，在已经搭建好了的平台和已经成熟的技术上，亚马逊保持了销售图书时的风格，很快销售额就超过了早于亚马逊进入 CD 销售领域的网站。对于亚马逊的成功，贝佐斯并不意外，因为贝佐斯清楚地明白，吸引顾客的不仅是亚马逊低廉的价格，还有亚马逊的质量上乘的服务，任何一个决定和功能，亚马逊都是从顾客的角度出发，让顾客真正感受到上帝一般的待遇。

CD 领域只是亚马逊扩张的一部分，在贝佐斯开始筹备 CD 商店的时候，也开始了另一项计划，他看上了一家和亚马逊一样不盈利的网站——IMDB。

IMDB 如今已经成为了世界上最为巨大的影视库，在上面可以查找绝大部分的演员和影视剧资料，而在那个时候，IMDB 只不过是一个兴起没有多久的网站。1997 年年底，贝佐斯给 IMDB 的开发者艾伦·简打了个电话，这让简有些受宠若惊，同时心中也有一丝疑惑，亚马逊是个卖书的，和他有什么关系？

很快简就明白了贝佐斯的意思，贝佐斯亲自来到 IMDB 总部所在的伦敦，和 IMDB 公司的所有人都见了面，他对简表达出了自己的意向——为 IMDB 投资。在保证 IMDB 独立和免费的前提下，双方达成了一致，但没多久，贝佐斯就发现 IMDB 有着更大的潜力，将 IMDB 抓在自己手中才是正确的选择。于是，他并购了 IMDB，将其变成了亚马逊的分支公司，用来推销 DVD 的平台。而不到两个月的时间，亚马逊又成为了互联网上最大的电影 DVD 和其他电影产品的零售商。

如果说音乐 CD 和影视 DVD 也没有超过新时代书店的经营范畴，那么贝佐斯的下一次收购就足以让人们发现贝佐斯的野心，和他伟大的战略眼光。他收购了提供在线日历系统的网站 PlanetAll。PlanetAll 主要是为用户提供日历服务，并且给用户空间让他们储存地址、电话等信息，必要时可以为提供邮件日期提醒服务。这个只有在互联网上才有运营的独特创意打动了贝佐斯，他认为 PlanetAll 让保持联系这件麻烦的事情变得非常简单。

贝佐斯的下一个目标是 Junglee，这家网站在互联网上提供比价服务，就如同我们今日常用的比价系统一样，在上面输入商品名称，会将该商品在每个网站上的价格都罗列出来。

亚马逊连续并购了三个网站，而这三个网站没有一个是盈利性的，这也表示贝佐斯将坚持把服务放在销售之上，坚持不盈利的理念。

疯狂扩张

一系列的收购为亚马逊市场的出现奠定了基础,亚马逊市场是类似于如今的天猫、京东的购物网站,允许其他商家将自己的产品放在亚马逊的网站上面出售,每笔交易亚马逊要收取一部分的手续费。以亚马逊的信用来说,任何商家和顾客都不担心自己在交易当中会受到欺骗。贝佐斯的行为让很多人不能理解,如果亚马逊可以自己出售这些商品,岂不是会有更多的利益?允许竞争对手在亚马逊上销售商品这种行为岂不是资敌?贝佐斯则不这么想,任亚马逊做得再大,也永远不可能销售所有的产品,人们早晚会去别的地方找他们想要的东西,这不比在亚马逊上寻找难多少。如果让其他商家在亚马逊上销售商品,那么亚马逊的产品种类将会进一步扩充到几乎无所不包,那么顾客则不会改变自己的想法,仍然把亚马逊当作网络购物的第一站。

在商品种类上的扩张还不仅仅是亚马逊扩张计划的全部,他们还想要让亚马逊变成一个国际性的公司,于是,亚马逊开始向海外进行扩张。亚马逊到的第一批国家有德国和英国,由于贝佐斯的股票疯长,他有充足的资金实施他的扩张计划。

贝塔斯曼相信不少人都非常熟悉,在 90 年代几乎所有销量较好的杂志上都有贝塔斯曼的广告,作为德国老牌出版业巨头,贝塔斯曼可以说是很有实力的。当亚马逊想要在德国做生意的时候,贝塔斯曼的 CEO 托马斯·米德尔霍夫马上就决定要与亚马逊进行合作。他亲自去机场接贝佐斯,试图与贝佐斯商谈合作的事情。

米德尔霍夫想要和亚马逊在欧洲合伙成立一家公司,双方各占一半的股份。亚马逊有着庞大的平台和用户群,而贝塔斯曼则可以提供大量的图书库存和优惠的价格。而且，在欧洲贝塔斯曼是十分有实力的，可以为亚马逊在欧洲扩张提供宣传上的帮助。当贝佐斯听到双方各占一半股份的时候，就已经决定拒绝这个建议了。贝佐斯想要的人让人们把亚马逊当作人们购买图书时的第一选择，让人们想到书就能想到亚马逊。而贝塔斯曼的建议会让亚马逊旁边加上贝塔斯曼的名字，这显然不是贝佐斯所期待的。

贝塔斯曼没有达成和亚马逊合作的目的，这让亚马逊进入欧洲变成了一场灾难，于是贝塔斯曼只能寻找其他的合作伙伴，以用来对抗亚马逊的入侵。贝塔斯曼找到了老牌连锁书店巴诺，用三亿美元收购了巴诺网上书店50%的股份，做起了自己的网络书店。贝塔斯曼有点病急乱投医的感觉，因为巴诺网上书店的销售额只有亚马逊的10%，双方在欧洲的战争是一场完全不对等的战争。

为米德尔霍夫经营全新公司的是乔纳森·巴尔克利，这位前时代华纳英国办事处的负责人对新公司信心十足，毕竟贝塔斯曼是有着强大实力的，他们的图书足有450万种，这个数字超过了亚马逊的300万种。足够的图书资源和折扣价格，配合上巴诺的网上书店，新公司一片光明。

巴尔克利在入职13个月以后离开了这个职位，并不是因为他做得不好，正相反，他让巴诺的网上书店销量翻了三倍，达到了8150万美元，但是让他灰心的是，亚马逊的销售额达到了2.5亿美元，别说跟亚马逊竞争，哪怕是想要赶上亚马逊的上升速度都是一件非常艰难的事情。

在1999年，亚马逊做了太多的事情，每个月亚马逊都会有大动作，或是收购其他公司，或是又增加了新品种的商品。在这些公司里，有些是CD、体育用品或者是其他商品的零售商，而有一些是推荐人们访问什么网站的公司，这依然表示亚马逊不打算盈利。在扩张的路途上，亚马逊只有两次遭遇了失败，一次是与eBay竞争，开展拍卖业务。eBay是互联网拍卖业的巨头，地位就如同在图书界的亚马逊一样。另一次是想要收购以发行在线明信片为主业的蓝山艺术公司，或许是因为不想染上铜臭的气息，对方毫不留情地拒绝了贝佐斯的建议。

亚马逊市场也在紧张的筹备以后正式上线了，对于来自亚马逊内外部的一致质疑，贝佐斯给出了从顾客角度出发的说法。贝佐斯认为，亚马逊不可能满足所有的用户，也不可能在互联网上永远有价格优势。当顾客有更好的选择时，亚马逊要做的不是挡住顾客的去路，强行把他们带到亚马逊消费，而是把那家更好的店带到亚马逊的面前。

对于顾客而言，亚马逊这个做法自然是个好消息，在亚马逊上，他们永远能够找到最便宜的商品，如果亚马逊上没有这个商品，他们也不用冒着被骗钱的风险去其他网站，因为有亚马逊的平台为他们做担保。

亚马逊的扩张并不是一帆风顺的，惹麻烦的事情出现在亚马逊收购了一家名叫 Alexa 的公司，这家公司会根据用户的喜好为用户提供他们感兴趣的网站。而这就意味着，这家网站会追踪用户的浏览记录。收购 Alexa 为亚马逊带来的好处是，只要有顾客在其他网站上对产品进行评论，那么 Alexa 就会为人们推荐该去哪里购买商品，而其中大多数时候推荐的是亚马逊。现在几乎所有的网站和免费软件都会收集用户的信息，而在那个时候却是不常见的。那些被 Alexa 收集了信息的顾客，显然有一些不太喜欢这种做法，他们觉得被冒犯了。2000 年，一个旧金山人就 Alexa 没有经过他的授权就将他的个人信息提供给亚马逊的做法提起了诉讼。而一位互联网安全顾问理查德·史密斯也向联邦贸易委员会投诉，认为亚马逊收集个人信息的范围太广阔了。

在 1999 年到 2000 年这段时间里，亚马逊的风头盖过了所有的公司，这种快速的发展难免会引起人们的质疑。不少专家表示亚马逊不过是建立在互联网经济上的投机公司，互联网经济的高速发展是不正常的，很有可能蕴藏着大量的泡沫。这些泡沫一旦破灭，亚马逊就将遭受毁灭性的打击。从好的一面来看，亚马逊告诉人们真正的互联网零售模式应该是怎么样的，或者说得更大一点，不仅是互联网，亚马逊影响到了整个零售业。在这一年里，贝佐斯被选为《时代》杂志的年度人物，风头一时无两，已经越来越少人注意到，亚马逊如今仍然没有盈利。

新目标：盈利

在过去的五年里，亚马逊一直坚持不盈利，将顾客的需要作为第一要务。在亚马逊年年亏损的情况下，股票依然是持续上升，并且涨势喜人。不过到了 2000 年，一场巨大的变动让亚马逊遭到了毁灭性的打击。这个打击不是来自其他公司的竞争，也不是来自公司内部的管理问题，更不是顾客们失去了对亚马逊的信任。带来这个打击的是出乎所有人意料的新千年，和亚马逊在过去五年里为自己埋下的炸弹。

千年虫这个概念如今距离我们已经十分遥远，但是在当时，却是一个被人们所深深担忧的事情。由于计算机系统的不足，当年的大多数系统都是使用两位 10 进制数字来代表年份的，这就表示当 2000 年到来的时候，计算机上的年份位置将会显示 00，而这个 00 没有办法被确定是 1900 年还是 2000 年。这个情况会造成可怕的系统错乱，甚至崩溃。这是系统本身的问题，并不是计算机病毒，所以从当时的情况来看，是在更换新系统之前无法解决的。人们为此担忧是因为越来越多的地方在使用计算机，工厂在使用、商店在使用、金融机构在使用、政府在使用，甚至就连飞机的驾驶系统也使用了计算机。甚至有人担心，一旦系统崩溃，飞机是不是就要从天上掉下来了。

如今我们回头看，所谓的千年虫不过是一场笑话，对人们的威胁简直是微乎其微。但是在那个年代，人们对于千年虫是非常恐惧的，互联网的发展一下子就陷入了停滞，甚至倒退。人们停止更新自己的计算机，停止使用计算机，甚至停止购买计算机。不论是计算机，还是软件，甚至是其他任何有可能使用计算机的科技产品，在销售方面都受到了致命的打击，销售份额跌入了谷底。一开始的时候人们并不知道事情究竟有多严重，后来在科技公司的季度财报出现以后，科技公司让投资者彻底失去了信心，科技股的股价开始暴跌，就如同之前专家预言的一样，互联网的泡沫在一瞬间就破灭了。

对于亚马逊来说，千年虫造成的威胁并没有那么大，亚马逊的零售业虽然包含一些网络上的虚拟产品、软件、音乐、视频资源等，但是这些并不是亚马逊的主要销售额来源，千年虫事件对于亚马逊来说只是个导火索。

由于科技公司的股票都开始下跌，人们越来越关注科技股票的情况和财报。亚马逊新千年的第一个季度并不怎么让人满意，销售额没有受到影响，依旧是不盈利，但是股票却遭了殃，而且面对互联网的降温，疯狂的增长速度也无法再保持了，在之前的五年里，亚马逊的增长百分比可以达到三位数，而2000年的增长只有68%。增长速度的减慢让股东们开始将目光放在亚马逊的亏损上，1999年亚马逊的亏损有6.5亿美元，2000年亚马逊的亏损达到了14亿美元。

贝佐斯的野心也为亚马逊带来了麻烦，他认为亚马逊将会保持增长的势头，所以对于仓库进行了大幅度的扩建。而实际上，当亚马逊的增长速度并没有达到贝佐斯的期望，位于堪萨斯州最新的那个巨型仓库，利用率不到10%。他的野心还远远不止于此，银行业、保险业、旅游业都成了贝佐斯的目标。尽管亚马逊可能无法达到这些领域的低价，但他打算通过做推荐、做专业评论来迫使顾客们成为亚马逊的"会员"，通过会费来增加亚马逊的销售额。这些看起来有些不切实际的扩张策略让亚马逊的亏损持续增加，但这些都没有能够阻止贝佐斯的膨胀。

股票的下跌让股东们开始失去对亚马逊的信心，对于财报中的亏损再也不能一笑置之，他们开始关心亚马逊的利润空间和运营成本。迫于压力，贝佐斯只好考虑他之前从未考虑过的事情，那就是节约成本，开始盈利。想要盈利或许很简单，但是更简单的是节约成本。那些仓库和配送中心放在那里，将来一定会用得上，而目前更加没有价值却增加成本的是那些无所事事的员工。亚马逊开始了裁员，开始紧缩财政支出，开始取消员工福利，开始雇用更加吝啬的经理人。这一切让亚马逊的形象在顾客的眼中产生了巨大的变化，原来的亚马逊是什么样子？是一家非常"酷"的公司，是一家非常有人情味的公司。如今的亚马逊已经变成了一个与传统公司无异，冷冰冰的公司。

　　股价的下跌和互联网泡沫的破灭造成了一个恶性循环，原本不该遭受影响的亚马逊销售额也开始飞速下降。当亚马逊的销售额比之前下降了许多，一个季度只有5.7亿美元的时候，华尔街开始担心了。紧缩财政的策略，销售额降低没有让亚马逊的亏损加剧，贝佐斯还是有希望带领亚马逊走出困境的，尽管到了2000年年底亚马逊的股票已经贬值了90%。

　　为了应对亚马逊的危机，贝佐斯开始告诉员工们，亚马逊要开始盈利了。贝佐斯计划，在2001年底，亚马逊要实现50亿美元的销售额，毛利润要达到十亿美元。随后，贝佐斯开始在公司经营方面进行了一系列的改革，那些没有利润的业务被关闭，那些回报低的投资被取消，那些无能的员工被开除。这一系列的行为并没有为华尔街带来信心，或许亚马逊突然改变策略，正是华尔街放出了亚马逊已经不行了的信号。在贝佐斯做出的一系列改变被人们所知晓以后，亚马逊的股票又下跌了17%。

　　到了2000年年底，亚马逊的股票依旧在下跌，但是速度已经放得很慢了，而且亚马逊的盈利计划也开始奏效，公司的亏损程度正在降低，利润空间开始上升，相信过了不了多久，亚马逊就可以真正开始盈利了。在2000年亚马逊第三季度的财报发出以后，股票上涨了30%。

　　2001年是亚马逊要挽回旧日荣光的一年，但实际上，这一年中亚马逊仍旧在泥潭中挣扎。为了改变现状，贝佐斯开始疯狂地缩减支出，年初他就裁掉了1300名员工，还关闭了他之前一直拒绝关闭的位于佐治亚州的仓库。这些举动没有让亚马逊的情况变好一点，主要原因是亚马逊的商品销量还在持续降低，甚至影响到了他们的核心业务——图书。在2000年第三季度的财报里，亚马逊的图书销售额在四亿美元，而2001年第三季度的财报显示他们只卖出了3.51亿美元的图书。

　　想要让亚马逊增加收入，贝佐斯只能另辟蹊径，他最后选择了之前他非常排斥的一种盈利方式，那就是帮助其他的公司建立网上商店。这些商店包括他想要进军的玩具界领袖、电器界巨头，甚至还有作为同行的图书零售商。

在这笔交易中，亚马逊还要负责网站的运营，亚马逊帮助他们进行采购、运输和客服，这对亚马逊来说是非常有利可图的。贝佐斯可以节约下来采购商品的价格，将库存费用的风险转嫁到其他公司身上，亚马逊借此机会将自己大量闲置的仓库都用上了，整个工作变得更加容易。

贝佐斯计划亚马逊可以在 2001 年年底盈利，严峻的情况似乎让他已经忘记了十亿美元毛利的事情。最终的结果是可以接受的，2001 年年底，亚马逊不再有亏损，但是盈利也只有可怜巴巴的 500 万美元。500 万的盈利？或许 2000 年以前的贝佐斯会嘲讽地一笑。但是 2001 年的贝佐斯只感觉盈利实在是太好了，要知道他们去年还有着多达 5.5 亿美元的亏损。

开始盈利以后，贝佐斯又开始了他的扩张计划，但是这些扩张开始变得脚步扎实。2002 年 6 月，他们在加拿大建立了新公司，同年 9 月亚马逊的办公用品专区上线了，11 月，服装专区也上线了。这些扩张没有为亚马逊带来可观的收入，贝佐斯的下一个转折点在 2007 年。

一场关于命运的豪赌

看看你身边的手机，你身边的平板电脑，如果你是亚马逊的粉丝，或者是想要用更专业的方法享受电子书的人，你身边可能还会有个 kindle。或许你会觉得电子书是个最近十年才开始出现的东西，但其实电子书已经有了很悠久的历史。

早在 1968 年，电子书就已经有了雏形。一位名叫艾伦·凯的设计师设计了一款名叫 Dynabook 的便携式计算机，虽然叫便携式计算机，但它更主要的功能是用来阅读电子书。我们不得不承认，史蒂夫·乔布斯的 Mac 很大一部分是受到了 Dynabook 的启发。1971 年，还是大学生的迈克尔·哈特开启了著名的古腾堡项目，将大量的文字作品电子化，这让人类有了保存图书更好的方式，古腾堡项目也成为了最早的数字图书馆。

到了20世纪90年代，计算机和互联网的兴起让越来越多的公司考虑电子书和电子书设备的未来。一些公司开始提供装有电子书的软盘，而一些不成熟的电子书设备也开始陆续上市。这些设备有着很大的缺点，尽管针对便携性这一点做了些处理，但依旧达不到便携的要求，并且售价极高，很快就被淹没在了历史的大潮中。到了90年代末，许多大公司和在线零售商都开始进入了在互联网上售书的领域，就连鼎鼎大名的微软都趁机发布了一款微软阅读器。他们成功地赚到钱了吗？答案是没有。

进入21世纪以后，人们仍然没有放弃电子书这件事情。2002年谷歌开始将一些没有版权的图书数字化，而索尼也发行过自己的电子书阅读器。索尼在这一领域遭到了空前的失败，至今仍拒绝公开透露阅读器的销售数字。

作为世界上最大的图书经销公司，亚马逊有没有想要进入电子书的领域？今天我们自然可以肯定地说是，但是在20世纪，人们很难确定这一点，毕竟一次次的例子告诉我们，人们还是更加喜欢纸质书。事实上，贝佐斯早在2004年就已经准备制作电子书和电子书设备了，这一切都是来自史蒂夫·乔布斯的启发。2003年3月4日，乔布斯的iTunes上线了，并且获得了成功。这种方式大大降低了人们购买音乐产品的成本，不需要刻录光盘，不需要运输配送，只要将iPad接入互联网，音乐就会轻松地到达你的设备里。对于音乐产品来说，真正的产品不是光盘，而是里面的音乐，产品实体是完全没有必要存在的。

贝佐斯从这一点上得到了启发，音乐和文字有着共同之处，人们购买书籍为的是里面文字，而不是那厚厚的一叠纸。他找到了曾在苹果公司和奔迈公司工作过的硬件开发者——格雷格·泽哈，希望能够和泽哈合作，建立一家制作电子书阅读器的公司。亚马逊的高管对于泽哈来说可不是一个小人物，他战战兢兢地提出了自己的疑问："为什么对我感兴趣？"答案言简意赅却又让人觉得迷茫："改变世界。"

新公司在刻意的保密之下一直隐藏着，尽管位于硅谷，但没有人会知道一家名叫"126号实验室"的公司是干什么的。公司中的程序员大多是来自苹果和奔迈,这些人是泽哈的老同事,他知道谁能够真正地帮上他。长达两年的时间,"126号实验室"一直不声不响,只有一个博客写手在网络上爆出了关于"126号实验室"的一点消息,他认为这家神秘的公司正在开发一款电子设备,目标是与 iPad 竞争。

"126号实验室"里一片忙碌,而贝佐斯也没有闲着,他也开始测试人们是否会愿意阅读电子书这种东西。2005年10月,亚马逊上线了一个新功能,那就是电子书销售。用户只要花1.99美元就可购买一本电子书在计算机上阅读。为了保住亚马逊最大图书销售商的地位,贝佐斯不得不自己和自己打擂台。他这样解释电子书:"电子书和实体书是两种产品,有着不同的功能。当人们想要读很长的内容时,纸质书才是最好的选择。电子书可以是顾客更方便的查询方式,让他们可以快速地找到自己想要阅读的部分,用来做参考。"这或许是贝佐斯说过的最大的谎言,因为在 kindle 面世的时候,他立刻转变了风向,表示实体书已经过时了,应该被扔进垃圾桶,脾气暴躁的他早就厌倦了实体书需要翻页,会在不恰当的时候合上等问题。

2007年,kindle 已经测试完成,到了可以发布的时候了。在这之前,已经有人放出了消息,亚马逊会在今年发布自己的电子书阅读器。这个消息掀起了人们对电子书的关注,所以也想趁机借一次东风,在亚马逊的电子书阅读器还没发布之前占领市场。索尼在阅读器中增加了 Adobe 软件,增加让用户从其他资源下载电子书的功能,下调了近20%的价格,并且还免费赠送100本经典图书,一时之间索尼阅读器的广告铺天盖地。即便亚马逊没有及时做出对策,索尼还是失败了,因为人们不购买索尼阅读器的原因不是他们不爱电子书,而是索尼自身的缺陷。作为一个电子书阅读器,索尼的产品上有着太多的按钮,并且下载书籍还要连接计算机和索尼的软件,这让人很难上手使用所有功能。索尼阅读器提供的资源也很少,甚至还不如一家实体书店来得多。

尽管亚马逊还是盈利了,但是以顾客为根本的想法没有改变,所以贝佐斯优先想到的就是解决传统电子书存在的问题。Kindle 使用了触摸屏,这在很大程度上解决了操作方面的问题，并且内置了无线网络，让传输图书变得不再痛苦，几秒钟以内就可以让你把在亚马逊购买的电子书传到你 kindle 上。更重要的是，亚马逊有上百万种图书资源，这些都给了贝佐斯巨大的信心，他愿意将亚马逊的未来豪赌在 kindle 上。

Kindle 就是未来

　　Kindle 是贝佐斯孤注一掷的产品，它承担着亚马逊的未来，如果 kindle 失败，那么亚马逊将会再次遭遇困境，也会给贝佐斯一个重大的打击，所以，kindle 必须成功。为了让 kindle 顺利销售，贝佐斯做了很多前期工作，包括打广告和召开记者会。并且，他再次得到了乔布斯的启发，使用了饥饿营销的方式。

　　在 2007 年 11 月 19 日，kindle 正式面向大众推出，参加发布会的是一群记者。人们早先对于亚马逊的电子书阅读设备还是有着很大的期待的，但是 kindle 在上市以后人们对它的信心开始直线降低。

　　首先，影响人们的是 kindle 高昂的售价。人们对于索尼的阅读器并不买账，其中一个因素就是价格。索尼阅读器售价高达 300 美元，这个价格完全可以购买一台可以阅读电子书的智能手机。Kindle 推出的时候是 2007 年，已经有不少人在塞班系统的手机上阅读电子书。iPhone 正在逐渐成熟，Android 手机也开始占领市场，这个价格让 kindle 毫无优势。

　　其次，纸质书仍然有着巨大的市场。尽管电子书已经越来越普及，有着可以在黑暗中阅读，重量较轻，并且价格低廉的优点，但仍然有很多人热衷于享受一杯热咖啡，一点音乐，阅读一本好书的习惯。

　　最后，电子书本身存在的问题。人们对于电子书的印象根深蒂固，尽管看起来 kindle 操作简便，但是电子屏幕本身的亮度对人的眼睛有着较强的刺激，并且由于电池技术的限制，使用电子设备读书要经常充电。

当越来越多的人了解 kindle 以后，他们开始减少自己的顾虑，因为 kindle 相对于其他电子产品有自己独特的优势，这主要是在续航和亮度方面。Kindle 和索尼阅读器一样，使用了电子纸和电子墨水。这项技术早在 20 世纪 70 年代就已经被开发出来了，利用不同颜色的电子粒子，让黑白两色分边排列，制造出和墨水在纸上同样的显示效果。Kindle 和索尼阅读器一样，都是用了一家叫作电子墨水公司的技术，这项技术不仅可以降低人眼的疲劳程度，更可以利用粒子不常被刷新的页面形成方式节约用电，增加续航时间。

为了让 kindle 获得更好的关注，贝佐斯刻意使用饥饿营销的方式制造出了 kindle 有价无市的现象。对于他制造了多少产品我们无从得知，但是贝佐斯会控制产品的销售时间，一到五个半小时，就会宣布所有的 kindle 已经全部售出了，在刚刚开始销售的几个月里，人们想要买到 kindle 必须要提前预定。贝佐斯没有放出实际销量，但是据有关人士爆料，在 kindle 正式开始销售的八个月里，有 24 万台的出货量。

亚马逊通过 kindle 再次颠覆的图书销售业和出版业，甚至许多出版界的人士开始思考，纸质书是否还有继续保存下去的必要。他们看见了 kindle 和亚马逊此刻的万丈荣光，却没有看到贝佐斯在电子书销售的背后付出的努力。

贝佐斯认为电子书就是未来图书的主要销售方式，因此，就如同亚马逊刚刚上线时一样，他要不惜一切代价让 kindle 成为未来的一部分，让人们一提到电子书，首先想到的就是亚马逊和 kindle。他拼命地保证让电子书的价格不再提高，几乎每本打折的电子书售价都被控制在 9.99 美元。贝佐斯要通过电子书赚钱，他就要从出版商手中获得销售权。而出版商们并不希望实体书被电子书所取代，这极大的影响了他们的利益。为了控制电子书的发展和增加自身的利益，他们与亚马逊重新商谈了代理模式。在 2005 年的时候，亚马逊的电子书只有 1.99 美元一本，那是因为在计算机上阅读书籍是无法取代纸质书籍的，而 kindle 可以。于是，出版商们要求重新制定电子书的售价，这个价格被限制在了 12.99 美元到 14.99 美元之间。图书销售的金额出版商要拿走其中的 70%，其他的30%是亚马逊的，如果亚马逊想要打折，那么就要从自己的30%里扣除。

如果贝佐斯同意这个代理方式，那就意味着亚马逊每卖出一本9.99美元的电子书，都要赔钱，所以贝佐斯选择了拒绝，并且使用亚马逊公司巨大的品牌效应对出版商施压，就如同他在销售实体书时所做的那样。面对生死攸关的问题，出版商不打算让步，麦克米伦出版集团的CEO约翰·萨金特亲自赶到西雅图与亚马逊谈判，他告诉亚马逊的高管，如果不同意新的代理方式，那就意味着谈判破裂，亚马逊必须将麦克米伦出版集团的所有图书下架，不仅是电子版，还包括实体版。贝佐斯尝试了一下将麦克米伦出版集团的图书下架，结果是亚马逊所不能承受的。而此时苹果公司也面临着同样的问题，史蒂夫·乔布斯选择了接受新的代理方式。但贝佐斯也寻找到了能够稍微降低成本的销售方式，亚马逊直接联系到作者，表示如果在kindle上发布作品，作者会拿到70%的版税，这远远高于出版商提供的25%。

到目前为止，亚马逊还保持着电子书销售领域的领先地位，但有许多不容小觑的竞争对手在步步紧逼。苹果的iPad有着更丰富的色彩和更多的功能，但是由于售价偏高，在电子书方面还稍微落后于亚马逊。谷歌电子书的正式推出也给了亚马逊极大的压力，作为非零售商的谷歌允许用户将购买的电子书下载到非kindle的其他设备上。谷歌还让亚马逊失去了和出版商讨价还价的机会，如果亚马逊拒绝70%的分成模式，那么所有的出版商都会投入谷歌的怀抱，毕竟谷歌是同意这一点的。

电子书的市场无疑是广阔的，在2010年的时候，电子书已经有十亿美元的销售额。到了2011年，亚马逊售出电子书的数量已经超过了实体书。2010年和2011年，电子书成了最热门的话题之一，市场份额保持着三位数的增长。不过这一情况在2012年开始直线下降，到了2013年甚至只有可怜的3.8%。或许有人说电子书的市场已经饱和了，而实际上电子书相对于实体书的销售比例还在以稳步而缓慢的脚步增长着。如今，电子书所占的销售比例已经达到了所有图书的30%，而其中超过一半来自亚马逊。

电子书正在改变人们的阅读习惯，越来越多的人用电子书取代了实体书。

或许 kindle 不是市场上最好的产品，但是亚马逊无疑是最好的书店。Kindle 打开了人们对电子书的热情，亚马逊也开放了将购买的电子书下载到其他设备上的功能。但我们有理由相信，kindle 将来会变得更好，会重新获得市场上的领先地位。Kindle 开启了一个未来，而新的 kindle 可能就是下一个未来。

图书行业的末日

在亚马逊出现之前，实体书店可谓是风光无限。在那个时候，大型连锁书店不到一个星期就会开一家新店，而美国第二大的连锁书店博德斯则是九天。这个数字让人们无法想象到亚马逊会对实体书店造成毁灭性的打击，而事实上，到了 21 世纪巴诺关店的速度几乎追上了当年开店的速度。

穷则思变，巴诺公司在亚马逊开始崛起的时候也开始经营自己的网络书店，尽管销量不足亚马逊的 10%。当亚马逊推出 kindle 的时候巴诺也开始退出自己的 nook 阅读器，但只占有市场 4% 的份额。在亚马逊的电子书销售量超过实体书销售量的时候，巴诺还在靠沃尔玛和 BestBuy 的平台苦苦支撑，最终交出了每年亏损一亿美元的成绩单。顺便说一句，博德斯已经破产了。

尽管贝佐斯不承认，但实际上亚马逊造成了实体书店的末日，甚至就连其他电子书方面的竞争对手也在与亚马逊残酷的竞争之下过着暗无天日的生活。按照亚马逊的发展模式，应该说迎来末日的不仅有实体书店，还有实体书。

贝佐斯为竞争者们带来的一切压力都源于亚马逊的不盈利策略，尽管亚马逊已经开始盈利，但盈利仍然不是主要目标。亚马逊一直在为图书减价，一直在提供折扣，一直在不断壮大，哪怕是经济大环境不景气，亚马逊的销售额依旧在增长。一个严峻的问题被摆在了台面上，亚马逊已经成为了图书行业的杀手，任何一家实体书店都很难在亚马逊的竞争下存活，哪怕是沃尔玛这样巨大的平台。

价格战是商业竞争中最古老的战术，也是亚马逊使用的唯一战术。在这简单粗暴的战术下，没人能不败下阵来。亚马逊的竞争者表示，贝佐斯不关心书，也不关心图书业，尽管他的亚马逊已经是世界上最大的图书销售商了。贝佐斯卖书只是因为他需要招揽顾客，一旦有了足够数量的顾客，那么亚马逊卖任何东西都将获得成功。这种做法破坏了图书业的食物链，读者和亚马逊实现了双赢，但实际上零售商、出版商和图书作者都在这方面受到了损失。

尽管贝佐斯知道亚马逊让图书业陷入了低迷，但他不承认这一点，他声称低廉的价格和新技术不仅降低了成本，而且拓宽了市场，让更多的人读书、买书。而实际数据显示，贝佐斯的话是完全不成立的。哪怕图书的种类在不断增加，但是人们花钱购买的图书却没有增加多少。增加的这些图书主要是公共领域图书和自行出版图书，对于整个图书市场是没有任何好处的。

我们来详细分析一下亚马逊是如何摧毁图书产业的。零售商永远无法给出亚马逊可以给出的低廉价格，亚马逊不断利用自己的影响力压榨出版商。出版商们为了登上亚马逊这个近乎垄断的平台，只好按照亚马逊的条款给予低价。零售商缺少这种影响力，不可能跟出版商谈条件，顾客越来越少，利润越来越低，纷纷倒闭。零售商的倒闭又造成了亚马逊一家独大，这形成了一种恶性循环。

传统大型连锁书店也缺少与亚马逊竞争的能力，尽管他们也建立了自己的网上书店，也能从出版商哪里得到折扣，但仍然无法给出亚马逊的低价，在税收方面他们没有亚马逊的优势。根据美国高等法院给出的裁决，对于在线零售商，只在其有实体店的州收税。亚马逊能够称为实体店的恐怕只有华盛顿的总部，因此其他州的顾客购买亚马逊的书籍时，是没有税收的。这可以让亚马逊进一步压缩书籍的价格，让顾客得到更多的优惠。巴诺和博德斯这种规模的书店就非常吃亏了，他们的实体书店遍布全美，于是他们提出了有任何该公司物理存在场所的地方就应该收税。最终有些州采纳了这个建议，也有一些州没有动静。贝佐斯放出话来，他宁可关闭在那些州的配送中心，也不会缴税。他的底气来自于哪怕是只保留几个配送中心，依然可以将这些大型连锁书店打得溃不成军。

亚马逊给书籍作者和出版商的压力还不止于此，对于那些敢于和亚马逊叫板的人，贝佐斯有一套别致的报复方式。如果有某个出版商敢于拒绝亚马逊的折扣要求，那么这个出版商在亚马逊所有的网页上都会找不到购买按键。在 2008 年，这种报复方式有了第一个受害者，Bloomsbury 出版社的所有书籍，在英国的亚马逊网站上都不能购买了。顾客们拼命点击"购买"按键，就是没有反应。这表示所有的顾客都必须要去亚马逊上的第三方零售商处购买该出版社的书，也表示着购买这本书的顾客将不会享受到亚马逊的折扣和低价的配送。对于享受惯了低价的顾客来说，买另一本书或许是更好的选择。从此以后，任何敢于拒绝亚马逊折扣价的出版商，都会遭遇到"购买"键和"加入购物车"键失灵，甚至失踪的待遇。

遭到报复的不仅是出版商，还有那些自费出版的作者。他们也可以在亚马逊上卖书，但是亚马逊对于他们有更多的要求，那就是书籍必须在亚马逊附属机构进行印刷。贝佐斯给出的理由是在亚马逊印刷好，那就省去了将图书从印刷厂运送到亚马逊的费用了，不仅省钱，而且节约时间。那些敢于对亚马逊说"不"的作者，同样会失去他们的"购买"键。

从好的方面来说，一些独立的小书店没有受到像大型连锁书店一样的打击。他们的运营成本较低，更容易在亚马逊的冲击之下幸存下来。大型连锁书店的减少，反而让他们有了更多的机会。面对激烈的竞争，他们没有价格优势，只能通过提供更上等的服务来招揽顾客。更舒服的沙发，更好的服务态度，更专业的导购人员，甚至更香甜的咖啡。贝佐斯大言不惭地宣称是亚马逊让那些小书店变成了更好的书店，为他们培养了竞争精神。

在亚马逊的冲击下，图书行业的利润正在持续降低，从业者们也过得越来越艰难。希望在某一天，人们不愿意等待快递，想要直接把一本好书拿在手上的时候，还有书店能够满足他们的愿望。

第四节
杰夫·贝佐斯的成功法则

> 毫无疑问,杰夫·贝佐斯是个怪人,他的古怪导致了亚马逊发展的轨迹同样古怪。而他的古怪不仅在人们所知道的地方,而且管理员工的方式也处处透着古怪。就是这样一个怪人,能够胜任亚马逊的形象代表吗?杰夫·贝佐斯在公众面前的形象非常成功,尽管对员工来说他是个可怕的老板,但是对于顾客来说,杰夫·贝佐斯给了他们太多太多。

非典型的管理者

成功的管理者往往有着共同的特质,他们高瞻远瞩、善待下属、有创造力,失败的管理者却有着各自不同的特点。从这方面来看,贝佐斯似乎不像是个成功的管理者,他有着出色的能力、高远的目光,有时候却会犯下一些新手才会犯的错误;他可以让员工交口称赞,也有相当一部分亚马逊的老员工对他怨声载道。想要剖析贝佐斯究竟是怎样成功的,那么他管理公司的方式是需要了解的重要部分。

卡凡是亚马逊的第一位员工,他对于贝佐斯有着十分矛盾的情感。贝佐斯在他面前表现得无所不能,他既能像一般的管理者一样为公司的前进指明方向,也能够如同一个中级主管一样面面俱到地改善公司的种种细节。但是,对于卡凡来说，印象最深的是贝佐斯的苛刻。因为贝佐斯十分在意细节，所以他不仅在成功方面有着更高的要求，还希望员工能够将自己的想法做到完美实现，这种吹毛求疵往往让人觉得十分沮丧，你永远都做不到贝佐斯眼中的完美。在亚马逊还在创业阶段时，许多员工就是因为贝佐斯的苛刻而离开了亚马逊，他们认为贝佐斯是一个可怕的管理者，想要与他亲近，实在是太难了。

许多与贝佐斯接触过，但是交往不深的人，都觉得贝佐斯是个好人。他幽默风趣，爱玩爱闹，是人们第一眼就会选择成为朋友的人。而那些与贝佐斯相熟，交往时间较长的人则有着不同的看法，他们认为贝佐斯表现出的亲近只是他的性格使然，而骨子里他是个很难亲近别人的人。在你认识他一年以后，你会发现你和他的关系就如同第一次遇见他那样。贝佐斯另一个让人生畏的性格特点是神经质，他经常会突然发脾气，毫无保留地在其他人面前训斥那些犯错的人。如果他不想听谁说话，甚至会直接把手伸出来，放在那人的鼻子下面晃。这个可怕的习惯摧毁了很多员工的自尊，让他们觉得自己受到了侮辱。显然，贝佐斯将自己的性格代入到了管理者的角色中。

贝佐斯的冷酷无情也是出名的，并且这种冷酷无情不是后天形成，而是与生俱来。在他十岁的时候，曾与外祖父母一起旅行。他的外祖母有吸烟的习惯，而贝佐斯认为吸烟会减少外祖母九年左右的寿命，于是要求他的外祖母戒烟。外祖母难过地哭了出来，外祖父第一次教育他人应该有除了知识之外的东西，人要有同情心。或许这也是贝佐斯成功的原因之一，他很少感情用事，一切行为都源自于他理性的思考，包括成立亚马逊，包括他选择结婚对象。

冷酷无情这一点也是贝佐斯管理的特点之一，在亚马逊艰难的起步和21世纪初渡过危机的时候，他都对员工提出了残酷的要求。员工们为了贝佐斯的目标，不得不拼命地工作，加班成为了一种常态，并且就连正常的休息日都被取消了。就是这样，员工们仍然达不到贝佐斯的要求，贝佐斯会严厉地批评那些犯错，或者达不到要求的员工，无视他们因为长期加班已经摇摇欲坠的身体状况。公司里唯一不加班的人就是贝佐斯自己，这不是因为他身为公司管理者的特权，而是因为他总是能更快地完成自己的工作。每次他面对那些疯狂加班的可怜员工时，会毫不留情地炫耀自己充足的睡眠时间，在他看来这不会让员工感受到痛苦，反而会让员工们得到激励。事实恐怕与贝佐斯所想的不太一样，这种行为也成了贝佐斯冷酷无情的另一个佐证。

贝佐斯在处理员工管理上也有着自己古怪的想法，公司的前员工曾赞扬贝佐斯努力培养员工之间的友爱精神。在亚马逊内部，团队之间钩心斗角是不被允许的，亚马逊员工的竞争对手只有一个，那就是别的公司。当所有的员工都为着同一个目标努力时，这家公司就会将管理者的目标做到最好。贝佐斯处理员工关系的另一面是他不想让员工之间有更多的交流，这在其他公司里是极其罕见的。对于一家公司来说，员工和部门之间的通力合作才能避免错误的发生，公司其他管理者也鼓励员工之间应该增加交流，只有贝佐斯表示不应该这样。他会打断这些管理人员的发言，并且说出"交流实在太可怕了"这种话，让员工们咋舌不已。对于贝佐斯来说，员工们的交流越多，他们的思想就越是相似。他不需要所有的团队想法都是接近的，他需要更多的想法，更多的意见。就此他提出了"两个披萨团队"的概念，意思就是任何一个团队规模都要控制在两张披萨就能吃饱的范围。不知道喜欢恶作剧的贝佐斯是否想过，这种计算方式会不会让饭量较大的团队和饭量较小的团队人数相差非常巨大……

贝佐斯对员工的"小气"也是令人印象深刻的，在亚马逊创业早期，他们使用的桌子是由门板改造的，这件事情也在日后贝佐斯接受媒体采访的时候被屡次提及，这是他的骄傲，他认为这是员工们智慧的体现。最终这些门板的桌子被替换成了真正的桌子，原因不是亚马逊有钱了，而是因为这些门板做的桌子不足以完成更好的服务顾客这一任务。贝佐斯以不盈利的做法让亚马逊的顾客节省了大量金钱，而对员工们则是斤斤计较，小气之极，这或许也是贝佐斯始终将顾客放在第一位的证明吧。

员工们有许多恨贝佐斯的原因，也有爱贝佐斯的原因，他们最爱贝佐斯的一点就是他总是有一些稀奇古怪的点子。在亚马逊工作的程序员们是非常辛苦的，特别是在创业初期，程序员们每天都要工作12个小时，每周要工作七天。为了奖励程序员们的辛苦，贝佐斯开始为那些成就非凡的员工提供奖励。这个消息让程序员们不敢相信自己的耳朵,贝佐斯小气的印象早已在他们心里根深蒂固,不敢奢望会有多大的奖励,哪怕是一顿大餐也是好的。当发放奖品的时候,程序员们觉得自己受到了欺骗,但是却仍然会有骄傲的感觉,这一切都是源于贝佐斯奇怪的奖品。以一位名叫格雷·戈林登的程序员为例,他为亚马逊找到了一种可以更好地为顾客推荐图书的方法,贝佐斯决定给予他奖励。就在格雷·戈林登满心喜悦地等待他的奖励时,贝佐斯冲进了他的办公室,对他深深地鞠了一躬,双膝跪地,高喊着:"我不配,我不配。"这只是格雷·戈林登得到古怪奖励中的一个,还有一次他赢得了一只穿旧了的耐克运动鞋。

奖励是贝佐斯的古怪让员工们懊恼的部分,而这份古怪也有让员工们开心的部分。亚马逊刚刚开张的时候,贝佐斯让员工们选出每周出售最奇怪的20本书,在这20本书中选出一个最古怪的胜利者。这些书究竟有多古怪呢?我们来看看其中获奖的一部分:《如何开始建立你自己的国家》、《用训练海豚的方法训练金鱼》、《没有朋友的人生》。对于员工们来说,有贝佐斯的亚马逊是非常有趣的,这些经常出现的古怪事情会让他们有好几天的好心情,可以有效地为他们减压。

贝佐斯是一个成功的管理者,相对于其他拥有联合创始人的成功公司来说,亚马逊是贝佐斯一个人的,就连与他一起成立公司的卡凡,在公司的位置也只是一名员工而已。任何一个管理者也不可能得到所有人的喜爱,而贝佐斯也是如此,尽管贝佐斯表现得远比其他公司的管理者更加古怪。我们没办法亲自在贝佐斯的手下工作,尽管很多人将亚马逊的工作描述得很苦、很累,但无疑,为贝佐斯工作是一件非常有趣的事情。

亚马逊的形象代言人

自从有了广告以后，形象代言人就成为了很多大公司所必备的，如果公司规模非常巨大，那么形象代言人就会是某个具体产品的。在有一些公司，他们没有明星身份的形象代言人，能够代表公司形象的只有他们公司的领袖，比如微软的比尔·盖茨，比如苹果的史蒂夫·乔布斯。亚马逊也是一样，贝佐斯就是亚马逊的形象代言人。所有的顾客都喜欢亚马逊，这与贝佐斯有着良好的个人形象息息相关。但是在行业内部，许多人并不喜欢贝佐斯，他们认为贝佐斯不过是一个以炒作起家的互联网叛逆者。那么，贝佐斯究竟是个什么样的人？他又是如何为亚马逊建立良好形象的呢？

关键词一：节俭。对于贝佐斯在公司里所做的一切，我们有一些描述。他近乎苛刻地对待员工，在顾客看不见的地方想办法节约一切资源。我们没有说的是，贝佐斯对自己也是一样的苛刻，他在生活中是一个非常节俭的人，在公司上市以后，贝佐斯的身价很快就蹿升到了五亿美元，但是他没有买车买房，反而依旧住在他在西雅图一间小小的别墅里，开着之前的那辆很便宜的本田汽车。他的穿着也非常简单，在他面见世界最大的出版商时，他穿着一件皱巴巴的衣服，还背着一个幼稚的双肩书包。

尽管后来节俭这件事情已经没有必要了，但是在这个时候亚马逊的企业文化中已经深深地打上了节俭的烙印，这不仅是为了亚马逊公司的发展，更是为了维护亚马逊在其他人眼中的企业形象。有时候，为了维护节俭的形象反而要花费更多的钱，因为人们印象中最便宜的牌子并不是那些真正便宜的牌子，但是形象第一，亚马逊只能花费更多的钱维护在人们心中节俭的印象。

关键词二：自我。尽管贝佐斯给人很亲近的印象，但实际上贝佐斯是一个极其自我的人。他在公众面前的形象，更多的时候是因为他的自我控制。这件事情在大公司里并不罕见，就如同比尔·盖茨、拉里·埃里森、史蒂夫·乔布斯那样。他们有着天才的头脑，可以想出很多天马行空的点子，这些点子在旁人眼中往往是不可能的，但他们会不顾他人的意见去实现这个点子，当这个点子成功以后，就能够领先他人一步。

亚马逊的许多点子，尤其是在宣传方面，都是贝佐斯灵机一动带来的。在1999年6月，亚马逊搞了一个庆祝第1000万个消费者活动，由贝佐斯亲自将一套高尔夫球杆送给了一位正在上班的波士顿建筑工人。事实上，这个建筑工人并不是那第1000万个消费者，选择他的主要原因是贝佐斯当时刚好就在波士顿，他灵机一动，就产生了亲自送货的想法。事实是怎么样的并不重要，亚马逊的宣传获得了成功，没有人在意那个建筑工人是否是那第1000万个消费者，也没有人在乎贝佐斯其实送错了货物，他送去的那套高尔夫球杆不是那个工人订购的。拍照结束以后，贝佐斯就毫不留情地带走了那套球杆，而那个工人还要等待自己订购的球杆由配送人员送到手上。2003年，贝佐斯和安娜·库尔尼科娃在纽约中央车站的范德比尔特大厅打网球，这个莫名其妙的举动吸引了公众的目光。当安娜·库尔尼科娃设计的运动内衣在亚马逊开始销售，人们才明白这不过是贝佐斯用来吸引公众眼球的策略。

关键词三：感染力。杰夫·贝佐斯有着惊人的感染力，他就像一个伟大的演说家一样，总是可以说服员工去做他想要做的事情。在亚马逊内部，许多员工都认为在亚马逊工作不仅仅是因为薪水，这是一项伟大的工作，是一项能让自己的生命与灵魂升华的工作。他擅长鼓舞人心，并且总是表现得非常聪明。他几乎懂得任何事情，如果一件事情他弄不明白，那么他就会很快地将其学会，他表现得不可战胜，这也给了员工们极大的信心，不管是对贝佐斯本人还是对亚马逊。

贝佐斯用自己的热情感染员工，将自己的理想变成了员工们的理想，有些人将亚马逊称为一个邪教，员工们崇拜亚马逊，崇拜贝佐斯，认为贝佐斯的一举一动都将会引导这个世界的发展方向，认为将会跟随贝佐斯一起改变世界，

kindle的设计者就是因为贝佐斯的一句"改变世界"而投入其麾下的。贝佐斯会尽量减少员工之间的交流,但是员工们会自发地向新人宣传,亚马逊就是这个世界上最伟大的企业,而贝佐斯就是这个世界的先知。

我们完全有理由认为,亚马逊所发生的一切是贝佐斯利用自己的感染力,为亚马逊寻找更加有能力、对薪资要求更低、更加忠诚于亚马逊的员工。想要进入亚马逊是非常困难的,要有三封推荐信、两份写作样本、学术能力测试分数和大学成绩单。如果你这些做得都不错的话,那么恭喜你,你将赢得一份亚马逊入门级别的工作,薪水只有每小时十美元,只比去连锁快餐店打工高上那么一丁点,并且毫无升职前景。

人们常说,对于好的公司,老板会用更高的薪水来鼓励你工作;在差的公司,老板会用将来给你更高的薪水鼓励你工作;而在亚马逊,没有任何一个高管会告诉员工你会拿到更多的钱。亚马逊的高管们拒绝谈钱、股价、期权这些可以让人们生活更好的东西。他们告诉员工,他们正在完成一项伟大的事业,这项事业可以帮助更多人找到他们想要的东西,可以让更多人获得更好的选择,这是一项崇高而伟大的事业,不应该让金钱的臭气腐蚀了这一切。而事实上,亚马逊是一家通过电子商务进行零售的网站,进行的只是赤裸裸的商业行为。

贝佐斯就是亚马逊的形象代言人,在这方面他远比其他大公司的领袖称职。看看比尔·盖茨在公众面前的样子吧,一件毫无审美的衬衫,一条邋遢的裤子,光着脚穿着老式皮鞋。看看拉里·埃里森,无数的绯闻围绕着他,总是口出狂言,让业内的每个人都不喜欢他。看看史蒂夫·乔布斯,不管是难打交道还是早年的流氓行径,都让人异常难忘。贝佐斯在公众面前总是穿着得体,面带笑容,平易近人。人们喜欢亚马逊,这与喜欢贝佐斯是分不开的。

亚马逊的前方在哪里

贝佐斯是一个热爱改变的人，他明白，如果墨守成规，早晚会有一家新崛起的公司，像亚马逊干掉巴诺等老牌连锁书店一样干掉亚马逊。所以，贝佐斯始终在不停地创新，亚马逊也在不停地扩张。如果说贝佐斯被亚马逊的员工当作是先知，必然是有着他们的理由的，贝佐斯比人们看得更远，亚马逊也将比其他公司走得更远。那么，亚马逊下一步将会给人们怎样的惊喜呢？

熟知亚马逊的人，对于亚马逊的"网络服务"一定不会陌生，我们之前也提到过亚马逊为了渡过自己的难关，开始为其他公司建设和经营网站，在另一方面，亚马逊也因此找到了新的生财之道。亚马逊的"网络服务"主要是提供软件和服务器的计算能力，帮助其他的网站将内容提供给用户，这些网站包括销售视频内容和音乐内容的网站。或许你正在看的，来自网络的电影和音乐就是所在网站通过亚马逊的服务器来提供的。亚马逊早在2000年左右就已经开展了这些业务，而这与我们如今正在成熟的云技术有着惊人的相似之处，也就是说，早在2000年左右，亚马逊就已经有了云计算的雏形项目。

这项被称为"网络服务"的销售项目于2002年正式上线，主要是让用户可以找到他们想要购买产品的网站，亚马逊为这些网站提供服务，达成一种三赢。在外人看来，亚马逊的做法就如同亚马逊市场一样，是一种资敌的行为，但实际上亚马逊每次提供链接，并且让顾客成功消费，亚马逊就会获得这笔业务15%的费用。无数的程序员和小公司加入了亚马逊的"网络服务"，这为他们带来了更多的顾客，也为其他公司提供了便利。这些公司还可以利用一种软件来连接亚马逊的软件，直接在亚马逊的网络上管理库存，这几乎就是我们今天所说的云计算了。

如今，贝佐斯经常向人们谈起云计算，认为云计算是非常有潜力的，未来的潜力可能会超过他们的零售业务。贝佐斯并不是无的放矢，到了2010年，"网络服务"为亚马逊带来的收入只有五亿美元，只占亚马逊总收入的2%。亚马逊的其他业务利润率只有3%，而"网络服务"却高达23%。

贝佐斯的眼光是锐利的，在他的眼中，亚马逊的计算机有着大量的空闲计算能力，这部分就如同闲置的仓库一般，是一种浪费。那么仓库可以出租，计算机的计算能力能否出租呢？当然是可以的。从2010年起，亚马逊就着手向其他公司拍卖亚马逊计算机的计算能力了。一年以后，亚马逊又开始允许人们在亚马逊的计算机上储存自己的文件。这恰恰应了贝佐斯在2004年说的那句话，亚马逊的云服务将会走在其他公司的前面。当谷歌还在为了是否向用户提供上传音乐的权利时，亚马逊已经在这样做了，这让他在谷歌之前抢占了大量的市场。要知道，在亚马逊使用同样的储存空间，费用要比谷歌高上四倍。

对于亚马逊未来的安排，在贝佐斯的脑子里可不是只有云计算。我们之前介绍贝佐斯儿时的经历时，曾说到他对于探索宇宙有着很高的兴趣。这一切貌似在他得知自己不能成为一个物理学家时戛然而止了，但其实这一切都在他记忆深处保存着。他中学时的恋人曾谈起过这一点，她说："贝佐斯想要建立一个属于自己的空间站。"

2000年的时候，提起亚马逊人们都认为这是一家将要崩盘的公司。焦头烂额的贝佐斯没有停下亚马逊前进的脚步，他悄悄地成立了一家新公司，比"126号实验室"还要神秘的公司。这家公司名叫蓝色起源，办公地址就在西雅图一个破落街区的旧仓库里，而这家公司所研究的项目就是为乘客提供进入宇宙边缘观看地球的服务。贝佐斯在高中时是有一个梦想，那就是让人类用更安全、更便宜的方式进入太空，蓝色起源就是为这一目标在努力。

或许在许多人眼里，贝佐斯简直是疯了。就人类目前对航天技术和宇宙的研究，贝佐斯想要实现这一目标无疑是天方夜谭，贝佐斯对这一计划有着自己的另一番理解。贝佐斯并没有一步登天的打算，只要人类有足够的耐心和投入，那么他的愿望是早晚能够实现的，前人栽树，后人乘凉，贝佐斯所做的就是栽树，哪怕自己在有生之年并不能看到这一研究成果的出现。显然，贝佐斯是很有理想和长远目光的，与贝佐斯一同支持宇宙研究的还有谢尔盖·布林.伊隆·马斯克.理查德·布兰森。

尽管贝佐斯对于人类探索宇宙表现出了支持，但是他与美国宇航局的目标大相径庭。蓝色起源所研究的是让人们如何抵达太空，并且更加平安地返回。例如，美国宇航局对于垂直降落毫无兴趣，因为他们有足够的权力可以允许宇航员降落在任何一个地方。蓝色起源则不行，所以他们首先研究的就是如何让飞船垂直降落，并且在2006年他们已经取得了初步的成功。

或许在不远的将来，或许在遥远的未来，或许在贝佐斯离开这个世界很久以后，贝佐斯的梦想总会成功的。但是在这一切来到之前，贝佐斯还将不断地努力，不断地尝试。或许有一天，亚马逊会把人们的旅行范围扩大到宇宙当中，当这一天来到的时候，人们会想起亚马逊的创始人杰夫·贝佐斯所做的一切努力。

Part 8
Facebook：时代名片

我觉得最好的公司，不是因为创始人想要成立公司，而是因为创始人想要改变世界。

——马克·扎克伯格

第一节
Facebook 源于一场恶作剧

> 对于天才来说，很多创意都来自不经意。扎克伯格是个毋庸置疑的天才，不论是心理学方面还是计算机方面。如今全球有超过 16 亿的人在使用 Facebook，但是很少有人注意到 Facebook 是怎么来的。Facebook 原本只是扎克伯格搞的一场恶作剧而已。

天才还是怪胎

在 21 世纪，计算机已经成为了人们必须要学会的三项基本技能之一。按照互联网和计算机的发展速度，让所有人都能接触到电子设备已经并非一件遥不可及的事情。人们使用微型电子设备听歌、读书、处理信息以及工作，在这一过程中，难免会使用到许多有意思的、让我们更方便使用电子设备和互联网的软件。比如微信、QQ、网易云音乐，网龄稍微长些的人可能还会对开心网、人人网这样的网站有印象。

Facebook 的创始人马克·扎克伯格就是促使这一切出现的人。

1994 年 5 月 14 日，马克·扎克伯格出生在纽约郊区的一个家庭里，他的父亲爱德华是一位在当地很有名的牙医，他的母亲凯伦是一位心理医生。爱德华在当地很受欢迎，不仅是因为他高超的医术，更是因为他风趣的性格。在他的诊所外面有一块牌子，上面是一幅表情惊恐的患者照片。爱德华表示，他一流的技术将满足每一位胆小的患者，让他们感受不到疼痛。因此，他在当地也被称为"无痛 Z 医生"。

风趣幽默的人往往会对新鲜事物更感兴趣，在 1984 年，爱德华就购买了一台计算机，用来办公。扎克伯格和自己几乎一起出现在父亲人生中的电脑很感兴趣，在十岁的时候就嚷嚷着要拥有属于自己的电脑，开明的爱德华满足了他的愿望。不过这个时候，爱德华开始发现，自己这个计算机发烧友居然无法再继续教导儿子关于计算机的东西，因为扎克伯格已经能够自学编程了。不知道有多少人试着阅读过编程书籍，里面的内容主要是由大量的数字和代码组成的，这不仅让人觉得非常复杂，而且阅读起来极其乏味。扎克伯格作为一个爱玩爱动的孩童，居然能够静下心来阅读编程书籍，并且迅速地吸收了里面的知识。没过多久，他的计算机水平就超过了他的父亲。

扎克伯格个人的一个作品叫作 ZuckNet（扎克网），是一个即时通讯软件。编写这个软件的目的是他觉得父亲诊所里那些接待员总是大呼小叫的，这实在是太吵了。ZuckNet 可以让诊所里的电脑和家里的电脑交换信息，同类型的 MSN 的出现要足足晚上三年，我们所使用的腾讯 QQ 也是同样类型的软件。而作为这款软件的制作者，扎克伯格当时只有 12 岁。

风起柯克兰

扎克伯格在高中毕业以后，成为了哈佛大学的一员。

柯克兰是哈佛大学一座宿舍楼的名字，在这座宿舍楼里出现了许多的成功人士。或许在扎克伯格住进柯克兰的时候，就注定会被称为下一个比尔·盖茨。他的成功起步于柯克兰，他的伙伴结识在柯克兰，对于柯克兰，马克·扎克伯格有着自己独特的感情。

2002年的秋天,扎克伯格第一次踏进了哈佛大学的校园。此时的扎克伯格已经是一个小伙子了,但是不论他脚上那双土气的橡胶凉鞋还是他那张看起来年纪并不大的脸,都让他显得与这所大学有些格格不入。

他被分配到了柯克兰宿舍楼,住在H33寝室。安定下住所以后,扎克伯格就开始了自己的大学生涯。

大学时期的扎克伯格痴迷于编写个人程序,这些程序都是为他的学习及生活提供便利的。

扎克伯格为了向他的计算机教授哈瑞·刘易斯致敬,还编写了一个名叫"哈瑞·刘易斯的人际六度空间"的程序。这款程序能够通过哈佛校报上刊登的文章来分析人物关系,并且通过刘易斯的相关文章互相交叉,整理出刘易斯在哈佛的人际关系网。只要输入哈佛大学里一个学生的名字,马上你就会知道这个学生与刘易斯教授有着什么样的关系。当然,这个程序最终成为了Facebook的一部分。在Facebook出现之前,对扎克伯格影响最深的一款自制软件,就是他的"课程搭配"。

从那开始,扎克伯格在哈佛大学里渐渐有了名气。虽然在大学之前扎克伯格就已经推出了"SynapSe"这样让大公司都非常心动的作品,但是在哈佛,这个天之骄子云集的地方,年轻气盛的人们根本不会在乎你过去究竟做了什么,几乎每个宿舍楼里都有开始创业的人,在这些人中不乏一些极具创意和能力的天才。就在这一年,扎克伯格推出了Facemash,也就是Facebook的前身,让扎克伯格在哈佛声名鹊起。

走出哈佛

Facemash 受欢迎的程度超出了扎克伯格的想象，在 Facemash 关闭以后，许多学生向扎克伯格抱怨，认为 Facemash 这样一个有趣的东西不应该被关闭。但是由于涉及到个人隐私等难以解决的法律问题，哪怕不在哈佛，Facemash 也绝无重开的可能。不过，能否为 Facemash 找一个替代品呢？这一次，扎克伯格认真了起来，新网站绝不是向 Facemash 那样找乐子的东西，也不能有 Facemash 那些令人诟病的问题，如何做一个正式的网站，成为了扎克伯格下一阶段的问题。

提到 Facebook 的出现，就不得不提到另外几个人，可以说没有这些人，就没有 Facebook。在这些人中，有些人为扎克伯格提供了直接的帮助，也有些人为扎克伯格提供了创意。其中扎克伯格最该感谢的就是他在哈佛大学的学长，爱德华多·萨维林。

扎克伯格等人大四的时候，与一个名叫迪夫亚·纳伦德拉的人秘密开发了一个网站，叫作哈佛联谊会。哈佛联谊会，顾名思义就是为哈佛大学的学生提供交流空间的网站。

哈佛联谊会的网站让扎克伯格第一次知道网站可以这样做，于是扎克伯格很快就找到了 Facebook 的方向，然后在里面添加更多的内容。在 2004 年 2 月 4 日，Facebook 正式上线了，在 Facebook 上面有扎克伯格亲自写下的一段话："Facebook 是一个在线目录，学校里的所有人都能被这个网站联系起来。大家可以在这里找到自己的同学，自己的朋友，以及朋友的朋友，还可以在这里记录自己的人生，勾画自己的社交圈。"

Facebook 起源于哈佛，并且很快就取代了哈佛大学过去的社交软件，这主要是来自哈佛大学学生的认同感。其他大学也有着自己已经成熟起来的社交网络,能否取而代之,成了扎克伯格测试 Facebook 究竟能走多远的试金石。事实证明,Facebook 远不是其他大学的社交网络可以媲美的,短短几周的时间,Facebook 就席卷了开放注册的三所大学。

  Facebook 的用户越来越多,扎克伯格也开始了自己的新计划,那就是让 Facebook 开始盈利。萨维林投资的 1000 美元马上就要花光了,如果不能让 Facebook 开始赚钱,那么无疑发展速度将会开始减缓,甚至停滞。

第二节
先成功，再成熟

> Facebook 的创始人们都是还没从大学毕业的学生，尽管他们拥有过人的计算机技术和想象力，但是毫无疑问，他们是不够成熟的。Facebook 的快速发展让他们没有时间去思考其他的事情，他们有太多的事情要面对，有太多的问题要解决。而在这一过程中，他们与 Facebook 一起走向了成熟。

Facebook 的商业模式

任何一家公司开始赚钱的时候，都需要思考自己要采取怎样的商业模式。仅仅是在硅谷的计算机行业里，就有着多种不同的盈利方法。比如微软和甲骨文是靠出售软件获利的，亚马逊采取一种另类的零售方式，苹果主要依靠出售硬件设备，还有一些公司完全依靠广告费作为收入来源。在这种种的选择里，最适合 Facebook 的就是为其他公司做广告了。

短短的一个假期，尽管没有休斯他们还是做了很多事情。随后而来的必定是 Facebook 用户的暴增，而他们没有 100% 的把握能够不搞砸这次机会。为了将更多的精力放在 Facebook 的运营上，扎克伯格和莫斯科维茨做出了一个大胆的决定：从哈佛辍学。

疯狂的融资

在 2004 年的时候，Facebook 取得了一个惊人的成绩，拥有了 100 万名用户。实际上，他们在 11 月底就已经达到了这个目标，并且用户人数在 2005 年 2 月的时候蹿升到了 200 万。在这个时候，扎克伯格适时放出了 Facebook 将进行第二轮融资的消息。硅谷和华尔街的投资公司就如同是见了血的鲨鱼一般，纷纷开始对 Facebook 公司进行全方位的调查。

2004 年年底，《华盛顿邮报》就派出了公司的高级经理，前往加州拜访扎克伯格，双方就融资的事情达成了良好的意向。到了 2005 年的 1 月份，扎克伯格和帕克前往华盛顿，看看能否达成进一步合作。

与此同时，其他硅谷的公司也纷纷向扎克伯格递出了橄榄枝，每天他都会接到来自硅谷的电话。罗恩·康韦在这个时候给了 Facebook 必要的帮助，他为帕克提供了商谈融资一事的最佳人选，并且还替 Facebook 向那些可靠的风投公司发出了邀请函。

大量的资金将使 Facebook 更上一层楼，他们不再担心服务器的问题，也有更多的精力去创造更多有价值的东西，可以说 Facebook 获得了飞跃式的成长。而这家公司的 CEO 扎克伯格，还是个不到法定饮酒年龄的年轻人。作为一个正式公司的 CEO，他还远远不够资格。扎克伯格本人，远比 Facebook 公司更需要成长。

第三节
巅峰之路

> 尽管 Facebook 已经成为了互联网的新贵，但是还远远达不到扎克伯格的目标。盈利的问题，人手的问题，竞争的问题，都成为扎克伯格亟待解决的。扎克伯格的选择一直受到公司内部的质疑，他太激进了，太冲动了，走得太往前了。摆在扎克伯格面前的有两条路，一条是安安稳稳将公司慢慢做大，这条路非常平顺；另一条是让 Facebook 迈向巅峰，拥有改变世界的力量，但这条路荆棘密布。扎克伯格挣扎过，思考过，痛苦过，最终选择了那条巅峰之路。

改变这个世界

想要改变世界，那么 Facebook 就要面对世界。在全球范围内，Facebook 的用户仍然在不断增长，并且在世界上的许多国家成为了最受欢迎的社交网站，甚至这些国家并不是使用英语的国家。扎克伯格的简单化策略成为了 Facebook 向全世界扩张的重要原因，简单的界面可以让人们减少语言不通的问题，这也是 Facebook 国际化战略中一个重要部分，"做最好、最简单、让用户用最方便的方式分享信息的产品。"这就是扎克伯格的愿望。

为了改善非英语用户的使用条件，Facebook 在 2008 年发布了一个翻译产品，这是他们有史以来最伟大的产品创新。到了 2008 年年底，这个产品已经支持 35 种语言了，到了 2009 年，Facebook 支持的语言超过了 70 种，涵盖了全世界 98% 的人群。

我们仍然没有预见 Facebook 究竟会变成怎样的庞然大物，Facebook 要走向何方，哪怕是 Facebook 的员工和那些与扎克伯格并肩战斗过的人也不知道。唯一知道 Facebook 究竟要怎样发展的人，只有扎克伯格。Facebook 现在所能达成的一切，还远远没有实现扎克伯格改变世界的梦想。

Part 9
Twitter：140个字符征服世界

对一个妈妈来说，Twitter就是告诉大家你在做什么，别人在做什么，你女儿在做什么。

——比兹·斯通

第一节
Twitter 小鸟在轻鸣

> 一个人的大脑里每天都会有无数天马行空的想法，而你永远也不知道，哪一瞬间的灵光乍现，会在未来的某一天突然改变世界。多年以后的比兹·斯通回忆起当初那一闪而过的想法时，大概就是这样的感觉吧。

"天才"比兹的灵光一闪

在 2003 年 9 月的一天，一个名为"比兹·斯通·天才"的博客上发表了这样一条信息："我的 RSS 阅读器（一种新闻种子资源）只允许发送 255 个字符。或许这将成为一个博客的新标准？虽然看起来字数少了点，但这样会让人们在 iPad（苹果播放器）和手机上浏览到更多的博客信息，这或许正是个更好的标准。"

那时候，还没有任何人认识一个名叫"比兹·斯通"的人。现实生活中的比兹·斯通是个前途一片渺茫的年轻人，和女朋友一起住在老妈的地下室里。他曾与朋友在不成熟的想法驱动下迈出了创业的第一步，然后失败。

之后，博客上一个名为"比兹·斯通·天才"的人诞生了，在虚幻的网络世界里构筑起了另一种全然不同的人生——"天才比兹"的人生。他宣传自己拥有世界一流的"天才实验室"，发布那些狂妄自大没有任何根据的消息，获得了许多人的关注。

改变比兹·斯通人生的,是一封电子邮件。

比兹·斯通的第一次创业,是与朋友一同创设了一个名为"赞架"的网站,那个时候,他们所使用的软件是由一家名为"佩拉"的公司所研发的,该公司的联合创始人叫作埃文·威廉姆斯,他也开设有自己的博客。或许正是这个契机,让比兹·斯通对威廉姆斯产生了极大的兴趣,他一直都关注着他的博客。

在现实世界里,比兹·斯通与埃文·威廉姆斯是完全的陌生人,他们不曾见过面,也不曾通过电话,唯一的交集就是斯通曾为一家名为"网络评论"的在线杂志,通过电子邮件采访过威廉姆斯,因此他一直保留有威廉姆斯的电子邮箱。

Twitter 是这样诞生的

对于比兹·斯通来说,相比谷歌,能与埃文·威廉姆斯一起工作,显然具有更大的吸引力。甚至来说,斯通之所以待在谷歌,很重要的一个原因就是,埃文·威廉姆斯也在这里。可是现在,威廉姆斯离开了,安稳的工作与股票的期权对斯通来说,似乎也变得不再那么有吸引力了。

虽然错过了与威廉姆斯一起开创公司的机会,但他还是直接打了电话给威廉姆斯,告诉他说:"我要离开谷歌,然后加入奥德奥。"

在奥德奥,比兹·斯通和一个名叫杰克·多尔西的程序员非常合得来,并一起合作过一些小项目,于是他们两人自然就成了一组。考虑到时间问题,他们所设计的东西不能过于复杂。斯通提出,可以搞一个手机互联网,一个主要在手机上运行的小型互联网,就像是个人空间那样的东西。

经过不断地探讨和研究之后,斯通和多尔西想要推出的产品基本上定型了,他们决定要做一款可以通过手机短信来实现更新的产品,他们将设计一个网页界面，在这个界面上，人们可以看到相互交换的状态信息。此外，多尔西还将设计出一个功能，来实现短信和网络之间的双向链接。这个创意简单又有趣，无论是斯通还是多尔西，显然都对它充满了兴趣。

他们得为这个产品取一个名字，于是他们找到了当时与埃文·威廉姆斯一起创办奥德奥的诺亚·格拉斯，奥德奥的名字正是格拉斯取的。

不得不说，在取名方面，格拉斯确实比他们要有天赋得多，他很快就提供了几个不错的名字让他们选择，"Jitter"、"Flitter"、"Twitter"或者是"Skitter"……当听到"Twitter"这个单词的时候，比兹·斯通兴奋极了，这让他想到小鸟轻鸣的声音，并且这个词语还有着"短小琐碎的对话"这层意思，这简直与他想要呈现出的产品有着完美的契合！

那时候的Twitter才刚具雏形，在展示会上也没有引起多少人的关注，但斯通和多尔西都对这个创意充满兴趣和热情，他们准备继续思考并完善这个作品，让它能够在最短的时间里成型。在取得威廉姆斯的同意之后，斯通和多尔西专心投入了对Twitter的完善工作中，准备做出一个真正的试验版来运行几周，看看成果如何。

2006年3月21日晚上11点47分，比兹·斯通和杰克·多尔西首次完成了手机与推特网页之间的文本交换。当多尔西发送的第一条推特出现在斯通电脑屏幕上时，他几乎兴奋地大喊大叫起来，这对于他而言，无疑称得上是历史性的一刻。

斯通一直认为，限制条件是最能激发人们想象力的一种方式。因此在设计推特时，比兹·斯通和杰克·多尔西给它定下的第一条规矩是：每条信息不得超过140个字符。这与数年前的那天，"天才比兹"在博客上所发表的信息似乎有着冥冥之中的奇妙联系，只是那个时候，他所设定的字符限制还比现在要多呢。

为什么是140个字符？为什么不是100个，也不是200个？不少人对此产生过疑问，这神秘的"140"是否有什么特别的意义呢？

众所周知，国际信息准则所规定的字符为160个，当你所发送的信息超出这个范围以后，运营商就会自动把它拆分成数条信息来进行传送。斯通和多尔西在设计推特时，本就是希望它能成为一个快速而不受任何设备条件限制的应用程序，他们希望，不论人们使用什么样配置的手机，都可以阅读或发送推特。因此，160个字符，这是推特开始考虑限制范围的第一个关键因素。

此外，每位用户都会有用户名，以及一些符号、空格，为了公平地对待每一位用户，他们决定为推特发送的内容进一步设置一个范围，毕竟总不能让那些用户名长的人所能发的内容比用户名短的人少吧。于是140个字符的限制产生了，是的，这其实很随意，仅仅只是他们觉得需要为用户名预留一些空间，而正好预留了15个字符而已。"140"不是一个魔法数字，但不得不说，这140个字符对于人们而言，却的确有着非同凡响的魔力。

第二节
"社交温暖":改变世界的 140 个字符

> 推特之所以会成功,某种程度上来说,是因为它让人们感觉到了"社交温暖"。每一条推特最多只有 140 个字符,但却让参与者们都乐此不疲。他们想尽一切办法,如何在限制内精简而有趣地表达自己,并乐于观看别人的表达成果。比兹·斯通是个特立独行的理想主义者,而这也正是他所带给推特的东西——独立而充满理想。

推特小鸟在腾飞

推特的办公室还在南方公园的时候,那时比兹·斯通住在伯克利,每天晚上都会搭地铁回家。有一天晚上,大概七点左右的时候,斯通刚上地铁,就听到身旁的人小声谈论着关于地震的事情。

听到这事,斯通顿时瞪大了眼睛,竖起耳朵听着他们的谈论。要知道,他现在可是正位于海湾下面的巨大隧道里,这个时候要是地震,他可不知道该躲去哪里了,事实上,这里大概就没有安全的地方吧。斯通顿时感到一阵惊慌,甚至看着地铁站里来来往往的人群,都已经无法辨别,究竟是下班高峰期这里才如此拥挤,还是人们其实都在惊慌失措地逃命。

斯通赶紧掏出了手机,推特上确实有不少关于地震的消息,他看到其中有一条写着："嗯，这次地震只有里氏 4.2 级。"还有其他相关的报道也都表明，这只是一次不具备威胁的小地震，斯通长舒了一口气，总算放心了。

事后想起自己当时的反应，斯通心里更加笃定当初做推特时的决定了。推特实实在在地改变了人们的生活，它只是一个极其简单的工具，但这个工具却带给了人们意想不到的影响，融入了人们的生活。

这件事情让斯通感触很深，他意识到，推特所能发挥的作用远远要比此前他们所认为的更多，重要的是，人们究竟如何来使用这个小小的工具。为了进一步宣传这一点，斯通特意虚构了一些有关如何使用推特的小故事：

故事一：地震了，被困在废墟下面的你发现手机电量所剩无几，你只能选择给朋友发一条短信，或者考虑发送一条推特，让成百上千的人看到这条求救消息，你会如何选择？

故事二：一位印度的农民，通过破旧的手机发了一条推特，询问大约 80 公里以外的市场里什么农作物更加畅销。得到答案之后，他将该农作物的种植面积扩大了一倍，最终获得丰厚的回报。

故事三：彭博新闻社将推特作为了其新闻来源的一个补充部分，当他们发现有三条来源不同的推特指向同一个重要事件时，他们就会去调查这个事件。

故事四：当你希望将某个信息在最短时间内扩散开来，那么只有一个方法——发一条推特，这能让成百上千人在短短一分钟里就注意到同一个重大事件。

推特的影响力已经扩展到了全世界，正如斯通一直所期望的，他做成了一件足以改变世界的事情。140 个字符，却具有超越人们想象的力量。推特小鸟已经开始振翅高飞，向着更高、更远的地方。